HELMUT HIRSCH   SOPHIE VON HATZFELDT

SOPHIE VON HATZFELDT

In Selbstzeugnissen, Zeit- und Bilddokumenten dargestellt
von Helmut Hirsch

SCHWANN

Schriftenreihe des Stadtmuseums Düsseldorf
im Auftrag der Landeshauptstadt Düsseldorf
herausgegeben von Dr. Wieland Koenig

Für Lore Bermbach
Schöpferin der Foto-Ausstellung
des Stadtmuseums Düsseldorf
„Mitbürger“

CIP-Kurztitelaufnahme der Deutschen Bibliothek
Hirsch, Helmut:
Sophie von Hatzfeldt : in Selbstzeugnissen,
Zeit- u. Bilddokumenten / dargest. von Helmut
Hirsch. – 1. Aufl. – Düsseldorf : Schwann, 1981.
(Schriftenreihe des Stadtmuseums Düsseldorf)
ISBN 3-590-34101-7

1. Auflage 1981
ISBN 3-590-34101-7

Inhalt

Und was ist denn gerade die Hauptbedingung,
die Größe bei hervorragenden Menschen?
Die Geschichte lehrt uns auf jedem ihrer Blätter,
daß es die Stärke und Intensität der Leidenschaften,
die Fähigkeit der Konzentrierung des ganzen Wesens
auf Einem Punkt ist;
sie zeigt uns aber auch zugleich,
daß diese Stärke der Leidenschaft fast immer die Ursache
frühen Unterganges geworden ist
und werden mußte.

Aus S. 213 einer annotierten Korrekturfahne
im Internationalen Institut für Sozialgeschichte, Amsterdam,
der in wesentlichen Teilen als Manuskript,
gedruckt nur in einem einzigen Exemplar erhaltenen Schrift
Ferdinand Lasalle*:*
Dokumentarische Darstellung seiner letzten Lebenstage
von Augenzeugen und Freunden, Berlin 1865,
die Sophie Hatzfeldt gemeinsam mit Wilhelm Liebknecht verfaßte,
deren Auslieferung sie jedoch verhinderte.
Karl Marx nannte sie „den Hatzfeldtschen Dreck"
und Friedrich Engels echote: „Die Schmiere von der Hatzfeldt",
9. bzw. 16. Aug. 1865.

Erstes Kapitel

Herkunft und Heirat

*Seit Goethe hat kein Mensch so Briefe geschrieben –
und Goethe hat lange nicht diese Wärme und
Lebendigkeit des Stils gehabt.*
Lassalle über Sophie

1 Sophies Vater, Ölgemälde, Johann Friedrich August Tischbein zugeschr.

I.

Heinrich Heine, der die kleine rheinische Heimatstadt und die Große Französische Revolution aus der Ferne liebte, aber als deren Sympathisant von Ex-Landsleuten nicht immer geschätzt wurde und wird, hat einmal schmunzelnd geweissagt, nach seinem Tod würden vielleicht sieben Ortschaften um die Ehre streiten, seine Geburtsstätte zu sein[1]. Bei der faszinierenden, doch fast vergessenen Zeit-Düsseldorferin, der unser Essay gilt, hatte sowohl im amtlichen Sterbebuch wie noch nach beinahe zwei Jahrhunderten in den bekanntesten Nachschlagewerken nur ein einziger Platz den Anspruch, sie hervorgebracht zu haben. Es war das ehemals im Regierungsbezirk Breslau, also im Bereich der heutigen Volksrepublik Polen, stehende, kurz nach Kriegsende 1945 bis auf den alten Wehrturm[2] durch Feuer zerstörte Schloß Trachenberg (Żmigród). Erst knapp vor der einhundertsten Wiederkehr ihres Todes überraschte ein Erforscher der Geschichte Schlesiens seine Fachkollegen mit einer Enthüllung. Als deren Ergebnis dürfen wir in diesem Fall den Spruch umkehren, wonach Berliner bei Licht besehen aus Breslau stammen. Sophie Josephine Ernestine Friderike Wilhelmine von Hatzfeldt erblickte am 10. August 1805 als Tochter des Fürsten Franz Ludwig von Hatzfeldt-Schönstein zu Trachenberg und seiner Gemahlin Friederike Karoline Sophie, geb. Gräfin von der Schulenburg-Kehnert, das auf ihrem Lebensweg meist gedämpfte Licht der Welt in Berlin[3].

2 Sophies Mutter, Ölgemälde von Johann Heinrich Schroeder

Wer die ein Jahr nach dem Ableben des Fürsten in Leipzig erschienene Auflage der Allgemeinen Encyklopädie der Wissenschaften und Künste aufschlug, erfuhr Genaueres über die Eltern Sophies. Der Vater kam aus der Merten-Werther-Schönsteinschen Linie seines uralten Geschlechts. Er wurde am 23. November 1756 geboren, stand bis 1795 in kurmainzischen Diensten als Geheimer Rat, Generalleutnant und „Inhaber" eines Infanterieregiments, trat dann in preußische Dienste, wo er Generalmajor und 1802 Generalleutnant wurde. Nach dem Tod seines Bruders Klemens-August übernahm er die Familiengüter, im selben Jahr auch die Güter der Weisweiler Linie und des Fürstentums Trachenberg. 1806 erhielt er vertretungsweise die „Guvernörstelle" in Berlin, die bis dahin sein Schwiegervater, Friedrich Wilhelm Graf von der Schulenburg-Kehnert, bekleidet hatte. Auf diesem Posten unterhielt Franz Ludwig während der französischen Besetzung Berlins ein heimliches „Einverständniß" mit dem Fürsten Friedrich Ludwig von Hohenlohe-Ingelfingen, dem Befehlshaber der Truppen von Jena in der Schlacht gegen den Korsen. Ein abgefangener Brief verriet dem siegreichen Kaiser diese Abmachung, worauf ein Kriegsgericht den Rebellen zu der Strafe verurteilte, die dereinst an vielen der Verschwörer gegen die NS-Diktatur auf der Stelle vollzogen werden sollte. (Wir denken im Hinblick auf die Familie seiner Frau an Fritz von der Schulenburg, am 20. Juli 1944 amtlich Militärgouverneur von Lyon[4].) Ein

3 Gouverneur-Haus, Berlin, Kupferstich von Matthias Seutter, um 1750

Kotau der Fürstin vor Napoleon und die Fürsprache des preußischen Prinzen retteten Franz Ludwig das Leben[5]. Er wurde nun Diplomat, ging 1818 als Gesandter Preußens nach Den Haag, 1822 nach Wien „und starb daselbst den 3. Febr. 1827, die 1803 zu einem Fürstentum erhobene Standesherrschaft Trachenberg und das Hatzfeldtsche Majorat seinem Sohne Hermann (Friedrich Anton), geb. den 3. Oktober 1808, hinterlassend". Falls Mut zur Initiative vererblich oder durch Beispiel übertragbar ist, besaß diese Berlinerin in den Eltern günstige Voraussetzungen für einen solchen Transfer.

In Berlin, wo kurz vor der Jahrhundertwende die Heirat der Eltern stattgefunden hatte und mit einer Ausnahme offenbar sämtliche Geschwister Sophies geboren wurden[6], erfolgte auch die Taufe. Allerdings hat die Taufmatrikel der damals einzigen katholischen Berliner Pfarrei, der schlesischen Heiligen und Mittlerin zwischen Polen und Deutschen, St. Hedwig, geweiht, sich nicht erhalten. Wir besitzen jedoch den anläßlich Sophies Eheschließung vom Hedwigspropst ausgestellten, vom Patrimonialgericht des

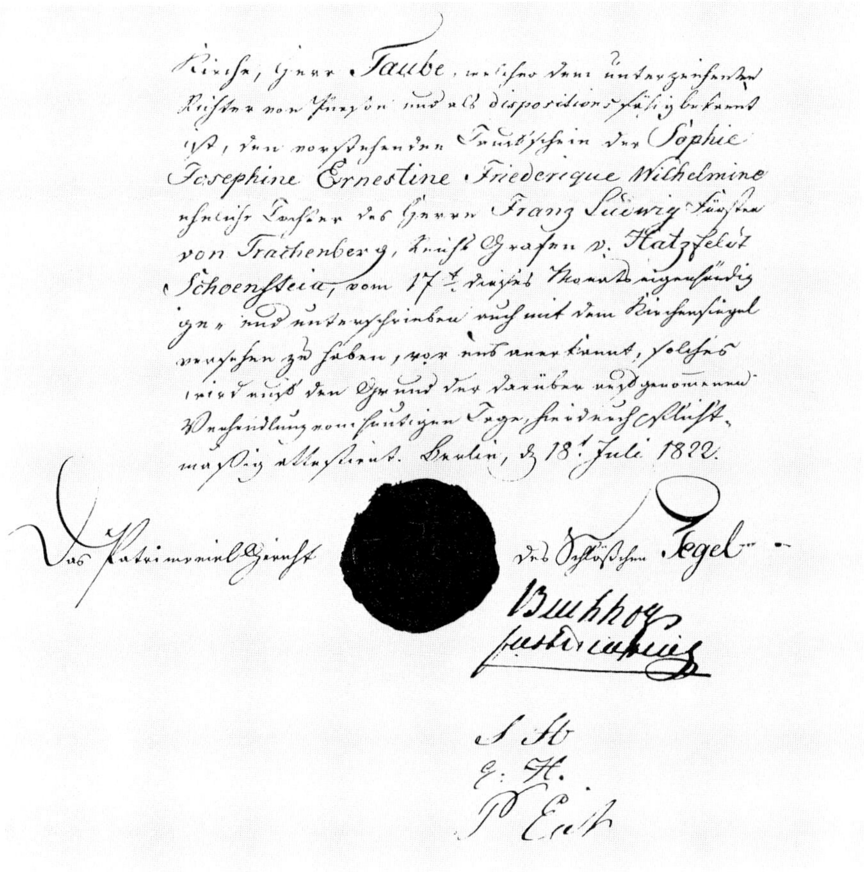

4 Geburtsurkunden-Attest, 18. Juli 1822

Schlößchens Tegel-Buchholz beglaubigten Taufschein. Taufpaten waren „Frau Sophie Josephine Freifrau von Bergh, geborene Gräfin von Neale, und Herr Friedrich Wilhelm Ludwig Freiherr von Krusemark“[7]. Diese Aristokraten ahnten schwerlich etwas von Sophies späterem Umgang.

Folgen wir dem Entdecker ihrer Berliner Anfänge, so hat Sophie, neben einigen Aufenthalten auf Schloß Trachenberg, ihre Kinder- und Jugendzeit „wohl meistens in Berlin oder auf den rheinischen Besitzungen ihres Vaters verbracht“[8] – im Herrenhaus und Park von Allner, oberhalb des rechten Siegufers unfern Siegburgs, wo die älteste Schwester, Luise – 1835 als Freifrau Roth von Schreckenstein gestorben –, 1800 zur Welt gekommen war. Drei weit auseinanderliegende Schauplätze, zu denen wenigstens als Vorstellung noch die beiden Hauptstationen des Vaters, Den Haag und Wien, hinzutraten, müssen frühzeitig einen großen Horizont bewirkt haben. In Kontrast dazu lebte „Fürst Hermann Anton von Hatzfeldt (geb. Berlin 1808, gest. Schloß Trachenberg

5 St. Hedwigs-Kirche, Berlin, Lithographie von Ludwig Eduard Lütke, um 1845

1874), der Ältere von zwei jüngeren Brüdern der Gräfin Sophie . . . die meiste Zeit seines Lebens auf Schloß Trachenberg und verwurzelte seine Familie mit Schlesien durch seine zwei Heiraten mit Schlesierinnen"[9]. Ihm werden wir als erfolgreichem Beschützer seines Neffen gegen staatliche Übergriffe und erfolglosem Mentor seiner Schwester wiederbegegnen.

Abgesehen von ihrer sicherlich nicht unwesentlichen Funktion als Startplatz spielte die zur Zeit ihrer Geburt fast 200.000 Einwohner zählende Vater- und Mutterstadt mit ihrer einzigartigen Mischung von evangelischer, hugenottischer, katholischer und jüdischer Mentalität (es gab einige tausend Katholiken und Juden in Berlin, als Sophie in ihren teens war) eine spezielle Rolle in Sophies Lebenslauf. Dorthin zog sie auf ein Jahr nach der freiwilligen Trennung von ihrem Gatten. Von dort und Potsdam aus bemutterte sie ihren Jüngsten während dessen Kadettenzeit. Dort begegnete die reichlich Vierzigjährige zum ersten Mal dem noch nicht einundzwanzigjährigen, aus Breslau (Wroclaw) stammenden Lebens- und Leidensgefährten, dem „Systemkritiker" Ferdinand Lassalle, dem sie über seinen Tod hinaus verbunden bleiben sollte. Dort verbrachte man gemeinsam Lassalles letzten Winter.

Lange erschien Berlin Sophie als eine verbotene Stadt, nachdem Lassalle, zwar u. a. in Geschäften der Gräfin, aber im Grund seiner eignen Karriere als revolutionärer Wissenschaftler wegen, „auf acht bis zehn Tage"[10] an die Spree zurückgegangen war, wo er studiert hatte. Er nutzte die stillschweigend verlängerte Frist, um zunächst wiederholt abgelehnte Gesuche für die Erlaubnis zur Niederlassung einzureichen. Wie sollte das

6 Schloß Trachenberg, Lithographie von Dunker

schwarze bzw. rote Schaf der Hatzfeldts sich in dem mittlerweile um mehr als das Doppelte angewachsenen Geburtsort, wo neben andern schockierten Familienangehörigen der nun erwachsene Sohn Paul wohnte, ungeniert mit demjenigen sehen lassen, der in jeder Hinsicht ein Außenseiter war?

Es ist nämlich nicht ihr leiblicher Sprößling, den Sophie anspricht, als sie (wohl aus Marienbad) einen „liebes Kind" beginnenden Brief schreibt. Man liest hier gerührt: „Darin haben Sie Recht, liebes Kind, wir beide verstehen uns trotz aller vorübergehenden Mißverständnisse, und wären sie noch so heftig, wie wir beide niemals wieder jemand finden werden, der uns versteht. Wenn Sie mich auch manchmal noch so sehr gequält haben, daß ich ganz irre an mir, an Ihnen, an allem bin, so bedarf es ohne Explikation und Nachdenken nur der kurzen Zeit, um meine kranken Nerven zu beruhigen, damit mir alles klar ist, damit die scheinbaren Widersprüche in Ihnen, die andere Leute so verwundern, keine für mich sind, und damit ich fühle, daß Sie trotz Ihrer manchmal recht scharfen Ecken und Kanten sozusagen ein Teil meiner selbst geworden sind, das ich nicht missen könnte. Wenn ich von Trennung sprach, so war es nicht sowohl Ihre Reise nach Berlin, die mir nur als ein äußerliches Zeichen derselben erschien (obgleich ich fest überzeugt bin, aus vielen Gründen, daß es niemals gelingen wird, daß wir *beide* hingehen), von der ich sprach, sondern vielmehr ein allgemeines Gefühl, das ich nicht anders beschreiben kann als dasjenige einer Mutter, die ihren Sohn von sich läßt und ihn in die Welt eintreten sieht. Wenn es auch ein guter Sohn ist, der sich oft auf seinem Wege umsehen wird und seiner Mutter die Hand reicht, so führt ihn doch

7 Schloß Allner, Zeichnung von P. Frank, nach 1803

der natürliche Lauf der Dinge vorwärts und immer weiter fort. Daß Sie mir aber ein guter Sohn sein werden, das weiß ich, daß Sie es sein werden, der mir die Augen zudrücken wird und der einzige auch vielleicht, der ein treues Andenken von mir bewahren wird"[11]. Ein bewegendes Beispiel für die Symbiose zweier Deutscher ganz verschiedener Abstammung, das seinen Aussagewert für uns nicht dadurch einbüßt, daß umgekehrt Sophie an Ferdinands Sterbelager sitzen und am Ende Paul ihr den Ferdinand zugedachten letzten Liebesdienst erweisen wird.

Eineinvierteljahr später kündigt die von Lassalle (weil seine Post oft erbrochen wird?) nicht etwa vertraulich, sondern als „Meine Gnädigste", Gnädigste Frau" oder „Gute, liebe Gräfin"[12] usw. Angeredete ihre bevorstehende Abreise nach Berlin an. Sie will da mit seinem Vater „etwas"[13] für Lassalle tun. Doch jetzt reist er im Orient umher und er soll nur nicht nach Berlin zurückkehren, solange Sophie anwesend ist. Diese Vorsichtsmaßregel wird diplomatisch abgelehnt. „Ihren Wunsch betreffend, nicht nach Berlin zu kommen, so bin ich gewiß stets und ganz besonders in dem jetzigen Momente bereit, alle Ihre Wünsche zu erfüllen – aber wie das anfangen?", fragt Lassalle am Ende des Jahres aus Triest. „Es ist ja rein unmöglich. Von Breslau führt kein andrer Weg nach Küßnacht, d. h. nach Düsseldorf, als über Berlin. Berlin muß ich also passieren. Ich kann es auch nicht ohne Aufenthalt passieren, da ich erstens mehreres dort zu bestellen habe und ganz besonders auch endlich jetzt meine Domizilierungsangelegenheit zu Ende bringen muß und werde"[14]. Akzeptabel wäre für Lassalle, wenn Sophie auf ein paar Tage sein Breslauer Vaterhaus aufsuchte, oder daß er durch Berlin käme, ohne mit ihr

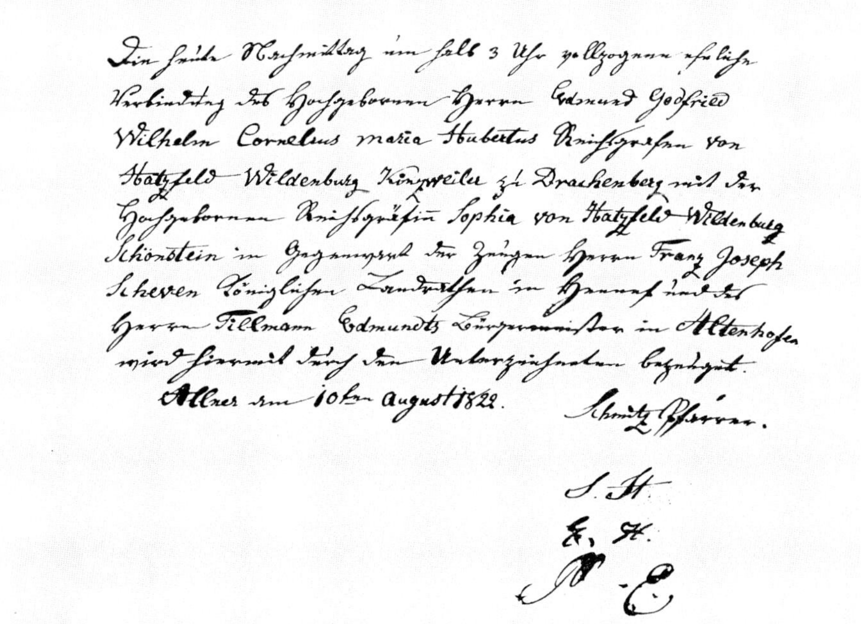

Die heute Nachmittag um halb 3 Uhr vollzogene eheliche Verbindung des Hochgeborenen Herrn Edmund Godfried Wilhelm Cornelius Maria Hubertus Reichsgrafen von Hatzfeld Wildenburg Kinzweiler zu Drachenberg mit der Hochgeborenen Reichsgräfin Sophia von Hatzfeld Wildenburg Schönstein im Gegenwart der Zeugen Herrn Franz Joseph Scheven Königlichen Landrathen in Hennef und des Herrn Tillmann Edmundts Bürgermeister in Altenhofen wird hiermit durch den Unterzeichneten bezeugt.
Allner am 10ten August 1822. Schmitz Pfarrer.

S. H.
E. H.

8 Kirchlicher Trauschein, 10. August 1822

zusammenzutreffen. Es ist ein Hin und Her, das sich über Jahre hinaus erstreckt, das Sophie 1857 für kurze Zeit wieder in Berlin und doch keineswegs stets Lassalle als treibendes, die Gräfin als retardierendes Moment sieht. „Da Sie so sehr wünschen, daß ich nicht nach Berlin komme, so werde ich es so lange verschieben, als ich nur eben kann, wenn Sie die Gefälligkeit haben wollen, mir einige Besorgungen und Einrichtungen, über die ich Ihnen eine Liste schicken werde, zu machen oder machen zu lassen", fügt Sophie sich in einem Brief aus Zürich. „Hier werde ich doch nicht mehr lange bleiben können; wo ich dann fürs erste hingehe, um nicht nach Berlin zu gehen, weiß ich noch nicht, vielleicht etwas nach Heidelberg, um einen Arzt zu konsultieren"[15]. Als das geschrieben wird, ist 1861 schon Vergangenheit, das Jahr, das „Lassalle und die Gräfin ganz an den gleichen Orten verlebten"[16], was das Wagnis eines längeren gemeinsamen Aufenthalts in Berlin einschloß – unter vorsichtiger Zurückhaltung der beiden Rebellen und unverhüllter Mißachtung von Seiten der standes- bzw. klassenbewußten adeligen Verwandtschaft.

II.

Um Sophies problemreichen Beziehungen zu Berlin nachzugehen, sind wir den Ereignissen weit vorausgeeilt. Wir müssen nun sehen, wie sie sich als junges Mädchen auf eine glückliche Existenz am Niederrhein vorzubereiten schien, in der an Gatten- und Sohnersatz kein Gedanke sein konnte. Am 10. August 1822 heiratete sie ihren Vetter, den

9 Jugendbildnis Sophies, Zeichnung

„Kgl. Preuß. Kammerherrn Graf Edmund v. Hatzfeld(t)-Wildenburg, Weis- oder Kinzweiler zu Trachenberg . . . Herrn (Mitbesitzer) der Standesherrschaft Wildenburg-Schönstein (in den damaligen preußischen Provinzen Rheinprovinz und Westfalen)“[17]. Standesamtlich erfolgte die Trauung in der heute zum Kneippkurort Hennef, Sieg, gehörenden Gemeinde Lauthausen, kirchlich in der Kapelle von Schloß Allner. Sophies Onkel Klemens-August besaß dieses jetzt als nostalgische Wohnanlage geplante Schloß seit 1783, Sophies Schwager Maximilian Freiherr von Loë kaufte es fünf Jahre nach ihrer Vermählung[18].
Was dort in Wahrheit begann, will der erste Abschnitt der Scheidungsklage schildern, die Lassalle als Generalbevollmächtigter Sophies[19] ein Vierteljahrhundert nach jenem Wonnemond dem „Präsidenten des Königlichen Landgerichts zu Düsseldorf, Herrn Geheimen Ober-Justizrath von Voß, Hochwohlgeboren“ überreicht. Wer mit dieser Epoche, ihren Justizskandalen und deren politischer Ausschlachtung[20] vertraut ist, wird nicht jede dabei vorgebrachte Anklage als historische Tatsache betrachten. Ebensowenig wird man aber diese Gegenscheidungsklage einer Frau bagatellisieren wollen, die ihrerseits, wie wir sehen werden, das Objekt einer Scheidungsklage geworden war.
„Die Ehe“, lesen wir in dem in unsrer Dokumentation ungekürzt wiedergegebenen Abschnitt Eins, „wurde den 9. [sic] August 1822 zu Allner, einem Schlosse des Vaters der Gräfin, abgeschlossen“. Der tags zuvor notariell errichtete Heiratsvertrag lag der Schrift als Anlage bei. Dann wurden die Umstände, unter denen die Ehe eingegangen

10 Jagdszene mit Edmund von Hatzfeldt, Ölgemälde von Wilhelm Camphausen, 1846

worden war, angeprangert. „Die Gräfin hatte am Tage ihrer Heirat eben ihr 16. Jahr zurückgelegt. In so zarter Jugend noch kindisch, geistig und, wie später viele Ärzte als erste Ursache ihrer zugrundegerichteten Gesundheit angaben, auch körperlich unreif, wurde sie dem Grafen Hatzfeldt überantwortet. Majorats-Streitigkeiten zwischen der fürstlichen und [der] gräflichen Linie des Hauses Hatzfeldt, den Revenuengenuß und die Administration Trachenbergs und Schönstein-Wildenburgs betreffend, hatten es als ein erwünschtes Auskunftsmittel erscheinen lassen, daß der damalige status quo fortbestehen solle, der Graf Edmund von Hatzfeldt aber eine der Töchter des Fürsten zu ehelichen und mit ihr in Gütergemeinschaft zu treten habe. Die Wahl des Grafen Hatzfeldt fiel auf die 16jährige Sophie, obgleich ihre beiden älteren Schwestern noch unverheiratet waren. Der Graf Hatzfeldt lag bereits längere Zeit vor seiner Verheiratung in den Banden eines vertrauten Verhältnisses mit der Gräfin Nesselrode-Ehreshoven". Es folgten Beweise für das Bestehen dieser Liaison (aus der, nach Sophies Ende Dezember 1846 vom Oberlandgericht Arnsberg verhandelter Verschwendungsklage, zwei ehebrüchlich gezeugte Kinder hervorgegangen waren[21]).
Da konnte ein Nesselrodsches Stubenmädchen bezeugen, daß hier bereits ein „fleischliches Verhältnis" bestanden hatte. Bauern waren Zeugen davon, wie der Graf sich auf Spazierritten mit der Mätresse „die unanständigsten Handgriffe" erlaubte. Ein Jahr vor der Hochzeit hatte er sie als Verwandte mit nach Allner gebracht und, wie Hausgenossen bekunden konnten, da heimlich mit ihr „unerlaubten Umgang" gepflogen. Die Geliebte

hatte einem unter den Brüdern und Schwestern der Gräfin verbreiteten Gerücht zufolge angeraten, „die kindische, unentwickelte und damals allgemein für beschränkt geltende“ Jüngste als Braut zu wählen, damit die extramaritale Liebschaft nicht gestört würde. Vergeblich hatte der Fürst, dem diese Zustände nicht verborgen geblieben waren, im Heiratsvertrag den Schwiegersohn verpflichtet, „seiner Gattin mit der reinsten, zärtlichsten Liebe und Treue lebenslänglich beizuwohnen“, obwohl das noch geltende französische Gesetz eine solche Verpflichtung nicht vorsah. Außerdem mußte Edmund „ein feierliches Ehrenwort“ geben, „sein Verhältnis zur Nesselrode“ aufzugeben. Es blieb dennoch nicht einmal bei *einer* Nebenfrau (wie der aus Raumgründen von uns nicht unterzubringende, dem Gericht offenbar nicht vorgelegte, dritte Abschnitt der Scheidungsklage an vielen Beispielen erhärtet).

Einige Wochen vor der Hochzeit hat der Graf mit seiner Braut eine Landpartie nach Godesberg unternommen. Während die übrige Gesellschaft in einem Gasthof speiste, ist der Graf auf der Treppe einem reizenden jungen Mädchen begegnet, das dort die Kochkunst erlernte, um später einen Arzt zu heiraten. Nach einigen Komplimenten ist der Graf zudringlich geworden, worauf das junge Mädchen weinend entfloh. Kurz darauf ist „der Jude Baruch – eine Art von Agent und Kommissionär zu Bonn, der in dem Rufe eines Kupplers stand“, beim Vater des Kochlehrlings erschienen. Im Namen des Grafen hat er eine „enorm große Summe“ angeboten, damit die Tochter als Gesellschafterin für die zukünftige Gräfin nach Schloß Kalkum käme. (Als „Dienerin der Lust“, präzisiert bzw. interpretiert die Scheidungsklage den Vorgang.)

Der Schwur am Traualtar stellte sich anscheinend sogleich als Meineid heraus. In Schloß Kalkum angelangt, „erklärte der Graf seiner Gemahlin rundheraus, ‚er habe sie nicht geheiratet, um sich um sie zu bekümmern; er liebe bereits die Gräfin Nesselrode, sie, Sophie, möge ihre Wege gehen und ihn seine Wege gehen lassen‘“. Deshalb, hieß es, sei die junge Frau, „unmittelbar nach der Hochzeit Tag und Nacht allein“ gewesen, während Edmund in Düsseldorf seiner Liebschaft mit Gräfin Nesselrode nachging. Wochenlang habe diese aber auch mit auf Schloß Kalkum gewohnt, wobei ihr Schlafzimmer ans Ankleidezimmer des Hausherrn grenzte. Das geschah schon am Tag nach der Hochzeit. Trafen Kisten mit Waren für die Gräfin Hatzfeldt ein, dann entschied die Gräfin Nesselrode, was Sophie vom Inhalt erhalten würde. Bei Besuchen in der Nesselrodschen Wohnung mußte sie allein in einem Zimmer sitzen, während Edmund in einem Kabinet den „Beischlaf“ vollzog. „Ganz kurz nach der Heirat“ hatte Sophie einmal um Mitternacht allein nach Kalkum zurückfahren müssen – in jener Zeit eine unerhörte Zumutung. Alles Protestieren half nicht. „Ach, sei doch nicht so dumm“, war die Antwort. Auf Befehl mußte Sophie selbst die Gräfin Nesselrode besuchen oder sie nach Kalkum einladen, damit Edmund Gelegenheit bekam zur „verbrecherischen Befriedigung seiner Lüste“.

Es blieb nicht bei Scheltworten. Noch während der Flitterwochen hat Sophie unter Zeugen auf offener Straße in Düsseldorf von ihrem Mann „drei derbe, heftige Stöße in die Seite“ bekommen, weil sie der ihnen entgegenkommenden Gräfin Nesselrode ausweichen wollte, statt sie zu begrüßen. Bei Sophies erster Niederkunft – einer Zangengeburt, die zum Tod des Kindes führte und die Mutter 18 Tage zwischen Leben und Tod schweben ließ – kohabitierte der Vater, wie fünf Zeugen aussagen konnten,

11 Sophie und Edmund als Modelle in Heinrich Anton Mückes Fresko „Demütigung der Mailänder“, Schloß Heltorf, 1833 (rechte Bildseite)

„mit der Gräfin Nesselrode bei halb offener Tür“. Auch die Wöchnerin bemerkte laut weinend die Provokation.

Andrerseits sah der untreue Ehemann darauf, daß die Gräfin in Düsseldorf mit ihm nicht im selben Stockwerk wohnte. Nur in Kalkum, wo „ein für den etwaigen Gebrauch des Grafen bestimmes Bett im Schlafgemach der Gräfin“ aufgestellt war, unterzog er sich (während eines Zeitraums von sechs Monaten ein- bis zweimal) der ehelichen Pflichten. Sophie hatte diese Aufmerksamkeit seiner Großmutter zu verdanken, der einzigen von ihm anerkannten Autorität, die auf eine gebührende Nachkommenschaft hielt.

Gelegentliche Anwandlungen von Lust führten (bei zufälliger Ermanglung andrer Partner) zu „depravierten Gefälligkeiten“, Genüssen von „so überschwenglicher, Bordellhaus entsprungener Unnatur“, daß „das arme, entwürdigte Opfer“ – Sophie – „von Tränen, Ekel und Scham überwältigt wurde“. Die Wahrheit dieser Behauptung ergab sich für die Verfasser der Scheidungsklage aus einer Äußerung des Grafen gegenüber einem Schwager. Als der Betreffende den jungen Ehegatten auf einem Spazierritt fragte, weshalb ihm die Frau, die alle Welt schön fand, nicht zu gefallen schien, soll der Gefragte gebrummt haben: „Ach was, ich habe ein häßliches Frauenzimmer von Fleisch und Bein lieber als eine solche tote Statue, wenn sie [auch noch] so schön ist". Der hier wirksame circulus vitiosus ist unübersehbar. Sophie bekam anscheinend im Jahrzehnt nach der Hochzeit kaum ein freundliches Wort von ihrem Mann zu hören. Wohl aber tobte er in Gegenwart von Dritten oft mit ihr. Solches Verhalten setzte sich bei dem Opfer der Unfreundlichkeit zwangsläufig in abweisende Kälte um, die ihrerseits den Partner weiter abstoßen bzw. noch barscher machen mußte. Von amtlicher oder unabhängiger privater Familienberatung, Psychoanalyse, Gruppentherapie wußte die Biedermeierzeit noch nichts.

So viel aus diesem Dokument über die Lage, die erst nach einer weiteren Dekade von Spannungen in die Befreiung aus dem Ehegefängnis und einen für Sophie wie für Lassalle finanziell recht günstigen Vergleich münden würde.

Zweites Kapitel

Der Prozeß

Der Kampf für sie war seine erste revolutionäre Tat.
Veit Valentin

12 Mauer und Graben des Wasserschlosses Kalkum; im Hintergrund St. Lambertus, 1975

I.

Ein mit Lassalles Lebenslauf noch Unvertrauter kann nach dem vorher Gesagten kaum erstaunt sein, wenn er nun erfährt, daß Ferdinands wichtigster Liebesbrief „Ach, Sophie“ beginnt. Die Empfängerin heißt aber nicht Sophie von Hatzfeldt, sondern Sophia Adrianowna von Sontzoff. Geschrieben ist der „Manuskriptbrief“ im Oktober 1860, und zwar in französischer Sprache. Die junge Russin, um deren Hand der Fünfunddreißigjährige mit dieser Seelenbeichte – ohne Erfolg – anhält, ist des Deutschen zwar mächtig, zieht aber Französisch vor. Bis 1963 stand dem deutschlesenden Publikum nur ein wesentlich nach der russischen Übersetzung angefertigter Text von 1877/78 zur Verfügung, der mehrere Sinnverkehrungen enthielt. Zur Jahrhundertfeier der deutschen Sozialdemokratie ist dann ohne Rücksicht auf literarische Übertragungskünste eine Wort für Wort das französische Original wiedergebende deutsche Version vorgelegt worden[1]. Nicht weniger als 21 Druckseiten des Mammutschreibens – sozusagen eine Puppe in der Puppe – befassen sich mit der Gräfin Sophie und in erster Linie mit ihrem Prozeß. Davon acht mit dem Kassettenraub; in unsrem Buch wird er am Schluß kurz beschrieben werden, wenn auch nicht in der Diktion eines neueren, einheimischen Kommentators, der von „Chicagomethode“[2] spricht (ein Vergleich mit dem staatlichen Gangstertum der NS-Zeit fiel ihm ersichtlich nicht ein).
Hier ein Blick auf jene Vorzeichnung für ein Historiengemälde, bei der man begreiflicherweise nicht nach Differenziertheit und getreulicher Wiedergabe von Details suchen

13 Fürst Hermann von Hatzfeldt-Trachenberg

darf. „Jetzt komme ich zu dem Ruhme meines Lebens!", beginnt Lassalle den betreffenden Briefteil in dem Stil, den Alfred Polgar einmal bei einem andern als „Wortpomp"[3] geißelt. Danach diese Einleitung: „Um Ihnen von dem Roman meines Lebens alles, was Sie brauchen, zu sagen, kann man nicht umhin, den Lebensroman der andern ein wenig zu berühren. Im Januar 1846 war es, als ich in Berlin die Bekanntschaft der Gräfin von Hatzfeldt machte, die Sie kennen. Es ist eine Frau von einer Seelengröße, von der ich Ihnen keine richtige Vorstellung geben könnte. Aber so selten wie der Adel ihres Herzens, so tief wie die Ausdehnung ihres Geistes war das Unglück ihres Schicksals". Es folgt eine Charakterisierung Edmunds (dessen am 9. Nivose siebenten Jahrs der [Französischen] Republik – 28. Dezember 1798 – in Kinzweiler erfolgte, vom Maire in Lochweiler 1811 beurkundete Geburt ihm übrigens die Vornamen Edmond, Godéfroi, Corneille, Fredéric, Hubert eingetragen hatte[4]). Der Gatte, der zugleich Cousin war, heißt es da, haßte Sophie. Er mißhandelte und verfolgte sie „in einer so unwürdigen Art", daß „die überspanntesten Romane nichts dergleichen enthalten".

Dann genauer: „Über fünf Millionen verfügend, der Reichste von der ganzen Familie, im Besitze aller Vorrechte und der Autorität, die unser hoher Adel – es ist dieses eine der größten Familien von ganz Deutschland – damals hatte und selbst heute noch hat, kannte er keinerlei Maß in den Exzessen, denen er sich in seinem Haß gegen sie hingab. Er hatte sie in seine Bergschlösser eingesperrt, er hatte ihr während ihrer Krankheiten den Mediziner und die Medizin verweigert, er entriß ihr ohne Unterlaß durch geheime Entführungen ihre Kinder – das ganze Leben dieser tapferen Frau war nur ein um ihre Kinder geführter Kampf, die sie immer wieder von neuem wiedereroberte und wiederverlor –, er ließ sie unaufhörlich aller Existenzmittel entblößt, und während er sein ungeheures Vermögen verschwendete und sein Leben in den nichtswürdigsten Ausschweifungen vertat, unterstützte und bezahlte er die gegen sie gerichtete Verleumdung".

Nun zu Sophies Familie: „Sie hatte sehr mächtige Verwandte. Der Vater und die Mutter der Gräfin waren unglücklicherweise seit langem tot. Aber ihre Brüder, ihre natürlichen Stützen, und auch ihre Schwäger waren in den höchsten Stellungen. Und es ist wahr, diese ganze Familie war wütend auf den Grafen. Sie tadelte ihn streng. Oft hatte sie während der Dauer dieser Ehe Anstrengungen gemacht, um den Grafen zu dem Versprechen zu zwingen, seine Führung zu ändern; sie hatte mehrmals Familienzusammenkünfte abgehalten und hatte den Grafen gezwungen, gütliche Abmachungen zu unterschreiben, um das Los der Gräfin gegen ihn zu sichern. Der Graf gab immer nach, machte scheinbare Versöhnungsversuche, unterschrieb, was man von ihm wollte, und drei Tage später fing er seine Schandtaten wieder von neuem an. Das lag daran, daß die gütlichen Abmachungen zwischen Gatten nach unserem Gesetz bedeutungslos sind. Und da der Graf sich überhaupt nicht an sein Wort als Edelmann hielt, da er sowohl sein mündliches Versprechen wie sein schriftliches Wort immer am nächsten Tag brach, konnte es für die Gräfin eine wirksame Rettung nur in dem Appell an die Richter geben."

An dieser Stelle trat der seit 1840 regierende Preußenkönig Friedrich Wilhelm IV. in Erscheinung, der keineswegs, wie wir später sehen werden, entschieden auf der Seite der Gräfin stand, aber „Ärgernisse" zu vermeiden trachtete. „Einmal sogar, im Jahr 1843, hatte der Fürst von Hatzfeldt, der Bruder der Gräfin, den König selbst zugunsten der Gräfin zu intervenieren veranlaßt. Der König hatte dem Grafen durch eine Kabinettsorder befohlen, sein schändliches Betragen gegenüber der Gräfin zu ändern. Doch der Graf stellte sich taub, und weil der König bei uns nicht die Macht des Zaren hat und in die privaten Dinge nicht eingreifen kann, blieb dieses ganz ohne Wirkung. Also gab es nur ein einziges Heilmittel, die Zuflucht zu den ordentlichen Gerichten".

Den Angehörigen war diese Tatsache nur allzu gut bekannt. „Seit wie vielen Jahren hatte die Gräfin ihre Familie, ihre Brüder auf ihren Knien angefleht, den Beistand der Gerichte in Anspruch zu nehmen! Aber das war gerade der Punkt, von dem die Familie absolut nichts wissen wollte. Denn da die Prozesse bei uns öffentlich sind, hatte der Graf eben jenes Mittel – vom Gesichtspunkt der Familie aus – durch das Übermaß seiner Schändlichkeiten unmöglich gemacht. Denn gerade aus diesem Grund fürchtete die Familie um des stolzen Namens der gemeinsamen Familie willen, unter deren Häuptern der Graf war, vor allem die Öffentlichkeit. Und sie wichen zurück vor dem Gedanken, so viele von einem der Ihrigen begangene Schandtaten zu entschleiern, sie wichen zurück vor dem Gedanken, dadurch den Namen der ganzen Familie zu beschimpfen; sie wichen zurück vor der Veröffentlichung ihrer eigenen Schande, so lange und so feige so unerhörte Ungeheuerlichkeiten geduldet zu haben; sie wichen zurück im aristokratisch-politischen Interesse, um dem Haß des Volkes, der sich überall gegen den Adel fühlbar machte, nicht neue Nahrung zu geben."

Oft habe die Familie zur Gräfin gesagt, sie möge etwas Geduld haben. Wenn der Graf noch einmal sein Wort brechen, dieses oder jenes tun werde, würde sie ihm bestimmt den Prozeß machen. Er hatte es getan, doch immer, wenn die Gräfin prozessieren wollte, erklärte man ihr, dadurch werde sie zur Feindin, gegen die man sich geschlossen wehren müsse. Infolge der „natürlichen Schwäche eines Weibes" war die Gräfin also „allein, ohne einen Heller, ohne irgendeine Hilfe, und mit der Gewißheit, die ganze Familie gegen sich zu haben". Folglich durfte sie nicht an Selbsthilfe denken. Dieser Zustand dauerte „fast 20 Jahre". Das war das Stichwort für Lassalles Auftritt.

„Durch Zufall", schreibt er, „wohnte ich selbst neuen Greueltaten bei, denen der Graf sich zu Anfang des Jahres 1846 gegen seine Frau hingab. Im Winter 1845 hatte man zwischen ihm und der Gräfin eine neue Versöhnung herbeigeführt, doch wie stets von seiner Seite aus nur zum Anschein. Sie sollten sich im April 1846 wiedervereinen. Anstatt das zu tun, schrieb der Graf einige Zeit vorher dem zweiten Sohn der Gräfin, Paul, den sie anbetete und der sie zärtlich liebte, das einzige Kind, das ihr zu entreißen oder zu bestechen dem Grafen nicht gelungen war –, der Graf, sage ich, schrieb insgeheim diesem Sohn von 14 Jahren, daß er ihn enterben würde, falls er nicht heimlich seiner Mutter entflöhe. Paul brachte diesen Brief seiner Mutter, und nun fand ich sie von Tränen und Schmerz erstickt, und lernte nach und nach ihre ganze Geschichte." Konnte Sophia (Adrianowna) sich einen Begriff von dem Eindruck bilden, den diese Geschichte auf den sogleich mit einschlägigem dokumentarischem Material konfrontierten „glühenden Revolutionär" machte?

Der Dissident (wie man heute sagen würde) erblickte im „Rahmen eines einzigen individuellen Lebens" dank seiner bis auf den bekanntesten Theoretiker und Praktiker der Großen Französischen Revolution, Maximilien Robespierre, zurückgehenden sozialpolitischen Schulung „alle Ungerechtigkeiten der alten Welt, alle Mißbräuche der Macht, der Gewalt und des Reichtums gegen den Schwachen, alle Unterdrückungen unserer Gesellschaftsordnung personifiziert". Er begriff, daß das Unglück dieser Mutter nur im Adel ihrer Seele lag, „die sich niemals dazu hatte herabwürdigen wollen, sich vor dem tyrannischen Geist ihres Gatten zu erniedrigen oder seinen nichtswürdigen Launen zu schmeicheln". Er, Lassalle, schämte sich seiner Nation. „Ich spreche nicht vom niedrigen Volk; dieses hat viel Edelmut". Es fehlte jedoch „der Aristokratie und dem deutschen Bürgertum an der geringsten Ritterlichkeit". Wie sollte er aber andern „ihren Egoismus und ihre Feigheit" vorwerfen, wenn er der Schutzlosen nicht zu Hilfe eilte?

Lassalle hatte gerade die Universität verlassen. Als Philosophiestudent verstand er nichts von der Juristerei. Jugend und Unkenntnis hielten ihn nicht zurück, der Bedrängten seine Dienste anzubieten, hinderten sie nicht, dieses Angebot zu akzeptieren. „Und ich erhob mich, ein ohnmächtiger junger Jude, gegen alles, was es an furchtbarsten Mächten gab, ich allein gegen alle – gegen die Gewalten des Ranges und des ganzen Adels, gegen die Macht eines grenzenlosen Reichtums, gegen die Regierung und die Beamten jeder Ordnung, welche stets die natürlichen Verbündeten von Rang und Reichtum sind, und gegen die Vorurteile aller Art."

Welches jugendliche oder junggebliebene Herz pochte nicht schneller beim Lesen dieses in der Hauptsache zutreffenden Berichts vom „schrecklichen Kampf – so schrecklich, daß keine Feder eine Beschreibung davon zu liefern vermöchte, ein Kampf von neun

Jahren, voll der grausamsten Leiden für die Gräfin und mich, ein Kampf, der jeden Tag mit allen erdenklichen Gefahren besät war, ein unmöglicher Kampf, doch ein Kampf, in welchem ich niemals einen einzigen Schritt zurückgewichen bin, und den ich schließlich siegreich, ganz siegreich, beendet habe!" Heute, wo es sechs Jahre her sei, daß er ihn gewonnen habe, könne er kaum selbst begreifen, „wie es möglich war, ganz allein dem Schock sämtlicher vereinigten Mächte zu widerstehen und zuguterletzt zu siegen".
„Ganz allein" ist allerdings eine gelinde Übertreibung. Auf der einen Seite standen neben Lassalle während der ganzen Dauer des Prozesses die Gräfin, während der Revolutionsjahre auch Paul, mit ihren Mitteln und ihrem Prestige. Der konservative preußische Politiker und Parlamentarier Graf Klemens August von Westphalen gab nicht nur ein Initialdarlehen von 17.000 Talern – also ein kleines Vermögen –, sondern unternahm es auch, den König zu beeinflussen. Auf der andern Seite leisteten vor oder außer Lassalle Männer wie Pastor Johannes Theodor Joseph Fowinkel[5], Rechtsanwalt Felix Alexander Oppenheim, der Arzt Arnold Mendelssohn, der indirekt dadurch sein Leben verlor, Chefredakteur Karl Marx und andre Demokraten Schützenhilfe[6].

II.

Doch eines Mannes Rede ist keines Mannes Rede. Wenden wir uns der Übermacht zu, gegen die das Fähnlein der Aufrechten in dem Ehestreit angetreten war! Und setzen wir hinzu, daß Edmund zum mindesten als „Hinkefuß"[7] Mitgefühl verdiente! „Eitel, leidenschaftlich, disputier- und zanksüchtig, heftig zum Exzess, herrsch- und genußsüchtig ohne Maß" erscheint Sophie in Edmunds Ehescheidungsklageschrift (die in unserer Dokumentation in toto dem dort abgedruckten Drittel der Gegenklage vorangeht). Ihr nach kränkte die allzu jung Vermählte die gräfliche Mutter und Großmutter besonders „durch ihr freies, leichtsinniges und ungebundenes Benehmen und durch ihre Mißachtung, ja offene Verspottung jeder häuslichen Zucht und Tugend". Man kann ein trauriges Lächeln über diese – vermutlich nicht ganz unbegründeten – Vorwürfe kaum unterdrücken, wenn man sich des vielfach bezeugten Koitus' des Gatten mit der Konkubine in unmittelbarer Nähe von Sophies Kindbett entsinnt.
Von Beschuldigungen ganz anderer Art wimmelt es in der Anklage, wobei die Angaben großenteils ziemlich vage bleiben. „Es dauerte nicht lange, so wurde schon der Umgang der Gräfin mit fremden Männern zum öffentlichen Ärgernis der Bewohner von Kalkum; insbesondre traf sie mit einem gewissen Herrn sehr häufig des Morgens früh im nahegelegenen Forstbusche zusammen und verkehrte dort mit demselben auf eine so rücksichtslose Weise, daß der [1845] verstorbene Pfarrer von Kalkum, Fowinkel, sich noch später dieserhalb äußerte, ‚es sei ein Skandal für die Gemeinde gewesen, und sei er mehrmals in Versuchung gekommen, polizeiliche Abwehr dieses öffentlichen Ärgernisses zu veranlassen'". Hierbei fällt uns jedoch ein, daß der nämliche Geistliche (der Aussage seines ihn überlebenden Vikars zufolge) der offenbar manchmal burschikos mit einem morgendlichen Begleiter im Wald Umhertollenden ein Gespann aus Düsseldorf kommen ließ, damit sie in steter Begleitung des Vikars abends in die dortige Bolkerstraße fahren und von da den Advokatanwalt und Justizrat Friderichs im Haus 840 der Kasernenstraße aufsuchen konnte (der Schloß-Kutscher durfte nämlich für sie nicht anspannen, Besucher für sie durften die Dienstleute nicht vorlassen).

Wir haben von Edmunds Liebschaft mit der Gräfin Nesselrode gehört. Nun erfahren wir, daß ihm zufolge Sophie seine Vorliebe für diese Düsseldorfer Nachbarn teilen lernte. Sie knüpfte laut Klage „unter andern" – eine ebenso unbestimmte wie suggestive Formel! – „Ende der zwanziger Jahre ein Verhältnis mit dem verstorbenen Grafen Rudolph von Nesselrode an, welcher viele Nächte mit der Gräfin in deren Bette zubrachte". Dem schloß sich ein Schlüssellochbericht (einer von mehreren in diesem Prozeß auf beiden Seiten benutzten) über „einen Engländer" an. Danach kam der „Holländer Westreenen" an die Reihe und, was noch ärger als ein ausländischer Name klingen mochte, ein einfacher „Tafeldecker", den Sophie vergeblich zu verführen bemüht gewesen sein sollte. Bald erregte sie „durch ihre unanständige Kleidung, durch ihr zügelloses Konversieren mit Männern" in Bad Aachen „öffentliches und allgemeines Ärgernis" (die Kavaliere stiegen, hieß es schlichtweg, nachts durch ihr Fenster ein), bald zog sie sich eine „galante Krankheit" zu (die Sophie, falls sie wirklich syphilitisch war, mit Edmund und Lassalle geteilt haben dürfte), bald beglückte sie in Bonn nicht nur einen Sattler und Studenten mit ihrem Umgang – beides unstandesgemäße Verbindungen. Danach gewann ein Attaché der französischen Gesandtschaft in Berlin ihre Gunst, und so weiter und so fort, mit preußisch genauer Auflistung a, b, c, aa, bb, cc, aaa, bbb, ccc, etc.

In Verbindung mit jenem Attaché taucht selbst in dem aus der Klageschrift resultierenden Gerichtsbeschluß ein fragwürdiges Beweismittel auf – Kinderaussagen. Die fünfjährige Melanie bezeichnet eine Bekanntschaft ihrer Mutter nach der faktischen Trennung vom Herbst 1833 als „neuen Papa". Als Alfred einmal in Begleitung seines „Gouverneurs" nach einem Souper das Schlafgemach der Mutter verläßt, bleibt (Stoff für den Marquis de Sade!) ein Graf De la Roche-Bouchin bei ihr zurück. Paul marschiert mehrmals als Zeuge der Anklage auf. Mit sieben Jahren ahmt er (nach einer in Abschnitt Zwei der Scheidungsklage überzeugend widerlegten Behauptung) spielerisch den angeblich vom Engländer Herbert (Florence Nightingales Freund Sydney Herbert, später Lord of Lea?) bei der Mama praktizierten Cunnilingus nach. Der „Eilfjährige" schnarcht, um Schlaf vorzutäuschen, beobachtet jedoch vom Nebenzimmer aus das Liebesspiel Sophies mit dem Leutnant von Strantz. Dreizehnjährig erlebt er das Gleiche mit dem polnischen Grafen Branitzky in der Hauptrolle. Auf einer Rheinfahrt endlich überrascht der Schaffner die Gräfin in den Armen Lassalles (und liefert so Punkt „kkkk" der Klage), „während der Sohn Paul und das Kammermädchen zum Fenster hinausblickten". Ob das aus Abgebrühtheit oder Diskretion geschah, wird nicht verraten. Sophie, geht es weiter, wird in Italien praktisch als Prostituierte behandelt, ist Nymphomanin – drei Männer in einer Nacht – und hat's auch sonst mit der Zahl Drei. Lernt sie doch „durch Vermittlung des Grafen Kaiserling [sic] den Jakob Lassall [sic], Sohn eines jüdischen Kaufmanns aus Breslau, kennen, und gleichzeitig den Kammergerichts-Assessor Oppenheim, Sohn eines jüdischen Bankiers, und den jüdischen Arzt Dr. Mendelsohn [sic]; diese drei Helden des weltkundig gewordenen Dramas in der Rheinprovinz. Alle drei hatten ehebrecherischen Umgang mit der Gräfin. . . Vorzugsweise war dies aber der Fall mit Lassall; zwischen ihm und der Gräfin knüpfte sich bald die engste – ehebrecherische nicht nur, sondern auch verbrecherische – Verbindung, deren Zweck auf nichts Geringeres als die Vernichtung des tödlich gehaßten Gemahls ging". Bei so vielen Ausbrüchen aus dem Ehejoch kann es manchem zeitgenössischen Leser nur

billig vorkommen, daß eine der Konditionen des betrogenen Ehemanns für die Versöhnung lautet: „Auf alles Reisen muß verzichtet werden". Von unsrer Warte aus erleichtert die Lektüre des Dokuments vor allem das Verständnis für die gesellschaftlichen – speziell auch die juristischen – Zustände im vergangenen Jahrhundert.
Edmunds Replik[8] auf Sophies Scheidungsklage beschränkte sich bezeichnenderweise im wesentlichen auf drei Anklagepunkte. Das waren: 1. das die „Präsumtion des Ehebruchs begründende notorische Verhältnis des mit der Gräfin zusammenwohnenden Lassalle zu der letzteren" – also ein unbewiesener, wenn auch für den alles in allem Abwägenden nicht ganz von der Hand zu weisender Verdacht. 2. der vermeintliche Ehebruch mit von Strantz – für die Anklage „schriftlich erwiesen", wohingegen die Gegenkläger die Echtheit der fraglichen Briefe anfochten. 3. der Ehebruch mit Bassenheim; ihn tat Sophie beileibe nicht mit der Reaktion des Opfers im Kafkaschen Prozeß „Ich bin vollständig unschuldig"[9] ab. In einem Schreiben an den König gab sie diesen Seitensprung unumwunden zu. Freilich geschah das nur in einem Konzept. Daß es ersichtlich von einem Spion der Gegenpartei entwendet wurde, zeigt die Kampfmittel, die beide Parteien anwandten. Bedenken wir, daß Edmund kein bona fide-Ehemann sein konnte und wollte und daß Lassalle bestimmt überwiegend die Doppelrolle eines Sozius' und Sohns zugewiesen bekam, bzw. annahm, dann werden wir Sophie nachträglich wünschen müssen, daß wenigstens ihre Liebe zu Bassenheim eine Zeit reinen Glücks für sie bedeutet haben möge.

Drittes Kapitel

Revolution und Reaktion

Der Masse blieb sie gleichgültig.
Karl Kautsky über Sophies Andenken

I.

Nur etwas über ein Vierteljahr ist Lassalle auf freiem Fuß, während die europäischen Fortschrittsfreunde die noch halbfeudale durch eine rein bürgerliche Gesellschaftsordnung zu ersetzen trachten. Von Februar bis August 1848 sitzt er als angeblicher intellektueller Urheber des Kassettendiebstahls (Schreibtischtäter würden wir sagen) in Untersuchungshaft. Dann wird er freigesprochen und kann sich von da an der revolutionären, zunehmend auch proletarische Interessen vertretenden rheinischen Volksbewegung anschließen. Bis er vom 22. November '48 bis 6. Mai '49 erneut in Untersuchungshaft kommt, weil er die Bürgerwehr zum bewaffneten Widerstand gegen die illegalen Maßnahmen der preußischen Regierung aufruft. Wiederum freigesprochen, befindet er sich (jetzt wegen Beleidigung des Generalstaatsanwalts bzw. Generalprokurators) abermals in Untersuchungshaft. Anfang Juli erhält er dafür eine sechsmonatige Gefängnisstrafe bei zeitweiliger Aussetzung des Vollzugs aus Gesundheitsgründen. Diese persönliche Verfolgung müssen wir kennen, um uns den vulkanartigen Freudenausbruch seiner Anhänger beim Freispruch vom Herbst '48 auszumalen. Sophie, seine Mandantin, Freundin und Genossin, rührig auch in der Sekretärs- und public relations-Arbeit, teilt den Jubel der Feiernden.
Gegenüber der von ihm umworbenen jungen Sophie stellt der ehemalige Generalbevollmächtigte der inzwischen 55jährigen Gegenklägerin im Scheidungsprozeß seinen Siegeszug in der uns schon vertrauten Epistel – um nochmals Polgars Gabriele d'Annunzio-Skizze zu zitieren – wie „eine hypertrophierte Pflanze" hin, „hochgezogen nicht unter freiem Himmel, sondern in einem Treibhaus der Literatur"[1]. „Ich stürzte mich auf die Anklagebank nicht wie ein Mensch, der sich zu verteidigen hat, sondern wie ein Triumphator, der zu seinem sicheren Triumph marschiert. Ich stürzte mich darauf, in der Hand den Angriff sowohl gegen den Grafen wie gegen die mit ihm verschworenen Beamten. Ich fand dort mehr als vierzehn falsche Zeugen, die der Graf gedungen hatte. Das beunruhigte mich keineswegs. Ich hatte es vorhergesehen. In einer Debatte von sieben Tagen, die ich ganz allein leitete, wurden die falschen Zeugen schändlich von mir besiegt, verwirrte und zerschmetterte ich auf immer die Verleumdungen, stellte ich mit unumstößlichen Beweisen die Geschichte dieser Ehe fest und bemächtigte mich am letzten Tag, in einer Rede von sechs Stunden, die ich Ihnen beiliegend gedruckt gebe, damit Sie die Einzelheiten daraus erfahren, nachdem ich der gegen mich gerichteten Anklage einige Fußtritte versetzt hatte, des Kampfes zwischen der Gräfin und dem Grafen, indem ich mich ganz offen mit dieser Sache identifizierte, und schmetterte den Grafen und seine Komplizen nieder"[2].
Lassalles glühende Sprachlava beleuchtet als nächstes die Reaktion der ihm günstig gesonnenen Masse: „Sophie, nichts würde Ihnen die geringste Vorstellung von dem elektrisierenden Eindruck wiedergeben können, den ich machte. Die ganze Stadt, die Bevölkerung der ganzen Provinz schwamm in Strömen der Begeisterung! Das Volk hatte das Antlitz eines Mannes gesehen. Es hatte mich verstanden. Aber nicht es allein, alle Klassen, das ganze Bürgertum, waren in einem Rausch der Bewunderung. Die paar Einzelheiten, die wir Ihnen in Köln erzählt haben, sie sind diesem Prozeß da entnommen. Als wir in Düsseldorf ankamen, hätte uns die Bevölkerung dieser Stadt mit ihren Beifallsbezeugungen [beinahe] noch betäubt. Sie spannte uns, der Gräfin und mir, die

14 Sophie mit Paul und Ferdinand, Kölner Karikatur-Flugblatt, 1849

Pferde aus, um uns mit eigenem Körper zu ziehen. Das kam daher, daß das Volk, obwohl der Prozeß nicht im eigentlichen Sinn politisch war, verstanden hatte, daß es im tiefsten Sinn dieses Wortes ein politischer Prozeß war, daß es eine Insurrektion gegen die Unterdrückung war". Die Gräfin bildete, da sie die am längsten Unterdrückte war, mit einem modernen Bild das positive Proton des politischen Atoms, dessen negatives, das Proton umkreisende Elektron Lassalle abgab. Doch von diesem Sachverhalt vernimmt seine russische Leserin nichts. „Nicht nur wurde ich freigesprochen, sondern ich hatte auch einen furchtbaren Schlag ausgeteilt. Jener Tag gab mir in der ganzen Provinz den Ruf eines Redners ohnegleichen und eines Mannes von beispielloser Energie, und die Zeitungen machten sich daran, diesen Ruhm in der ganzen Monarchie zu verbreiten. Sie gaben mir den Namen eines Mannes, der für sich allein eine ganze Welt angreift. Seit jenem Tag erkannte die demokratische Partei in der Rheinprovinz mich durch einen ihrer ersten Führer laut an". Der hier nicht namentlich Genannte der ersten Garnitur der Linken ist Marx.
Statt den Grad von Marxens Anerkennung für Lassalles siegreiche juristische Feldzüge nachzuprüfen, wenden wir unser historisches Mikroskop lieber wieder Sophie und ihrem Sohn zu. Als adelige Gegner von Aristokraten setzen sie die Phantasie der Menschen in Bewegung. Wen sollte es nicht überraschen, daß Paul Ende Juni '48 im

Hassel, Wilh. Jos., Gärtn., Hamm 24.
Hasselkuß, Karl, Spediteur, Berger-Allee 1334.
Hatten, Joh. Aug., Kleiderm., Mittelstraße 817.
Hatzfeld', Frdch. Heinr., Geh.-Reg.-Rath, Alleestraße 429.
Hatzfeld, Sophie, Gräfin von, Rentnerin, Jägerhofstraße 7.
Hau, Friedr., Sandformer, Bilk 50.
Hautz, Joh. Sebastian, Haupt-Steuer-Amts-Assistent, Alleestr. 106.
Haverkamp, Adolf, Schenkwirth und Bäcker, Ratingerstr. 182.
Hawer, Peter, Schuhmacher, Kasernenstraße 880.
Hayn, Wittwe, Amalie, geb. Stöter, o. G., Schadowstr. 20.
Hähnchen, Wittwe, Christ., geb. Froitzheim, Näherin, Neubrück.

L'Arronge, C. Th., Theater-Direktor, Flingerstr. 1101.
Larson, S. M., Maler, Wehrhahnen 36.
Larvug, Margaretha, o. G., Neustadt 22.
Lasalle, Ferdinand, o. G., Jägerhofstr. 7.
Lasch, Maria, Tagel., Ratingerstr. 127.
Latz, Eduard, Schreiner, Altestadt 250.
Latzen, Joh. Peter, Speisewirth, Rheinörtchen 1126.
Lautwe, Jos., Tagel., Mörsenbroich 58.
Lautwe, Peter, Tagel., Mörsenbroich 58.
Lauzendorfs, Kasp., Hauptmann a. D., Schulstraße 1224.
Lauzendorf, K., Kaplan, Schulstr. 1224.
Laven, Wittwe, Magdalena, geb. Malo, Näherin, Flingerstr. 673.
Lay, Mathias, Schlosser, Cölner-Chaussee 94.

15 Jägerhofstraße 7, Sophies und Lassalles Adreßbuch-Anschrift während der Revolutionszeit, Montage

16 Ferdinand Lassalle, Holzschnitt, 1848

Düsseldorfer Volksklub, dem Sammelpunkt der „aktivsten und entschiedensten Revolutionäre“[3], für die Republik eintritt und ein Fest für den Reichsverweser ablehnt?[4] Anfang Juli wird er dort als Kassierer in den Vorstand gewählt[5], Mitte August zum rheinischen Kreiskongreß der demokratischen Vereine nach Köln entsandt[6], Ende des Monats von einer gemeinsamen Versammlung des Volksklubs und des Demokratischen Vereins (seine beinahe 2000 Mitglieder sind für „demokratische Monarchie“[7]) einer Delegation zugeteilt[8]; sie soll für die Befreiung des Dichters Ferdinand Freiligrath eintreten (er ist wegen der Verbreitung eines Gedichts inhaftiert). In jenem Monat beehrt auch Seine Majestät der König von Preußen Düsseldorf, das nach seiner ein Jahrzehnt später eintretenden geistigen Umnachtung und Abdankung dem Nachfolger mitten in der City ein – unzerstört in die Berliner Allee der Landeshauptstadt hineinragendes – Denkmal errichten wird. Zu ihren Lebzeiten werden diese Monarchen am Rhein nicht immer für denkmalswürdig befunden. „Großenteils wohlgekleidete Personen“, manche angeblich aus dem Bergischen, verursachen „skandalösen Lärm“. In Läden und Konditoreien haben sie zuvor „viele Pfeifchen“ eingekauft und zur Unterstützung eines kleinen Pfeifkonzerts „Straßenbuben“ angeworben oder angehalten. „Von vielen Seiten wurde nun die Gräfin Hatzfeld und ihr Sohn Paul bezichtigt, an Straßenbuben etc. Pfeifchen, Geld und rote Bänder verteilt zu haben; der angestrengtesten Mühe ungeachtet, hat dies aber nicht konstatiert werden können“[9].

Drei Wochen danach, am Sonntag, den 10. September, soll „Paul Hatzfeld“ (neben Lassalle und andern) nachmittags „in dem Wirtshause zum ‚Kaiser‘ jenseits Heerdt“ an einer vom Düsseldorfer Volksklub und Demokratischen Verein einberufenen Großveranstaltung teilnehmen, kündigt ein Polizeibericht an. „Hatzfeld“, wie er hier ohne Adelsprädikat demokratisch genannt wird, marschiert an jenem Tag (mit Lassalle und andern) hinter einem Musikkorps und der in jener Zeit revolutionären „deutschen Fahne“ Schwarz-Rot-Gold an der Spitze des in Stärke von 800 Personen zu den Neusser Wiesen ziehenden, Auswüchse vermeidenden Demonstrationszugs. „Im ganzen sollen auf der Wiese etwa 6000 Menschen gewesen sein“. Ein Teil der „die stehende Rheinbrücke“ benutzenden Düsseldorfer Rückkehrer beteiligte sich zwar an abendlichen „Fenstereinwürfen“ beim „Pförtner des Düsseldorfer Arresthauses aus Sympathie für den eingekerkerten Freiligrath“[10], doch Pauls Name fällt in diesem Zusammenhang nicht mehr.

Dramatisch wird der Verlauf der Ereignisse für unsern Paul dagegen, als Ende November '48 einem Instruktionsrichter in Düsseldorf eine Akte zugeht, nach der eine Deputation, bestehend aus dem Chef der Bürgerwehr und zwei Bürgerwehroffizieren, dem „Literat[en] Lasalle“ und dem „Grafen Paul von Hatzfeld“, von der zuständigen Behörde im Sinne des Beschlusses der Nationalversammlung die vorläufige Einstellung des Erhebens sämtlicher Steuern fordert. Diese Forderung führt Anfang Dezember zur Vorladung des (bzw. der) Beschuldigten und dadurch u. a. zu einem unverhofften Selbstzeugnis: „Ich heiße Paul v. Hatzfeldt, bin 17 Jahre alt, hier geboren und wohnhaft, ohne Geschäft, unverheiratet, stehe nicht in Militärverhältnissen, bin noch nie bestraft worden“. Zur Sache gibt Paul eine zwei Seiten lange Erklärung ab. Die Delegation habe lediglich die Haltung des Hauptsteueramts zum Steuerverweigerungsbeschluß des Parlaments erkunden sollen und wollen. „Auf die Frage, wer zu jener Deputation gehört, erwidre ich, daß ich zwar über jede mich betreffende Frage, nicht aber über Fragen

Auskunft geben kann und werde, welche andere betreffen"[11]. In diesem Punkt macht Paul – zum Unterschied von sonstigen Zeugen – der revolutionären Partei alle Ehre. Allerdings sind die Gegenrevolutionäre schwerlich dieser Ansicht. Wie würden sie sonst in den Räumen Pauls, Sophies und Lassalles, die im gleichen Hause liegen – Anfang November unter erfolgreichem Widerstand der Wohnungsinhaber[12] – Durchsuchungen vornehmen?

Die wiederholten Haussuchungen fördern ersichtlich nichts schwer Belastendes zutage. Wie vorher schon die Kölner, haben die Düsseldorfer Demokraten wohl frühzeitig einen Tip über die bevorstehende Verhängung des Belagerungszustandes erhalten[13]. Als die Häscher sich zum ersten Mal „in die Wohnung des Beschuldigten Lassall" begeben, treffen sie dort bloß einen Bedienten an, der erst seit einer Woche für die Gräfin arbeitet und lediglich zu den Zimmern Zugang hat, die von ihm und der Köchin benutzt werden. Die Schlüssel für die von der Gräfin wie für die „von Lassall im obersten Stocke des Hauses bewohnten Räumlichkeiten" sind (wie er angibt) „vor wenigen Tagen von einigen mir unbekannten Herren . . . abgefordert worden". Die Hausherrin selbst „ist am Morgen des Tages, wo hier der Belagerungszustand eintrat [22. November '48], abgereist"[14], nicht ohne Türen und Schränke zu verschließen.

Unergiebig für die Gegenrevolution sind auch Ermittlungen in einer andern Richtung. Ist Gräfin Hatzfeldt nicht im Juni 1847 „plötzlich mit Lasalle" (für zehn Tage und ergebnislos) in der Herrschaft Wildenburg erschienen, „in der circa 3400 Menschen wohnen", um die dortigen Bauern zu verleiten, „sich gewaltsam in den Besitz der Schlösser und des Eigentums des Grafen zu setzen", mit dem sie um ihre Rechte ringen? Nun stellt sich heraus, daß Sophies damaliger Begleiter anscheinend „mehrere Exemplare einer Druckschrift [der Nationalversammlung], welche zur Steuerverweigerung aufforderte"[15], mit der Bitte um Vervielfältigung und Verbreitung an seinen Verbindungsmann im Wildenburgischen geschickt hat. Kein sonderlich schweres Vergehen.

Groß ist dennoch die Angst, die das Eintreten des Ausnahmerechts bei dem Opfer jahrzehntelanger Willkür hervorrufen muß, das – infolge Lassalles vorübergehenden Untertauchens und anschließender Verhaftung – momentan wieder schutzlos ist. „Der Beschuldigte Lorenz Cantador", Chef der Düsseldorfer Bürgerwehr, gibt zu Protokoll, daß die Gräfin Hatzfeldt „nach Erklärung des Belagerungszustandes" am frühen Morgen zu seiner Schwester gekommen sei, „um Schutz zu suchen, weil sie befürchtete, daß sie in ihrem Hause angegriffen würde"[16]. Sie habe eine versiegelte Kassette mitgebracht, die wohl noch am selben Tag auf ihren Auftrag hin zu einem Anwalt geschafft worden sei. Schon vorher hat die Geängstigte den Kommandanten der Bürgerwehr von einem Gerücht in Kenntnis gesetzt. 50 Jäger hätten sich verabredet, ihr Haus zu demolieren. Cantador hat diese Mitteilung zu Recht ernst genommen. Er hat die Gegend der Wohnung von Mutter, Sohn und Bevollmächtigtem von seinen Männern patroullieren lassen. Am 22. November aber haben die Mitglieder der Bürgerwehr ihre Waffen abgeben müssen. Wie soll Sophie in diesem Zeitpunkt nicht befürchten, daß ihr ein Schicksal bevorstünde, wie es 70 Jahre später Rosa Luxemburg erleiden wird?[17]

Bekanntmachung.

Mitbürger! Der von einer kleinen Parthei gefürchtete, von jedem Gesetz und Ordnung liebenden Bürger schon lange ersehnte Zustand in hiesiger Stadt hat endlich eintreten müssen.

Seit acht Monaten ist die Stadt von einer kleinen Parthei terrorisirt worden, die kein Mittel scheute, ihre strafwürdigen Pläne durchzuführen und allen Gesetzen Hohn zu sprechen.

Ist das Freiheit?

Bürger! Eure Freiheiten sollen Euch in keiner Weise verkümmert werden! Ich werde der Stadt nur diejenigen Einschränkungen auferlegen, welche der Belagerungszustand durchaus mit sich führt und welche zur Beseitigung des anarchischen Treibens, das in den letzten Tagen seinen Höhepunkt erreicht hatte, unumgänglich nothwendig sind.

Ich erwarte aber, daß alle gutgesinnten Einwohner durch ein ruhiges Verhalten mir die Handhabung der Gesetze erleichtern und die Behörden mich darin mit aller Entschiedenheit unterstützen werden. Auf der andern Seite bin ich aber fest entschlossen mit Anwendung aller mir zu Gebote stehenden Mittel der Anarchie entgegen zu treten. Ich vertraue dem Rechtsgefühle der hiesigen Bewohner, warne indessen zugleich vor jedem ungesetzlichen Schritte, indem es mir unendlich schmerzlich seyn würde, zu den äußersten Gewaltmitteln schreiten zu müssen, wodurch nur unsägliches Elend und Unglück über die Stadt herbeigeführt werden würde.

Düsseldorf, den 22. November 1848.

Der Generallieutenant und Kommandeur der Königlichen 14. Division.

v. Drigalski.

Mit Bezugnahme auf die heute erfolgte Publikation wegen Abgabe der Waffen der Bürgerwehr wird hierdurch bekannt gemacht, daß die Gewehre von Morgens 8 Uhr bis Nachmittags 4 Uhr auch auf der Infanterie-Kasernen-Wache an den damit beauftragten Unteroffizier abgegeben werden können, wobei der Name des Abliefernden und dessen Wohnung anzugeben ist.

Düsseldorf, den 22. November 1848.

Der Generallieutenant und Kommandeur der 14. Division.

v. Drigalski.

---

17 Düsseldorfer Bekanntmachungen vom 22. November 1848

II.

Der rückblickende Liebeswerber, Lassalle, weiß leider von solchen Ängsten nichts mehr. In üppiger Bilderpracht schildert er Sophia, wie er „von neuem in Düsseldorf" seinen „Einzug ins Gefängnis hielt", weil er „als Ergebnis des Staatsstreichs in Berlin (November 1848)" seinen „ersten großen politischen Prozeß hatte", aus dem er „nicht weniger siegreich und mit einem nicht weniger großen éclat" hervorging. „Von neuem freigesprochen, hatte ich von neuem politische Prozesse. Auf der einen Seite von den Prozessen, welche ich für die Gräfin gegen den Grafen führte, erstickt, wurde ich es auf der anderen Seite durch die Prozesse und die Inhaftierungen, welche die Regierung gegen mich ins Werk setzte. Aber nichts konnte mich zermalmen. Mit der einen Hand gegen die Regierung kämpfend, mit der anderen Hand gegen den Grafen, tat ich allem Genüge. Sogar aus den Gefängnissen setzte ich ohne Nachlassen die Prozesse gegen den Grafen fort. Ich hatte sogar von seiten meiner Feinde Erfolge, die fast wunderbar sind. Als ich in den Düsseldorfer Gefängnissen war, erlangte ich von der Düsseldorfer Regierung, die mein tödlichster politischer Feind war, die Erlaubnis, jedesmal aus dem Gefängnis herauszudürfen, um in dem großen Ehescheidungsprozeß der Gräfin zu plädieren, eine Erlaubnis, welche vollständig gegen das Gesetz war und die man mir, den man auf alle möglichen Arten verfolgte, dennoch gab. Das kam daher, daß meine Haltung, die Haltung eines Mannes, der, auf sein Recht gestützt und im Glauben an seine Kraft, ganz allein gegen die ganze Welt ankämpfte, dieser unbezwingliche Wille, diese Frau um jeden Preis zu beschützen, sogar meinen Feinden imponierte. Man traute sich nicht den moralischen Mut zu, diesem eisernen Willen offen Fesseln anzulegen, der bewiesen hatte, daß er vor keinem Opfer zurückschreckte und den meine Feinde, davon habe ich oft Proben gehabt, schließlich am meisten schätzten". Aus den uns heute zugänglichen Urkunden leuchtet der so vergoldete Sachverhalt allerdings etwas weniger glänzend hervor. Dafür fallen manche Schlaglichter auf Paul und Sophie.

An vier Wochentagen, Montag, Dienstag, Donnerstag, Freitag, darf Lassalle im Gefängnis von 2–5 Uhr Besuch empfangen, in welchem Zusammenhang „Graf Paul Hatzfeld"[18] einmal genannt wird. Ein andermal ruft der Gefangene in einer Beschwerde über den Staatsanwalt unter mehrfachem Hinweis auf derartige Unmenschlichkeit aus: „Aus welchem Grund hat man mir nun schon seit einer ganzen Woche [die beiden letzten Worte unterstrichen] die Besuche der Frau Gräfin verweigert?" Er sei den „quälendsten Befürchtungen preisgegeben"[19], da er nicht wisse, ob ihr etwas zugestoßen sei. Die Besuchstage werden eingeschränkt, nachdem der bei Besuchen anwesende Inspektor ungerührt festgestellt hat, daß sie sich „lediglich auf Mitteilungen politischer Neuigkeiten und auf den Ehescheidungsprozeß der Gräfin Hatzfeldt"[20] beziehen. Von einer Einschüchterung der Behörden durch den Triumphator Lassalle ist mithin nichts zu merken.

Als die „Frau Gräfin von Hatzfeld Hochgeboren"[21] nach langer höflicher Suspendierung endlich ihre eigne Gefängnisstrafe anzutreten hat – sie wird wegen Verbreitung der gegen ihren Mann geschleuderten Verschwendungsklage nach allerhand Aufschüben vom Revisions- und Kassationshof endgültig dazu verurteilt – jammert Lassalle nicht ohne Grund. Hat die Gräfin doch bisher „die Güte" gehabt, „sich mit der Besorgung meiner Bedürfnisse" zu befassen – „Wäsche, Kleider, Zigarren, Bücher etc."[22]. Nun ist

18 Kölner Frauengefängnis um die Jahrhundertwende

der Gefangene genötigt, um den Zutritt andrer Gehilfinnen zu bitten, da seinem Anwalt, dem Achtundvierziger Advokatanwalt Dr. Anton Bloem[23], solche weiblichen Dienstleistungen nicht zugemutet werden können.

Die Abnahme des Siegeslärms während der Reaktionszeit ist jedoch auch in Lassalles Beschreibung vernehmlich. Seit 1848, gesteht er, „gab es eine große Veränderung in den Prozessen der Gräfin. Vor der Revolution, in den Jahren 1846 und 1847, hatten die Richter sie günstig aufgenommen. Das beruhte darauf, daß es in dieser Zeit bei unseren Richtern viele liberale Anwandlungen und Abneigungen gegen den Adel gab. Doch mit der Revolution und der Gegenrevolution von 1848 änderte sich all das mit einem einzigen Schlag. Der reaktionäre und gegenrevolutionäre Haß regierte nun mit blinder Leidenschaft in unseren Gerichten. Und da man die Gräfin mit mir identifizierte, und da ich der gehaßteste Führer der revolutionären Partei in der Provinz war, ließ man die Gräfin durch diesen solidarischen Haß sämtliche Prozesse verlieren. Außerdem tat der Graf auch noch sein möglichstes gegen uns. Die Gräfin tat also nichts wie ihre Prozesse zu verlieren. Fast keine Woche, wo uns nicht in dieser unzähligen Menge von Prozessen, die ich gegen den Grafen begonnen hatte, katastrophale und ruinöse Urteile zugegangen wären! Ich wurde immerfort nur geschlagen!“

Nach dem Eingeständnis, daß Schlachten verloren worden sind, wird jedoch sofort der Entschluß betont, den Krieg zu gewinnen oder unterzugehen. „Hier aber lernte ich meine wahre Kraft kennen. Nach jeder Niederlage erhob ich mich furchtbarer als zuvor. Ich [er] fand stets einen neuen Angriff schrecklicher als der vorhergehende. Als ich diese Richter erblickte, diese feindlichen Richter, hatte ich selbst fast auf jede Siegeshoffnung verzichtet. Doch ich wollte wenigstens kämpfen, solange ich lebte, und nur sterbend nachgeben". Wo, fragen wir uns, bleibt die Erwähnung der offenkundigen Bereitschaft seiner Mandantin, ebenfalls um jeden Preis weiterzukämpfen? Müssen beide Sophien von so viel Egozentrismus nicht abgestoßen werden? Oder reagieren sie wie die diesen Mann postum Liebende, die über seiner unleugbaren Eitelkeit die Intelligenz und Willenskraft nicht vergißt? „Außerdem solltet ihr den Lassalle fleißig studieren, ihr könnt viel davon lernen. Auch Lassalle war eitel", wird keine Geringere als Rosa Luxemburg erklären. Und ihre Vertraute, Mathilde Jakob, bestätigt: „Sie kannte ihren Lassalle und liebte ihn"[24].

III.

Sophie hält auch nach dem vollständigen Zusammenbruch der Revolution zu Ferdinand und zu ihrer gemeinsamen politischen Überzeugung. Im November 1851 wird „observiert", daß sie „in Begleitung des bekannten Lasalle und noch drei Düsseldorfer Herren" von 1/2 6 bis 1/2 12 abends beim Krefelder Bierbrauer Hermann Zillenbach gewesen ist. Dieser ehemalige Wirt soll „qua Agent des Lasalle für die rote Republik in jener Gegend Propaganda machen"[25], befürchtet der Polizeidirektor.
Im Dezember heißt es in einem Bericht ans „Hohe Präsidium" der Düsseldorfer Regierung, der u. a. ans Oberpräsidium in Koblenz weitergeleitet wird: „Bekanntlich gehören die hier wohnende Gräfin von Hatzfeld und deren Geschäftsführer, der berüchtigte Literat Laßalle, zu den tätigsten und gefährlichsten Leitern der Umsturzpartei in der Rheinprovinz. In dem Hause dieser beiden verkehren die Koryphäen der Umsturzpartei, und von dort aus gehet die Parole an letztere"[26]. In einem siebenseitigen „ersten polizeilichen Wochenbericht" vom Ende des Monats, der hauptsächlich Lassalles konspirativer Tätigkeit gewidmet ist und dem sein Signalement beiliegt, figuriert er „als Agent der Gräfin von Hatzfeld hier in deren Hause und mit derselben lebend"[27]. Die Gefährlichkeit der beiden Verschwörer ist indessen für die preußische Verwaltung kein Hindernis, ihnen den Vorschuß von 30 Talern für die im letzten Revolutionsjahr von der Gräfin gegen ihren Mann eingereichte, doch verjährte Verleumdungsklage – in Raten – zurückzuzahlen[28].
Jedem Schritt dieser verdächtigen Personen wird nachgespürt. Als „der Wirkliche Geheime Ober Regierungs Rath und Polizei Präsident" von Berlin im Sommer 1854 beim Düsseldorfer Regierungspräsidenten eingehend nach Lassalles „Reisetour" fragt, erfolgt die Antwort, daß „der Gräfin Hatzfeld sowohl wie dem p. Lasalle" Pässe „nach Belgien und Frankreich diesseits erteilt worden" seien, da sie „ihnen füglich auch nicht vorenthalten werden konnten". Die beabsichtigte Reise sei aber noch nicht angetreten worden, obwohl Lassalle „kleine Reisen und Exkursionen in die Umgegend"[29] unternehme und seinen Vater bis nach Dresden begleitet habe. Im Sommer 1855 aber, wo

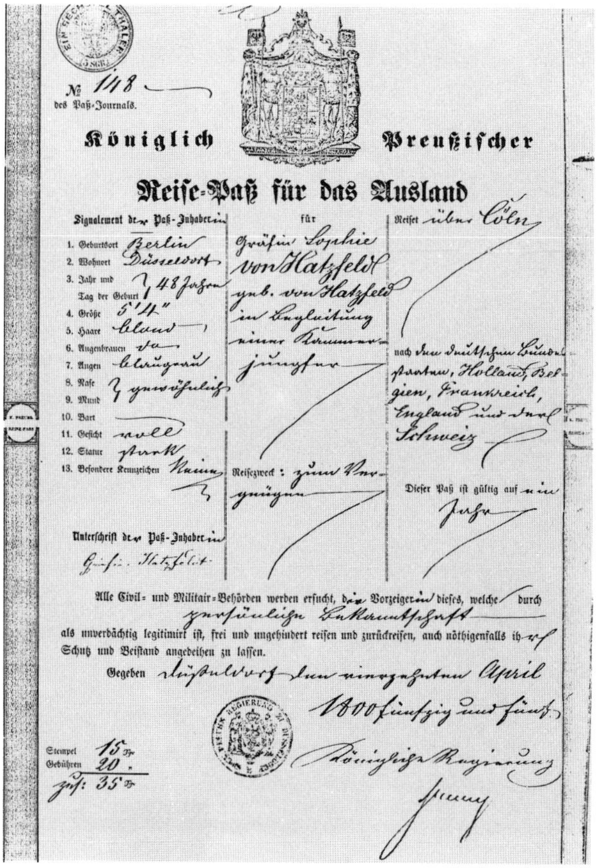
№ 148
des Paß-Journals.

Königlich Preußischer

Reise-Paß für das Ausland

Signalement der Paß-Inhaberin | für | Reiset über Cöln

1. Geburtsort Berlin
2. Wohnort Düsseldorf
3. Jahr und Tag der Geburt 48 Jahr
4. Größe 5'4"
5. Haare blond
6. Augenbrauen do
7. Augen blaugrau
8. Nase } gewöhnlich
9. Mund
10. Bart
11. Gesicht voll
12. Statur stark
13. Besondere Kennzeichen keine

Gräfin Sophie von Hatzfeldt geb. von Hatzfeldt in Begleitung einer Kammerjungfer

nach den deutschen Bundesstaaten, Holland, Belgien, Frankreich, England und der Schweiz

Reisezweck: zum Vergnügen

Dieser Paß ist gültig auf ein Jahr

Unterschrift der Paß-Inhaberin

Alle Civil- und Militair-Behörden werden ersucht, die Vorzeigerin dieses, welche durch persönliche Bekanntschaft als unverdächtig legitimirt ist, frei und ungehindert reisen und zurückreisen, auch nöthigenfalls ihr Schutz und Beistand angedeihen zu lassen.

Gegeben Düsseldorf den vierzehnten April 1800fünfzig und fünf

Königliche Regierung

Stempel 15 Sgr
Gebühren 20
zus: 35 Sgr

19 Interims-Paß
vom 14. April 1855

Sophie nach vielen Demarchen und Kleinlichkeiten (gegen Rückgabe des Interims-Passes) einen Ministerialpaß erhält[30], bekommt sie, unbeantragt, ein denkwürdiges Zeugnis ausgestellt.

„Euer Hochwohlgeboren beehre ich mich gehorsamst anzuzeigen", teilt hier ein Polizeikommissar mit, „daß es mir aufgefallen ist, daß wenn die Gräfin Hatzfeld mit der Köln-Mindener Eisenbahn verreist, sie auf eine ganz auffällige Weise von den dienst-tuenden Beamten besonders beehrt wird. Der Portier empfängt sie beim Ankommen zur Bahn, löst ihr ein Billet und führt sie zum Wartesaal. Der Zugführer empfängt sie auf dem Perron, führt sie zum Wagen und ist behilflich beim Einsteigen, während dies bei anderen, sogar bei höheren Standespersonen nicht geschieht"[31]. Zwei Wochen danach glaubt derselbe „Kom̄issaire" eine kritische Glosse zu seiner Beobachtung nachliefern zu sollen, wobei er vergißt, daß zum mindesten der Zugführer, auch im Vergleich zu ihm selbst, keineswegs den „niederen Volksklassen" angehören dürfte.

Seiner Beurteilung nach, lautet die „gehorsamste" Bemerkung, werde die Gräfin nur deshalb ausnahmsweise gut behandelt, „weil sie sich in den Jahren 1848 und 1849 durch ihr gemeines Betragen als eine Frau des Volkes, wie man dazumal zu sagen pflegte, gezeigt hat. Ihr Tun und Treiben aus der vergangenen Zeit ist noch in zu frischem

20 Friedrichstraße 41, ab 1858 Nr. 53 (im Photo von 1910 dort Fa. Strauss)

Andenken. Es gibt unter der niederen Volksklasse immer noch Menschen, die derartigen Leuten ihre Huld durch ein zuvorkommendes Benehmen zeigen wollen"[32]. Der Polizeidirektor rät hierauf, die Eisenbahngesellschaft auf das „unangemessene Verhalten" der „bezeichneten Beamten"[33] aufmerksam zu machen. Wir aber werden dieses Verhalten als Zeichen persönlichen Widerstands gegen ein Polizeiregime und Fernwirken des fortschrittlichen Auftretens einer emanzipierten Frau während des Achtundvierziger Versuchs der Demokratisierung Deutschlands in Erinnerung halten.
Die letzte Düsseldorfer Polizeimeldung, die den jetzt nicht mehr „berüchtigten" Literaten und seine Freundin betrifft, stammt vom Herbst 1858. Am 23. September, nachmittags 5 Uhr, ist er „in Begleitung der Gräfin Hatzfeldt" in Düsseldorf eingetroffen und „in dem Hause Grabenstraße neben der Stadtkasse, in welchem die Gräfin von Hatzfeldt eine Wohnung gemietet"[34] hat, eingezogen. Sie ist anscheinend aus Wildbad oder Schlangenbad gekommen, und er wird sie vielleicht in Frankfurt getroffen haben. Denn Ferdinand hat Sehnsucht nach Sophie. „Auf einen lieben, stillen, herzinnig gemütlichen Aufenthalt mit Ihnen in Düsseldorf freue ich mich sehr. Sie können mir das nun glauben oder nicht, aber ich gewinne den schönsten Dingen nur die Hälfte ihres Geschmackes ab, wenn Sie nicht dabei"[35].
Wir sagten, die letzte Düsseldorfer Polizeimeldung. Eine allerletzte amtliche Nachricht verdanken wir dem dortigen Oberbürgermeister. Es ist für Sophie (die bereits jede Phase des Dramas miterlebt hat) die schrecklichste. „Die Leiche Lasalles traf gestern abend 10 Uhr 10 Minuten in Begleitung des Polizeikommissars [Johann Josef] Klose von Köln auf dem Köln-Mindener Bahnhofe hierselbst ein", liest der Regierungspräsident in dem Rapport des Stadtoberhaupts vom 13. September 1864. „Ebendaselbst hatte

21 Grabenstraße 24, ab 1960 Trinkausstraße 6, lag im zweiten Gebäude neben dem Eckhaus rechts

sich auch die Gräfin Hatzfeld in Begleitung von etwa 150 Anhängern Lassalles von hier und aus der Nachbarschaft eingefunden. Erstere erklärte dem auf dem Bahnhofe anwesenden [zwei Wochen darauf gestorbenen!] ersten Beigeordneten [Anton Franz Johann] Verbörg, daß es ihre Absicht sei, die Leiche hier verweilen und nicht mit dem nächsten nach Berlin resp. Breslau abgehenden Zuge weitergehen zu lassen." Um 11:19 Uhr wird der Leichentransport dennoch fortgesetzt. Darum ruht Lassalle heute statt in deutscher in polnischer Erde – wenn Ruhe der passende Ausdruck ist[36]. Lediglich Sophie – nicht aber den mitgekommenen Demonstranten – ist es „erlaubt, an den geöffneten Waggon zu treten ... Die Hatzfeld entnahm aus dem Waggon einige Kränze, wahrscheinlich um dieselben an die Anhänger Lasalles zu verteilen"[37]. Der winzige Rest eines solchen Kranzes und eine dunkelblonde Locke von Lassalles Haupt sind als ferner Nachklang jener Stunde auf vermutlich diese Art ins Leo Baeck Institut (New York) gelangt[38].

Viertes Kapitel

Sophie und Ferdinand

Sophie von Hatzfeldt war Lassalles erste und einzige Liebe,
das Wort in dem sublimiertesten Sinne genommen.
S. Saenger

„Lesen ist aussuchen", lehrt uns Kurt Tucholsky. „Und man suche sich das aus, was einem erreichbar und adäquat ist, und an allem andern gehe man vorüber"[1]. Das war auf Bücher gemünzt, die ein Kritiker besprechen sollte. Es paßt auch auf Sammlungen von breve (d. h. kurz) genannten Botschaften, die schwerlich zur Veröffentlichung bestimmt waren, aber uns als Material für ein kritisches Buch dienen sollen.
400 Druckseiten Briefe umfaßt der Band, die ausführlichste, am leichtesten zugängliche und nachprüfbare Quelle für die Beziehungen Sophies mit dem Lebensgefährten. Hier sind als Test für die Art dieser Beziehung einige der zwischen beiden in besonders kritischen Momenten hin und her eilenden Zeilen. Wer sie zu hinterfragen versucht, darf nicht übersehen, daß der Freund erst vier Monate alt war, als die zukünftige Freundin schon drei Jahre ehelicher Martern hinter sich hatte. In Berlin – wie in Gösta von Uexkülls Rowohlt Lassalle-Monographie zu lesen – brachte der gemeinsame Bekannte, Oberst Graf Keyserlingk, die beiden im Januar 1846 zufällig zusammen. Drei Jahre danach befand Ferdinand sich im Gefängnis, fünf Monate später auch die Gräfin. (Die erläuternden Fußnoten stammen, wo nicht ausdrücklich vermerkt (+), von Gustav Mayer, dem Herausgeber der Korrespondenz.)

LASSALLE AN SOPHIE VON HATZFELDT[?] (Original.)

Dienstag [Düsseldorf, 12. Dezember 1848.]

Gnädigste Frau!

Sie werden mir von heut ab nicht mehr das Essen schicken können. Da Sie natürlich deshalb besorgt und verwundert sein werden, will ich Ihnen den Grund mitteilen.
Auf eine, wenn ich nicht sehr irre, von Ihrem Hause ausgehende Denunziation hin, fand heute eine Nachsuchung in meiner Stube von seiten des Instruktionsrichters, Direktors usw. statt, während ich grade harmlos spazieren ging. Doch kam ich noch grade am Ende der Nachsuchung ins Zimmer. Man hatte zwei natürlich höchst insignifiante Briefe, einen von Ihnen an mich, einen von mir an Sie, gefunden.
Welches Verbrechen! Ich erklärte dem Herrn Instruktionsrichter offen, daß ich mir durch die noch gar nicht dagewesene und selbst mir trotz meiner Haften in Köln, wo ich abwechselnd unter dem Regime von drei Instruktionsrichtern und vier Staatsprokuratoren stand, ganz unerhörte Weise, in welcher man Ihre Besuche bei mir verhindert und sie, wenn sie alle Jubeljahre einmal stattfinden, auf die Dauer von fünf Minuten beschränkt, gezwungen worden sei, eine geheime Korrespondenz mit Ihnen zu beginnen, welche ich sonst durchaus nicht führen würde.
Der Inhalt der Briefe, der von allen möglichen Dingen handelt, nur nicht von meinem Prozeß und darauf bezüglichen, der Instruktion desselben schädlichen Mitteilungen *bewies* das.

In der Tat, ich sitze jetzt einundzwanzig Tage[3] und habe während dieser Zeit zwei Besuche von Ihnen, jeden zu fünf Minuten, erhalten! So etwas ist unerhört! Das hat man sich selbst in Köln nicht erlaubt.

Ich hoffe, daß dieser Vorfall die vorteilhafte Wirkung haben wird, daß man Ihnen mindestens dieselbe Erlaubnis, mich zu besuchen, erteilen wird, die Sie auch in Köln genossen, wo doch mein Prozeß damals mit Ihren Angelegenheiten eng verwachsen war[4] und die Instruktion daher weit eher einen Nachteil von Ihren Besuchen hätte befürchten dürfen.

Der Instruktionsrichter behauptete: Sie hätten gar nicht öfter die Erlaubnis, mich zu besuchen, *nachgesucht!* Während er Ihnen doch erklärt hat, Sie würden nur dann eine Erlaubnis, mich in seiner Gegenwart zu sehen, erhalten, wenn Sie ihm die *Notwendigkeit*, mich zu sehen, nachwiesen! Während doch nur die Unmöglichkeit, ihm, der Ihre Geschäfte nicht kennt, diese Notwendigkeit jedesmal mathematisch nachzuweisen und die Dauer weniger Minuten, auf welche man diese Besuche einschränkte und welche natürlich die notwendige Folge hatte, daß wir das wichtigste zu besprechen vergaßen, die geheime Korrespondenz hervorrief.

Und dann bin ich doch auch ein Mensch, nicht nur ein Geschäftstier. Und will daher auch als Mensch Besuch von Ihnen empfangen und einmal eine Stunde harmlos plaudern können, nicht bloß von Geschäften. Aber es ist, als ob man die Menschenrechte verlöre, wenn man in solch' ein verdammtes Haus kommt!

Nie fällt es diesen Beamten ein, die Bedürfnisse des Menschen, wenn auch noch so sehr auf ein Minimum reduziert, wenn man in ihre Hände fällt, zu respektieren.

Nun, wie gesagt, wenn Ihnen jetzt der Instruktionsrichter in vernünftigem Maße die Erlaubnis erteilt, mich zu besuchen, einige Male in der Woche, jedesmal auf eine Stunde, so bin ich gern bereit, die Geheimkorrespondenz mit Ihnen aufzugeben. Aber wenn das nicht der Fall ist, so werde ich sie wieder aufnehmen und fortsetzen, was mir, wie Sie wissen, eine Kleinigkeit ist und wenn man mich in die Bleidächer von Venedig sperrte.

Vorläufig hat man mir „zur Strafe" den Empfang des Essens aus Ihrem Hause untersagt! Wie nobel! Wie großartig!

Ich erwarte, daß Sie mir *umgehend* die Ehre Ihres Besuches schenken! Leben Sie herzlichst wohl.

Mit alter Ergebenheit

F. Lassalle.

NB. Bitte schicken Sie mir baldigst andere Zigarren. Die, die Sie mir geschickt haben, sind zu schlecht; nicht zum Rauchen.

LASSALLE AN SOPHIE VON HATZFELDT. (Fragment. Original.)

Montag abend [21. Mai 1849]

Es war heut mittag, als das Gerücht zu mir drang, Sie seien gestern in Köln auf Grund des Kassationsurteils plötzlich verhaftet worden[5]. Ich konnte nicht daran glauben. Es war zu stark! Es war gestern ein Sonntag, und der Art. 25 Code pénal sagt ausdrücklich, daß „*aucune condamnation*" Sonntag exekutiert werden dürfe. Und dann gibt man jedem Spitzbuben auf, sich freiwillig im Gefängnis zu stellen, ehe man ihn verhaftet. Keinen Spitzbuben läßt man so mir nichts dir nichts ohne vorherige Aufforderung durch Gendarmen aufgreifen. Keinen Spitzbuben überfällt man so plötzlich auf der Reise. Jeder Spitzbube hat das Recht, an dem Ort seine Strafe abzusitzen, wo er domiziliert, und man hat die Humanität, ihm einige Tage Frist zur Arrangierung seiner Angelegenheiten zu geben. Und dann war es ein Sonntag. Man *durfte* Sie nicht verhaften. Sie hätten mit vollem Recht sich widersetzen können!

Endlich gewannen die Gerüchte eine solche Konsistenz, daß ich nicht mehr daran zweifeln konnte. Jetzt bringt es auch die Zeitung.

Ich werde nicht versuchen, Ihnen zu beschreiben, was in mir vorging, als ich diese Gewißheit erlangt hatte[6]. Mein Lebtag werde ich physisch und geistig die Spuren dieses Augenblicks in der Umwandlung, die mit mir vorgegangen, an mir tragen. Es war kein Zorn und Wutausbruch; aber ich bin langsam zu Stein geworden, ich fühlte mich zu Stein werden innerlich, im Lauf eines Augenblickes; es ist keine Klage über meine Lippen gekommen; ich bin auch jetzt, viele Stunden später, ganz impassibel, ganz ruhig, ganz gelassen, ich kann essen, trinken, lachen und auch rauchen; nur daß das Lachen eine ganz eigene Melodie hat. Ich habe aber in diesem Augenblicke bedächtig, langsam und ernst abgeschworen jede Hoffnung, jedes Verlangen nach eigenem Glück; ich will nichts mehr, gar nichts mehr, gar nichts, keine Freude pflücken auf dieser Erde, keine Lust genießen, keine frohe Stunde will ich; alles, was sonst wünschens- und begehrenswert vor meiner Seele stand, ich verzichte darauf gern und für immer. Ich werde von nun an einzig und allein leben, um eine Rache zu nehmen an diesen Tigern, die Recht, Gesetz und Menschlichkeit mit Füßen treten, an diesen erkauften Banditen, eine Rache, die vollständig und beispiellos sein soll. Das ist das einzige, was ich noch will, was mich aufrecht hält und mir eine übermenschliche Kraft gibt. Großer Gott, gib, daß ich diese Rache nehmen kann! Mit unaussprechlicher Wollust will ich mein eigenes Haupt auf die Guillotine legen, fünf Minuten später, nachdem ich zuvor ein wenig göttliche Gerechtigkeit gespielt und diese Brut, oh, diese Brut, oh, diese Kannibalenbrut zertreten habe. So möge das Glück Sie endlich einmal und für immer heimsuchen, wie ich jeden anderen Lebenszweck gern aufgebe, um nur diesen zu erlangen. Aber ich greife danach mit eiserner Faust. Ich werde, ich muß ihn erlangen. Ich will Unmögliches und Übermenschliches leisten, aber kein Gott ist stark genug, mich um meine Rache zu betrügen. Oh, es wird einst ein Tag sein[7] –

Was mögen Sie jetzt machen? Zerbricht Ihre künstliche Fassung? Schämen Sie sich nicht, wenn es der Fall ist.

Sie sind eine Frau, und behüte Sie Gott, zu einem Tiger zu werden, wie ich es geworden bin. Tun Sie sich nicht Gewalt an, um sich gegen die Natur zu zwingen und zu fassen.

Wenn es Sie erleichtern kann, klagen Sie, weinen Sie und schütten Sie auch Ihre Tränen in Ihren Briefen an mich aus. Wenn es auch andere lesen, die sich über diese Klagen freuen werden – schadet nichts, gar nichts. Gönnen Sie ihnen diesen kurzen Triumph, der sich so schrecklich rächen wird. Denn Sie werden keine Träne vergießen, die sich nicht in Blut verwandeln soll und die, so da lachen über Ihre Tränen in Ihren Briefen, lachen über ihr eigenes Herzblut, das da fließt.
Es ist nicht möglich, daß Sie diese letzte schmähliche Mißhandlung gefaßt ertragen; es ist nicht möglich, sage ich; ich weiß auch, was möglich; ich kann alles tragen, was einer trägt, und würde es in Ihrer Stelle nicht mit Fassung tragen können. Ein Gefängnis ist etwas ganz anderes für einen Mann als für eine Frau, zumal für eine Frau von Ihren Lebensgewohnheiten. Etwas ganz anderes. Ich bemerke zehntausend und aberzehntausend Dinge gar nicht, die Ihnen grade das allerunerträglichste sein werden! Die Misere, das Elend, die Hilflosigkeit, die Sie von allen Seiten umgibt, der Schmutz, der Zwang, jeden kleinen Dienst sich selbst zu leisten, die gänzliche Willenlosigkeit – das wird Sie peinigen, das muß Sie peinigen und Ihre Kraft zerbrechen. Wie sollen Sie sich in diesen Kreis von Elend, Schmutz und Zwang hineinfinden? Die Ärmlichkeit, die überall herrscht, wird Ihre Sinne beleidigen. Sie haben in harten drei Jahren gezeigt, daß Sie den Luxus entbehren können, ja – aber die notdürftigste Aisance. Und dieser beständige Zwang Ihnen, die Sie gewohnt sind, Ihren Willen zu haben, diese beständige Einsamkeit, diese tristen Umgebungen, dieser mephytische Dunstkreis Ihnen, die Sie die Eleganz, Wohlgerüche und Luxus gewohnt sind, oh, das ist hart, sehr hart. Es gibt keine wohlerzogene Frau, die das tragen kann.
Für uns Männer ist die Haft ein geistiges Unglück; für Frauen ist sie auch noch ein *sinnliches* Elend, ein beständiger *Körper*schmerz, und das ist das härteste.
Ich bitte Sie, klagen Sie in Ihren Briefen an mich. Klagen Sie! Expandieren Sie sich, lassen Sie sich gehen. Befreien Sie Ihre Brust, indem Sie die Schmerzen ausatmen – konzentrieren Sie dieselben nicht, indem Sie sie im Innern behalten. Es wäre unnatürlich, wenn Sie Ihre Fassung in Ihren Briefen behalten wollten. Ich würde nicht an die Wahrheit davon glauben. Ich würde glauben, daß Sie gewaltsam mir verhehlen wollen, was sie leiden. Dieser Gedanke würde mich vollends unglücklich machen; denn verbissene Schmerzen rasen dadrinnen am heftigsten. Also ich bitte und beschwöre Sie, klagen Sie, das wird mir unendlich wohltun!
Ich bitte Sie, schreiben Sie mir viel, täglich, bogenlang. Ich werde Ihnen auch viel schreiben, ich kenne das Schreckliche dieser Einsamkeit; es wird Sie zerstreuen, mir zu schreiben und meine Briefe zu lesen. Schreiben Sie mir besonders ausführlich die Szene Ihrer Verhaftung. Vielleicht versetzt mich das in Wut und löst diese Eiskälte auf, die mein ganzes Sein plötzlich durchdrungen hat, so daß ich vor mir selbst erschrecke. War denn niemand da, der sich Ihrer Verhaftung widersetzte? Zu Nicolovius[8] ging? Den Sonntag geltend machte? Oh, wäre ich draußen gewesen! Schreiben Sie mir alles ausführlich darüber. Waren denn keine Leute da? Man hatte das Recht, sich vive force zu widersetzen. Ich habe schon zweimal heut an Bloem[9] geschrieben, er soll sofort zu mir kommen. Unbegreiflicherweise ist er heut nicht gekommen. Ich werde ihn sofort zu Ihnen und zu Nicolovius schicken.
Ich glaube wahrhaftig, man hat diese Infamie begangen, damit wir nicht in *einem* Hause sitzen und unsere Geschäfte um so mehr leiden.

Wenn ich doch wüßte, was Sie jetzt machen und denken! Ob Sie sich unglücklich fühlen! Ob Ihre Gesundheit leidet! Sie gefangen, ich gefangen, ich hier, Sie dort. Oh, es ist Spott, Spott, Spott! Nicht einmal draußen sein zu können, Ihnen keine Hilfe bringen, keine Linderung, keine Zerstreuung schaffen zu können, gefesselt, gefesselt, gefesselt hier sein, o Gott, Gott. Dieser heutige Tag ist mehr als alles, was ich bisher erduldet. Nichts, gar nichts tun können, wie ein Wurm so hilflos und Sie hilfsbedürftig! – Ah, es grenzt an den Wahnsinn. Ich habe ein *Recht* darauf, den Menschen auszuziehen und zum wilden Tier zu werden.
Langsam. Ruhig. Seien wir kaltblütig. Lachen wir, während man uns erwürgt. Wir werden auch erwürgen und unsre Tatzen sollen noch tiefer ins rote Leben hineinreißen als die Nägel dieser Stümper da. In zwei Monat spätestens hätten Sie ausgelitten, aber wenn für mich einst der Tag der Abrechnung kommt – und an dem Tage wird die Sonne wie Blut am Himmel aufgehen – wird nur das Nichts die Grenze der Rache sein.
Also seien wir kaltblütig, hören Sie? Sie, nein. Suchen Sie sich die Menschlichkeit zu erhalten, auch wenn Sie die Schmerzen dann fühlen müssen. Es ist immer noch besser als die tote Schmerz- und Fühllosigkeit, die sich meiner bemächtigt hat, schwer und kalt wie Marmor.
Aber ich will ruhig und kaltblütig sein.
Ich will Geschäfte sprechen.
1. Bestehen Sie darauf, auf Grund der Eupenschen Atteste zum Zweck der Badereise sofort in Freiheit gesetzt zu werden.
(Wenden Sie sich gleich an Nicolovius, es ist kürzer und besser.)
2. Bestehen Sie darauf, jedenfalls *hier* Ihre Strafe abzusitzen. Man kann es Ihnen nicht weigern. Hier ist Ihr Domizil und der Sitz Ihrer Geschäfte. Mag man Sie hierher transportieren, wenn man will.
3. Schreiben Sie der Lena Bürgers[10], daß sie während der Zeit Ihrer Haft beständig in Düsseldorf bleibt. Es muß nämlich jemand da sein, um alle Gerichtsvollzieherakte, Briefe usw., die einlaufen, in Empfang zu nehmen. Die Gerichtsvollzieherakte soll sie stets sofort zu Bloem tragen, die Advokatenbriefe mir schicken und die andern Briefe Ihnen. . .[11]

Beschaut man den formschönen Überbau aus Gefühl und Ressentiment, Not und Hoffnung oder Resignation, den dieser Briefwechsel verkörpert, so braucht man darüber das materielle Fundament nicht zu übersehen, ohne das viele Worte ein verlorener Schall geblieben wären.
Ende September 1853 überschreiben Heymann Laßal, Rentner, und seine Frau Rosalie, geb. Heitzfeld – ein fast homonymer Klang, der den Psychologen aufhorchen lassen muß – der Gräfin Hatzfeldt leihweise 2300 Taler. Anfang April 1855 ermächtigt Sophie den Sohn der hilfreichen Breslauer Eheleute unter Bestätigung seiner „General- und Special-Vollmacht" zur Einziehung, Übertragung usw. von ihr zustehenden Geldern. Im nächsten Monat werden Ferdinand für seine Dienste während „eines beinahe zehnjährigen Zeitraums" von Sophie (außer notariell beglaubigtem Lob und Dank) Staats- und Eisenbahnpapiere überschrieben, deren Kurswert bis zu einem Betrag von 30.000 Talern durch Barzahlungen ergänzt werden soll[12]. Auch diese Fakten gehören zum Begriff der Symbiose.

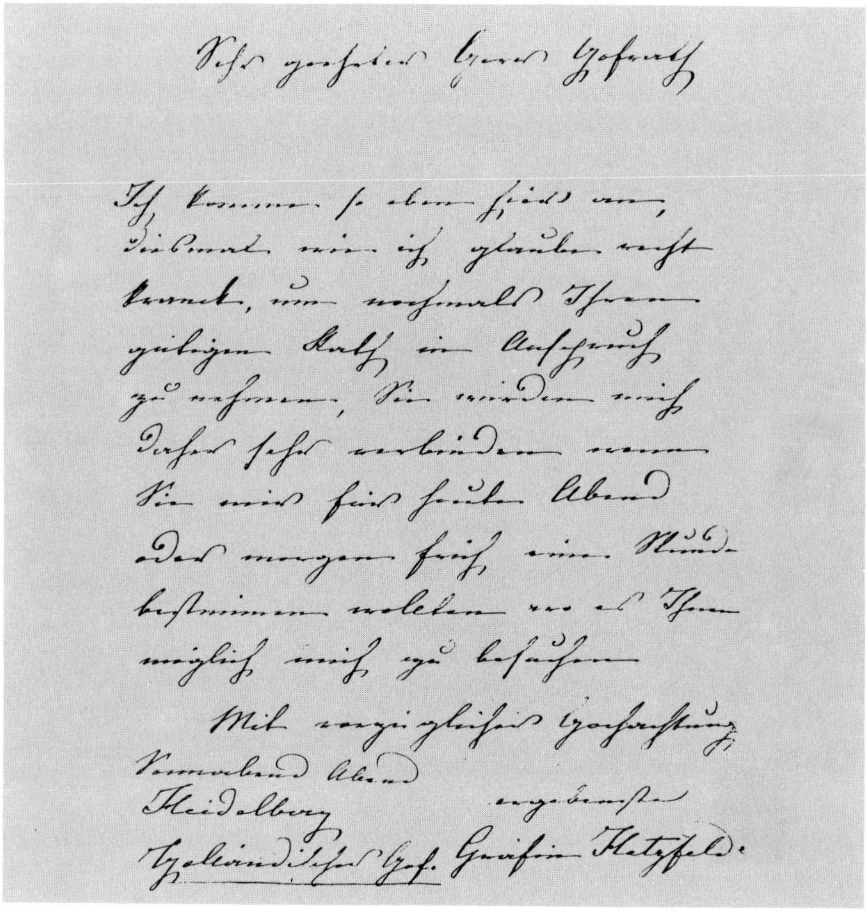
Sehr geehrter Herr Hofrath

Ich komme so eben hier an, dießmal wie ich glaube recht krank, um nochmals Ihren gütigen Rath in Anspruch zu nehmen, Sie würden mich daher sehr verbinden wenn Sie mir für heute Abend oder morgen früh eine Stunde bestimmen wollten wo es Ihnen möglich mich zu besuchen

Mit vorzüglicher Hochachtung

Sonnabend Abend
Heidelberg ergebenste
[illegible] Gräfin Hatzfeldt

22 Sophie ersucht den Pathologen Prof. Karl Ewald Hasse, Heidelberg, um eine Konsultation (Hasse lehrte dort von 1852/56)

„Eines Tages trat bei mir ein schöner schlanker Herr von weltmännischer Haltung ein und stellte sich mir als Ferdinand Lassalle vor. Mit großer Zuversicht verlangte er von mir, indem er ein ansehnliches Honorar auf den Tisch legte, die Ausstellung eines ärztlichen Zeugnisses, durch welches der Gräfin Hatzfeldt bescheinigt werden sollte, daß sie wegen schwerer Krankheit verhindert sei, in die preußischen Staaten zurückzukehren. Ich erwiderte ihm, daß ich nicht gewohnt sei, ohne vorherige persönliche Prüfung des Sachverhaltes Zeugnisse auszustellen. Nachdem ich nun die Dame besucht und von einem erheblichen Kranksein nichts entdeckt hatte, mußte ich das gewünschte Zeugnis verweigern. Lassalle aber entwickelte eine fabelhafte Beredtsamkeit, um mich zu überreden und scheute sich nach mehrtägigen vergeblichen Verhandlungen nicht, den Versuch zu wiederholen, mich durch klingende Angebote zu verlocken. Da verbat ich mir weiteren Verkehr, und das Paar mußte unverrichteter Sache abreisen . . .
Zu meiner Überraschung kam die Gräfin Hatzfeldt auch noch wieder zu mir nach Heidelberg, sie gestand mir offen, daß ich ihr Vertrauen durch mein Verhalten in Zürich gewonnen habe. Ich fand sie jetzt wirklich krank, offenbar hatte ihre Gesundheit gelitten, seit sich Lassalle von ihr gewendet und seinen eigenen vielfältigen Irrwegen gefolgt war (K. E. Hasse, *Erinnerungen aus meinem Leben*, 2. Aufl. Leipzig 1902, S. 225, 261).

SOPHIE VON HATZFELDT AN LASSALLE (Original.)

[Marienbad] Montag, den 30. Juli[13] [1855].

Liebes Kind, ich habe gestern Ihren Brief mit der Einlage an [den preußischen Politiker Clemens August Graf von] Westphalen[14] erhalten. Um Ihnen heute nun definitiv schreiben zu können, wann ich hier abreisen kann, habe ich noch gestern abend mit dem Arzt gesprochen. Er sagte mir nun, daß für das erstemal, das man die Kur gebrauche, für niemand bloß vier Wochen hinreichend seien, am wenigsten für mich, wo das Übel ein so altes und tief eingewurzeltes sei, er hätte demnach gewünscht, daß ich sechs Wochen geblieben wäre, aber nicht vor volle fünf Wochen abzureisen, müsse er mir jedenfalls entschieden anraten. Ich fühle nun wohl auch an meinem Zustand, daß er recht hat, und so habe ich mich denn entschlossen, bis zum 13. hier zu bleiben mit schwerem Herzen, aber es ist vernünftig, diese weite Reise und große Langweile nicht ohne wirklichen Erfolg gehabt zu haben. Aber am 13. reise ich auch jedenfalls ab. Schreiben Sie mir nun auch umgehend, was Ihre allerseitigen Projekte sind, wann Sie von Paris[15] abreisen, wohin, und schreiben Sie mir ganz genau meine Reiseroute auf, aber auch dabei, wo Eisenbahn und wo nicht. – Es freut mich sehr, daß Sie wieder hergestellt und nun doch etwas von Paris genießen können. Was mich anbetrifft, so ist es schon ein merklicher Gewinn, daß ich meine Atemnot so wesentlich gebessert und ich auch wieder gehen kann, wenn meine sonstigen Übel auch nicht geheilt werden könnten, wozu, wie mir der Arzt sagt, um dies mit Bestimmtheit zu bewirken, es nötig gewesen, daß ich vor Jahren hergekommen; möglich sei es noch, aber nicht sicher, es werde sich jedoch gewiß wesentlich bessern. Während der Kur befindet man sich allerdings nicht wohl, sie greift sehr an und regt dabei stark auf; daß es alles in mir aufrührt, sieht man daran, daß ich ganz braun im Gesicht bin und voll roter Flecken, was nicht zur Verschönerung beiträgt.

Berge steigen tue ich jetzt mit einer wahren Passion, es hat für mich den Reiz der überwundenen Schwierigkeit; auch fühle ich, wie sich meine Lunge dabei täglich stärkt, und die Tannenwälder, die hier reizend sind, tragen das ihrige dazu bei. Und denken Sie sich, daß meine Nerven durch die Ruhe und frische Luft tageweise so stark, daß ich ohne Furcht ganz allein zwei, drei Stunden im Walde herum gehe; es ist für mich ein angenehmes, beruhigendes Gefühl diese tiefe Stille um mich her. Ich muß nun dabei sagen, daß eine Gendarmerieabteilung hier etabliert und die Polizei, wie überhaupt in Österreich, musterhaft ausgeübt wird und also gar keine wirkliche Gefahr dabei ist und überdies immer bei den vielen Spaziergängern Leute kommen können. Aber Sie wissen, in welchen Zustand der Angst ich durch meine Nervenkrankheit geraten, und da ist es immer eine Verbesserung . . . Sehr leid ist es mir, daß es mit dem Geschäft in Paris nichts ist[16]. Ich hatte mir schon große Hoffnungen gemacht, damit einen Teil meiner Verluste wieder herzustellen, nun sehe ich gar kein Mittel mehr, wie ich jemals zu diesem Ziel aller meiner Wünsche gelangen soll.

Nun leben Sie wohl, liebes Kind, ich schreibe immer viel zu lange, antworten Sie bald, denn Sie wissen, daß die Briefe fünf Tage wenigstens gehen . . .

SOPHIE VON HATZFELDT AN LASSALLE (Original.)

Marienbad, 10. August 1855.

. . . Auch ich freue mich recht auf das Wiedersehen und auch auf die Reise. Und doch fürchte ich mich etwas davor, wie ich Ihnen nicht verbergen kann, denn ich habe lachen müssen, welche sanguinischen Erwartungen über die Kur und meine Gesundheit Sie sich schon machen[17]. Sie sehen mich schon ganz wohl, wieder jung und flink herumspringen. In meinem Alter ereignen sich keine solche Wunder mehr. Ich kann mich wieder mäßig bewegen, auch auf *bequemen* Wegen steigen ohne Schmerzen und Atemnot, das ist aber auch alles und ist für mich schon recht viel. Wofür ich mich aber sehr in acht nehmen muß, weil eine meiner Hauptkrankheitsursachen, unregelmäßige Zirkulation des Bluts, das sich nach Gehirn und Lungen drängt, das ist Erhitzung des Blutes, sei es durch körperliche Anstrengung oder noch mehr durch Furcht, Ärger oder Sorgen. Und jetzt grade muß ich mich doppelt dafür hüten, da dies Wasser sehr viel kohlensaures Gas hat und sehr leicht zu Kopf steigt. Nur durch die strengste Diät und das ruhigste Verhalten habe ich es dahin gebracht, daß ich es vertragen konnte; mehrmals schon, wenn ein heißer Tag war, dachte ich schon, ich würde es aufhören müssen. Daher müssen Sie mir versprechen, wenn Sie und ich von der Reise wirklich Freude haben wollen und sie mir nicht schaden soll, daß Sie mich gar nicht überreden wollen, Dinge zu versuchen, vor denen ich mich fürchte, wenn auch mit Unrecht, und es mir ganz ruhig selbst überlassen, wieviel ich leisten kann. Heute an meinem Geburtstag, den ich recht einsam begehe und an dem es sogar unausgesetzt regnet, habe ich mir eine Locke ganz weißer Haare abgeschnitten und habe überall gesucht nach einem Medaillon, um sie hineinzutun und Ihnen mitzubringen, damit Sie dadurch immer daran erinnert werden, wie alt ich bin, wieviel ich gelitten und daß man Mitleid und Rücksicht mit mir haben muß, mich mit meinen Fehlern und etwaigen guten Eigenschaften die kurze Zeit, die es noch dauern wird, akzeptieren und verbrauchen muß, weil ich zu alt, um ein neuer Mensch zu werden. In meinem Alter bessert man sich nicht mehr von seinen Fehlern, sondern man bekommt nur unfehlbar die Schwächen und Eigenheiten des Alters dazu. Damit müssen die Freunde Nachsicht haben, denn es ist schon an und für sich ein Unglück, alt zu werden, und sich sagen, daß jeder einmal in die Lage kommt, diese Nachsicht in Anspruch zu nehmen und zu brauchen. Auf meinen Geburtstag bin ich immer besonders ernst, fast traurig gestimmt . . .

Ist Mitte der fünfziger Jahre die Schwierigkeit eines Zusammenlebens in Berlin das hartnäckigste Problem, so steigt Mitte der sechziger Jahre für beide Liebenden die Fieberkurve mit dem verunglückten Werben Lassalles um Helene von Dönniges steil an. Es führt zu einem Duell und zu Ferdinands Tod durch eine vom Walachischen Rivalen und Gegner, Boiar Joan Cehan Yanko (d. h. Junker) von Racowitza, verursachte, damals noch nicht zu behandelnde Hoden-Schußverletzung.

23 Sophie, retuschiertes Photo 1860/61

Wie die Gräfin sich über den letzten Eheplan ihres Freunds äußert, zeigt der ausgewählte Brief. Allerdings ist für ein vollständiges Bild auch ein herablassendes Schreiben Sophies an Helene heranzuziehen, die ihrerseits nicht zu berichten vergißt, daß der Rittmeister Baron von Korff und eine Schauspielerin, Auguste Formes, seine Treppennachbarin, ihr Gräfin Hatzfeldt als „alte, entsetzliche ‚Freundin'" geschildert haben, „die, armdicke Zigarren rauchend, mit fingerdicken falschen Augenbrauen und roter Perrücke den einstigen Geliebten, jetzigen Freund tyrannisierte und nicht von ihm abließ"[18].

LASSALLE AN SOPHIE VON HATZFELDT (Original.)

Genf, 4. August [1864].
Pension Bovet, aux Pacquis, rue Pacquis No. 27

Ich[19] kann nicht anders, obgleich ich seit vierundzwanzig Stunden dagegen ankämpfe, aber ich muß mich ausweinen an der Brust meines besten und einzigen Freundes: ich bin so unglücklich, daß ich weine, seit fünfzehn Jahren zum erstenmal! Was mich dabei noch mehr zermartert, ist das Verbrechen meiner Dummheit! Wie konnte ich so beschränkt sein, auf Helenes Wunsch einzugehen, sie ihren Eltern zurückzuliefern und loyal um sie zu werben. Ich hätte den Besitzstand benützen und sofort mit ihr entfliehen sollen! Jetzt ist das Unglück da! Sie ist unter vollständiger Sequestration und furchtbarster Mißhandlung! Ich weiß noch nicht, wie ich mich ihrer bemächtigen werde, ob durch List, durch Gewalt. Alles ist mir gleich. Ich würde jedes Verbrechen ohne Zaudern begehen, das zum Ziele führt[20]. Sie wissen nicht, was sie leidet, das edle Geschöpf! Ich fühle mich so steinunglücklich, daß ich mich autorisiert fühle, Sie zu bitten, bloß zu meinem Troste sofort herzukommen. Sie sind ja doch der Einzige, der weiß, was es heißt, wenn ich Eiserner mich unter Tränen winde wie ein Wurm! Ob Sie mir werden helfen können, weiß ich nicht. Aber trösten, etwas beruhigen. Ich weiß zwar nicht einmal, ob sie mich noch hier finden, und wenn Sie im Momente des Empfangs dieses Briefes abreisten. Denn alle Tage kann das Bild wechseln, d. h. Helene von ihrem Vater, wozu er Lust hat, irgendwohin fortgeschickt werden. Aber das ist doch nur eine sehr entfernte Möglichkeit. Träte sie ein, so reise ich dann natürlich sofort ihr nach, aber im selben Augenblick telegraphiere ich Ihnen dann nicht nur nach Wildbad, sondern Telegraphenbureau restante auch nach Basel und Bern, und lege hier noch in Genf poste restante einen Brief für Sie nieder, der Ihnen besagt, was aus mir geworden.
Gehen Sie nicht über Zürich. [Wilhelm] Rüstow[21] finden Sie ohnehin nicht. Denn ich habe ihm heut einen Brief geschrieben, auf den er sicher übermorgen hier eintrifft. Wohin bin ich gekommen! Ich, der allgemeine Rater und Helfer bin rat- und hilflos und brauche andere! Meine Dummheit richtet mich hin! Der Gewissensbiß frißt mich auf! Aber wenn ich mein Verbrechen nicht wieder gut mache, koste es was es wolle und um jeden Preis, so will ich mein Haupt scheren und Mönch werden.
Ach, Gräfin! Warum sind Sie nicht hier.

F. L.

24 Ferdinand, Photo um 1860

P.S. Kommen Sie noch nicht. Alle Minute kann sich der Schauplatz ändern. Halten Sie sich nur bereit, auf die erste telegraphische Depesche an den Ort, den ich Ihnen bezeichne, zu kommen. –
Wenn ich diese Sache nicht durchsetze – und ich zweifle sehr daran, so bin ich für immer gebrochen und fertig mit allem. Noch viel mehr vielleicht als des Mädchens Verlust zerbricht mich meine Gimpelei. Wenn ich sie nicht durch Sieg ausgleichen kann, verachte ich mich selbst für immer auf das schnödeste.

SOPHIE VON HATZFELDT AN LASSALLE[22] (Original.)

Wildbad, 5. August [1864]

Gestern abend erhielt ich Ihren Brief, vor der Abreise nach Genf geschrieben, mit dem Ihrer Braut. Sie haben ganz recht, das Gefühl, welches ihr eingab, mir gleich zu schreiben, war ein sehr gutes und richtiges, das ich ganz richtig zu würdigen verstehe, und der Brief selbst ist ein sehr lieber, der allerdings die beste Zuversicht für Ihr künftiges Glück gibt. Ich habe so lange in schlimmen Jahren in Kampf und Gefahren treulich zu Ihnen gestanden – wie Sie mir gewiß das Zeugnis zugestehen werden, daß ich nie dem Appell gefehlt habe –, daß ich nicht erst Ihnen zu sagen brauche, wie ich im selben Grade mich tief innig freue, Sie glücklich zu wissen und meine herzlichsten Glückwünsche Sie stets begleiten werden, so lange ich lebe. Wenn ich Ihrer Braut nicht heute auch gleich, wie es mich drängt, schreibe, so ist es nur, weil ich rasend abgearbeitet bin von zwar [von] den erbärmlichsten Kleinigkeiten (da ich noch immer keine Kammerjungfer habe), die aber doch gemacht sein wollen, und die Kur greift mich auch sehr an, und ich will ihr wenigstens zum erstenmal ziemlich anständig und à tête reposée schreiben, was bei Ihnen nicht nötig. Aber in aller Welt, wo nehmen Sie denn den Gedanken und die Furcht her, ich könnte mich wollen in Ihre Ehe einmischen, Ihre Frau influenzieren? Wie habe ich Ihnen denn dazu Gelegenheit gegeben? Wie können Sie so gering von, ich spreche nicht vom Herzen, aber von meinem Verstand denken? Nichts liegt mir ferner als dieser Gedanke, und es wird auch gewiß so bleiben. Und dann woher nehmen Sie denn aus meinen Briefen, daß ich Ihnen abgeraten, versucht, Sie abzuhalten, „wozu es jetzt zu spät sei“. Ich habe nicht abgeraten, wie könnte ich das? Ich kenne Ihre Braut gar nicht, habe also keine Ursache dazu, ich habe nur in der Art und Weise etwas Ruhe und Überlegung geraten, was mir in den beiderseitigen Verhältnissen zu liegen schien, worüber ich eine irrige, aber gewiß herzlich gemeinte Ansicht hätte. Ich werde also, wie Sie es wünschen, nach Genf kommen. Sie meinten zwar, ich würde nicht vor dem 18. hier abreisen, so lange wird es aber nicht, ich werde schon am 18., vielleicht schon früher am 16. in Genf sein, auch wenn ich nach Zürich gehe. Ich muß auf zwei Tage hin, ich weiß, ich komme später nicht mehr hin, und ich habe so entsetzlich wenig mir nur äußerlich befreundete Menschen, daß ich diese wenigen doch nicht so absolut ungezogen zurückstoßen muß. Sie erwarten mich erst am 18. abzureisen, und ich werde früher schon da sein, also können Sie dagegen doch gewiß nichts haben.[23]

... Nun das wird sich ja alles zur Zeit finden. Nun leben Sie wohl, liebes Kind, ich erwarte mit großer Spannung einen Brief aus Genf, wer weiß, ob mich noch einer hier erreicht, denn die Briefe gehen unbegreiflich und unverschämt lange hierher, sogar manchmal laufen sie, Gott weiß warum, über Stuttgart.
Ich bitte Sie daher, gleich auch einen Brief nach Basel, Hotel Drei Könige, Hotel restant zu schicken, worin Sie mir auch sagen, wohin in Genf ich meine Koffer adressieren kann, welches Hotel? Ich schicke die Koffer von hier nach Basel, und von dort will ich sie als Frachtgut direkt nach Genf schicken, während ich zwei Tage nach Zürich gehe. Nun nochmals Lebewohl und auf baldiges Wiedersehen. Die herzlichsten Grüße für Sie und Ihre Braut ganz vorzüglich.[24]

LASSALLE AN SOPHIE VON HATZFELDT (Depesche, Original)

Olten, 24. August 1864[25]

Passiere eben Olten. Um 7 an Genf. Zwei gute Zimmer für mich und Begleiter. Will Sie und Wilhelm zuerst allein sprechen. Ferdinand.

Mit diesem Telegramm endet der Briefwechsel.

Fünftes Kapitel

Marx porträtiert Egeria und Ariadne

Der Mann lebt für das Werk,
die Frau wirkt für das Leben
Eduard Spranger

I.

Nicht allein wegen der Hatzfeldt-Händel, nicht allein wegen der politischen Implikationen einer privaten Auseinandersetzung schlecht zueinander passender Eheleute, hat Marx sich mit ihrer weiblichen Hauptfigur befaßt. Ihr Name taucht lange nach Beendigung des Familienstreits noch hundertmal in seiner Korrespondenz auf. Dennoch fehlt er im Index zweier klassischer Marx-Biographien[1]. Die Ostberliner Marxologen beschränken sich auf wenige Sätze. Allerdings enthalten sie das wahrscheinlich Wichtigste. „Der Jurist und Schriftsteller Ferdinand Lassalle, den Marx seit den Revolutionsjahren näher kannte, und dessen Freundin, die Gräfin Hatzfeldt, hatten angeboten, eine Zeitungsgründung in Berlin zu unterstützen. In ihrem Briefwechsel erwogen Marx und Engels das Für und Wider dieses Angebots. Um sich Klarheit über die politische Situation in Deutschland und die Absichten Lassalles zu verschaffen, entschloß sich Marx, nach Berlin zu fahren"[2]. Wie man sieht, erscheint die Gräfin hier bloß als Lassalles Freundin und potentielle Geldgeberin für ein geplantes, doch in dieser Form nicht zustandegekommenes Presseorgan.

Ausführlicher werden Marxens Zusammentreffen mit Sophie (und andere sie betreffende Episoden) von zwei Werken behandelt, die sich äußerlich wie Feuer zu Wasser verhalten. Das eine entspringt aus einer bewundernswert das Wesentliche packenden, breiten, deswegen aber nicht immer haargenauen Feder, das zweite ist zuverlässig und nüchtern wie ein Handbuch[3]. Beide helfen dem Beobachter die Bilder begreifen, die Marx im Verlauf eines Jahrzehnts anfertigte. Es begann mit ziemlich sorgfältigen Darstellungen und endete mit flüchtigen Schattenrissen. Vom Porträt einer Dame ging es zur Fratze einer Mordanstifterin und politischen Prostituierten.

Zweierlei benötigt der Sprachkünstler in Marx, um literarische Meisterwerke zu schaffen: Ein Sujet, das ihn reizt, und ein Publikum, das seine Arbeit zu schätzen versteht. In diesem Fall liegt die erste Skizze weit zurück. Ende Oktober 1847 ist der gedruckte Gegenangriff der im Frühjahr von ihrem dann scheidungswilligen Ehemann scharf attackierten Frau soeben fertig geworden. Nach Jahrzehnten relativ stillen Ringens hat sie die Herausforderung zum Zweikampf vor aller Augen, den man Scheidungsprozeß nennt, trotzig angenommen. Ihr Widerstandsgeist muß einen Demokraten anziehen, der binnen Monatsfrist von seinen Gesinnungsfreunden zu einem der Verfasser eines kämpferischen „Kommunistischen Manifests" bestimmt werden wird. Der Umstand, daß die Duellantin ihrem Gegner in einer Gesellschaft gegenübersteht, deren verspätete Entwicklung Marx gerade in anderem Zusammenhang dargelegt hat, kann seine Sympathie für Sophie nur steigern. So weit der anregende Gegenstand.

Was das Ein-Mann-Publikum angeht (einstweilen steht kein großes deutsches Sprachrohr zur Verfügung), so sind wir Marxens Liebe zu ihm anderswo nachgegangen. Es handelt sich um den Lyriker Georg Herwegh. Vor drei Jahren hat er in Marxens „Deutsch-Französischen Jahrbüchern" unverhüllt zum „Verrat" an „Ischariot-Deutschland" aufgerufen. Er imponiert Marx auch durch seine freie Lebensführung. „Heiratet" er doch neben seiner angetrauten Frau (wie eine philiströse Anprangerung lautet) „eine alte, große, plumpe und höchst unanständige Person"[4], die 39jährige, in Frankfurt a. M. geborene Marie de Flavigny, Gräfin d'Agoult. Nach der Trennung von ihrem adeligen Gatten wird sie eine Zeitlang Franz Liszts Geliebte, gebärt ihm jene Cosima, die zuerst den Musiker Hans von Bülow und nachher Richard Wagner ehelichen soll. Jetzt stellt Marx dem verwöhnten Musensohn eine noch drei Jahre ältere, den ehelichen Fesseln entfliehende Gräfin vor. Als wäre er selbst Dichter, d. h. ein verdichtender Schriftsteller, besorgt er das mit einer einzigen Linie, bzw. Zeile, nachdem er zuvor feststellt, daß Sophie ihn um ein paar empfehlende Worte gebeten hat und der naturalisierte Schweizerbürger Herwegh inzwischen ihre Bekanntschaft gemacht haben werde. „Die Frau hat für eine *Deutsche* viel Energie entwickelt in dem Duell mit ihrem Mann“[5]. Von hier ab ist Marx ihr Sekundant.

Marxens persönliche Bekanntschaft mit Sophie während der Revolutionszeit hat Fritz J. Raddatz das Verdienst für uns nachzuzeichnen. „Als Marx nach Köln kam *[10. April 1848]*, war Lassalle im Gefängnis, die Gräfin mittellos und in großer Aufregung um ihren Sohn. Marx nahm sich ihrer an, lieh ihr Geld, verkehrte in ihrem Düsseldorfer Haus, demonstrierte mit ihr öffentlich zugunsten des eingesperrten Lassalle – eine der äußerst seltenen Manifestationen dieser Art in Marx' Leben. Die Koalition Marx-Lassalle hat aber gewiß ihre eigentliche Wurzel nicht im Verständnis für die depravierte Aristokratin und ihre Angst um den Sohn, den Georg Weerth zeitweise versteckt hielt. Es gab eine Übereinstimmung in politischen Begriffen“[6]. Einiges hiervon trifft fraglos zu, einiges ist leider verzeichnet.

Wir zählen nicht nach, wie oft Marx sich in aller Öffentlichkeit mit Opfern sozialer oder politischer Mißstände solidarisiert hat. Es würde sonst ein neues Buch entstehen. Die Tatsache, daß der jüngere, eben erst in die Politik einsteigende Lassalle mit dem erfahreneren Marx in manchen Grundbegriffen übereinstimmt, ist nicht zu leugnen. Handeln aber Sophie und Paul in jenen Jahren etwa nicht als entschiedene Demokraten? Wieso ist die Gräfin dann „die depravierte Aristokratin“? Das ist sie doch wohl bloß aus der sumpfnahen Froschperspektive ihres Gemahls oder in der gelegentlichen Fernsicht von Marxens Frau Jenny, geborene von Westphalen, die sich einmal nicht verkneifen konnte, Engels gegenüber Lassalles „Champagnertrinken mit der rothaarigen Schönheit von anno 1805“[7] zu verspotten. Wie kämen Marx und der mittelprächtige Dichter, aber bessere Feuilleton-Redakteur der von Marx zugegebenermaßen diktatorisch gelenkten, von Juni an in Köln erscheinenden „Neuen Rheinischen Zeitung“ sonst dazu, Mutter und Sohn beizustehen?

Doch folgen wir Marx Schritt um Schritt auf seiner späteren Reise zu Lassalles Gefährtin! Intimus Friedrich Engels, dessen besondere Stärke literarische „Profile“[8] sind, wird zum Empfänger eines genaueren Entwurfs. Zwei Sätze umreißen das spannungsgeladene Dreieck Ferdinand, Karl und Sophie. „Der Bursche ist furchtbar pathetisch“, prustet der Besucher aus England, „und so blieb mir nichts übrig, als eine beständige Ironie ihm entgegenzustellen, die seine Eigenliebe um so mehr verletzte, als dadurch die Gräfin, der er sich als Universalgenie imponiert hat, bedenkliche Emanzipationsgelüste von diesem Buddha bekam. Sonderbarerweise hat sich die Hatzfeldt in gewissen Momenten von ihm einen jüdelnden Ton angehört und eingepaukt“[9]. Um mit dem Ende dieses Sketchs zu beginnen: wo in Bezug auf Geschäft und Gehabe der Geruch der Schicht aufsteigt, der Marx durch die Taufe entronnen zu sein hofft, rümpft er die Nase[10]. Der Vergleich mit Buddha echot sein jüngstes Wiedersehen mit dem engsten Berliner Jugendfreund. Es ist der im Gegensatz zu Lassalle ganz unpathetische Buddhismusforscher und -kritiker Karl Friedrich Köppen, der dem ehemaligen Kommilitonen während dessen Besuchs sein zweibändiges Opus zu diesem Thema verehrt[11]. Daß Marx als Resultat seines ironischen Tons gegenüber Lassalle bei dessen Freundin „bedenkliche Emanzipationsgelüste" erregt, ist nicht auszuschließen.

Vermutlich ist das Erleben eines Menschen von größerem Format aber mehr Anlaß als Ursache für Sophies emanzipatorische Reaktionen. Schon vor Marxens Erscheinen in Berlin kündigt sie Paul an, es sei möglich, daß sie im Frühjahr ganz von Berlin fortgehen werde, um sich in einem südlichen Klima zu etablieren. Die Entscheidung werde u. a. von ihrer Gesundheit abhängen. Bleibe sie dagegen, so gedenke sie, falls sie die von ihr gewünschten Personen finden könne, „eine große Zeitung zu gründen, zwar nicht unter meinem Namen, wie sich von selbst versteht, aber es wird mir wenigstens ein Interesse sein und mir Macht zur Abwehr von vielem geben". Wofür das Blatt eingesetzt werden soll, wird genau ausbuchstabiert.

„Nichts", gesteht Sophie ihrem Jungen, „macht mir mehr Kummer, mein Herz ist endlich gestorben, aber vieles noch ennui, dégout und indignation. Die letzten Jahre verzeihe ich meiner Familie noch viel weniger als die früheren, weil sie ein förmliches guetapens [Hinterhalt] waren und noch viel bodenloseren Egoismus und Herzlosigkeit bewiesen". Sobald sie sich entschieden haben wird, will sie „laut, öffentlich und auf immer mit der ganzen Familie völlig . . . brechen, indem ich ernstlich meine Meinung und Entschlüsse dieser ‚infamen Bande', wie jeder einzelne von ihnen sie benennt, sage – indem jeder vergißt, daß er das Seinige dazu beiträgt, damit es eine ‚infame Bande' sei"[12]. Kurz, die Pressepläne, von der Forschung bisher meistens wie selbstverständlich als Angelegenheit von Männern behandelt, gehen von der Besitzerin eines erheblichen Vermögens aus. Sie sollen ihr vor einem halben Jahrzehnt abgeschlossenes Aufräumen mit der Tyrannei eines Einzelnen auf die Befreiung von seinem ganzen Klan ausdehnen. Zwar kommt es schließlich ebensowenig zu dieser endgültigen familiären Loslösung wie zum vollständigen Bruch mit Lassalle infolge einer neuen Dreieckssituation. Im Sommer '61 reist das Berliner Freundespaar über die Schweiz nach Italien. In Zürich schließt sich ihm der ehemals preußische, nach der Revolution von '48/49 hierhin emigrierte Generalstabschef Giuseppe Garibaldis und namhafte Militärschriftsteller Oberst Wilhelm Rüstow an. Bald bringt er der Gräfin „leidenschaftliche Gefühle" entgegen. Sie bleiben nicht unerwidert. Dadurch entstehen dieses Mal in Lassalle zeitweilig verwirklichte „Emanzipationsgelüste". Sie fielen sicherlich noch entschiedener aus, wenn er ahnen könnte, daß der neuaufgetauchte, nicht minder eifersüchtige Liebhaber („Lieben Sie mich oder lieben Sie den Juden?") Sophie, als sie um Ferdinands Vater bangt, im „Stürmer"-Stil zudonnert: „Wer leidet denn unter dem Tode des alten, verdammten, krummbeinigen Saujuden? . . . Ich hasse alle Juden"[13]. Doch zurück zur Berlin-Visite!

Ende März 1861 läßt Marx unter dem Briefkopf „13, Bellevuestraße, Berlin (Address: Dr. F. Lassalle)" seiner holländischen Base Antoinette (Nanette, Nettchen) Philips einen ersten Hatzfeldt-Report zugehen. Er hat Antoinette und ihre Familie unmittelbar vor der Deutschland-Fahrt besucht und wird kurz danach, ehe er nach London zurückkehrt, noch einmal zu ihr reisen. Unzweifelhaft von dieser viel jüngeren jüdischen Blutsverwandten entzückt, verfaßt er in englischer Sprache einen an die französische Kunst des Briefschreibens im 17. Jahrhundert erinnernden Brief, mit dessen Übersetzung wir unten unsere Galerie „Wie andre es sahen" eröffnen. (Wegen der Schönheit des Originals bedauern wir dabei den Schreiber und Leser einer amerikanischen „Intimen Biographie" Marxens von 667 Seiten. In der ersichtlichen Annahme, daß es sich um einen deutschen Text handelt, bringt er u. a. in der Rückübersetzung einer als Zitat gekennzeichneten Passage – neben einem halben Dutzend weiterer „Korrekturen" an Marxens Worten – anstelle der „feinen Büste" griechischer Statuen „schöne Brüste" und macht aus ihren „ramponierten Köpfen", als wären wir bei den Kopfjägern, „geschrumpfte"[14] (shrunken).)

Wie bei Rembrandt sind in dem für unsre Monographie in Betracht kommenden zweiten Absatz des Marx-Briefs die Schatten – hier der sorgfältig verborgene, doch dem Auge des Malers nicht entgangene Zahn der Zeit – das Hervorstechende, als Erstes Aufgetragene. Auf diesem Grunde wirken die Lichter umso heller: Sophie ist nicht nur „Dame", sondern „eine sehr distinguierte"; hat nicht allein Denkvermögen, sondern „großes" und „natürliches"; ihr Temperament ist durch „viel Lebhaftigkeit" gekennzeichnet; an Marxens Lebensinhalt, der „revolutionären Bewegung", ist sie „tief interessiert". Vor allem ist sie kein Blaustrumpf. Ihre aristokratische Gelassenheit ist der verkrampften Affektiertheit berufsmäßiger Frauen von Geist sehr überlegen. (Eine charakteristische Geste souveräner Gelöstheit: Sophie geht gleich mit Marx ins Ballett, und sie sitzen, um die königliche Familie herauszufordern, auf einem Logenplatz direkt neben der Hofloge.)

Einen Tag nach der Abreise von Berlin schickt der „fahrende Ritter Charles Marx" (wie er sich mit der Bitte, daß seine „kleine Zauberin" ihn nicht „ganz vergesse", unterschreibt) „Miss Nanette", seiner „süßen kleinen Kousine", aus Elberfeld einen nicht weniger bezaubernden Gruß. Dieses Mal gibt er möglicherweise wörtlich eine Unterhaltung mit „Lassalles Egeria" wieder. (Egeria war bekanntlich die Nymphe, von welcher der legendäre römische König Numa Pompilius seine Gesetze empfangen haben soll – eine Anspielung auf Lassalles juristische und rechtsgeschichtliche Aktivitäten, deren Inspirator also angeblich Sophie ist.) Wir übersetzen wiederum aus dem Englischen. „Sie: ‚Das also ist der Dank für die Freundschaft, die wir Ihnen bezeigt haben, daß Sie Berlin so bald verlassen, wie es Ihre Geschäfte erlauben werden?' – Ich: ‚Ganz im Gegenteil. Ich habe meinen hiesigen Aufenthalt über den angebrachten Termin hinaus verlängert, weil Ihre Liebenswürdigkeit mich an diese Sahara gekettet hat.' – Sie: ‚Dann werde ich noch liebenwürdiger werden.' – Ich: ‚Dann bleibt mir keine Zuflucht als wegzulaufen. Andernfalls wäre ich niemals fähig, nach London zurückzukehren, wohin mich meine Pflicht ruft.' – Sie: ‚Das ist ein sehr schönes Kompliment, einer Dame zu erklären, daß ihre Liebenswürdigkeit derart ist, Sie zu vertreiben.' – Ich: ‚*Sie* sind nicht Berlin. Wenn Sie mir die Aufrichtigkeit Ihrer Liebenswürdigkeit beweisen wollen, laufen Sie mit mir weg.' – Sie: ‚Aber ich fürchte, Sie würden mich auf der ersten Station im Stich lassen.' – Ich: ‚Ich bin nicht ganz sicher, ob ich nicht auf der nächsten Station „Das Mädchen abhängen" würde. Sie wissen, daß nachdem Theseus mit der griechischen Schönheit durchgebrannt war und sie an dieser oder jener Station verließ, sofort der Gott Bacchus vom Olymp herabstieg und die Verlorene in seinen Armen zu den Gefilden der ewigen Freuden trug. Nun zweifle ich aber nicht daran, daß an der nächsten Bahnstation hinter Berlin schon ein Gott auf Sie wartet; und ich wäre der Grausamste aller Sterblichen, wollte ich Sie um ein solches Rendezvous bringen!'"[15].

Die Anspielung auf den Neid und die Eifersucht des bei dem Dialog anwesenden „göttlichen" Lassalle (bei welcher der Retter der Ariadne auf Naxos vom griechischen Dionysos in den römischen Bacchus verwandelt ist) wird allerdings sofort mit dem Zusatz „genug von diesen Narreteien!" heruntergespielt. Die ernsthafte Erfassung der Lage im Haus Bellevuestraße 13 scheint dennoch durch die komische Maske Marxens hindurch.

Mitte Juli erhält „my dear little friend" (in einem Gesellschaftsspiel hat Marx enthüllt, daß er sich an Netjen nicht sattsehen kann[16]) nach der Beteuerung, es sei kein einziger Tag vergangen, ohne daß er an sie gedacht habe, das längste der drei Hatzfeldt-Schreiben. Noch länger ist allerdings das, was er soeben von Sophie bekommen hat. „Von der Gräfin Hatzfeldt habe ich einen Brief von vollen 16 Seiten erhalten. Nimm Dir daran ein Beispiel, mein liebes Kind! Sie ist – natürlich in Begleitung von Lassalle – an einen Badeort in der Nähe von Frankfurt am Main gegangen. Von da werden sie nach der Schweiz weiterziehen und nach einem dortigen Aufenthalt von einem Monat nach Italien. Sie fühlt sich sehr gelangweilt [im Orig. *ennuyée*] und meint, sie sei sehr zu bemitleiden, weil sie kein andres Geschäft zu erledigen habe, als sich selbst zu amüsieren. Es ist tatsächlich eine böse Lage für eine aktive, ruhlose und ziemlich ehrgeizige Frau, deren Tage des Flirtens vorbei sind[17]". Die reichlich Fünfzigjährige ist, wie am Fall Rüstow zu sehen, keineswegs übers Kokettieren hinaus. Das entscheidende Faktum, daß einem Weib im Zeitalter des Manns das seinen Fähigkeiten entsprechende politische Betätigungsfeld verwehrt bleibt, hat Marx jedoch richtig erkannt. Ja, er versichert, daß Sophie „ungleich mehr politischen Verstand . . . hat" als Lassalle, so daß er sie als „Privatkorrespondent"[18] in Berlin halten wolle. Tatsächlich bekommt sie ein Foto und sein neuestes Werk zugeschickt. Auch entwickelt sich ein gewisser Briefverkehr zwischen den beiden.

II.

Im Zenith ihrer Beziehungen hat Marx dreimal an Sophie geschrieben. Das nach dem Herausgeber der Korrespondenz nur in Abschrift vorliegende, „12. Sept. 1864, Modena Villa, Maitland Park. Haverstock Hill, London" datierte „kurze Kondolenzschreiben" ließ der sein Beileid zum traurigen Ausgang des Duells Aussprechende der Gräfin bei ihrer Rückkehr aus der Schweiz von seinem Jünger Wilhelm Liebknecht zustellen. Es war (wie die beiden nachfolgenden Schreiben) „Meine liebe Frau Gräfin!" überschrieben. Sie begreife, schrieb Marx, wie ihn die ganz unvorbereitete Nachricht von Lassalles Tod „überrascht, bestürzt und erschüttert" habe. Lassalle sei einer der Menschen gewesen, auf die er viel gehalten habe. Um so fataler sei es ihm, daß sie in der letzten Zeit keinen Kontakt mehr gehabt hätten. Der Grund dazu sei weder allein sein, Lassalles, Schweigen gewesen – denn Lassalle habe damit begonnen, nicht er, Marx –, noch eine längere Krankheit, von der er erst seit ein paar Tagen erlöst worden sei (gemeint war Furunkulose). Es kämen Gründe hinzu, die nur mündlich, nicht schriftlich, mitgeteilt werden könnten. Sophie möge überzeugt sein, wiederholte Marx, daß niemand „tiefern Schmerz" über Lassalles „Weggerafftsein" empfinden könne.

Vor allem aber, sagte Marx, fühle er für Sophie. Er wisse, was ihr der „Verewigte" gewesen, was sein Verlust für sie sei. Dann dieser wieder zur Antike zurückspringende, etwas schiefe Vergleich: „Freuen Sie sich über eines. Er ist jung gestorben, im Triumph, als Achilles". Er hoffe, schloß Marx, daß sie mit ihrem „hohen und tapfern Geist" den Schicksalsschlag ertrage und stets überzeugt sei „von der vollkommen treuen Ergebenheit Ihres aufrichtigen Freundes Karl Marx"[19]. Schon die Wahl der Worte sollte hinreichen, um einerseits Sophies Gestalt als solche aus der Menge historisch belangloser Personen herauszuheben und andrerseits Marx' Verbundenheit mit ihr als eine ebenfalls geschichtliche Tatsache festzuhalten.

Einen Monat danach gab Marx, obwohl er zuerst an eine Aussprache mit Sophie gedacht haben muß, eine schriftliche Begründung seines Verhältnisses zu Lassalle. Marx begann mit der Information, daß er in den letzten Wochen ernsthaft krank gewesen war, das Bett zu hüten hatte und deshalb die Beantwortung „Ihres so freundlichen Briefes vom 1. Oktober leider bis jetzt verschieben mußte". Er versichere, ging es weiter, daß er sich noch immer nicht entschließen konnte, „Lassalles Tod als ein fait accompli zu betrachten!" So „voll von Leben, Geist, Tatkraft, Vorsätzen, so ganz und gar jugendlich, wie er mir vorschwebt, und nun plötzlich totenstill und atemlos – es fehlen mir die Verbindungsglieder, die Übergänge, und die Tatsache lastet auf mir wie ein wüster und unholder Traum". In dieser Form variierte Marx das Motiv seiner ersten Regung, wozu gewiß keine Notwendigkeit bestand, falls er eine konventionelle Anteilnahme beabsichtigte.

Es folgte ein auf Sophies nicht mehr vorhandene Antwort bezüglicher Passus. „Sie haben ganz recht, wenn Sie unterstellen, daß niemand mehr als ich das Große und Bedeutende in Lassalle anerkennen konnte. Er selbst wußte dies am besten, wie seine Briefe an mich beweisen. Ich habe ihm, solange wir in Korrespondenz standen, auf der einen Seite stets meine wärmste Anerkennung über seine Leistungen ausgesprochen, auf der anderen Seite stets rückhaltlos meine kritischen Bedenken über dies oder jenes mir mangelhaft Scheinende mitgeteilt." Noch in einem seiner letzten Briefe an Marx hatte der Verstorbene sich in seiner „eigentümlich gewaltsamen Weise" über die hieraus resultierende Befriedigung ausgesprochen. Zuletzt ein Bekenntnis, das Sophie als engste Freundin des Toten mitbetraf. „Aber von aller Leistungsfähigkeit abgesehen, liebte ich ihn *persönlich*. Das Schlimme ist, daß wir es uns wechselseitig immer verhehlten, als sollten wir ewig leben." Hierzu gibt es vom Herausgeber der Briefe noch einen interessanten Kommentar:

„Der Rest des Briefes fehlt", heißt es da. „Offenbar antwortete er auf die Aufforderung der Gräfin, eine Würdigung Lassalles zu schreiben. Marx bemerkt zu Engels am 4. November, gewiß über seinen hier abgedruckten Brief: ‚Ich habe ihr sehr freundlich, aber diplomatisch abwehrend geantwortet. Der moderne Erlöser! ...'. Und Engels antwortete am 7. November: ‚Die Idee der alten Hatzfeldt, Du solltest dem modernen Erlöser eine Apotheose schreiben, ist doch gar zu gut'."[20] Sicher hätte Sophie nichts lieber gesehen, Marx nichts ferner gelegen, als den Verblichenen nach dem Motto de mortuis nihil nisi bene, von den Toten nichts wo nicht Gutes, zu lobpreisen. Tatsache bleibt aber, daß Marx für Lassalle, wie für dessen Lebensgefährtin, bei aller Neigung zur Kritik Empfindungen hegte, die man tüchtigen Kameraden natürlicherweise entgegenbringt.

Von „alter persönlicher Freundschaft und Parteirücksicht, die mich Lassalle gegenüber banden", handelte auch der dritte, gleichfalls aus einer Abschrift bekannte Brief vom

Ende des Jahrs, der mit der Wendung „Ich wage kaum, einen Wunsch für das neue Jahr auszusprechen, da ich weiß, daß das alte Jahr Ihnen, meine liebe Frau Gräfin, nur noch Erinnerungen gelassen hat", und der Unterzeichnung „Ihr ganz ergebener K. Marx"[21] endete. Er nahm sich ziemlich ausführlich die di*[i]*minorum gentium, die Götter aus den geringeren Geschlechtern, vor, die Lassalles Werk ohne dessen Talente fortzusetzen wagten. Das war, wie Marx einem Barmer Freund anvertraute, „eine Art Drohung, natürlich sub rosa an „die alte Hatzfeldt"[22], richtiger wohl eine verhüllte Mahnung, männermordenden trojanischen Kriegen fernzubleiben. Mochte sie Tatkraft, Freiheitswillen, Begeisterung für die Revolution, Denkfähigkeit, ja „ungleich mehr politischen Verstand" als ihr Achilles besitzen: aufs Schlachtfeld der Politik (außerhalb Marxens Reichweite, mögen wir hinzusetzen) gehörte sie nicht.

Sechstes Kapitel

Von Bismarck zu Bebel

Ich hoffe, daß sie durch solche Kleinigkeiten wie Nichtschreiben
niemals sich hat beirren lassen
und meiner steten Anhänglichkeit und Bewunderung für sie sicher ist.
Marx über Sophie an Lassalle

I.

Die Berlinerin ist nicht durch Drohungen oder Warnungen in eine zu Hause bleibende Penelope umzufunktionieren. Statt den interessierten Regierungen eine etwaige Strafverfolgung des Rumänen zu überlassen, den Sophie wegen der angeblich bewußt dem Unterleib zugedachten Zielrichtung seines tödlichen Duellschusses schlechthin Lassalles Mörder schilt, schaltet sie, ein von Gewissensqualen, Trauer und Rachedurst verzehrter weiblicher Michael Kohlhaas, sich mitsamt den erreichbaren Verwandten und Bekannten in die Verbrecherjagd ein. Übrigens kennt auch Frau von Racowitza alias Helene von Dönniges genau den „Mörder Lassalles"[1]: ihr Vater, nicht ihr Bräutigam Yanko, der im Gegenteil, um den Gegner zu schonen, auf den Boden gezielt hätte! Ohne Bezug auf eine schweizerische Gerichtsuntersuchung überlassen beide Freundinnen des Toten sich ihren Vorurteilen – ganz wie ein bald zum Frauenfeind Gewordener, der ihnen die Schuld zuschieben will.
Mitte Oktober 1864 ruft Sophie in einem Brief an den in Genf lebenden revolutionären, internationalistischen, demokratischen Sozialisten Johann Philipp Becker aus: „Zum zweiten Mal darf der Mörder nicht entwischen. Ich sterbe, wenn es geschieht. Ich verzeihe mir *nie*, daß ich zu dumm und untätig war, Lassalle zu retten und dann nicht einmal ihn zu rächen verstand. Soll es heißen, daß er *keinen* Freund hinterließ?" Einen Tag darauf bekennt sie ihrem Sohn Paul: „Ich habe nichts obendrein als Kämpfe, und meinen Zweck muß ich doch erreichen, oder ich kann nicht leben und verachte mich selbst"[2]. In Form und Inhalt ist das genau die exaltierte Sprache Lassalles. Doch noch gibt es keine Interpol, nur ein „Kartell" von Ländern zur „Auslieferung gemeiner Verbrecher", wie Sophie unter Hinweis auf die zwanzigjährige Einschließung des Schuldigen, die in Preußen und in der Schweiz auf das Delikt steht, Paul Anfang Dezember (unter Beifügung eines Fotos und Signalements des Gesuchten) mit andern kriminologischen Einzelheiten erklärt. Er, der wie vorher ihr Bruder, Maximilian Graf von Hatzfeldt-Trachenberg, an der Preußischen Gesandtschaft in Paris tätig ist, soll die französische Geheimpolizei einspannen. Sie selbst hat eine Eingabe „an Herrn von Bismarck gemacht, ihm den gesetzlichen Standpunkt auseinandergesetzt und die Lage der Sache, daß die Regierung in Genf energisch die Verhaftung und Auslieferung verlange und daß ich von ihm fordere, sein Recht wie seine Pflicht zu erfüllen und seinen Gesandten in München zu instruieren, daß er energisch auf die Verhaftung dringe. Preußen ständen im Ausland wie im Inland unter preußischem Schutz, und die Regierung müßte dafür sorgen, daß nicht Verbrechen ungestraft an ihnen verübt würden"[3]. Auch die nicht gerade diplomatisch klingende Belehrung des preußischen Ministerpräsidenten hört sich ganz nach ehemaligen Auftritten Lassalles an, wenigstens in Sophies Zusammenfassung.
Bismarck gibt (nach derselben Darstellung) „eine zusagende Antwort"; versichert dem Vermittler der Eingabe, „es müsse ihm selbst daran gelegen sein, daß es gelänge, den Menschen zur Strafe zu bringen"; und bekommt prompt ein neues Gesuch von Sophie: er solle ein französisches Auslieferungsverfahren beantragen. Petitionierung des Polizeiministers, Bittschrift an den Kaiser der Franzosen, Einschaltung des Schweizer Gesandten, irgendetwas soll unternommen werden für die „sofortige Festhaltung des Menschen". Diesen einen Dienst verlangt Sophie, „bevor ich sterbe"[4]. Drei Tage danach

hört der Berliner Mittelsmann von ihr, er habe (durch seine Kooperation) einen größeren Dienst erwiesen, „als noch irgendein Mensch in diesem Leben mir zu erweisen die Möglichkeit finden kann“[5]. Lassallesche Methoden und – kurzfristige, kurzlebige Erfolge!

Am ersten und zweiten Weihnachtstag arbeitet die preußische Regierung das Echo auf das lauthals vorgebrachte Ansinnen einer Privatperson aus. Bismarck sagt zu, daß „für die Wahrung der Rechte der Hinterbliebenen und für das Ansehen Lassalles alles geschehen wird, was amtlich geschehen könnte, wenn es sich um einen meiner nächsten politischen oder persönlichen Angehörigen handelte“[6]. Doch wenn Sophie wirklich „einen Augenblick der Freude an diesem Leben“ damit gleichsetzt, daß „ich sie beide [Helene und Yanko] auf dem Schaffott sehen könnte“[7], dann erlebt sie stattdessen das absolute Gegenteil, nämlich deren Hochzeit. Allerdings erliegt der junge Ehemann nach nur fünfmonatiger Ehe einem Lungenspitzenkatarrh.

Ob Sophie, die Johann Philipp Becker ein Telegramm nach dem andern geschickt hat, bei der Pirsch hinter dem von ihr für schuldig Gehaltenen sogar an Selbstjustiz gedacht hat? Ebel, der sich bewundernswert in seiner Materie auskennt, weiß hierüber nur mitzuteilen: „Bei der Verfolgung Racowitzas beteiligte sich auch der junge Wilhelm Weber aus Neustadt a. d. Haardt (Bernhard Becker an Gräfin Sophie, 5. 12. 64)“[8]. Marx hat offenbar Wind von jener Separataktion bekommen. Sonst würde er kaum den Namen einer der drei Erinnyen, der in Rom mit den Furien gleichgesetzten griechischen Rachegöttinnen – Megaira, die Zürnende –, benutzen, wenn er Liebknecht korrigiert: Johann Philipp Becker sei kein Werkzeug der „Megäre Hatzfeldt“[9]. In einer späteren Mitteilung unterrichtet Marx einen New Yorker Korrespondenten über Weber: „Er drückte sich dann mit dem H[atzfeldt]schen Geld“, ja, „suchte dem alten Mensch unter Drohungen noch mehr zu erpressen“, um nach USA auszuwandern. Er sei „von der Hatzfeldt ausersehn“ gewesen, „den Killer des Lassalle zu morden“[10]. Yankos Untat wird hier also lediglich als Totschlag bewertet, Sophies gescheiterte Absicht dagegen als Mordversuch.

A la longue bleibt Sophie ähnlich erfolglos mit dem, was sie sozusagen privatpolitisch von Bismarck zu erlangen hofft – eine glänzende Zukunft für ihren Paul. Ende Januar 1865 bekommt der Sohn von der Mutter diesen Lagebericht: „Vor längerer Zeit hatte der König eine Konversation mit B[ismarck], worin er von Dir sprach und wissen wollte, was er mit Dir vorhabe. B[ismarck] sagte, er habe den Plan gehabt, Dich in sein Kabinett zu nehmen . . . Dieser Posten bei B[ismarck], überhaupt im Ministerium, wo Du schnell zu diesem Posten des Vertrauens gelangen würdest, wäre das beste, was ich für Deine Karriere nur wunschen würde. B[ismarck] steht fester denn je“[11]. Einige Jahre später kommt, wiederum in einem Brief aus Berlin, der Hinweis auf eine andre mögliche Position.

„Ich habe soeben mit jemand gesprochen, der ganz direkt und konfidentiell weitersprechen wird, habe jeden, wenn auch nur leisesten Zweifel wegen der bewußten Intimität ohne Nennung von Namen beseitigt, Deine Verschwiegenheit, Zuverlässigkeit hervorgehoben, daß Du ebenso gut französisch sprichst und schreibst wie deutsch, was man sehr entbehrt und sehr zu haben wünscht“. Nach diesem Einblick in die intimen Verbindungen (es geht hier um die Königin Augusta) folgt haargenauer Rat für das sechsunddreißigjährige Kind, was es zu tun habe, um die mütterlichen Pläne reifen zu

lassen. „Du wünschtest also jetzt sehr", wird ihm, man muß schon sagen, vorgekaut zu äußern, „dorthin zu kommen und unter den Augen B[ismarck]s zu zeigen, ob Du brauchbar seist. Wenn Du diese Gelegenheit wieder vorübergehen läßt [diese unterstrichen], nun, so mußt Du Dich nicht beklagen, so günstig kommt sie Dir nicht wieder"[12]. Äußerlich ist Paul dann ungemein erfolgreich. 1869 wird er Wirklicher Legationsrat und Vortragender Rat im AA, anschließend Wirklicher Geheimer Legationsrat, Kaiserlicher Gesandter, und ist an Sophies Lebensende Botschafter in Konstantinopel (danach sogar als Staatssekretär bzw. Staatsminister Stellvertreter des Reichskanzlers).
Bismarcks Urteile spiegeln im ganzen indessen weniger Glanz wider. Zwar spricht er im Herbst 1880 seinem König und Kaiser gegenüber von Paul als dem „befähigtesten unter Euerer Majestät Diplomaten", den er an „die Spitze des Auswärtigen Amtes zu bringen"[13] gedenkt. Doch diese Einschätzung ändert sich. „In Hatzfeldt habe ich mich geirrt ... denkt aber nur an sein Interesse, möchte mein Nachfolger werden", lautet das härteste, und das mildeste: „Hatzfeldt ist ein vortrefflicher Botschafter ... gescheit, geistreich, aber kränklich, nicht fähig zu ernster, dauernder Arbeit, nicht für die Routine, leichtsinnig, auch ist sein Gedächtnis schwach". Ob Sophie dem „Pimpelmatz"[14] – gemessen an seinem Finanz- und Energievorrat – nicht zu große Rosinen in den Kopf gesetzt hat? Vor allem jedoch wird man sich fragen, wie die Konnexionen mit dem Hof und dessen genialem Diener, der sich, wie Paul der Mutter einmal in Erinnerung bringt, „leider" ihrer „Anerkennung"[15] nicht erfreue, mit ihrer parteipolitischen Rolle zu vereinbaren ist. Diese Rolle liegt bis heute, wie ein versteinertes Insekt im Bernstein, in zwei umfangreichen Bänden versteckt. Es sind zwei gleich wertvolle Studien – die eine von dem Klassiker der Geschichte der Arbeiterbewegung, Gustav Mayer, die andere von einem heutigen, führenden Kenner dieser Geschichte, Arno Herzig. Beide gemeinsam halten das fossile Insekt lediglich für einen Schädling.
Mayer befaßt sich mit Sophies begabtestem politischen Gegenspieler, Rechtsanwalt Johann Baptist von Schweitzer. Der jesuitisch erzogene, verarmte Patriziersohn aus Frankfurt a. M. hat sich im Anschluß an einen Sexualskandal nach Wiesbaden zurückgezogen. Sozialdemokratisch gesonnener Turn-, Schützen- und Arbeiterbildungsvereinsvorsitzender, Redner, Publizist, Romancier und Dramatiker, hat er sich Lassalle als Verbündeten angeboten. Knapp zwei Monate vor dessen Tod treffen drei Außenseiter, Ferdinand, Sophie und der in seiner Heimatstadt Verfemte, ungeniert im Frankfurter „Holländischen Hof" zusammen. Drei Wochen nach Lassalles Tod warnt der junge, unverheiratete Schriftsteller Bernhard Becker – von Lassalle zu seinem Nachfolger im Allgemeinen Deutschen Arbeiterverein (ADAV) empfohlen – Sophie vor von Schweitzer. Dieser (er wird in einigen Monaten die Probenummer des „Social-Demokrat" (SD) benannten Vereinsblatts herausbringen) unterschlage Nachrichten. Im Spätherbst aber verbündet ihr „gehorsamer Diener", der ihr zuvor vom „donnernden Hoch"[16] dankbarer Barmer Arbeiter für sie berichtet hat, sich mit von Schweitzer. Sie wollen gemeinsam von der im Gegensatz zu ihnen nicht akademisch gebildeten und horribile dictu weiblichen éminence grise loskommen. Zum selben Zweck scheut Becker zu Sophies Entsetzen nicht vor einem Testaments- und Statutenbruch zurück. Entgegen Lassalles letztem Willen will er das unbesoldete Amt des Präsidenten im ADAV mit dem besoldeten des Sekretärs zusammengelegt sehen, um so ein Jahresgehalt von 500 Talern zu beziehen[17].

Ein neuer Schock für Sophie, die sich als geist- und buchstabengetreue Testamentsvollstreckerin Lassalles empfindet. Präsident Becker und Publizist von Schweitzer gehen auf eine frühere, vorsichtigere Position Lassalles zur brennenden Frage einer Annexion der Elbherzogtümer zurück. Der späte, mit Bismarck verhandelnde Lassalle hatte vor, dessen imperialistische Aggressionspolitik gegenüber Dänemark aktiv zu unterstützen. „Wie tief Lassalle sich in Wahrheit mit Bismarck eingelassen hatte“[18], das vertraut Sophie nun ahnungslos dem 1862 aus seinem Londoner Exil zurückgekehrten Achtundvierziger Liebknecht an. Sie hofft, nach der Enttäuschung mit einer Bernhard Becker'schen Lassalle-Broschüre, den mittellosen Remigranten für die Abfassung einer ihr zusagenden Lassalle-Schrift zu gewinnen. Was sie vor allem erreicht, ist, daß Liebknecht seine Londoner Ratgeber von diesem Geheimnis unterrichtet. Sie revidieren darauf ihre ursprünglich recht positiven Eindrücke von der Gräfin umso leichter, als Becker, der zunächst von Sophie im Berliner Hotel Windsor Untergebrachte und Gespeiste, sich im Frühjahr 1865 in Hamburg zu „den gehässigsten Angriffen auf Marx und Engels hinreißen“ läßt und dazu die Gräfin „auf die ordinärste Weise“ verleumdet. „Becker glaubt, daß, weil die Gräfin Hatzfeldt ihm ein Amt, der Herrgott ihm auch den dazu nötigen Verstand gegeben habe“, macht Marx sich im Grund über beide lustig. Gleichzeitig versichert er Sophie seiner größten Entrüstung über Beckers Ausfälle gegen sie[19]. Daß Sophie politischer Verstand nicht abgeht, zeigt ein Schreiben an Emma Herwegh, mit dem deren Mann für den SD gewonnen werden soll. „Es liegt ein förmlicher Abîme [Abgrund] zwischen folgenden zwei Sachen, sich an seinen Gegner verkaufen, für ihn arbeiten, verdeckt oder unverdeckt, oder wie ein großer Politiker den Augenblick zu erfassen, um von den Fehlern des Gegners zu profitieren, einen Feind durch den anderen aufreiben zu lassen, ihn auf eine abschüssige Bahn zu drängen und die dem Zweck günstige Konjunktur, sie möge hervorgebracht werden von wem sie wolle, zu benutzen. Die *bloßen* ehrlichen Gesinnungen, diejenigen, die sich immer nur auf den idealen, in der Luft schwebenden Standpunkt der *zukünftigen* Dinge stellen und *darauf* nur das *momentane* Handeln bestimmen, mögen *privatim* als recht brave Menschen gelten, aber sie sind zu nichts zu brauchen, zu Handlungen, die auf die Ereignisse wirklich einwirken, ganz *unfähig*, kurz, sie können nur in der großen Masse dem Führer folgen, der besser weiß“[20]. (Wladimir Iljitsch Lenin, der zuweilen mit einem Lassalleschen Motto einsetzt, wird der Arbeiterbewegung dereinst ähnlich klare, harte Analysen bieten. Um so verwunderlicher erscheint es, daß seine Verehrer dem Durchsetzungswillen, Eifer und Erfindungsreichtum der als Frau vom agitatorischen Auftreten in der Öffentlichkeit verhinderten Politikerin nicht mehr Interesse entgegenbringen als mit raren Ausnahmen die ganze übrige Nachwelt.) Georg Herwegh ist anscheinend unbeeindruckt. „Abgesehen davon, daß ich mit dem schönen Geschlecht *nie* Politik getrieben habe, noch jemals solche zu treiben gedenke, stehen auch die Ansichten der so ungehörig in die Polemik hineingezogenen Frau über ‚den großen preußischen Minister‘ meinen bekannten Anschauungen von dieser Ministergröße *diametral* entgegen“, verkündet er Ende März 1865 bei seinem Austritt aus dem ADAV[21] mit einem heute schon fast unverständlichen Bekenntnis zur Diskriminierung der Frau.

Sophie bemüht sich, zu praktizieren, was sie predigt. Zuerst steuert sie auf den Sturz ihres übrigens auch von Herwegh zurückgewiesenen Verleumders los. Als von Schweitzer durch Bernhard Becker mit der Wahl eines Vereinskongreßorts vor den Kopf gestoßen wird und Becker dann mehr oder minder genötigt von seinem Amt als Präsident des ADAV zurücktritt, sieht Sophie ihn befriedigt durch den ehemaligen Justizbeamten und Iserlohner Volksanwalt Karl Wilhelm Tölcke ersetzt. Mit ihm erzielt sie jedoch auf einem Treffen in Vohwinkel [heute Wuppertal] am 12. März 1866 (weil sie sich als eigentliche Erbin Lassalles ihm übergeordnet fühlt), keine echte Einigung[22].

Eine neue Kursänderung bringt Bismarcks Einführung des allgemeinen, gleichen, direkten und geheimen Wahlrechts zum Konstituierenden Norddeutschen Reichstag, für dessen Wahl (nach der die Polizeischikanen und andre Benachteiligungen der Arbeiter hier übersehenden Formulierung von Wolfgang Köllmann) „die Arbeiterpartei nunmehr die gleichen Chancen besaß wie die bürgerlichen Parteien"[23]. Hiermit wird Bismarck für Sophie zum „Vollstrecker von Lassalles letztem Willen"[24]. Ergo tritt sie (mit Mayers Ausdrücken) „vorbehaltlos für die preußische Politik"[25] ein. Schon versprechen ihr „ungeheurer Nimbus", ihre „dämonische Überredungskunst", ihre „bald herrische, bald schmeichelnde Art"[26], daß der augenblickliche Vizepräsident des ADAV, der „geschickteste und eifrigste Agitator der Rheinlande", der offenbar recht cholerische Gastwirt Hugo Hillmann aus der Frankenstraße in Elberfeld – ihr neuer Favorit – ein ihr geneigter Präsident wird. Da kommt (Anfang Mai 1866) von Schweitzer vorzeitig aus der politischen Gefängnishaft zurück. Er übersieht Hillmanns Selbsternennung und übernimmt vermittelst seines sich ihm, wie er hofft, unterordnenden Kandidaten – des allzu legalistischen Hamburger „jüdisch-proletarischen Intelligenzlers"[27], Buchhalters und zeitweiligen Verlegers F. C. August Perl – praktisch selbst Lassalles Schöpfung.

Abermalige Anpassung an das Gegebene. Sophie spricht sich im Einklang mit von Schweitzer, im Gegensatz zu Liebknecht, für die Beteiligung an den Wahlen zum konstituierenden Reichstag aus. Sie stellt dafür ein „extrem unitarisches Programm" auf. Durch Einheit zur Freiheit! Doch von Schweitzer stiehlt ihr „fast wörtlich" ihren (für Herzig wertlosen) Programm-Donner und setzt gegen ihren persönlich auf der Erfurter Generalversammlung von Ende '66 geäußerten Wunsch – sie empfiehlt nun den Dresdner Kupferschmied Friedrich Wilhelm Emil Försterling für den Präsidentenstuhl – die Wiederwahl Perls durch, der ihrer Meinung nach „die Organisation des Vereins vollends zu zertrümmern"[28] droht und tatsächlich zwei Drittel der Mitgliedschaft verliert.

Die nächste, im ganzen Bundesgebiet beachtete Runde findet Anfang 1867 in Barmen-Elberfeld statt. Sophies Reichstagskandidat, der einheimische Hillmann, erzielt dort bloß 52 Stimmen, von Schweitzer 4668 bzw. 4919 („in Barmen fast die Hälfte aller Stimmen", bei der Stichwahl sogar „die absolute Mehrheit"), doch in Elberfeld ist die liberale Mehrheit größer. Obwohl von Schweitzer, in der vergeblichen Hoffnung, seinerseits von den Konservativen unterstützt zu werden, den ADAV-Freunden freistellt, „für den Herrn von Bismarck" zu stimmen. „Offener Verrat!", protestiert Sophie, deren Wut auf von Schweitzer keine Grenze mehr kennt[29]. Zur Entschädigung für Perls und seinen eignen Mißerfolg, der in der Wahl eines Wuppertaler Liberalen liegt, des Bismarck-Gegners Prof. Dr. jur. Rudolf Gneist, schwingt von Schweitzer sich Ende Mai 1867 in einer Braunschweiger Generalversammlung zum Präsidenten des ADAV auf.

Der totale Triumph des Rivalen, der „die Statuten u[nd] Organisation, welche F. Lassalle dem von ihm gegründeten Allg.D.A.V. gegeben hat, völlig abgeändert hat“[30], macht eine Spaltung unvermeidlich. Ein Fünftel der ADAV-Mitgliedschaft (hauptsächlich aus dem Königreich Sachsen, Schleswig-Holstein und Bremen) bildet einen Lassalleschen Allgemeinen Deutschen Arbeiterverein (LADAV) unter der Leitung des „Schürzenpräsidenten“ Försterling. Bei der im Spätsommer 1867 fälligen Wahl zum ersten regulären Reichstag kommt sein und Sophies Rivale von Schweitzer durch – mit Hilfe der Konservativen. „Die Wuppertaler Arbeiterschaft war zur ‚Avantgarde der socialdemokratischen Partei‘ geworden“. Dieses, sozialwissenschaftlich gesehen, bloß „punktuelle“, vom Standpunkt des Geschichtsforschers aber „historische Ereignis“ bedeutet zugleich die erste Entsendung „eines ausgesprochenen Sozialdemokraten in ein europäisches Parlament“. Doch gibt Sophie, deren „Kreatur“ – in Mayer's Diktion – „mit reaktionärer Hilfe“ in Chemnitz einen Reichstagssitz erobert, sich geschlagen, weil die ihr feindliche Richtung nicht allein in Lassalles Hochburg siegt, sondern dort offen zur „Volksjustiz“ gegen ihre Person und die Schriften, Maschinen, Fenster eines „Barmer Zeitungs-Etablissements“[31] aufreizt?
Natürlich nicht. Sophie stellt sich nach der Unterstützung eines Übergangspräsidenten (des politisch als naiv geltenden, aber Lassalle-treuen Wandsbeker Zigarrenarbeiters und ADAV-Agitators Ernst Bernhard Richter) hinter einen frischen (im März 1869 von Freiberger Bergarbeitern in den Reichstag geschickten) Bündnispartner. Es ist Fritz Mende – laut Mayer „der intime Freund der alten Gräfin“. Er versichert Ende 1868 auf einer Düsseldorfer Generalversammlung des LADAV, man zähle in 107 Gemeinden 12 714 Mitglieder, von denen 79 Gemeinden mit 8 118 Mitgliedern auf dem Kongreß vertreten seien. „Der Romulus Augustulus des erträumten Weltreichs“, wird ein Chronist Mende eines Tags verspotten. „Der Lause-Mende der alten Hatzfeldt ist früher wandernder Improvisator und Deklamator gewesen, ein durch und durch dem Lumpenproletariat zugehöriges Stück Vieh“, ordnet Marx den letzten nennenswerten Mitarbeiter Sophies soziologisch ein, der, erblindet, „vor Erreichung des dreißigsten Lebensjahres“[32] nach dem Aufenthalt in einer Klinik an Morphium zugrundegeht. Mayer bezeichnet Sophie mit dem ihm eignen „sexistischen“ Vokabularium ironisch als „Gebieterin“, was ganz zu seinem Ausdruck „Kreaturen“ paßt.
Doch alsbald, schon in den Ostertagen 1869, erweist die numerische Überlegenheit von 4/5 des noch ungespaltenen ADAV (eine Ortsgruppe dieses Rumpf-ADAV's schätzt seinen Mitgliederstand nach der Spaltung auf 15 000 gegenüber 1500 für den LADAV[33]) sich, wie Sophie vorhergesagt hat, als tönerner Koloß. Diesesmal ist es von Schweitzers Mehrheitspartei, die ihre Heerschau im Wuppertal, genauer in Barmen, abhält. Da tauchen – mit offiziellen Einladungen versehen – zwei kritische Köpfe aus Sachsen vor den Toren der Generalversammlung auf. Es sind Liebknecht und sein Kampfgenosse – August Bebel.

II.

Bebel, gebürtiger Kölner, hatte sich im Jahr von Lassalles Tod in Leipzig als Kleinmeister niedergelassen. Im nächsten Sommer war der inzwischen aus Preußen ausgewiesene

Liebknecht arbeitssuchend in Bebels neue Heimat verschlagen worden. Gemeinsam gründeten sie eine Sächsische Volkspartei und zogen als deren Abgeordnete in den Norddeutschen Reichstag ein. Ein Jahr danach wurden beide zu drei Wochen Gefängnis verurteilt. Sie hatten nämlich die Unverfrorenheit, den Spaniern, deren liberale Generäle gerade die Königin Isabella II. vertrieben hatten, eine sozialdemokratische Republik anzuraten[34]. Die Wuppertaler und ihre auswärtigen Gäste waren tolerant, wißbegierig oder neugierig genug, sich diese auch als Kritiker ihres allzu autokratischen Führers bekannt Gewordenen nicht entgehen zu lassen. Und von Schweitzer war nicht selbstsicher genug, um ihnen auf der Stelle persönlich zu widersprechen. So warf der Anfang vom Ende seinen Schatten voraus.
Sophie, ihrerseits durch die vorübergehende Verhaftung ihres Präsidenten Mende im Gefolge eines ihm zur Last gelegten Krawalls geschwächt, benutzte von Schweitzers Schwächeanfall geschickt zu einem Annäherungsversuch. Der Angesprochene ergriff nicht minder schlau die Gelegenheit zu Einigungsverhandlungen, zu denen Sophie ausdrücklich hinzugezogen wurde. Er gedachte, zwei Fliegen mit einer Klappe zu schlagen. Einmal sah er eine Chance, die Försterling und Mende in den Reichstag wählenden „Massen der sächsischen Industrie- und Heimarbeiter" zu sich herüberzuziehen. Sodann glaubte er, seine „alte Feindin" ausschalten zu können. Ein Duumvirat von Schweitzer/Mende (davon Mende als Juniorpartner) würde dem wiederhergestellten Mutterverein die unbequeme – weil in verschiedener Hinsicht überlegene – Mutter ersparen. Zwar wurde der Höflichkeit halber bei einer Gelegenheit Sophie die stellvertretende Präsidentschaft angeboten – mit angeblich bedingungsloser Unterstützung durch den nur allzu energischen, ja oft rabiaten Sekretär Tölcke, für den von Schweitzer von Sophie bzw. Mende eine Soforthilfe von 100 Talern angefordert hatte. Damit war äußerlich der Scheitelpunkt in Sophies politischer Laufbahn erreicht. Endlich sollten Verstand und Amt zusammenfallen. Doch als sich (so der mokante Ton des männlichen Dieners der Clio) „die Dame für das zweifelhafte Vergnügen bedankte"[35], war der Weg frei zu einer runden Männersache.
Ohne demokratische Konsultierung der vorgesehenen Gremien bzw. der Mitglieder erfolgte im Sommer '69 der „Staatsstreich", die Auflösung der beiden Splittergruppen ADAV und LADAV mit ihren durchaus nicht gleichen Strukturen, die Neuerrichtung eines einheitlich geformten ADAV. Allein die Wirte hatten die Rechnung ohne den Zahlungswillen der Gäste gemacht. Eine kraftvolle, demokratische Protestbewegung kam in Gang, weil „Schweitzer und Mende es gewagt hätten, die Mitglieder des Vereins ‚wie eine Herde Schafe' zu ‚verschachern'"[36].
Als im Herbst des Jahrs auf einem Kongreß in Eisenach eine Sozialdemokratische Arbeiterpartei (SDAP) zustande kam, die (um Cora Stephans kühner Gedankenbahn zu folgen) Marxens Ideen z. T. ferner stand als Lassalles Anhänger, wurde die teilweise aus der stets opferbereiten „Schatulle der Gräfin"[37] finanzierte, draufgängerische Delegation erfolgreich ausmanövriert. Schon daran merkte man, daß die neue Partei organisationspolitisch überlegene Leute besaß. Die Formierung und Anziehungskraft des vom Londoner Denkzentrum durch harte Kritik und fruchtbare Anregungen gestärkten Machtblocks beschleunigten den in Barmen begonnenen Verfall und Zerfall des alten. Er zerfiel nach wenigen Monaten nicht nur wieder in seine vorherigen beiden Bestandteile (hier von Schweitzer/Tölcke, dort Mende); auch die einzelnen Elemente lösten sich

auf. „Im Mai 1870 trennte sich selbst die Hatzfeld[t] orthodoxe Bremer Gemeinde von Mende wegen seiner angeblichen Übergriffe“. Im Organ der SDAP, das seit dem Herbst ’69 „Volksstaat“ hieß, konnte auch behauptet werden, es sei „mit Mendes Einfluß“ auf „dem linken Rheinufer“[38] völlig vorüber. Natürlich sind solche Siegesbulletins, wie gelegentliche vereinfachende Behauptungen betreffs theoretischer oder praktischer Unterschiede, mit Vorsicht aufzunehmen.

Zahlenmäßig hielten die Lassalleaner und die Eisenacher sich eine Weile die Waage. Hatte der SD Mitte ’69 rund 4 1/2 Tausend Abonnenten, so verfügte der „Volksstaat“ der Eisenacher Mitte ’70 über 3000. Die einen, der ADAV, behielten weitgehend ihre preußische Hausmacht. Die andern, die SDAP, florierten in den außerpreußischen Gebieten. Hinzu traten jedoch zentrifugale Tendenzen, wie der Separatismus der Bayern, oder umstrittene Territorien wie Hamburg und Berlin, wo von Schweitzer sich im Gegensatz zu Lassalle durchzusetzen wußte. In Hamburg beteiligten sich die Lassalleaner mit einer Musikkapelle an einer Demonstration von 20 000 Menschen zu Ehren eines verfolgten Streikführers. In Berlin marschierten anläßlich einer Trauerkundgebung 4000 Genossen von Schweitzers mit umflorten roten Fahnen – „der weitaus zahlreichste Einzelteil des Trauerzugs“[39]. Nicht ohne Rücksicht auf die von ihr als unumgänglich erkannte Geschlossenheit der Arbeiterschaft hatte Sophie gepredigt: „Wir verlangen die Herstellung eines streng einheitlichen und unteilbaren, nicht föderativen, deutschen Staates“[40].

Der stärkste Hinderungsgrund für die Einigung der zerstrittenen deutschen Arbeiterbrüder aber war die „Sturmflut des Kriegsjahres“. Dieser von Kriegssorgen und Friedensspekulationen genährten Flut entsprach auf der Linken eine Ebbe, die an den Wahlergebnissen abzulesen war. „Bei der [Wahl-]Entscheidung am 3. März [1871], wenige Tage nachdem im Präliminarfrieden von Versailles die Abtretung von Elsaß-Lothringen und die Zahlung der fünf Milliarden von Frankreich zugestanden waren, brachten die Lassalleaner es in ganz Deutschland auf knapp 63 000, die Eisenacher nur auf knapp 39 000 Stimmen. Berlin zeigte, daß es trotz der Herrschaft des allgemeinen Stimmrechts noch ganz und gar nicht der Sozialdemokratie gehörte; außer dem in Untersuchungshaft befindlichen Bebel, der in Glauchau im ersten Wahlgang siegte, brachten es nur noch drei Sozialdemokraten, nämlich Schweitzer in Elberfeld-Barmen, [Redakteur des ADAV-Organs „Der Neue Social-Demokrat“, Wilhelm] Hasselmann in Goslar und der [Altonaer] Schneider [Carl August] Bräuer in Altona zu einer Stichwahl“[41]. Bei dieser Entscheidung durchgefallen, stellte von Schweitzer den (ihm gehörenden) SD ein, trat im Mai auf einer Berliner Generalversammlung auch vom Parteiamt zurück, heiratete und vertauschte die politische mit der dankbareren Theaterszene. „Tölcke-drauf“ (sein Spitzname) zog sich als Gastwirt und „Winkeladvokat in Iserlohn“ nur auf „ein halbes Jahr fast völlig aus der Politik zurück“[42].

„Die Hatzfeld[t]sche Sekte“ zeigte ebenfalls mehr Stehvermögen. Sie sei mit dem Eingehen ihrer „Freien Zeitung“ im Juli 1872 endgültig von der Bildfläche verschwunden, notiert Mayer, habe aber auch noch nach dem Krieg dafür agitiert, „daß mit einem Teil der französischen Milliarden Volksbanken für die Gründung von Produktivgenossenschaften errichtet werden sollten“[43]. Das war kein unwürdiger, wenn auch kein sofortige Früchte tragender Epilog.

Sophie, die für Marx in seiner Korrespondenz in den Jahren vor dem Ausbruch des

Kriegs – vermutlich wegen ihres häufigen Personen- und Positionswechsels und bestimmt, weil sie in seinen Augen Bismarck „als Patron" anerkannt hatte – „das alte Saumensch" und sogar „die alte Hure Hatzfeldt"[44] geworden war, Sophie raffte sich 73jährig, ungeachtet aller ihr entgegengebrachten Feindschaft, zu einem höchst ehrenvollen politischen Abgang auf. Sie kam persönlich nach Berlin, „um den Sozialdemokraten in ihrem Kampfe gegen das Bismarcksche Sozialistengesetz ... Hilfe zu bringen"[45]. Wie der gewissenhafte Eduard Bernstein[46] bezeugte, hat sie die Redaktion des (von Liebknecht und dem letzten ADAV-Präsidenten, dem Lohgerber Wilhelm Hasenclever, gegründeten, heute in Bonn sitzenden) „Vorwärts" aufgesucht. Sie ließ u. a. Bebel, dem Parteiführer, für seine parlamentarische Verteidigung der Sozialdemokratie durch Enthüllungen über Bismarcks Herantreten an Lassalle Munition zukommen. „Bebel hat offenbar imponiert"[47], stellte Marx am nächsten Tag aufgrund einer englischen Zeitungsmeldung fest. Unbewußt milderte er hierdurch sein Verdikt über Sophies politisches Wirken, in dem sich unüberhörbar eine gewisse Größe aussprach, die freundlichere Charakterisierungen verdient als „Intrigen", „Chaos", „Bestechungen", „Botmäßigkeit", „Streit", „Zwietracht" – Ausdrücke bei Herzig, die durch seine wertfreien Bezüge auf Sophie nicht hinreichend ausgewogen werden[48]. Auch wenn die von Sophie angewandten Methoden mitunter fragwürdig waren und die „Stärke der Leidenschaft" (in der Sprache der Broschüre über Lassalles Tod) die „Ursache frühen Unterganges" wurde. Sie kam, sah, verlor, wie Jean Améry, einer der scharfsinnigsten Beurteiler des nachkriegsdeutschen Geisteslebens, es von sich sagen mußte[49].

Siebtes Kapitel

Familienbande

Noch einmal segne ich mit der wärmsten mütterlichen Liebe meinen Sohn Paul,
ebenso den Herrn Ferdinand Lassalle, der wie der beste Sohn
an mir gehandelt hat, und den ich wie meinen Sohn betrachtete.
Sophie in einem Testament

I.

Welches Menschenleben ähnelte nicht der Abschiedssymphonie von Joseph Haydn, in der ein Musiker nach dem andern sein Instrument packt und das weiterspielende Orchester verläßt? Je länger das Dasein währt, desto mehr erleidet der oder die Alternde die Pein der Vereinsamung, weil durch das Verschwinden nicht bloß von Angehörigen und Freunden, sondern auch von Nachbarn und – Feinden die Genüsse, freilich auch die Beschwerden, geistiger, seelischer, sinnlicher, leiblicher Kontakte immer stärker abnehmen. Dieser naturgegebene Ablauf wird jäh zur unerträglichen Qual, wo die Jüngeren durch vorzeitige Schicksalsschläge den Älteren entrissen werden. Um die hierhin gehörenden Nöte Sophies näher kennenzulernen, müssen wir im Buch ihres Fatums zurückblättern.

Lassalles wichtigster neuerer Biograph, dessen Werk wir manche Anregung verdanken, hat den teilweisen bzw. zeitweiligen Verlust der Kinder einer auf diese Art mißhandelten Mutter einprägsam skizziert. „Wie in solchen Ehen aus Standesraison üblich", schreibt er, „wurden in richtigen Abständen Kinder zur Welt gebracht; im Jahre 1825 der Erbfolger [Franz Edmund Hubert Hermann] Alfred, im Jahre 1828 eine Tochter [Friederike Hubertine Marie] Melanie [geburtsurkundlich Melanni], im Jahre 1831 der Jüngste [Melchior Hubert] Paul [Gustav]. Der älteste Sohn und Erbe des Majoratsgutes wurde bald der Mutter weggenommen und standesgemäß aufgezogen. Die Tochter wurde nach Wien in ein Kloster zur Erziehung gebracht. Beide Kinder wurden der Mutter völlig entfremdet. Um den dritten Sohn tobte ein harter Kampf«[1]. Inwieweit Klassenbewußtsein oder aber sonstige Umstände in dieser Epoche, diesem Land, dieser Familie für Geburtenkontrolle sorgten, sei dahingestellt. Was bei der relativen Gleichmäßigkeit mütterlicher Gefühle wohl als ziemlich gesichert angenommen werden darf, sind die Empfindungen der ihres Nachwuchses Beraubten. Sie sprechen bereits aus den Zeilen, die der sechseinhalbjährige Paul – er wohnt seit Herbst 1837, vier Jahre nach der auf unbestimmte Zeit vertraglich festgelegten „‚temporären Trennung'"[2] der Eheleute mit Sophie in Baden-Baden – im Frühjahr 1838 seinem Vater schreibt. (Nach einer von diesem am Neujahrstag '38 veranlaßten, doch von der Mutter vereitelten Entführung des Kinds wurde der Gräfin am 8. April jenes Jahres die gerichtliche Aufforderung zugestellt, „nunmehr ihre im zehnten Lebensjahr stehende Tochter Melanie der alleinigen väterlichen Erziehungsgewalt zu unterstellen"[3]. So schildert der Herausgeber der Hatzfeldt-Korrespondenz den voraufgegangenen Akt des Dramas und faßt zugleich den dritten zusammen: Graf Edmund verfügte später „die Einweisung Melanies in das Kloster der Salesianerinnen zu Wien", (eines Ordens, „dessen Regulativ jede unkontrollierte Verbindung zwischen Mutter und Tochter untersagte"[4]). Nun zum Versuch, das legal untermauerte kidnapping der Schwester durch ein Bittgesuch zu verhindern: „Lieber Papa, ich weiß, was am besten ist: daß der Alfred und die Melanie und ich Dir gehören und zugleich der Mama gehören", lautet das Maximalprogramm des Schreibenden. „Weißt Du, wie das zu machen ist? Da mußt Du aber nicht mehr bang sein vor der Mama, da mußt Du die Mama wieder zu Dir nehmen, da siehst Du Deine Kinder, und die Mama sieht sie auch. Oder Du mußt der Mama die Melanie schicken und Du behältst den Alfred, wähle Dir eins aus, und dann schreibe mir, was Du willst; so, glaube ich, wäre es gut. Und frage die Melanie und den Alfred, ob das kein gescheiter Rat ist, sie werden sagen: ‚Natürlich'. Graf Paul Hatzfeldt in Baden"[5]. Trotz des Kinderstils sind die als Minimum einen Kompromiß und dazu eine der heutigen Gesetzgebung entsprechende Befragung der Kinder vorschlagenden Worte offensichtlich von der „Mama" souffliert.

Leider kennen wir bisher nur Bruchstücke des einzigen veröffentlichten Schreibens von Sophie an Melanie und keinerlei Mitteilung der durch väterliches Machtwort in die Nähe des Wiener Belvedere verbannten Kleinen. Zum fortgelassenen Anfang des „Düsseldorf, 10. August 1851, an meinem Geburtstage" datierten Briefes bemerkt dessen Herausgeber: „Kurz bevor sich Melanie das erste Mal wieder in Deutschland aufhielt, versuchte die Mutter, in der Hoffnung, sich mit ihrer Tochter aussprechen zu können, die Motive ihres Widerstandes gegen das am 31. 7. rechtskräftig gewordene Scheidungsurteil zu erläutern. In erster Linie habe sie die Interessen ihrer Kinder sichern wollen. Außerdem sei es darum gegangen, dem Recht zum Siege zu verhelfen"[6]. Abgesehen von der Anrede „Meine Tochter" findet sich kein Hinweis auf die familiäre Beziehung. Ein Dutzend Zeilen bezwecken anscheinend vor allem, nach dem Sieg der Reaktion die politische Ader der Klientin des Revolutionärs Lassalle nicht allzu deutlich hervortreten zu lassen.

„Ich könnte mich schon jetzt vor aller Welt rechtfertigen, wenn ich alle Dokumente und Beweise, die ich in Händen habe, veröffentlichen wollte; doch konnte ich mich dazu bis jetzt nicht entschließen", heißt es zunächst mit einem (wohl von ihrem Anwalt geführten) drohenden Zeigefinger gegen den, der nicht Vater, sondern Graf genannt wird. Es sei „den Intrigen des Grafen gelungen", sie „überall bei denen, die in unseren Sachen zu entscheiden hatten, und vorzüglich in Berlin", als „entschiedene Republikanerin darzustellen" und so den Prozeß zu einer Parteiangelegenheit zu machen. Damit konnte dessen Ergebnis nicht zweifelhaft sein. Dann ein in der Geschichte des Widerstandes gegen reaktionäre Herrscher unvergeßliches Bekenntnis: „Ich habe es nie geleugnet und werde es nie leugnen, daß mein ganzes Herz sich empört, wenn ich die Not, das Elend, die Unterdrückung der unteren Klassen, den Übermut, die Hartherzigkeit, die Genußsucht der Reichen sehe, die sich alles ungestraft erlauben. Ich habe immer so gedacht und immer auch so gehandelt und bereue es auch jetzt nicht; wenn ich auch viel und hart verfolgt bin, so folgen mir auch viele Segenswünsche"[7]. Wir haben anläßlich des Berichts über den unüblichen Empfang der Gräfin seitens des Bahnpersonals nach '48 genug Resonanz von solchen „Segenswünschen" gehört, um vermuten zu dürfen, daß Sophie hier unbeeinflußt spricht.

„Als Graf Edmund hiervon [d. h. von der Verteidigungsschreibe seiner Ex-Gattin] erfuhr", lernen wir aus dem editorischen Kommentar weiter, „untersagte er Melanie jedes Zusammentreffen mit der Mutter und ordnete bis auf weiteres die sofortige Rückkehr der Tochter nach Wien an"[8]. Erst mit 24 Jahren entglitt sie definitiv der Gewalt ihres Erzeugers, indem sie sich verheiratete. Daß gesagt werden konnte, Sophie habe den Kampf um Melanie verloren, „lange bevor der Wahnsinn und der Tod sie dem Elternstreit"[9] entriß, muß auf einem Mißverständnis beruhen. Sie lebte bis 1911, wenn sie auch für ihre Mutter, zum mindesten bis zu deren Aussöhnung mit der Familie, praktisch gestorben war.

Zehn Jahre vor der an Melanie gerichteten Rechtfertigung wurde Sophies Jüngster vom erziehungsberechtigten Vater in die Potsdamer Kadettenanstalt abgeschoben, um auf

25 Kadettenhaus, Potsdam, Lithographie von Loeillot nach einem Gemälde von Eduard Gaertner

diese Weise wettzumachen, daß Sophie nach der Entführung des Sohns in Baden-Baden durch Agenten des Grafen nur einen Tag gebraucht hatte, um ihm beherzt das Opfer abzujagen und durch sofortiges Nachreisen und Drohen mit einem Skandal auch Edmunds Versuch im Keim erstickt hatte, beide Söhne in ein schweizerisches Jesuitenpensionat bzw. anschließend Paul in ein entsprechendes belgisches Institut zu stecken. Auch jetzt kämpfte Sophie wie die sprichwörtliche Löwin um ihr Junges. Auf Betreiben ihres Bruders, Fürst Hermann Hatzfeldt-Trachenberg, und ihres Schwagers, August Graf von Nostiz, erhielt der dem preußischen Militär Ausgelieferte vom Inspektor der Kadettenanstalt, General Ludwig Dietrich Karl Wilhelm von Below, als Pensionär das Recht auf einen Erzieher-Leutnant, einen eignen Bediensteten, Privatstunden, Zivilbekleidung, freiere Urlaubsmöglichkeiten u. dgl. Zudem hielt die Mutter sich (wie wir schon hörten) in Berlin auf, um das Wohlergehen des einzigen ihr noch halbwegs verbliebenen Sprößlings zu beobachten. Zum Auskurieren von katarrhalischen Erkrankungen gestatteten die Ärzte der Anstalt ihm bald einen Aufenthalt in Bad Ems und danach einen Klimawechsel, den Mutter und Sohn mittels einer ausgedehnten Italienreise verwirklichten. Im März 1843 hiervon zurückgekehrt, fand die jetzt ohne jegliche Unterhaltszahlung von seiten ihres Gatten lebende Frau mit ihrem immer noch kränkelnden Jungen bei dem Bruder bzw. Onkel in Trachenberg Aufnahme. Daraufhin bat Edmund Friedrich Wilhelm IV., daß jeder weitere Einfluß der Mutter auf das Kind unterbunden und Pauls Wiedereintritt ins Kadettenkorps verfügt würde. Glaubt man nicht, einer jener Treibjagden zuzuschauen, an denen Edmund gern teilnahm[10]? Nur daß das Wild dieses Mal – mit einem Bild aus dem ersten Buch Mose (1.2.23) – Bein von

26 Unter den Linden 50, nördl. Seite, wo Sophie zwischen Herbst 1841 und Sommer 1842 zeitweilig wohnte, anonyme Lithographie um 1820

seinem Bein war. Wie die vom König erlangte Anordnung am 27. Oktober 1843 in dem schlesischen Schloß ausgeführt wurde, in dessen Mauern 1813 König Friedrich Wilhelm III., Kaiser Alexander von Rußland, Kronprinz Karl Johann Bernadotte und der österreichische Botschafter Johann Philipp Graf von Stadion durch das „Trachenberger Protokoll[11]" den Feldzug gegen Napoleon festgesetzt hatten, verrät Fürst Hermanns Beschwerde an den obersten Landesherrn. „Ohne mein Wissen und gegen meinen Willen sind in früher Morgenstunde Militär- und Polizeibeamte in mein friedliches Haus gedrungen und haben unter Androhung von Gewalt sich des Sohnes meiner Schwester bemächtigt, die an dem Herde ihres Bruders ein Asyl gefunden hatte. Dieses Ereignis erhielt gleich im Augenblicke der Ausführung die allergrößte Publizität, und groß ist das Aufsehen, das dasselbe in der Provinz macht"[12]. Ebel setzt dieser vormärzlichen Terrormaßnahme gegen einen unschuldigen Jüngling die unterkühlte Angabe hinzu: „Der König entschuldigte sich"[13].
Edmund dürfte seinen wie ein in flagranti überraschter Verbrecher behandelten Jungen nicht um Entschuldigung gebeten haben. Sonst hätte er schwerlich von ihm nach der erzwungenen Rückkehr in die Anstalt diesen Entrüstungsschrei zu hören bekommen: „Ich sehe recht gut ein, was Du damit bezweckst, mich hierher zu tun", tobte der gewaltsam Fortgeschleppte. „Du bildest Dir wohl ein, daß Du es mit mir machen wirst, wie Du es mit Alfred und mit Melanie getan hast: nämlich mich von der Mama abwendig zu machen, der ich mehr Dank bringen muß, als ich es jemals in meinem ganzen Leben werde bewerkstelligen können. Was hab ich denn von Dir? Nicht einen Stecknadelkopf. Alles, was ich irgend besitze, habe ich von ihr. Kurz herausgesagt: Ich bezwecke mit

diesem Brief weiter nichts als Dir feierlich zu erklären: Mache mit mir, was Du willst, wie ich groß bin und majorenn, gehe ich zur Mama, die ihr Leben gäbe für mich und die Du nur ihr ganzes Leben gequält hast. Und Du weißt, daß ich zehnmal lieber bei ihr bin als bei Dir, denn ich hasse Dich. Ich will Dir also sagen, daß Du Deinen Zweck nicht erreichst. Das ist die einzige nötige Erklärung von mir. Mehr bedarf es nicht. Jetzt kennst Du meine Meinung über Dich. Paul von Hatzfeldt". Ein PS drückte, mittels Ironie, die Wut des Zwölfjährigen noch schärfer aus: „Zu Deiner Ehre gereicht es auch (auch dem Alfred), daß Du, während Du weißt, wie traurig wir sind, Dich ganz gemächlich in England unterhältst"[14]. Wie sich im ferneren Verlauf des elterlichen Scheidungsprozesses herausstellte, war dieser vorpubertäre Schmähbrief – in Kontrast zum Bittgesuch des dann erst halb so alt Gewesenen – selbständig und ohne Wissen Sophies verfaßt worden (wenn auch gewiß nicht ohne ihre in Gesprächen mit dem Knaben vorgebrachten Klagen). Sobald sie von der spontanen Aktion erfuhr, bestimmte sie den preußischen Ödipus, sich beim Vater zu entschuldigen.

Friedrich Wilhelm IV., dem der Brief des Sprößlings „einer der ersten Familien unseres Landes" zugespielt wurde, lächelte nicht etwa über die jugendliche Entgleisung. Noch weniger war er stolz auf den Kadetten, der sich wie ein Mann für die Ehre seiner Mutter schlug. Nach der Meinung des Monarchen trugen jene Zeilen „das Gepräge der Verworfenheit durch Vernachlässigung seiner bisherigen moralischen Ausbildung". Es sei erforderlich, wetterte er, „dergleichen Ausbrüchen der rohesten Impietät entgegenzuwirken und auf eine Sinnesänderung des Knaben hinzuarbeiten"[15]. Die Methode, die der leibliche Vater fortan zur Verwirklichung der Ansichten des Landesvaters anwandte, enthüllt zuerst sein Ultimatum von Anfang 1846.

Ist dieser Ausdruck für das nun folgende Entweder-Oder aus Schönstein übertrieben? „Lieber Paul, obschon ich nicht zweifele, daß mein Brief vom 2. Januar d. J. Dir zugekommen, Du auch aus meinem am selben Tage an Deine Mutter gerichteten Schreiben meine Ansichten über Deinen Wunsch, in Österreichischen Militär-Dienst zu gehen, ersehen haben wirst, so halte ich es, bevor Du weitere Schritte Deine Zukunft betreffend tust, jetzt, wo Du das Alter erreicht, daß Du selbst Deine Lage zu beurteilen vermagst, für Pflicht, Dir folgendes zu eröffnen: [Absatz] Die Art und Weise, wie Deine Mutter mir die Leitung Deiner Erziehung bis dahin entzogen und unmöglich gemacht, ist Dir bekannt. – Ich kann und werde aber nur dann für Deine Zukunft sorgen, wenn Du Dich unter meine väterliche Gewalt und Leitung stellst."

Neuer Absatz: „Solltest Du in dieser Beziehung nicht bald, und so lange es noch Zeit ist, Schritte tun, so muß ich annehmen, daß Du entschlossen bist, auch ferner der Leitung Deiner Mutter zu folgen, in welchem Falle Du, was Deine Existenz und dereinstige Stellung in der Welt betrifft, auf keine Unterstützung von mir zu rechnen hast. Dein Dich liebender Vater E. G. v. Hatzfeldt"[16]. Diese Drohung in dem Zeitpunkt, in dem sicherlich nicht allein die Mutter erkannte, „daß ihre Brüder in den Bemühungen, ihre Existenz und die ihres jüngsten Sohnes sichern zu helfen, erlahmten"[17].

Mit drei Warnsignalen ihrer Geschwister wird als nächstes Pauls Mutter unter Druck gesetzt, „als sich dann Lassalle mit seinen Freunden einschaltete"[18], wie Ebel es mit leichter zeitlicher Verschiebung ausdrückt. „Noch eins, liebe Sophie! Wie man hört, sollen viele Fremde bei Dir Zutritt haben, verzeihe daher, wenn ich Dir aufrichtig rate, von der Politik nicht zu sprechen und äußerst vorsichtig in Deinem Benehmen wie in der

Auswahl Deiner Gesellschaft zu sein"[19]. So Bruder Hermann im Frühjahr 1846. Sophies Schwester Hermine von Landsberg ist im Herbst des Jahres weniger diplomatisch: „Rufe Deinen früheren Stolz zurück und zerreiße diese Deiner unwürdigen Bande! Die früher so gefeierte schöne Gräfin Hatzfeldt wirft sich einer Judengesellschaft in die Arme!"[20]. Im selben Monat ruft Hermann ihr beschwörend zu: „Du stehst am Rande des Abgrundes, noch einen Schritt weiter, und Du bist rettungslos verloren! Möchtest Du endlich einmal auf die Stimme eines Bruders hören, der es stets ehrlich und gut mit Dir gemeint hat, der innig betrübt ist über Deine unselige Lage, der aber unbedenklich den Weg gehen wird, den Pflicht und Ehre ihm vorzeichnen"[21]. Die bedrängte Frau zieht, um ihr letztes Kind nicht auch noch zu verlieren, einen Rechtsberater jüdischer Herkunft und dessen Assistenten zu Rat! Darum muß sie untergehen! Das ist die vorherrschende Auffassung des Adels, gegen die sich in Kürze das unter solchen Bedingungen begreiflicherweise revolutionär gesonnene Bürgertum mit seinen bäuerlichen und proletarischen Verbündeten auflehnen wird.
Ein zweites Ultimatum trägt das Datum „Schloß Calcum, 22. September 1847". Dann beginnt es: „Die Verhältnisse machen es mir zur unerläßlichen Pflicht, Deine unverzügliche Rückkehr in das väterliche Haus zu verlangen. Ich erwarte demnach, daß Du Dich längstens bis zum 4. Oktober d. J. hier auf dem Schlosse Calcum, wo für Deine Aufnahme hinreichend gesorgt ist, einfindest, daselbst eine nähere Entschließung gewärtigest und mich nicht etwa durch Ungehorsam gegen diese meine wohlgemeinte Anordnung in die traurige Notwendigkeit, derselben auf anderem Wege Folge zu verschaffen, versetzen wirst. Dagegen darfst Du im Falle freiwilliger Befolgung Dich meines väterlichen Wohlwollens versichert halten und mit Gewißheit darauf rechnen, daß meine ferneren Maßnahmen, welche nur Dein wahres Wohl bezwecken, lediglich durch meine Vaterpflichten und Dein eigenes Benehmen werden bestimmt werden. Der Überbringer dieses Schreibens kann Dir zugleich die nötigen Reisekosten überreichen, Dich auch, wenn Du es wünschest, bis Calcum begleiten. E. G. Hatzfeldt".
Paul „ließ diese Aufforderung unbeantwortet"[22]. Es gab wohl keine passendere Antwort auf eine solche erpresserische Note.

II.

Jedenfalls nicht in dem Jahr, in dem auch außerhalb Preußens das erste Wetterleuchten der kommenden europäischen Revolution zu bemerken ist. Anders steht es in der niedergehenden Phase dieser Umwälzung, in deren Verlauf wir schon Einblicke gewonnen haben. Lassalle, seit längerem in Untersuchungshaft, sieht jetzt seiner Verhandlung entgegen. Sophie hat am 20. Mai 1849 ihre zweimonatige Gefängnisstrafe in Köln angetreten. Paul, wegen seiner Beteiligung am Maiaufstand von Düsseldorf ausgewiesen, ist nun in Köln, um der Mutter durch seine Nähe beizustehen, wie sie ihm oft durch das gleiche Mittel zu helfen bestrebt gewesen ist. Drei Tage nach ihrer Inhaftierung schlägt Edmund mit Hilfe der Polizeigewalt auf den Wehrlosen ein, der sich ohne Rücksicht auf die Ausweisung nach Düsseldorf wagt. „Große Sensation erregte es gestern morgen", berichtet die dem Grafen Edmund wohlgesonnene „Kölnische Zeitung“ über die Menschenjagd, „als man den jungen Grafen Paul Hatzfeldt von Gendarmen nach dem Rathaus transportieren sah; derselbe war eben von Köln gekommen, an dem Bahnhofe aber sogleich erkannt und aufgegriffen worden. Der Polizeiinspektor setzte sich sogleich mit ihm in einen Wagen und brachte ihn zum Divisionskommandeur, welcher dem jungen Manne die Wahl ließ zwischen Haft oder Freiheit – letztere jedoch unter der Bedingung der Aussöhnung mit seinem Vater und Unterwerfung unter die Autorität desselben. Letzteres wurde sowohl von dem jungen als auch von dem alten Grafen Hatzfeldt angenommen und soll heute ein förmlicher Akt darüber aufgenommen werden“[23].

Im Herbst des nächsten Jahres geht dem um seine Zukunft bangenden, mittellosen jungen Mann, der wegen seiner politischen Vergangenheit nur unter Schwierigkeiten als Externer in Westfalen sein Abitur nachmacht und nach fünfjähriger Trennung sozusagen zum erstenmal dem väterlichen Veranstalter dieser Hatz in Kalkum gegenübergestanden hat, aus Melanies Verbannungsort eine letzte ultimative Forderung zu. „Mein lieber Paul, ich habe Dir schon durch Alfred sagen lassen, daß mich Dein jüngster Brief sehr gefreut hat. Ich bin kein Freund der langen Redensarten und sage Dir daher kurz, daß, wenn Du, woran ich nicht zweifle, die in Deinem an mich gerichteten Brief ausgesprochenen Grundsätze und Vorsätze ausführst, Du mir gewiß ein lieber Sohn sein wirst. Es bedarf wohl kaum der Erwähnung, daß ich von diesem Augenblick an jeglichen [unterstrichen!] Verkehr zwischen Dir und Lassalle et consorts für abgebrochen betrachte. Benutze die Zeit in Dortmund so gut wie möglich, und es wird Dir gewiß keine verlorene sein. – Sobald ich meine Rückkunft nach Haus bestimme, benachrichtige ich Dich, damit Du zu mir kommst. Ich wünsche sehr, daß Du zu Ostern Dein Examen machst, das Weitere wird sich mit Gottes Hilfe finden“[24]. Nicht einmal das Vaterhaus betreten darf der Verlorene Sohn, der unterwürfig die „Freiheit“ gewählt hat, – sofern er nicht speziell dazu aufgefordert wird.

Nachdem Paul sich in seiner physischen Verlassenheit und Bedrohung der einzigen als Schutz vor Schlimmerem übriggebliebenen und danach auch gerichtlich aufgezwungenen Autorität auf Gnade und Ungnade ergeben hatte, war es kaum noch nötig, ihn von deren Todfeind Lassalle fernzuhalten. Im Frühjahr 1850 hatte der Sohn die Mutter zwar noch gebeten: „Sage Lassalle, ich lasse ihn grüßen und ihn bitten, dafür zu sorgen, daß ich Dich recht gesund und froh wiederfinde. Das hängt größtenteils von ihm ab; erstens soll er das über sich ergehen lassen, wenn Du schlechter Laune und ungerecht bist – was allerdings manchmal bei Dir eintritt, aber bei Dir sehr leicht zu rechtfertigen ist –, und dann soll er dafür sorgen, daß nichts versäumt wird, was der Arzt vorschreibt und Deiner Gesundheit zuträglich sein könnte“[25]. Für den Teenager eine erstaunlich reife und offene Charakterdeutung.

Doch schon im nächsten, nach Bad Ems gerichteten Schreiben, wo die aus dem Gefängnis Entlassene Erholung suchte, bis sie mit Lassalle nach Abbüßung seiner Gefängnisstrafe nach dem schweizerischen Schinznach reisen würde, brach bei dem Primaner ein anderer Ton durch. „Es tut mir aufrichtig leid, daß in dieser Beziehung eine Meinungsverschiedenheit zwischen uns eingetreten ist; denn so tief ich die Meinung anderer Leute verachte, sosehr ist mir an Deiner Meinung gelegen, und sowenig ich irgendeinem fremden Menschen für meine Ansichten und Handlungen verantwortlich zu sein glaube, sosehr erkenne ich die Pflicht an, Dir stets meine Ansichten mitzuteilen

und die Deinigen zu hören. Und ich gebe die Hoffnung nicht auf, daß Du, einem Zauberkreise entrückt, der, durch Dein eigenes gutes Herz und Deinen Philanthropismus unterstützt, leicht Deine Meinung beherrschen konnte, zu anderen Ansichten kommen wirst"[26]. Fast zwitscherte der Junge schon wie die Alten sungen – mit der Deklination von „Pflicht" und dem Abscheu vor dem Zauberkreis jener Hexenkünstler, die Tante Hermine freimütig als „Judengesellschaft" verwarf.
Die Weiterentwicklung dieser Thematik sowie die zwischen Mutter und Sohn mit vielen Einzelheiten besprochenen Probleme der diplomatischen Karriere Pauls in der bis zum Spätherbst 1880 reichenden Korrespondenz der beiden zu untersuchen, ist eine der mannigfachen Aufgaben, die zu bewältigen sind, ehe eine regelrechte Biographie Sophies in Angriff genommen werden kann. Hier müssen zwei Kostproben genügen. Es handelt sich einmal um einen Auszug der ohnehin von Ebel gekürzten Erwiderung der Mutter auf einen in den Schweizer Erholungsort geschickten Brief von Ende August 1850, in dem der unter die Fittiche des gräflichen Vaters gekrochene Sohn u. a. allen Ernstes erklärt: „Zweitens aber verlange ich kategorisch, daß Du Dich von allen Geschäften zurückziehst und alle Personen von Dir entfernt werden, die Dich irgend aufregen könnten. Das ist eine Gewissenssache geworden, und ich bestehe darauf so hartnäckig, daß ich, falls Du selbst Dich dazu zu schwach fühlst, es selbst übernehmen werde. Schreibe mir umgehend, wie es sich damit verhält. Solltest Du es wünschen, so werde ich selbst hinkommen und das ausführen, und zwar, wenn es nicht in der Güte geht, mit Gewalt"[27]. Da das Schreiben aus Bad Homburg kommt und dem Bruch-mit-Lassalle-Ultimatum des Grafen vorangeht, ist es nicht etwa als eine von diesem direkt inspirierte Attacke aufzufassen.
„Lieber Paul", erwidert Sophie kurz danach. „Dein Brief hat mir sehr wehe getan. Ich werde keine fruchtlosen Versuche machen, Dich auf andere Gedanken zu bringen, d. h. von Deiner jetzigen Richtung abzubringen, es wären fruchtlose Bemühungen. Jeder Tag entfremdet Dich mir mehr. Du kannst mich nicht verstehen, nicht mehr die Prinzipien erkennen und würdigen, die mich geleitet. Du siehst die Geschichte der letzten Jahre als einen wahnsinnigen Kampfversuch einer irregeleiteten Frau an, anstatt das klare Recht, die tiefe Notwendigkeit anzuerkennen, das höhere Prinzip, nach dem ich nicht anders handeln konnte. Ich dürfte nicht freiwillig, um einen guten Frieden zu erkaufen, mich als unwürdige Mutter brandmarken lassen. Lassen wir das jetzt aber. Du bist ganz verblendet worden, und das ist noch das kleinste Unglück, das mir begegnen konnte. Doch vielleicht bringen Zeit und Erfahrung Dich zu mir oder zu meinem Andenken zurück, das muß ich abwarten.[28]" Nach dieser Einleitung, die ein bißchen klingt wie ein Echo des Echos der Stimme des Tyrannen von Kalkum, kommt eine dezidierte Widerlegung der These von den Verführern.
Sie wird mit der ironischen Überleitung versehen: „Nun zum geschäftlichen Teil Deines Briefes". Sie glaube nicht, meint Sophie, daß Paul irgendein Recht habe, ihr immer Duplizität nachweisen zu wollen, indem er unterstelle, daß ihre Meinung „mir (natürlich von Lassalle) eingegeben sei". Sie wiederhole feierlich, Lassalle habe ihren Brief an Paul nicht einmal gelesen, und sei über nichts konsultiert worden, ausgenommen die Sicherstellung von Pauls Rente. Alfreds Rentenforderung habe sie auf Anraten Lassalles abgelehnt, „denn er beurteilt ihn richtig als ein[en] noch weit größeren Schurken als sein[en] Vater"[29]. Gegenwärtig ist Lassalle auf zwei Wochen fort, um noch vor Antritt

seiner Arresthausstrafe Einspruch gegen die Ablehnung der Revision des Scheidungsurteils zu erheben. Er kann schon deshalb nicht ihre vorliegenden Zeilen an Paul suggerieren.
Bestimmt werde Lassalle Erfolg haben. „Ich kann übrigens nicht dankbar genug sein, daß ich einen Freund habe, der meinem Unglück so treu bleibt; er tut mehr als ein Sohn an mir, und Du kränkst mich tief, durch verdeckte, nicht edle Angriffe auf ihn. Ich halte sie Deiner jetzigen Verblendung zugute, sonst würden sie nicht für Dein Herz sprechen, jetzt so gegen einen Mann zu sprechen, der so viele Opfer gebracht [viele unterstrichen]!"[30] Fünfzehn Jahre werden ins Land gehen, und dieselbe Briefschreiberin muß dem gleichen Empfänger mehr oder minder das Nämliche vorwerfen.
Es hat sie im letzten Jahr „das größte Unglück betroffen, was nur denkbar". Sie hat „das einzige, was ich hatte, den einzigen Freund, die einzige Stütze verloren [das drittletzte Wort hervorgehoben]". Jetzt steht sie in ihrem Alter, krank, „vom herzzerbrechendsten Gram gebeugt, ganz allein". Ein steinernes Herz, versichert Sophie, hätte diese Situation gerührt. Verwandte, Anna von Nostitz-Wallwitz, Franziska von Loë, haben sich rührend um sie bekümmert. „Was hast Du getan, für den ich so unausgesetzte Opfer bis zum völligen Selbstvergessen trotz aller Kränkungen gebracht? War die Zeit nicht endlich gekommen, wo Du mir freilich nur den millionensten Teil von alledem vergelten mußtest? Der Mann ist tot, der zwanzig Jahre lang Deine Pflichten gegen mich erfüllt hat –, und Gott weiß, mit welcher Treue er es getan hat –, und es bleibt mir nichts als der quälende Selbstvorwurf, daß ich es nicht hinreichend gewürdigt, daß ich schwach genug war, dennoch so viele unverdiente, für ihn störende Rücksichten eintreten zu lassen. Ich bin dafür gestraft, wie jedes Unrecht sich rächt"[31]. Muß hinzugesetzt werden, daß Sophie, die einst von Edmund zu allem Überfluß angeklagt worden ist, den Jüngsten krank im Lazarett zurückgelassen zu haben, um sich mit ihrem „Buhlen" Bassenheim „herumzutreiben", in den nächsten und letzten 15 Jahren ihres Lebens fortgesetzt Pauls persönliche Interessen mit unveränderter Hingabe fördert? Sie ist eine deutsche Rose Fitzgerald Kennedy.

Achtes Kapitel

Nach Hause!

Vor meiner Reise nach Deutschland graut mir förmlich, da ich vorher weiß, daß ich dort nichts als Fatalitäten, Anfeindungen, Kämpfe und Unannehmlichkeiten jeder Art, ganz wie das letzte Mal, haben werde.

Paul in seinem letzten Brief an die Mutter, 17. Nov. 1880

I.

„Wasserstands-Nachrichten" werden Anno 1881 erst durch ein einziges Medium verbreitet. „Mainz: Rheinhöhe 1,08 Meter, gefallen seit gestern 0,02 Meter" meldet der „Rheinische Kurier" unter dem Datum vom 25. Januar. „Der Rhein ist geschlossen von der Loreley bis Niederheimbach"[1]. Doch mögen die Schiffer auch arbeitslos sein: andre gehen ungerührt ihren Vergnügungen nach. Zum Glück hilft ihnen ein findiger Journalist beim Rationalisieren der libidinösen Bedürfnisse (wie es Siegmund Freud dereinst formulieren wird). Er personifiziert die Jahreszeit und läßt die Vergnügungssüchtigen sich deren Befehl kindlich unterwerfen.

„Der gestrige Abend verwirklichte den Willen des gestrengen Herrn", heißt es in einem Wiesbadener Lokalbericht, „und nachdem schon seit Tagen die Freunde des Eissportes sich auf der ausgedehnten Fläche des Kurgartenweihers herumgetummelt hatten, vereinigte gestern ein seitens der Kurdirektion veranstaltetes großes Eisfest sie alle zur gemeinsamen offiziellen Feier". Herr Winter möge mit grimmiger Lust den Tausenden von Menschen zugeschaut haben, die dort zu seiner Huldigung zusammengeströmt seien, ging der Bericht weiter. Sie hätten ihm ihren Tribut gebracht, indem sie auf dem Eisparkett des Festraums dahersausten oder fröstelnd die Eisfläche als Zuschauer umkreisten. Pechfackeln hatten ihren rötlichen Schein über die von einem Lichterkranz umschlossene, glitzernde Fläche ausgegossen, bengalische Flammen abwechselnd diesen oder jenen Teil der Eisbahn in einen magischen Schimmer getaucht. „Dies alles belebt durch graziös hin- und hergleitende Schlittschuhläufer und -läuferinnen, bald einzeln, bald in Reihen, bald paarweise, während von der Insel her ein Musikkorps lustig seine Weisen in den kalten Winterabend hinausschmetterte". Ob die Musiker bei „der respektablen Kälte von 6 Grad unter Null" auch lustig gestimmt waren? Empfanden sie die eingehend geschilderte Massenkarambolage von beschlittschuht Feiernden auf dem glatten Naß gleichfalls als „heiteres Intermezzo"? Den vom angenehmen Müßiggang ausgeschlossenen, zeilenschindenden Berichterstatter überfällt jedenfalls neben nobleren Reaktionen „ein Gefühl des Neides, vor Frost erschauernd hüllt er sich in Pelz und Mantel – gehen wir nach Hause!"[2]

Wohl dem, auf den zur Zeit des „großen Winterfestspiels"[3] – im Gegensatz zu Manchem (wie die Wiesbadener Zeitungschronik ebenfalls enthüllt) daheim kein Leidender wartet! Schon seit einigen Wochen „verweilt"[4] der deutsche Botschafter bei der Hohen Pforte am Lager der in dieser Taunusstadt an Lungenentzündung erkrankten Mutter. Die Wahl des Verbums paßt zum Stand des trotz hoffnungsloser Verschuldung stets großartig auftretenden Diplomaten, dem Kaiser Wilhelm I. noch vor Ablauf eines halben Jahrs seinen Roten Adlerorden Erster Klasse mit Eichenlaub verleihen wird[5]. Doch aufs Weilen reimt sich in diesem Falle ein nicht sehr aristokratisch klingendes Eilen. Am Fünfundzwanzigsten, in der auf die Eisorgie folgenden Nacht, erliegt die im vorantibiotischen Zeitalter vergebens mit der Pneumonie ringende Frau ihren Nöten[6]. („Hohes Fieber bis zu 40 Grad, dazu Atemnot, Husten, Seitenstechen beim Atmen ... und mehr oder weniger starken Auswurf"[7], beschreibt sie ein modernes medizinisches Handbuch.) Ende Dezember ist der Sohn zu einer Audienz beim Kaiser[8] in Berlin gewesen, wohin dem „hochverehrten Herrn Botschafter" von Hugo R. E. Leszczyc, Graf von Radolin-Radolinski, nun die Versicherung zugeht: „die Nachricht, welche uns

27 Botschafter Paul von Hatzfeldt im Sterbejahr Sophies, Holzstich

das Hinscheiden Eurer Exzellenz Frau Mutter gebracht, hat uns alle tief ergriffen"[9]. Am 1. Februar eröffnet ein andrer Adelsgenosse dem anschließend nach Wiesbaden Gefahrenen, der vor der Heimreise noch den Bruder besuchen will, „daß amtlich Ihre baldige Rückkehr nach Konstantinopel hier dringend gewünscht wird . . . für Sie ist die höchste Eisenbahn . . . beeilen Sie sich aufs äußerste, denn die Ungeduld ist groß und allgemein"[10].

Wir haben längst gemerkt, um welche Familie es hierbei geht. Der Bruder ist Fürst Alfred von Hatzfeldt-Wildenburg in Schönstein. Ihm ist kürzlich von seinem Vetter, Walter Freiherr von Loë, Generaladjutant Wilhelms I., in einem Brief aus Frankfurt-an-der-Oder erklärt worden, daß der schwer verschuldete Botschafter „aus jüdischer Abhängigkeit"[11], d. h. aus der Aufsicht des als Gläubiger fungierenden Bankiers Gerson von Bleichröder, befreit werden möge. Von solchen Sorgen bleibt die Gebärerin der

28 Sterbehaus Sophies: Badhotel „Zum Adler", Wiesbaden

beiden Brüder künftig verschont. Die Entschlafene ahnt auch nichts vom Amtsdeutsch des Sterberegisters. Da wird die Leiche der Nr. „108 a. Gräfin Hatzfeldt, Sophie, Witwe des Grafen Edmund Hatzfeldt dahier . . . 2mal mit dem Leichenwagen transportiert u. wird [deshalb] doppelt gerechnet". Vom so entstandenen Kostenbetrag erfährt der in das Buch Einsicht Nehmende unter der das Datum betreffenden Ziffer 29, „b.": „Ist bezahlt"[12]. Diese Angabe hilft uns, den Tag der Abreise Pauls zu erraten. Am Achtundzwanzigsten vormittags 11 Uhr finden laut „Wiesbadener Tagblatt"[13] in einer katholischen Notkirche die feierlichen Exequien statt, die Totenmesse, bei der er unmöglich fehlen kann.

Als letzte Wohnung der Verstorbenen nennt das Sterberegister Sonnenbergerstraße 6. Dort steht damals die Villa des Ludwig Christian von Rößler, von der aus laut Adreßbuchbeschreibung die diversen Kuranlagen des bedeutendsten Taunusbads ebenso leicht zu erreichen sind wie die höher gelegene „Schöne Aussicht" mit dem Paulinenschlößchen. Schloß und Villa sollen als Opfer rächender Bomben made in USA den zweiten Weltkrieg nicht überdauern. Dagegen existiert noch heute eine Rößlerstraße als Verbindungsweg zur „Schönen Aussicht"[14]. Ist der herzoglich-nassauische, nach '66 in preußische Dienste übergetretene Hof- und Appellationsgerichtsrat[15] (außer in seiner Rolle als Hausherr Sophies) mit erinnerungswürdigen Leistungen hervorgetreten? Auf dem Gelände seiner ehemaligen Behausung ist jetzt eine Eigentumswohnanlage mit der Hausnummer Sonnenbergerstraße 20, doch bietet sich dem Auge des Passanten weder eine Gedenktafel für den Vermieter noch für die Mieterin.

Entspricht aber die Endstation dieses an Wanderungen überreichen Lebens überhaupt der Adresse des im Wiesbadener Stadtarchiv ruhenden Registers? „In den letzten Jahren lebte die Gräfin in unserer Nähe, teils auf dem gräflichen Gute bei Frauenstein, teils in

29 Sophies Grab in Frauenstein, 1980

Heddernheim; zuletzt nahm sie ganz in Wiesbaden Wohnung im Hotel zum Adler, wo sie vergangene Nacht verstorben ist", unterrichtet uns der Nachruf im „Rheinischen Kurier". Er schließt mit der Ankündigung: „Sie wird, wie wir hören, auf ihren ausdrücklichen Wunsch auf dem Friedhofe bei Frauenstein beerdigt werden"[16]. Damit übereinstimmend, gibt die vom Sechsundzwanzigsten datierte amtliche Todesurkunde „wohnhaft zu Wiesbaden, in der Langgasse No 32"[17], an, wo das bis zum zweiten Weltkrieg bestehende Hotel, Miteigentümer des Adler-Kochbrunnens, „der zweitgrößten [Quelle] von Wiesbaden"[18] gestanden hat. Selbstredend schließt die Unterkunft in dem über ein eignes Badehaus verfügenden Hotel[19] eine Zweitwohnung nicht aus.

Gerade 70 Jahre alt war Paul, als er selbst den ebenfalls in zwei Etappen zurückgelegten Weg zur letzten Ruhestätte antreten mußte. Der Herausgeber seiner hinterlassenen Papiere schildert die erste Strecke. „Zehn Tage nach seiner Abberufung und Pensionierung, bevor er England hatte endgültig verlassen können, ist der Botschafter am 22. November 1901 verstorben. Die Nachricht von seinem Tode löste in London große Anteilnahme aus . . . Auf ausdrücklichen Wunsch König Eduards VII. fand seine Überführung von der Deutschen Botschaft zur Victoria-Street-Station unter höchsten militärischen Ehren statt – ein bis dahin einmaliger Trauerkondukt für einen Botschafter!" Doch ungeachtet seines hohen Ansehens trug „the pacific Count Hatzfeldt"[20] (wie ein britischer Historiker ihn ehrte) „bis zuletzt schwer an der Erfahrung, daß es ihm nicht gelungen war, die inmitten weltpolitischer Rivalitäten aufgebrochenen Interessengegensätze zwischen Großbritannien und dem Deutschen Reiche auszugleichen"[21]. Wie bei der Mutter überwog auch bei dem Sohn in der Schlußbilanz das Tragische.

Herrlich gelegen, auf einem Hügel gegenüber einem Weinberg in der Nähe von Burg Frauenstein, mit Buchsbäumen und Blumen bepflanzt und durch ein schmiedeeisernes Gitter vom übrigen heutigen Gemeindefriedhof abgeschirmt, verwitterte Inskriptionen tragend: so präsentieren sich heute die durch große Marmorkreuze und Wappen auffallenden Gräber von Sophie, Paul und dessen exzentrischer Frau Hélène Isabella Susanne Moulton (1846-1918). Die Heirat mit dieser Tochter des Bankiers Charles Frederick Moulton von Albany, New York, galt sogar für ihre Schwiegermutter als „Mesalliance"[22] – ein Zeichen dafür, daß auch Sophie, die emanzipierte Emanzipatorin, hier und da ein Kind ihrer Zeit geblieben war. Auf der Rückseite der mit Joh. 11,25 beinschrifteten, die Gebeine der Gräfin bergenden Hauptgrabstätte liegt ein kleineres Grab, das der [Johanna Elise] Margarete [Emma] Klingberg (1864-1944). Das Sterbedokument dieser im Todesjahr Lassalles in Berlin geborenen, unverheiratet gestorbenen, evangelischen Frau ist am 24. Juni '44 in Gegenwart von „Elisabeth Gräfin von Franken-Sierstorpff, geborene Prinzessin von Hohenlohe, Breslau"[23] ausgestellt worden. Der Mädchenname der Zeugin gemahnt uns an den Hochverrat der Hatzfeldts und der Hohenlohes in der Franzosenzeit. Der Name der Mutter Margaretens, Rosenthal, läßt die Möglichkeit aufblitzen, daß hier noch ein Lassallesches oder Hatzfeldtsches Geheimnis vergraben ist. (Eine Rosenthal kommt als Edmunds Verhältnis im dritten Teil der Scheidungsklage vor.)

II.

Mitteilsamer als die wortkargen Hatzfeldtschen Grabsteine auf dem Friedhof von Frauenstein hält der Nachruf des „Wiesbadener Kurier" auf Sophie Hatzfeldt einige Daten fest, um die „vielgenannte Frau" im Gedächtnis der Leserschaft zu verankern. „Die Gräfin, geboren am 10. August 1805, war eine Tochter des Fürsten Franz Ludwig von Hatzfeldt-Wildenburg-Schönstein und vermählte sich am 10. August 1822, also mit 17 Jahren, mit dem Grafen Edmund von Hatzfeldt, von welchem sie am 30. Juli 1851 geschieden wurde. Dieser Scheidung ging ein seinerzeit das allgemeinste Aufsehen erregender Prozeß voraus, in dem der junge [Ferdinand] Lassalle als Verteidiger der Gräfin zum erstenmal öffentlich von sich reden machte. Der Verdacht, daß Graf Edmund das seinem zweiten Sohn gebührende Erbteil mittelst eines Leibrentenkontraktes einer Freundin, der Baronin [Sophie] von Meyendorff-[Uexküll], zugewendet, hatte Lassalle es als wünschenswert erscheinen lassen, von dem Bestehen und dem Inhalte des Dokuments Kenntnis zu erlangen, um rechtzeitige Gegenvorkehrungen treffen zu können. Zwei bei der Beratung anwesende junge Männer, der Assessor [Felix-Alexander] Oppenheim, und ein Arzt, [Dr. Arnold] Mendel[s]sohn, faßten dies auf und ersterer entwendete unter nachfolgender Teilnahme des letzteren im August 1846 der zu Köln sich aufhaltenden Baronin eine Kassette, die außer dem Dokumente noch andere Wertgegenstände enthielt. Diese unbesonnene Tat, welche beide vor die Assisen zu Köln brachte und auffälligerweise Oppenheim 1847 eine Freisprechung, Mendel[s]sohn aber 1848 eine Verurteilung zu schwerer Freiheitsstrafe eintrug, erregte umso größeres Aufsehen, als mittlerweile Lassalle eine Schutzschrift für die Gräfin veröffentlichte, damit aber sich einen Prozeß wegen Verleumdung und eine Verurteilung zu Geldbuße, Gefängnis und Verlust der bürgerlichen Ehrenrechte auf 5 Jahre zugezogen hatte. Von der Teilnahme an dem Kassettendiebstahle wurde er freigesprochen. Von da an hatte die Gräfin stets den größten und entscheidensten Einfluß auf Lassalles Leben und Streben bis zu dessen Tode. Mit ihrer Familie hatte sich die Gräfin schon seit einer Reihe von Jahren wieder ausgesöhnt. Von ihren Kindern ist der älteste Sohn der nunmehrige Fürst Alfred von Hatzfeldt, die Tochter Melanie ist mit dem Grafen [Maximilian von] Nesselrode-[Ehreshoven], Obersthofmeister der Kaiserin Augusta, verheiratet; der zweite Sohn, Paul, Botschafter bei der Hohen Pforte, wird von dem Reichskanzler [Fürst Otto v. Bismarck] bekanntlich als einer unserer fähigsten Diplomaten geschätzt"[24]. Mehr als die Hälfte des Nekrologs nimmt auf Lassalle Bezug. Nichts davon wirft ein schlechtes Licht auf ihn. Das unter der Fuchtel des Bismarckschen Sozialistengesetzes, mit dem jede sozialdemokratische Pressetätigkeit unterbunden werden soll![25]

Die „politische Reife der Gräfin"[26] (diese Wendung stammt aus der Feder Shlomo Na'amans, des gedankenreichsten Biographen Lassalles) tritt in diesen Zeilen nicht in Erscheinung. Nichts von ihrem Einsatz in der revolutionären Mitte des Jahrhunderts und der danach wütenden Unterdrückung fortschrittlicher Bewegungen; nichts von ihrem Versuch einer Fortsetzung des Lassalleanismus ohne Lassalle; nichts vom persönlichen Anschleppen von Enthüllungsmunition für die große Verteidigungsrede des Partei- und Parlamentsführers August Bebel bei der Verfemung der Sozialdemokratie durch jenes Schandgesetz. Das waren Fakten, die damals (soweit sie überhaupt bekannt waren) allzu brenzlichen Stoff darstellten. Die einhundert Jahre nach ihrem Tod – eine Schande unsrer Geschichtsschreibung – noch immer ausstehende echte Biographie Sophie Hatzfeldts wird gerade diese nicht nur indirekt politischen Kapitel ihres Lebens besonders ausführlich zu behandeln haben.

Bis zum Abtragen der Wiedergutmachungsschuld ist heute bereits eines zu fordern: die Vervollständigung einer Gedenkstätte, die unter der Amtsführung von Heinz Kühn, des früheren sozialdemokratischen Ministerpräsidenten von Nordrhein-Westfalen, entstanden ist. Schräg gegenüber von St. Lambertus, an der Gartenmauer des Wasserschlosses Kalkum, liegt ein Pavillon, dessen zarte, altrosa und taubenblaue Farbtöne, Beweise des Geschmacks im Ancien Régime, sich wohltuend von der Restaurierung des neuerdings als Hauptstaatsarchiv dienenden Schloßgebäudes unterscheiden. Auf einem sarkophagartigen, schwarzgrünen Marmorblock entdeckt der zufällig Vorbeikommende dort eine den jungen Lassalle wiedergebende Bronzebüste bisher unbekannter Provenienz, die Überschrift „Zum Gedenkan an Ferdinand Lassalle 1825-1864" und darunter drei sinnentsprechend in zunehmender Größe eingemeißelte und vergoldete Kennworte: „Denker, Kämpfer, Organisator".

Auf der dem Hauptgebäude zugekehrten, durch romanische Bögen zweigeteilten Wand trägt eine Tafel von gleichem Gestein in dem der Mauer nahen Rund den bis jetzt utopisch gebliebenen Ausspruch: „Die Sache der unteren Klassen der Gesellschaft ist die Sache der gesamten Menschheit. F. Lassalle 1862". Die andere Tafel enthält die (in der Schlußbehauptung von *der* ersten deutschen Arbeiterpartei stark überzogenen) Sachangaben: „Ferdinand Lassalle 14. 4. 1825 – 31. 8. 1864. Er wirkte von 1846 bis 1859 in der sozialdemokratischen Bewegung in Düsseldorf und gründete am 23. Mai 1863 den Allgemeinen Deutschen Arbeiterverein, die erste deutsche Arbeiterpartei". Durch die in die Gartenmauer eingefügte Rückseite des Pavillons, mühelos zu erreichen durch das zur Straße bzw. zur Kirche und zum Kirchhof führende Tor (mit dem Grab des Sophie zuerst zu ihrem Recht verhelfenden Pfarrers Fowinkel) dringt auf einer dritten, größeren Marmortafel dieses Echo nach draußen: „Zur Erinnerung an Ferdinand Lassalle 1825 – 1864, Begründer der ersten deutschen Arbeiterpartei". Leider wird dem uneingeweihten Passanten nicht einmal angedeutet, warum das Ehrenmal gerade an dieser Stelle der Stadt steht.

Noch nicht. Auf der freien und direkt dazu einladenden Wand sehen wir hoffnungsfroh in knappen Strichen Leben und Weben der einstigen Kalkumer Schloßherrin festgehalten. In einem Jahrhundert, zu dessen Anfang ihre Mutter, um die Begnadigung ihres Gemahls zu erwirken, dem französischen Besetzer von Berlin zu Füßen sinkt, stellt Sophie sich, politisch geschickt oder nicht, an die Spitze einer Bewegung, bei der sie viel, viel länger aushält als deren in Liebeshändeln umgekommener erster Präsident. Einer Gesellschaft, die von ihr als Ehefrau Respekt vor der Mutter und Großmutter des Manns verlangen kann, präsentiert sie sich, die qualmende Zigarre als Symbol weiblicher Emanzipiertheit in der Hand, ungebunden genug, um als Babylonierin und Messalina verschrien zu werden. Kouragiert und erfolgreich tritt sie den Entführern ihres Jüngsten entgegen. Sie selbst entgeht der Gewalt des Anstifters dieser Terrorakte durch die mutige Verbindung mit einem Emporkömmling, dessen Lebensstil sogar Marx und Engels anstößig finden, obwohl sie sich selbst unter die Bohémiens rechnen. Trägerin des Titels Reichsgräfin, kämpft sie als Gefährtin und Genossin bürgerlicher, kleinbür-

30 Lassalle-Gedenkstätte, Schloß Kalkum

gerlicher und proletarischer Freiheitsfreunde für die Unterdrückten. Das alles erfordert zum mindesten unsre Achtung.

Will man Sophie zum besseren Verständnis mit andern emanzipierten, doch nicht oder kaum als Buchautorinnen herausragenden Frauen ihres Jahrhunderts vergleichen, dann bietet sich für die erste Hälfte die „utopische Sozialistin" Rahel Levin an – speziell wegen ihrer gelungenen Lebensgemeinschaft mit Karl August von Varnhagen und ihres ungewöhnlichen Sinns für Köpfe wie Johann Wolfgang von Goethe oder Eduard Gans[27]. Für die zweite Jahrhunderthälfte fällt einem etwa die heimlich Papas Zigarren rauchende, englisch-katholische Adelige Isabell Arundell ein, die in dem nichtkatholischen, halb-irischen, ganz verrufenen Schriftsteller und Entdeckungsreisenden Richard Francis Burton aufzugehen bestrebt war[28].

Durch die hier vorgeschlagene Einbürgerung Sophies in die Kulturlandschaft der niederrheinischen Metropolis (sie hat durch die Eingemeindung von Kaiserswerth neben christlichen Helden wie Pater Fredericus Spe[29] und Pastor Theodor Fliedner schon die nachherige Samariterin Florence Nightingale vorübergehend in ihren Mauern geborgen) würde ihrem Siebengestirn Dietrich Grabbe, Heinrich Heine, Karl Immermann, Ferdinand Lassalle, Felix Mendelssohn-Bartholdy, Wilhelm von Schadow und Robert Schumann der schon von Sappho mit den Plejaden besungene Mond hinzugefügt.

Muß noch bewiesen werden, daß das Hephäst-Netz Düsseldorf (wie Karl Marx es in einem Brief an die Gräfin getauft haben könnte) seine Fangkraft der Ausstrahlung derartiger Persönlichkeiten verdankt? Sicher, seine Maschen bestehen aus millionenfachen Anstrengungen. Aus der Staats-, Wirtschafts- und Gewerkschaftsführung. Aus dem Moden- und Messegeschäft. Aus Verkehrsknotenpunkten und Kulturinstituten. Aus sportlichen und militärischen Installationen. Aus Hochhäusern und Straßencafés. Ebenso aus dem Nebeneinander von Rheinstrom und Düsselflüßchen, gediegenen und Nepplokalen, blühenden und ruinierten Gartenanlagen, eindrucksvollen, wenn auch oft verstopften City- und unterentwickelten, aber rührigen Randbezirken. Allzuwenige um Pennies bettelnde Radschläger und allzuviele Geldbörsenräuber gehören ebenfalls dazu. Wie stark kann dennoch die Anziehung eines einzigen Hirns sein! Wir denken an einen kranken Dichter und eine kranke Dichterin, die zurzeit hier arbeiten. Manch einer wird eines Tags nach ihrem Zuhause pilgern. Auch wenn der bzw. die Betreffende – wie Sophie Hatzfeldt – zufällig nicht in Düsseldorf geboren ist.

Anmerkungen

Erstes Kapitel

1 Siehe Heinrich Heine, *Ideen:* Das Buch Le Grand Faksimiledruck mit einem Nachwort von Joseph A. Kruse (Düsseldorf 1972), S. 166.
2 Vgl. Josef von Golitschek, *Schlesien – Land der Schlösser,* Bd. II (Mannheim 1978), S. 174.
3 Siehe Robert Samulski, „Wo wurde die Gräfin Sophie von Hatzfeldt (1805-1881) geboren?" *Zeitschrift für Ostforschung* (1979), H. 4, S. 648-653.
4 Siehe Tisa Schulenburg, *Zeichnungen, Aufzeichnungen* (Gütersloh o. D.), S. 125-129.
5 Zur literarischen Verarbeitung des Kniefalls siehe Samulski, S. 649; O. R. D., „Die Gräfin von Hatzfeldt", *Hinterländer Geschichtsblätter*, XXVI (1937), Nr. 5.
6 Siehe Samulski, S. 652.
7 Abdruck der Urkunden ebd., S. 650-651.
8 Samulski, S. 652.
9 Ebd.
10 *Lassalles Briefwechsel mit Gräfin Sophie von Hatzfeldt*, hg. von Gustav Mayer, Vierter Band von: Ferdinand Lassalle, Nachgelassene Briefe und Schriften (Stuttgart, Berlin 1924), S. 48.
11 Sophie von Hatzfeldt an Lassalle, 14. Aug. 1855, ebd., S. 56.
12 Siehe Lassalle an Sophie von Hatzfeldt, 9. Juli, 7. Okt., 20. Okt. 1856, ebd., S. 62, 80, 87.
13 Sophie von Hatzfeldt an Lassalle, 4.-10. Nov. 1856, ebd., S. 101.
14 Lassalle an Sophie von Hatzfeldt, 28. Dez. 1856, ebd., S. 105.
15 Sophie von Hatzfeldt an Lassalle, 11. Jan. 1862, ebd., S. 278. Der Arzt war wohl der Pathologe Hofrat Dr. Karl Ewald Hasse, den ein „Sonnabend Abend, Heidelberg, Holländischer Hof" datierter Brief der Gräfin Hatzfeldt um eine Konsultation bat, da sie „recht krank" sei (Hist. lit. 39 d, III, Niedersächsische Staats- und Universitätsbibliothek Göttingen).
16 Mayer, S. 278.
17 Samulski, S. 649.
18 Siehe *Schloß Allner*: Wohnanlage, hg. von der Schloß Allner Verwaltungs GmbH (Hennef, o. D.)
19 Zur Bestätigung der „General- und Special-Vollmacht in allen ihren Teilen" siehe Rep. 2140 Nr. 9451, Hauptstaatsarchiv Düsseldorf Abt. Kalkum (hiernach: H. D.)
20 Siehe Helmut Hirsch, *Karl Ludwig Bernays und die Revolutionserwartung vor 1848, dargestellt am Mordfall Praslin,* Schriften aus dem Karl-Marx-Haus, H. 17 (Trier 1976).
21 Siehe das Urteil, Akte der Königl. Polizei-Direktion zu Düsseldorf betr. die Gräfin Sophie von Hatzfeld, II, 1333 (Stadtarchiv Düsseldorf).

Zweites Kapitel

1 Siehe *Ferdinand Lassalle:* Eine Auswahl für unsere Zeit, hg. und eingel. von Helmut Hirsch (Bremen 1963); gleichzeitige Lizenz-Ausg. der Büchergilde Gutenberg (Frankfurt, Wien, Zürich), S. 3-43. Wir nehmen geringfügige Änderungen vor.
2 Walter Kordt, „Ferdinand Lassalles Düsseldorfer Jahre", II, *Das Tor:* Düsseldorfer Heimatblätter, H. 10, 1954, S. 189.
3 Alfred Polgar, „Gabriele D'Annunzio", *Taschenspiegel*, hg. und mit einem Nachwort von Ulrich Weinzierl (Wien 1979), S. 83.
4 Beleg zur Heiratsurkunde Nr. 13/1822 Standesamt Lauthausen (Personenstandsarchiv Brühl); siehe Samulski, S. 649.
5 Siehe Personalakte Pfr. Fowinkel (Historisches Archiv des Erzbistums Köln); Helmut Hirsch, „Dreißigjähriger Ehekrieg hinter himbeerfarbenen Mauern: Sophie von Hatzfeldt und Ferdinand Lassalle", Westdeutsche Zeitung, 24. Febr. 1979, Beilage; Scheidungsklage, unten S. 155.
6 „Marx hatte zum Hatzfeldtkrieg und seiner letzten Etappe, dem Kassettenprozeß, Stellung zu nehmen, und er tat das, indem er der Berichterstattung über dessen Verlauf auffallend weiten Raum gestattete"; Shlomo Na'aman, *Lassalle,* (Hannover 1970), S. 137; zu v. Westphalens Aktionen siehe S. 103, zu Oppenheims und Mendelssohns unten, S. 93.
7 Siehe *Düsseldorf 1848*: Bilder und Dokumente, hg. vom Stadtarchiv Düsseldorf (Düsseldorf 1948), S. 44.
8 Replik in Sachen des Grafen und Standesherrn Edmund von Hatzfeldt-Kinsweiler zu Calcum, Ehescheidungskläger gegen die Gräfin Sophie von Hatzfeldt-Schönstein zu Düsseldorf, Ehescheidungs-Verklagte (UB Düsseldorf).
9 Josef Mühlberger, *Hugo von Hofmannsthal, F. Kafka:* Zwei Vorträge (Esslingen 1953), S. 58.

1 Polgar, S. 83-84.
2 Die Darstellung folgt hier wieder der zitierten Lassalle-Anthologie des Verf., S. 36 ff.
3 *Düsseldorf 1848*, S. 29.
4 „Der Volksklub", Düsseldorf, 27. Juni 1848, Reg. Düsseldorf Nr. 200, Bl. 110 R. (HD). In seiner vortrefflichen Studie *Die Düsseldorfer demokratische Bewegung und Arbeiterbewegung in den Revolutionsjahren 1848/49:* zur Vorlage als Inaugural-Dissertation erweiterte Examensarbeit (Düsseldorf 1979), Maschinenschrift, S. 72, fügt Dietmar Niemann als programmatische Forderung die „sociale Demokratie" hinzu (siehe auch S. 81-83).
5 Versammlungsbericht, Düsseldorf, 6. Juli 1848, Reg. Düsseldorf Nr. 200, Bl. 106 (HD); *Düsseldorf 1848*, S. 30.
6 Undatierter Bericht „Volks Klub" über die Versammlung vom 10. August 1848, Reg. Düsseldorf Nr. 200, Bl. 117 (HD); siehe Niemann, S. 84-85.
7 *Düsseldorf 1848*, S. 28.
8 Bericht über die gemeinsame Versammlung vom 30. August 1848, Reg. Düsseldorf Nr. 200, Bl. 119 + R. siehe Bl. 121 (HD).
9 Polizeiinspektor an Regierungspräsident, 3. Sept. 1848, Reg. Düsseldorf Nr. 812, Bl. 8 + R. (HD).
10 Ders. an dens., 7. Sept. 1848, 11. Sept. 1848, ebd., Bl. 11, 19-20 + R. (HD); Martin Hundt, *Louis Kugelmann*: Eine Biographie des Arztes und Freundes von Karl Marx und Friedrich Engels (Berlin 1974), S. 50 – eine tiefschürfende, jedoch die Hatzfeldts nicht erwähnende Studie; siehe Niemann, S. 86-87.
11 Hauptsteueramt an Instruktionsrichter, 20. Nov. 1848; Erscheinungsbefehl, 6. Dez. 1848; Vorladung, 8. Dez. 1848; Aussage Bürgerwehroffizier Anton Farina, Bürgerwehroffizier Joseph Fuchs, Paul v. Hatzfeldt, 9. Dez. 1848, Rep. 4, 128 IV (HD); siehe Niemann, S. 97-98.
12 Gendarmeriebrigade an Hauptmann der Gendarmerie, 1. Nov. 1848, Reg. Düsseldorf Nr. 200, Bl. 141 (HD).
13 Oscar J. Hammen, *Die Roten 48er:* Karl Marx und Friedrich Engels (Frankfurt M. 1972), S. 369.
14 Haussuchungsberichte und beschlagnahmtes Material vom 12. Nov. 1848, 27. Nov. 1848, 28. Nov. 1848, 5. Dez. 1848, 6. Dez. 1848, 7. Dez. 1848, 12. Dez. 1848, 13. Dez. 1848, 14. Dez. 1848, 19. Dez. 1848, Rep. 4, 129 IX (HD).
15 Landrat von Altenkirchen an Oberprokurator Düsseldorf, 19. Jan. 1849; Aussage Johannes Stangier, 20. Jan. 1849, Rep. 4, 128 V (HD); siehe Niemann, S. 96.
16 Aussage Lorenz Cantador, 31. Jan. 1849; Aussage Jakob Schirer, 3. Febr. 1849, Rep. 4, 128 II (HD).
17 Ebd.; vgl. Helmut Hirsch, *Rosa Luxemburg in Selbstzeugnissen und Bilddokumenten*, 8. Aufl. (Reinbek 1979), S. 126-129.
18 Königl. Preuß. Landgericht zu Düsseldorf, Zu Unters.-Sachen für Lassalle gehörig, Düsseldorf, 13. März 1849, Rep. 4, 131 II, Bl. 33 + R. (HD).
19 Lassalle, Beschwerde über den Staatsprokurator an den Stellvertr. Oberprokurator, 14. Mai 1849, ebd., Bl. 36a.
20 Gefängnisdirektor an Oberprokurator, 15. Mai 1849, ebd., Bl. 37 + R.
21 Urteil 10. Jan. 1848; Oberprokurator Düsseldorf, Mitteilungen der Requisition des Oberprokurators Köln, 30. Mai 1848, 2. Juni 1848; Entscheidung 13. Juni 1848; Justizminister an Gräfin v. Hatzfeldt, 26. Aug. 1848; Polizeidirektor an dieselbe, Gestellungsbefehl, 28. Okt. 1848; Urteilsausfertigung an dieselbe, 8. Febr. 1849; Urteil des Revisions- und Kassationshofs wegen Verbreitung der Prodigalitätsprozeßklage, 16. Mai 1849, Akten betr. Ferdinand Lassalle und Gräfin von Hatzfeld, Rep. 4, 131a (HD).
22 Lassalle an Staatsprokurator, „Donnerstag", s. a. ders. an dens. „Montag", Rep. 4, 131 II (HD).
23 Von den 21 Lassalle- und 12 Sophie von Hatzfeldt-Briefen aus dem Nachlaß Bloems, die in der NS-Zeit zerrissen, aber von Stadtarchivdirektor Dr. Paul Kauhausen restauriert wurden, sind drei unter dem Titel „Ferdinand Lassalle- und Gräfin Sophie von Hatzfeldt-Briefe im Düsseldorfer Stadtarchiv" in *Das Tor:* Düsseldorfer Heimatblätter, H. 12, 1954, S. 215-218, von ihm publiziert worden.
24 Rosa Luxemburg, *Ich umarme Sie in großer Sehnsucht:* Briefe aus dem Gefängnis 1915-1918, mit einem Vorwort von Narihiko Ito und dem Versuch eines Dialogs: Mathilde Jakob im Gespräch von Charles Schüddekopf (Berlin, Bonn 1980), S. 28-29.
25 Regierungspräsident an Oberbürgermeister, 20. Nov. 1851; Regierungspräsident an Polizeidirektor, 9. Dez. 1851; Marginalbericht des Letzteren vom 13. Dez. 1851, Reg. Düsseldorf, Präsidium, 800, Bl. 68, 59 (HD).
26 Regierungspräsident an Präsidium, 7. Dez. 1851, ebd. Bl. 76 + R.
27 Polizeidirektor, „Erster polizeilicher Wochenbericht", 29. Dez. 1851, Reg. Düsseldorf, Präsidium, 831, Bl. 7-10 (HD).
28 Aktennotiz vom 25. 9. 1850; Lassalle an Oberprokurator, 23. Juli 1852; Antwort vom 24. Juli 1852 mit Quittung von Lassalle, Rep. 4, 131 III, Bl. 1-3 (HD).
29 Polizeipräsident Berlin an Regierungspräsidenten Düsseldorf, 15. Mai 1854; Regierungspräsident an Polizeidirektor, 18. Mai 1854; Polizeidirektor Düsseldorf an Regierungspräsident Düsseldorf, 19. Mai 1854; Regierungspräsident an Polizeipräsident Berlin, 20. Mai 1854, Reg. Düsseldorf, Präsidium, 802 Bl. 59-60

(HD). Zu Carl Ludwig Friedrich von Hinckeldeys Polizeimethoden siehe Julius H. Schoeps, „Agenten, Spitzel, Flüchtlinge“ in: *Im Gegenstrom:* Für Helmut Hirsch zum Siebzigsten, hg. von Horst Schallenberger und Helmut Schrey (Wuppertal 1977), S. 71-104.

30 Siehe Gräfin v. Hatzfeldt an Polizeidirektor, 3. Mai 1855 mit Handvermerk über einen am 14. April ausgehändigten Paß; Polizeikommissar über Erklärung der Gräfin vom 9. Mai 1855; Polizeidirektor an Innenministerium Berlin, 5. Mai 1855; Polizeikommissar über Ausfertigung und Einhändigung des (Interim-) Passes, 14. April 1855; Sophies Reisepaß vom 14. April 1855; Polizeidirektor an Preußischen Innenminister (Ferdinand v. Westphalen, Halbbruder von Karl Marxens Frau Jenny, geb. Westphalen), 10. Mai 1855; Konzept Preuß. Innenminister an Düsseldorfer Polizeidirektion über Fehlen des Namens der Kammerjungfer, 20. Mai 1855; Lassalle an Polizeidirektor, 2. Juni 1855; Godesberger Beigeordneter an Polizeidirektor Düsseldorf über Aushändigung des Ministerialpasses an Sophie, 9. Juni 1855; u. a. m. II, 1333 (Stadtarchiv Düsseldorf)

31 Polizeikommissar an Polizeidirektor, 22. Mai 1855, Reg. Düsseldorf, Präsidium 802, Bl. 132 (HD).

32 Ders. an dens., Marginalkommentar 5. Juni 1855, ebd.

33 Marginalempfehlung des Polizeidirektors, 6. Juni 1855, ebd., Bl. 132 R.

34 Polizeidirektor an Regierungspräsidenten, 24. Sept. 1858, II, 1333 (Stadtarchiv Düsseldorf).

35 Lassalle an Sophie von Hatzfeldt, 11. Sept. 1858, Mayer, S. 227.

36 Siehe Helmut Hirsch, „Düsseldorf und Ferdinand Lassalle“, ungedr. Vortrag im Stadtgeschichtlichen Museum (Stadtmuseum) Düsseldorf, 5. März 1980.

37 Oberbürgermeister an Regierungspräsidenten, Düsseldorf, 13. Sept. 1864, Reg. Düsseldorf, Präsidium 803 (HD).

38 Der Verfasser hat sie im Juli 1980 im dortigen Archiv gesehen.

Viertes Kapitel

1 „Die Aussortierten“, Kurt Tucholsky, *Gesammelte Werke,* Bd. III, 1929-1932 (Reinbek 1972), S. 765 (+).

2 Aus dem Gefängnis in Düsseldorf. Der Brief enthält das Visum des Gefängnisdirektors.

3 Lassalle war am 22. November wegen der aufruhrerischen Rede, die er tags zuvor in Neuss gehalten hatte, verhaftet worden. Die Anklage lautete, er habe die Bürger zur Bewaffnung gegen die königliche Gewalt aufgereizt. Die Gerichtsverhandlung begann erst am 5. Mai 1849.

4 Gemeint ist der Kassettenprozeß, der Lassalle vom 20. Februar bis 11. August 1848 in Untersuchungshaft brachte, aber bekanntlich mit seiner Freisprechung endete. Vgl. dazu H. Oncken, *Lassalle*, 4. Aufl., S. 65 ff.

5 Vgl. hierzu die Einführung zu Band II, S. 4. Die Gräfin war wegen Beleidigung der Schwestern Höns zu Düsseldorf zu zwei Monaten Gefängnis verurteilt. Solange die Revolution im Aufstieg war, hatte man sie zu deren Abbüßung nicht gedrängt. Jetzt aber hatte sie sich besonders mißliebig gemacht durch die Sympathie, die sie bei den revolutionären Unruhen in Düsseldorf in der ersten Maiwoche den Aufständischen bezeugt hatte.

6 Vgl. hierzu Lassalles Brief an Graf Paul Hatzfeldt in Band II, S. 8.

7 Lassalle zitierte gern das Homerische: „Einst wird kommen der Tag . . .“

8 Nicolovius war der Generalprokurator in Köln.

9 Der Advokatanwalt Dr. Anton Bloem (1814-1885) war der Anwalt der Gräfin und Lassalles und beiden nahe befreundet. Vgl. über ihn Bd. II, S. 9 und Bd. III, S. 6.

10 Lena Bürgers, die Schwester von Heinrich Bürgers, war eine nahe Vertraute der Gräfin und Lassalles. Sie leistete ihnen in schwierigen Lagen wertvolle Dienste, sie erfreute sich aber auch ihrer tätigen Freundschaft, als ihr eigenes Frauenschicksal sie kurz darauf in schwere bürgerliche Bedrängnis brachte.

11 Hier folgen noch einige auf ihre Prozesse bezügliche Instruktionen, die Lassalle der Gräfin gibt. Der Schluß des Briefes fehlt.

12 Siehe notariell beglaubigte Erklärungen vom 26. Sept. 1853 (Rep. 2139 Nr. 8944); 1. April 1855 (Rep. 2140 Nr. 9451); 16. und 21. Mai 1855 (Ausstellung Kalkum 11), H.D. (+).

13 Die Gräfin schreibt irrig: Juni. Sie war erst am 7. Juli in Marienbad angekommen.

14 Siehe oben, S. 28 (+).

15 Lassalle hatte am 1. Juni mit seiner Schwester und deren Gatten eine Vergnügungsreise angetreten, die sie auch nach Paris zur Gewerbeausstellung führte. Hier bekam er eine Halsentzündung, die ihn längere Zeit ans Zimmer fesselte. Vgl. dazu seinen Brief an Marx aus Paris, Mayer Bd. III S. 99.

16 Vgl. „Die Gräfin und Lassalle – beide spekulieren, und welcher Rentner spekulierte nicht? Beide haben immer nur von Verlusten zu berichten, denn die Gewinne nimmt man als selbstverständlich hin. Lassalle geht darüber meist kommentarlos hinweg, die Gräfin fast mit Schwermut, und Lassalles Aufgabe ist es, sie zu trösten“ (Na'aman, S. 229) (+).

17 Siehe oben den dritten abgedruckten Brief; Lassalle und die Gräfin wollten sich in Friedrichshafen für eine Reise in die Schweiz treffen.
18 Helene von Racowitza (Frau von Schewitsch), *Von Anderen und mir*: Erinnerungen aller Art, 2. Aufl. (Berlin 1909), S. 49; siehe S. 48 und 125 (+).
19 Mit kleinen Auslassungen und Ungenauigkeiten abgedruckt bei Bernhard Becker, S. 44.
20 Dieser Satz fehlt bei Becker.
21 Wilhelm Rüstow, Stabschef von Garibaldi, der sich als Rivale Lassalles bei der Gräfin über ihre „Loblieder auf den Juden Mordechai" beschwert und durch sein Eingehen auf Lassalles Entschluß, sich zu duellieren, indirekt zu dessen tödlicher Verwundung beitrug (Na'aman, S. 759; vgl. S. 760) (+).
22 Der Brief ist sehr eilig geschrieben und der Stil wimmelt – wie in solchen Fällen bei der Gräfin öfter – von Flüchtigkeiten. Wo solche augenscheinlich zutage liegen, wurden sie stillschweigend verbessert.
23 Von hier ab sind anderthalb Seiten mit Tintenstrichen völlig unleserlich gemacht worden.
24 Die Unterschrift ist fortgelassen.
25 Am 28. August fand das Duell statt. Am Morgen des 31. August drückte die Freundin dem Toten die Augen zu.

Fünftes Kapitel

1 Siehe Boris Nicolaievski/Otto Maenchen-Helfen, *La vie de Karl Marx:* L'homme et le lutteur, aus dem Deutschen übers. von Marcel Stora (Paris 1970) – die erste deutsche Ausgabe ist schwer zu erhalten –; Werner Blumenberg, *Karl Marx in Selbstzeugnissen und Bilddokumenten* (Reinbek 1962).
2 Heinrich Gemkow in Zusammenarbeit mit Oskar Hoffmann sowie Heinz Hümmler, Erich Kundel, Karl Obermann, Horst Ullrich, Gerhard Winkler, *Karl Marx*: Eine Biographie (Berlin 1967), S. 243.
3 Fritz J. Raddatz, *Karl Marx:* Eine politische Biographie (Hamburg 1975); David McLellan, *Karl Marx*: Leben und Werk, aus dem Englischen von Otto Wilck (München 1974).
4 zit. in Helmut Hirsch, *Marx und Moses*: Karl Marx zur „Judenfrage" und zu Juden (Frankfurt a. M., Bern, Cirencester 1980), S. 75.
5 Karl Marx an Georg Herwegh, 26. Okt. 1847, Karl Marx/Friedrich Engels, *Werke*, hg. vom Institut für Marxismus-Leninismus beim ZK der SED (hiernach zit. *Werke*), Bd. 27 (Berlin 1973), S. 470.
6 Raddatz, S. 262-263.
7 Jenny Marx an Friedrich Engels, [24. Nov. 1863] *Werke, Bd. 30 (Berlin 1972), S. 692.*
8 Siehe Friedrich Engels, *Profile*: Eine Auslese aus seinen Werken und Briefen, hg. von Helmut Hirsch mit einem Geleitwort von Johannes Rau (Wuppertal 1970).
9 Karl Marx an Friedrich Engels, 7. Mai 1861, *Werke*, Bd. 30, S. 164.
10 Siehe hierzu *Marx und Moses, passim.*
11 Siehe Helmut Hirsch, „Karl Friedrich Köppen, der intimste Berliner Freund Marxens", in: *Denker und Kämpfer:* Gesammelte Beiträge zur Geschichte der Arbeiterbewegung (Frankfurt M. 1955), S. 74-77.
12 Sophie von Hatzfeldt an Paul von Hatzfeldt, 28. Jan. 1861, *Botschafter Paul Graf von Hatzfeldt:* Nachgelassene Papiere 1838-1901, hg. von Gerhard Ebel in Verbindung mit Michael Behnen, T. I (Boppard Rh. 1976), S. 178.
13 Mayer, IV, S. 25, siehe S. 26. Die Zitate: Wilhelm Rüstow an Sophie von Hatzfeldt, 17. Nov. 1862, ADAV/Hatzfeldt 286 (IISG). Hätte Edmund Silberner solche Äußerungen gekannt, wären sie gewiß in seine Pionierstudie *Sozialisten zur Judenfrage*: Ein Beitrag zur Geschichte des Sozialismus vom Anfang des 19. Jahrhunderts bis 1914, aus dem Engl. übers. von Arthur Mandel (Berlin 1962), eingegangen.
14 Saul K. Padover, *Karl Marx:* An Intimate Biography (New York, St. Louis, San Francisco, Düsseldorf, London, Mexico, Panama, Sydney, Toronto 1978), S. 333-334
15 Karl Marx an Nanette Philips, 13. April 1861, Werner Blumenberg, „Ein unbekanntes Kapitel aus Marx' Leben", in *International Review of Social History*, NS, Vol. I (1956), S. 85-86.
16 In dem am 1. Apr. 1865 bei Philips gespielten Fragespiel wurde auf die Frage „Your favourite occupation" von Marx geantwortet: „Glancing at Netjen", Ebd., S. 108.
17 Karl Marx an Nanette Philips, 17. Juli 1861, ebd., S. 92.
18 Karl Marx an Friedrich Engels, 19. Juni 1861, *Werke*, Bd. 30, S. 176.
19 Karl Marx an Sophie von Hatzfeldt, 12. Sept. 1864, *Der Briefwechsel zwischen Lassalle und Marx:* Nebst Briefen von Friedrich Engels und Jenny Marx an Lassalle und von Karl Marx an Gräfin Sophie Hatzfeldt, hg. von Gustav Mayer, Dritter Band von Ferdinand Lassalle, Nachgelassene Briefe und Schriften (Stuttgart, Berlin 1922), S. 408-409.
20 Ders. an dies., 16. Okt. 1864, ebd., S. 409-410.
21 Ders. an dies., 22. Dez. 1864, ebd., S. 411.
22 Karl Marx an Carl Siebel, 22. Dez. 1864, ebd.

1 Racowitza, S. 138, siehe S. 133; Bernhard Becker, *Enthüllungen über das tragische Ende Ferdinand Lassalle's:* und seine Beziehungen zu Helene von Dönniges (Nürnberg 1892), S. 191.
2 Ebel, S. 205.
3 Sophie von Hatzfeldt an Paul von Hatzfeldt, 10. Dez. [1864], ebd., S. 205-206.
4 Ebd., S. 207.
5 Sophie von Hatzfeldt an Hermann Wagener, 13. Dez. 1864, zit. bei Gustav Mayer, „Gräfin Sophie von Hatzfeldt, Bismarck und das Duell Lassalle-Racowitza", in: *Historische Zeitschrift*, Bd. 134 (1926), S. 53.
6 Otto von Bismarck an Sophie von Hatzfeldt, 26. Dez. 64, Text ebd., S. 54-55.
7 Sophie von Hatzfeldt an J. Ph. Becker, undat., ebd., S. 56.
8 Ebel, S. 209.
9 Karl Marx an Wilhelm Liebknecht, 21. Nov. 1865, *Werke*, Bd. 31, (Berlin 1973), S. 489.
10 Karl Marx an Sigfried Meyer, 27. Aug. 1867, ebd., S. 558.
11 Sophie von Hatzfeldt an Paul von Hatzfeldt, 30. Jan. 1865, Ebel, S. 211.
12 Dies. an dens. [Nov. 1867], ebd., S. 234.
13 Immediatbericht des Fürsten Bismarck, 27. Okt. 1880, ebd., S. 371.
14 Otto v. Bismarck, Gespräche mit Dr. Moritz Busch, 15. Mai 1883 und 31. Mai 1885, Bismarck, *Die gesammelten Werke*, hg. von Willy Andreas, Bd. 8 (Berlin 1926), S. 472, 524. „Ein Pimpelmatz, eine schwangere Frau, durch und durch ein Egoist. Packt sich immer gleich in Watte. Liest nicht mal Akten, wenn er krank ist." (Ebel, S. 402). Diesem Tadel Bismarcks kommt um so mehr Gewicht zu, als er von dem Paul wohlgesonnenen Friedrich von Holstein aufgezeichnet ist (siehe ebd. S. 449).
15 Paul von Hatzfeldt an Sophie von Hatzfeldt, 10. Mai 1876, ebd. S. 304.
16 Bernhard Becker an Sophie von Hatzfeldt, 23. Sept. 64, ADAV/Hatzfeldt 4 (IISG); Sophie von Hatzfeldt an Udo Dammer, 6. und 13. Okt. 1864, Hermann Oncken, „Aus dem Streit um Lassalles Erbe", in: *Archiv für die Geschichte des Sozialismus und der Arbeiterbewegung*, VII (1916), S. 95-98. Vgl. Gustav Mayer, *Johann Baptist von Schweitzer und die Sozialdemokratie:* Ein Beitrag zur Geschichte der deutschen Arbeiterbewegung (Jena 1909), S. 91, 92, 96, 105, 106-107, 109; Arno Herzig, *Der Allgemeine Deutsche Arbeiter-Verein in der deutschen Sozialdemokratie:* Dargestellt an der Biographie des Funktionärs Carl Wilhelm Tölcke (1817-1893), S. 126-128, 137.
17 Siehe ebd., S. 144; *J. B. v. Schweitzer*, S. 106, 107, 108 und den (von Sophie ausgearbeiteten?) Protest betr. der Ämterzusammenlegung v. 11. März 65, ADAV/Hatzfeldt, 178 (IISG).
18 *J. B. v. Schweitzer*, S. 112, siehe S. 111-112.
19 Ebd., S. 125; Karl Marx an Sophie von Hatzfeldt, 10. Apr. 1865, *Werke*, Bd. 31, S. 469.
20 Sophie von Hatzfeldt an Emma Herwegh „gegen Ende 1864", J. B. v. Schweitzer, S. 129.
21 *Briefe Ferdinand Lassalles an Georg Herwegh:* Nebst Briefen der Gräfin Hatzfeldt an Frau Emma Herwegh, hg. von Marcel Herwegh (Zürich 1896), S. 153; siehe S. 155.
22 Siehe Sophie von Hatzfeldt an C. W. Tölcke, 13. März 1866, in: Arno Herzig, *Carl Wilhelm Tölcke*: Korrespondenz aus den Jahren 1848-1893 (Iserlohn o. D.), S. 51-52; *J. B. v. Schweitzer*, S. 142, 143.
23 Wolfgang Köllmann, *Sozialgeschichte der Stadt Barmen im 19. Jahrhundert* (Tübingen 1960), S. 241; vgl. *Der Allgemeine Deutsche Arbeiter-Verein*, S. 91, 93, 113.
24 *J. B. v. Schweitzer,* S. 161.
25 Ebd.
26 Ebd., S. 162; Franz Mehring, „Vor dreißig Jahren", in: *Die Neue Zeit,* XV (1897), Bd. 1, S. 707.
27 *J. B. v. Schweitzer*, S. 163; Na'aman, S. 593; siehe *Der Allgemeine Deutsche Arbeiter-Verein*, S. 144, 161.
28 *J. B. v. Schweitzer*, S. 186-187; siehe S. 164, 175-176, 437-439; Entwurf Sophies für einen Protest gegen die Wahlentscheidung der Erfurter Generalversammlung v. 27. Dez. 1866, ADAV/Hatzfeldt 181 (IISG); *Der Allgemeine Deutsche Arbeiter-Verein,* S. 161, 237.
29 *J. B. v. Schweitzer*, S. 194; siehe S. 189, 190-91 (über ein von Sophie inspiriertes und finanziertes Pamphlet, das von Schweitzer als „Feind der Religion" und Agenten der Reaktion anprangerte!), 193, 198-199; Köllmann, S. 243; *Der Allgemeine Deutsche Arbeiter-Verein,* S. 115-124, wo das Religionsmotiv behandelt wird, und S. 246; vgl. „Vor dreißig Jahren", S. 708.
30 Notiz von Sophie für eine Resolution gegen von Schweitzer (1867), ADAV/Hatzfeldt, 187 (IISG); siehe *J. B. v. Schweitzer*, S. 198.
31 Ebd., S. 198, 235; siehe S. 201, 202; Köllmann, S. 244; Entwurf Sophies für eine Beschwerde an den Staatsanwalt am Berliner Stadtgericht wegen der gegen sie gerichteten Schmähungen und Drohungen, ADAV/Hatzfeldt 189 (IISG); *Der Allgemeine Deutsche Arbeiter-Verein*, passim, besonders S. 85, 92.
32 *J. B. v. Schweitzer*, S. 273, 296; Karl Marx an Friedrich Engels, 8. Mai 1869, *Werke*, Bd. 32 (Berlin 1973), S. 316; siehe Becker, S. 231.
33 Siehe *J. B. v. Schweitzer*, S. 284-292, 275, 318; vgl. S. 312; *Der Allgemeine Deutsche Arbeiter-Verein*, S. 181, wo das Kräfteverhältnis 12000 zu 2000 erscheint.

34 Siehe *J. B. v. Schweitzer,* S. 382; Helmut Hirsch, *August Bebel*: in Selbstzeugnissen und Bilddokumenten (Reinbek 1979), S. 30-44, 47.
35 *J. B. v. Schweitzer,* S. 315, 316; siehe S. 311-319; Telegramm J. B. von Schweitzer an Sophie von Hatzfeldt, 19. Juli '69: „Sie müssen durchaus sogleich wieder kommen", ADAV/Hatzfeldt 53 (IISG); ders. an Fritz Mende, 27. Juli '69, ebd., 54; *Der Allgemeine Deutsche Arbeiter-Verein,* S. 182.
36 *J. B. v. Schweitzer,* S. 319.
37 Siehe ebd., S. 333, 335-336, 343-344; *Der Allgemeine Deutsche Arbeiter-Verein,* S. 170-176; vgl. Cora Stephan, *„Genossen, wir dürfen uns nicht von der Geduld hinreißen lassen!"*: Aus der Vorgeschichte der Sozialdemokratie (Frankfurt M. 1977), S. 159.
38 *J. B. v. Schweitzer,* S. 351-352; siehe S. 350-361.
39 Siehe ebd., S. 342, 355, 364-367, 374-375.
40 Entwurf Sophies für ein Zirkular zur Wahlkampagne 1867, ADAV/Hatzfeldt 180 (IISG).
41 *J. B. v. Schweitzer,* S. 351, siehe S. 405-406 (Mayer läßt Schweitzers Adelsprädikat fort, nachdem es ihm als Strafmaßnahme aberkannt worden war).
42 Ebd., S. 412, siehe S. 406-411; *Der Allgemeine Deutsche Arbeiter-Verein, S. 51, 199* (zum Scheltwort „Winkeladvokat"), S. 282.
43 *J. B. v. Schweitzer,* S. 415.
44 Karl Marx an Ludwig Kugelmann, 23. Febr. 1865, *Werke,* Bd. 31, S. 453; ders. an Friedrich Engels, 22. Juli 1869, *Werke,* Bd. 32, S. 343.
45 Gustav Mayer, *Bismarck und Lassalle*: Ihr Briefwechsel und ihre Gespräche (Berlin 1928), S. 4-10.
46 Siehe ebd., S. 11. *Eduard Bernstein, Ein revisionistisches Sozialismusbild: Drei Vorträge,* 2. Aufl. (Berlin, Bonn-Bad Godesberg, 1976), S. 15.
47 Karl Marx an Friedrich Engels, 17. Sept. 1878, *Werke,* Bd. 34, S. 78.
48 Vgl. *Der Allgemeine Deutsche Arbeiter-Verein,* S. 151, 153, 154, 155, 159, 161; und S. 145, 146, 149, 150, 157, 183, 191, 213, 237, 261, 298.
49 Jean Améry, *Unmeisterliche Wanderjahre* (Stuttgart 1974), S. 120.

Siebtes Kapitel

1 Na'aman, S. 84.
2 Ebel, S. XVI.
3 Ebd., S. 97.
4 Ebd., S.XVII.
5 Ebd., S. 97.
6 Ebd., S. 113.
7 Ebd., S. 113-114.
8 Ebd., S. 114.
9 Na'aman, S. 223. Vielleicht handelt es sich hier auch nur um eine mißverständliche Formulierung.
10 Siehe „Jagden und Schießübungen des Prinzen Friedrich von Preußen", *Beiträge zur Geschichte des Niederrheins*: Jahrbuch des Düsseldorfer Geschichts-Vereins, Bd. IX (1895), S. 275. Diese Jahrbuchreihe enthält zahllose Beiträge über die Hatzfeldts, jedoch nur diesen Bezug auf Edmund von Hatzfeldt und nichts über Sophie.
11 Golitschck, S. 175.
12 Ebel, S. 99.
13 Ebd.
14 Ebd., S. 101.
15 Friedrich Wilhelm IV. an Fürst Hatzfeldt-Trachenberg, 10. April [1844], ebd., S. 101.
16 Ebd., S. 102.
17 Ebd.
18 Ebd.
19 Ebd.
20 Ebd.
21 Ebd.
22 Ebd., S. 103.
23 Ebd.
24 Ebd., S. 112.
25 Ebd., S. 106-107.
26 Ebd., S. 106.
27 Ebd., S. 107.
28 Ebd., S. 109.
29 Ebd.
30 Ebd., S. 109-110.
31 Ebd., S. 213.

1 „Wasserstands-Nachrichten vom 25. Jan.", Rheinischer Kurier, 26. Jan. 1881, Nr. 22.
2 „Lokalbericht", ebd.
3 Ebd.
4 Signet Stern, „Wiesbaden, 26. Januar", ebd.
5 Siehe Kaiser Wilhelm I. an Graf Hatzfeldt, 5. Juni 1881, Ebel, S. 395.
6 Siehe Rheinischer Kurier, a. a. O.
7 Christa Narciß, Georg A. Narciß, *Das große Gesundheitsbuch der Büchergilde:* Ein Ratgeber für Kranke und Gesunde (Frankfurt, M., Wien, Zürich 1970), S. 208.
8 Graf Radolinski an Graf Hatzfeldt z. Zt. Berlin, 31. Jan. 1881, Ebel, S. 376.
9 Friedrich von Holstein an Graf Hatzfeldt, z. Zt. Wiesbaden, 1. Febr. 1881, ebd., S. 377, 378.
10 Walter von Loë an Fürst Hatzfeldt-Wildenburg, 5. Dez. 1880, ebd., S. 374.
11 Sterberegister 1881, Eintragung 108, Stadtarchiv Wiesbaden.
12 Siehe Signet Stern, „(Todten-Messe)", Wiesbadener Tagblatt, No. 24 v. 29. Jan. 1881.
13 Siehe Ebel, S. 378.
14 Siehe Helga Hermann, Stadtarchiv Wiesbaden, an den Verf., 15. Sept. 1980; siehe auch „105 Sonnenbergerstraße", Adreßbuch der Stadt Wiesbaden, 1880/81.
15 Siehe Albert Herrmann, *Gräber auf den Wiesbadener Friedhöfen* (Wiesbaden 1928), S. 135.
16 Rheinischer Kurier, aaO.
17 Sterbebuch des Standesamts Wiesbaden, Nr. 93 vom 26. Jan. 1881.
18 Theodor Müller-Alfeld, *Das deutsche Reisebuch*, T. 1 (Berlin, Darmstadt 1956), S. 261.
19 Freundliche Auskunft von Herrn Dr. Franz Hirster, Wiesbaden, vom 4. Okt. 1980.
20 Sidney Lee, *King Edward VII:* A Biography, Bd. II (London 1927), S. 121.
21 Ebel, S. LII.
22 Ebd., S. XXIV.
23 Beglaubigte Ablichtung der Urkunde Nr. 1571, 1944 vom 29. Sept. 1980 und freundliche Mitteilung des Standesbeamten Müller, Wiesbaden, vom 10. Okt. 1980.
24 Rheinischer Kurier, aaO.
25 Siehe Jürgen Jensch, *Presse und politische Partei* (Hannover 1966).
26 Na'aman, S. 809.
27 Siehe Herbert Scurla, *Rahel Varnhagen*: Die große Frauengestalt der deutschen Romantik (Düsseldorf 1978).
28 Siehe Frederik Hetmann, *Drei Frauen*: zum Beispiel (Weinheim und Basel 1980), S. 51-110.
29 Siehe Helmut Hirsch, „Ein Menschenfreund", in: *Heimat Jahrbuch Wittlaer* 1981, S. 46-55.

Dokumentation

I. Beschluß des Landgerichts zu Düsseldorf vom 18. Mai 1847 über die Ehescheidungsklage des Grafen Edmund v. Hatzfeldt vom 4. April 1847

Wir Friedrich Wilhelm von Gottes Gnaden, König von Preußen ꝛc. ꝛc.,

thun kund und fügen hiermit zu wissen, daß Unser Landgericht zu Düsseldorf in seiner Rathskammersitzung vom achtzehnten Mai achtzehnhundertsiebenundvierzig, worin anwesend waren die Herren: Geheimer Ober-Justizrath und Landgerichts-Präsident von Voß, Landgerichtsräthe von Uechtritz und Beckers, Landgerichts-Assessoren von Schmitz, Menken und Pfeffer und Actuar Weidenkaff, letzterer als Secretair fungirend, folgenden Beschluß erlassen hat.

Nach Einsicht der von dem Grafen Edmund von Hatzfeld, zu Calcum wohnend, am vierten April dieses Jahres wider seine Ehefrau Sophie, geborne Gräfin von Hatzfeld, eingereichten Ehescheidungsklage, so wie der am vierten April und fünfzehnten Mai dieses Jahres in Betreff der Ueberreichung dieser Klageschrift und der versuchten Sühne aufgenommenen Protokolle und Ordonnanzen, welche also lauten:

I. „Verhandelt Düsseldorf den vierten April achtzehnhundertsiebenundvierzig im Präsidial-Zimmer auf dem Königlichen Landgericht daselbst.

Vor Uns Wilhelm von Voß, Präsidenten des Königlichen Landgerichts erschien der Herr Graf Edmund von Hatzfeld, zu Schloß Calcum wohnhaft, in Person mit der Anzeige, daß er sich in die Nothwendigkeit versetzt sehe, gegen seine Ehegattin, Sophie, geborene Gräfin von Hatzfeld auf Ehescheidung zu klagen, und mit dem Ansuchen, die desfallsige Klage noch heute, wenngleich an einem Festtage, dem Präsidio überreichen zu dürfen, indem er als Mitglied der Rheinischen Provinzialstände zu dem mit dem eilften dieses Monats zu Berlin beginnenden vereinigten Landtage der Monarchie berufen sei, und daher noch heute abzureisen gedenke, welchem Ansuchen zu willfahren wir unter den angezeigten, in der Notorietät beruhenden Umständen keinen Anstand gefunden haben.

Herr Comparent überreichte uns demnächst diese, aus zweiunddreißig beschriebenen Blättern bestehende und von ihm eigenhändig unterschriebene Klageschrift, worin die Thatsachen, worauf die Ehescheidung gegründet werde, umständlich artikulirt seien, nebst 101, buchstäblich: Einhundertein dazugehörigen Anlagen als in der Klage bezogene Beweisstücke, mit dem Antrage, ihm diese Ueberreichung der Klageschrift nebst deren Anlagen zu beurkunden, und ferner gemäß Artikel zweihundertsechsunddreißig und zweihundertsiebenunddreißig des Bürgerlichen Gesetzbuchs zu verfahren. Nachdem dem Herrn Comparenten der Inhalt der Klage im Wesentlichen vorgehalten und ihm dabei die geeignet scheinenden Bemerkungen gemacht worden, erklärte derselbe, daß er diesen Schritt reiflich überlegt habe, und bei seinem Antrage, der Klage, welcher er übrigens für jetzt nichts zuzusetzen habe, Fortgang zu geben, beharren müsse. Wir haben hierauf über diese vorstehend gedachte Uebergabe der Klage nebst deren Anlagen Act ertheilt, und die Klageschrift sowohl, als die Einhundertein Anlagen der Klageschrift auf jedem Blatte mit unserer Handschrift versehen.

2

Schließlich bemerkte Herr Kläger noch, daß er darauf antragen müsse, den nach Artikel zweihundertachtunddreißig des bürgerlichen Gesetzbuchs erforderlichen Sühne-Termin mit Rücksicht auf seine Theilnahme an dem vereinigten Landtage und die muthmaßliche Dauer desselben geräumig anzusetzen.

Zur Beurkundung alles dieses ist dieses Protocoll aufgenommen und nach geschehener Vorlesung von dem Herrn Kläger und uns unterschrieben.

gez. **E. G. Hatzfeld.**
gez. **Wilhelm von Voß**, Landgerichts-Präsident.

Ordonnanz.

In Gemäßheit vorstehender Verhandlung und nach Einsicht des Artikels zweihundertachtunddreißig des bürgerlichen Gesetzbuchs verordnen Wir Wilhelm von Voß, Präsident des Königlichen Landgerichts, daß sowohl der Herr Kläger als die Frau Verklagte am fünften Mai dieses Jahres, Vormittags eilf Uhr vor dem Unterzeichneten Behufs Versuchs einer Wieder-Aussöhnung in Person zu erscheinen haben, und wird der Gerichtsvollzieher Barths mit der Zustellung dieser Ordonnanz an die Verklagte beauftragt.

Düsseldorf, den vierten April achtzehnhundertsiebenundvierzig.

Wilhelm von Voß, Landgerichts-Präsident."

An den Präsidenten des Königlichen Landgerichts zu Düsseldorf Herrn Geheimen Ober-Justizrath von Voß, Hochwohlgeboren!

II. Klageschrift. Der Graf Edmund von Hatzfeld Weis- oder Kinsweiler, Standesherr zu Schönstein, Königlicher Kammerherr, zu Calcum wohnend, sieht sich in die nicht mehr abzuweisende Nothwendigkeit versetzt, gegen seine Gattin Sophia, geborne Gräfin von Hatzfeld-Schönstein, die Klage auf Ehescheidung zu erheben.

Wenn schon bald nach Eingehung der Ehe die Gräfin sich durch ihren Charakter und Wandel das Mißfallen und den Tadel ihrer nächsten Verwandten und sonst nahestehender Personen zuzog; — wenn sich die anfänglich einzelnen Verirrungen derselben schon in den nächsten Jahren zu einem fortgesetzten ehebrecherischen Treiben steigerten, und damit nothwendig auch bald in den Bereich der Offenkundigkeit gelangten; — wenn demnächst das Leben der Gräfin in ein kontinuirliches, jeder Sitte und besonders dem ehelichen Verhältniß Hohn sprechendes Herumvagiren in der Welt mit Rittern aller Art ausartete: — so ist dieselbe in der letzten Zeit mit einer Bosheit und Schamlosigkeit ohne Gränzen und ohne Beispiel und mit einer solchen systematischen Verfolgungssucht im Bunde mit den schlechtesten Menschen gegen den ohnehin schon so schwer gekränkten Gemahl aufgetreten, daß dadurch auch die letzte Schranke gebrochen erscheint, und der durch die unablässigen öffentlichen Verläumdungen der eigenen Gemahlin geschmähte und durch Helfershelfer an Leib und Leben bedrohte Gatte nicht länger säumen darf, ein nur vor dem Gesetz noch bestehendes, factisch durch das Leben der Gattin längst zerrissenes Band auch gesetzlich aufzulösen.

Die Ehe wurde geschlossen zu Allner, wo die Braut bei ihren Eltern wohnte, am neunten August achtzehnhundertzweiundzwanzig, nachdem vorher am nämlichen Tage vor Notar Strunck von Anlage 1. Honnef der unter Anlage Eins beiliegende Heirathsvertrag errichtet war. Die junge Gattin folgte nach dem Abschluß der Ehe ihrem Gemahl auf das Schloß Calcum bei Düsseldorf, wo er seinen Wohnsitz hatte. Drei Kinder stammen aus dieser Ehe: Erstens, Franz Edmund Herrmann Alfred, geboren am neunten April achtzehnhundertfünfundzwanzig; zweitens, Friederike Hubertine Marie Melanie, geboren am neunundzwanzigsten October achtzehnhundertachtundzwanzig und drittens, Melchior Hubert Paul Gustav, geboren am achten October achtzehnhunderteinunddreißig.

Schon die ersten Jahre der Ehe zeigten den Charakter der Gräfin in seinem wahrem Lichte: in ihm war der Keim zu jenen unheilbaren Zerwürfnissen enthalten, deren trauriges Bild uns die folgende Darstellung vor Augen führen soll. Eitel, leidenschaftlich, disputir- und zanksüchtig, heftig zum Exceß, herrsch- und genußsüchtig ohne Maaß, kränkte die junge Gräfin die damals noch lebende

Großmutter und Mutter des Grafen durch Unarten und Rücksichtslosigkeiten aller Art, ja durch förmliche Beleidigungen, besonders aber durch ihr freies leichtsinniges und ungebundenes Benehmen, und durch ihre Mißachtung, ja offene Verspottung jeder häuslichen Zucht und Tugend. Es dauerte nicht lange, so wurde schon der Umgang der Gräfin mit fremden Männern zum öffentlichen Aerger-
a.* niß der Bewohner von Calcum, insbesondere traf sie mit einem gewissen Herrn sehr häufig des Morgens früh im nahegelegenen Forstbusche zusammen und verkehrte dort mit demselben auf eine so rücksichtslose Weise, daß der verstorbene Pfarrer von Calcum, Fowinkel, sich noch später dieserhalb äußerte: „es sei ein Scandal für die Gemeinde gewesen, und sei er mehrmals in Versuchung gekommen, polizeiliche Abwehr dieses öffentlichen Aergernisses zu veranlassen.“

Im Jahre achtzehnhundertfünfundzwanzig kaufte der Graf das in der Nähe des Carlsplatzes gelegene Haus zu Düsseldorf und bezog solches mit seiner Gemahlin. Hier knüpfte die Letztere unter
b. Andern gegen Ende der zwanziger Jahre ein Verhältniß mit dem verstorbenen Grafen Rudolph von Nesselrode an, welcher viele Nächte mit der Gräfin in deren Bette zubrachte.

Im Jahre achtzehnhunderteinunddreißig erhielt sie dort ebenfalls von einem Engländer häufige
c. Besuche, selbst zur Nachtzeit. Eines Tages kam der Graf, als der Engländer grade bei der Gräfin war, unerwartet nach Hause; der Engländer wurde in einem Schrank versteckt gehalten, bis der
d. Graf wieder ausgegangen war. Eines andern Tages ging die Gräfin mit diesem Engländer aus dem Zimmer in den Saal, legte sich dort auf das Sopha und entblößte sich, der Engländer legte sich auf sie, und sie vollzogen den Beischlaf, was die Dienerschaft durch das Schlüsselloch wahrnahm.

e. Das ehebrecherische Treiben der Gräfin ging in jener Zeit mit einer solchen Schamlosigkeit vor sich, daß die Nachbarn es aus ihren Häusern bemerkten und die fleischlichen Vermischungen der Gräfin mit fremden Männern wahrnahmen.

Im Jahre achtzehnhunderteinunddreißig beginnt auch der mehrere Jahre hindurch fortgesetzte
f. ehebrecherische Umgang mit einem Holländer Westreenen. Dieser war fast immer im Hause, wenn der Graf nicht da war; er kam unter verschiedenen Gestalten und in verschiedenen Qualitäten: bald als gräflicher Verwalter, bald als Herr von Pahland, bald als ein Schneider u. s. w. Die Gräfin hatte sogar ihrer Haushälterin Carolina Büsgen Auftrag gegeben, ihm auch einen weiblichen Anzug zu machen, was jedoch nicht zur Ausführung kam. Wenn unerwartet der Graf kam, so wurde er in ein Zimmer versteckt, was auch mehrmals ganze Nächte hindurch der Fall war, wo er dann heimlich mit Speise und Trank versehen wurde. Als zu jener Zeit der Graf einmal auf acht Tage verreisete, schlug Westreenen für diese ganze Zeit förmlich seine Wohnung im Hause des Grafen auf, aß und trank mit der Gräfin zusammen und schlief Nachts bei ihr im Bette.

g. Wie tief damals die Gräfin schon gesunken war, geht daraus hervor, daß sie sogar Versuche machte, den damaligen Tafeldecker Schmelzer zur Befriedigung ihrer Wollust zu veranlassen. Zuerst gab sie ihm Geschenke, mehrmals zehn Thaler und mehr, dann ging sie eines Tages, als schon Alles zu Bette war, außer der Haushälterin Carolina Büsgen, im tiefsten Negligé in das dunkle Schlafzimmer des Schmelzer, welcher schon im Bette lag, bis dicht an dessen Bett; Schmelzer glaubte, es sei die Büsgen, fragte laut, was sie noch so spät wolle und hieß sie fortgehen; die Gräfin sagte hierauf, er solle doch still sein und das Maul halten; darüber kam aber die Büsgen, welche das laute Sprechen des Schmelzer gehört hatte, und die Gräfin mußte sich nun mit der Entschuldigung, sie habe dem Schmelzer etwas bestellen wollen, entfernen.

Den Sommer achtzehnhundertzweiunddreißig brachte sie in Aachen zu, und gründete sich hier
h. in kürzester Zeit einen Ruf, der noch immer in frischem Andenken der Aachener ist. Durch ihre unanständige Kleidung, durch ihr zügelloses Conversiren mit Männern erregte sie öffentliches und allgemeines Aergerniß. Sie logirte sich zur ebenen Erde und ließ des Nachts Männer durchs Fenster
i. in ihr Zimmer, unter Andern auch wieder den uns schon bekannten Westreenen.

Die voraufgeführten speciellen Thatsachen bilden natürlich nur einzelne Glieder in der Kette des Gesammtwandels der Gräfin; dem auf das Schwerste verletzten Gatten schien jedoch endlich das

(* Die am Rande befindlichen Buchstaben sollen anzeigen, daß die daneben im Text artikulirten Thatsachen durch Zeugen bewiesen werden sollen.)

Maaß gefüllt, und er ließ seiner Gemahlin die Ehescheidung ankündigen. Durch den Einfluß ihrer Verwandten und durch ihr eigenes feierliches, schriftlich beurkundetes Versprechen, sich zu bessern, suchte sie jedoch diesen Schritt abzuwenden. Und so entstand schon nach kaum vollendetem zehnten
Anlage 2. Jahre der Ehe die schriftliche Erklärung der beiden Ehegatten vom zweiundzwanzigsten October achtzehnhundertzweiunddreißig (Anlage 2), welches Actenstück mehr als lebendige Zeugen darthut, bis zu welchem Aeußersten damals schon die Sache gediehen war. Der Graf hält der Gräfin ihre Untugenden, wie die Urkunde zeigt, auf die schonendste Weise vor, und steht von der Scheidung unter der Bedingung ab, daß die Gräfin ihren Lebenswandel gründlich ändere und sich bessere; und sie, schuldbewußt und anscheinend reuevoll, gesteht die ihr vorgehaltenen Untugenden und Laster dadurch ein, daß sie die von ihrem Gemahl verlangte Besserung gelobt und sich allen gemachten Bedingungen für die Zukunft unterwirft. Sie bekennt sich hierdurch als eine zur Kinder-Erziehung unfähige Mutter, gottlose Tochter, ausschweifende Ehegattin und zanksüchtige und verschwenderische Frau, welche ihr Glück nur außerhalb des Familienlebens auf Reisen und bei fremden Männern sucht. Es heißt unter Andern in dieser Urkunde:

1. Die Erziehung der Kinder, welche mir (dem Vater) nach allen Gesetzen zusteht, muß mir ganz allein überlassen bleiben.
2. Die Gräfin Sophie wird auf Begehren, wenn ich es nöthig finde, jedesmal, **jeden Umgang mit irgend einer Person, wer sie auch sein mag**, ohne Weiteres gänzlich abbrechen, und darf die Ausrede: „Ich kann die Leute nicht verhindern zu mir zu kommen" nicht mehr Statt finden.... Auch fordere ich, daß gegen alle Leute, die ich in meinem Hause zu sehen für gut finde, von ihr ein anständiges Betragen und die sich ziemende Höflichkeit beobachtet wird.
3. Auf alles Reisen muß verzichtet werden.
4. Ist es, um den Hausfrieden nicht jeden Augenblick durch unangenehme Auftritte gestört zu sehen, unumgänglich nöthig, daß der gegen mich angenommene ewige Widerspruchsgeist abgelegt wird.
5. Statt meine Kinder **von mir**, so wie von meiner Mutter und Großmutter **abzuziehen**, wodurch ihnen gegen diese ihre heiligsten und natürlichen Pflichten eine gewisse verderbliche Gleichgültigkeit beigebracht wird, fordere ich von der Mutter, daß sie ihren Kindern gegen die ebengenannten Personen die ihnen gebührende Achtung, Liebe und Gehorsam einflößt.
6. Muß von Seiten der Gräfin Sophie ein anständiges und passendes Benehmen gegen meine Mutter und Großmutter angenommen werden.
7. Um alle fernern unangenehmen Auftritte in Betreff der Ausgaben zu vermeiden, bestimme ich rc.

„Ich, die Gräfin Sophie **von Hatzfeld** erkläre hierdurch, alle oben mir von meinem Eheherrn vorgelegten Bedingungen wohl erwogen und mich zu deren gänzlichen und heiligsten Befolgung freiwillig bekannt zu haben. Im Nichtbefolgungsfall ich mich dagegen bereit erkläre, mich freiwillig von meinem Gemahl, mit Zurücklassung meiner sämmtlichen Kinder und einem Jahrgehalt, welches als minimum auf dreitausend Thaler festgesetzt wird, zu trennen."

Was mußte nicht Alles vorhergegangen sein, ehe es zur Beurkundung solcher Erklärungen kam?

Inzwischen überlebte die erheuchelte Reue der Gräfin und der an Tag gelegte Vorsatz der
k. Besserung nicht einmal die galante Krankheit, welche sich als Frucht des ehebrecherischen Treibens zu Aachen eingestellt hatte, und welche unter Behandlung des Professors **Nasse** zu Bonn, wohin die Gräfin sich im Herbste des Jahres achtzehnhundertzweiunddreißig begab, geheilt wurde. Denn kaum kurirt und im Stande wieder zu sündigen, setzte sie zu Bonn, Godesberg und in der Umgegend wo sie bis zum Sommer achtzehnhundertdreiunddreißig verweilte, ihren Umgang mit Westreenen auf eine so skandalöse Weise fort, daß dem Grafen durch anonymes Schreiben vom 10. Mai achtzehn-
Anlage 3. hundertdreiunddreißig (Anlage 3) von Freundeshand angezeigt wurde, „daß das Betragen seiner Frau nicht zum Ansehen sei, die Bekanntschaft aus Aachen in Bonn fortgehe, und der Kerl (**Westreenen**) wohl schon wieder vierzehn Nächte bei seiner Frau geschlafen habe." — Aber, wie schon früher

verirrte sich die Neigung der Gräfin auch hier mitunter in niedrigere Regionen: so knüpfte sie in
m. Bonn mit einem Sattler, von welchem sie sich einen Gürtel hatte anmessen lassen, Bekanntschaft an; der Handwerker ging bald wie ein Herr gekleidet daher, stattete der Gräfin Besuche ab, und sie entblödete sich sogar nicht, mit demselben nächtliche Spaziergänge zu machen. Dies führte zu einem
n. kurzen Bruche mit Westreenen, welcher jedoch dadurch wieder ins Gleiche gebracht wurde, daß die Gräfin erklärte, sie wolle ihren Mann, den sie bei dieser Gelegenheit mit den gemeinsten Beschimpfungen überhäufte, verlassen, und ihn, Westreenen, heirathen. Aber die Versöhnung war nicht von Dauer, da die Zahl der Nebenbuhler, namentlich in der akademischen Mannschaft, sich auf eine nicht geahnte Weise vermehrte, so daß endlich der Getäuschte förmlich mit ihr brach, sie als das schändlichste, schlechteste Weib und als eine infame Hure ausschimpfte, und dabei äußerte, sie wäre werth, daß der Graf sie peitschen und zum Hause herausjagen ließe. Die Studenten fanden offene
o. Aufnahme bei der Gräfin und der Verkehr mit denselben erreichte einen solchen Grad der Offenkundigkeit und des Aergernisses, daß der akademische Senat einzuschreiten nöthig fand, und den Studirenden allen Umgang mit der Gräfin zu untersagen im Begriffe stand, als dieselbe Bonn eiligst verließ.

Jene Zeit liefert zugleich schon einen Beweis von dem ränkevollen Charakter der Gräfin und giebt uns einen Vorgeschmack von den spätern unerhörten Intriguen und Verfolgungen des gesunkenen Weibes gegen ihren Gemahl. Die Haushälterin Caroline Büsgen hatte Bekanntschaft mit dem Ta-
p. feldecker Schmelzer und sich mit ihm verlobt; die Gräfin suchte nun zu wiederholten Malen die Büsgen zu verleiten, den Schmelzer zu verlassen, und von dem Grafen die erdichtete Angabe zu machen, daß sie mit demselben in einem unerlaubten Verhältniß stehe, und von ihm gezwungen worden sei, den Beischlaf mit ihm zu vollziehen, welche Angabe dann durch einen notariellen Act beurkundet werden solle. Die Gräfin versprach der Büsgen eine Belohnung von fünfhundert Thalern, wenn sie eine solche Angabe auch nur unterschreiben wolle. Auch der Westreenen war hierbei behülflich und brachte zu dem Ende einmal ein beschriebenes Blatt Papier, welches die Büsgen unterschreiben sollte. Als diese aber fortwährend eine solche Zumuthung mit dem Bemerken, daß sie dann ja lügen müsse, von sich wies, zog sie sich dadurch den Zorn und nachhaltigen Haß der Gräfin zu, welcher nicht minder auf den Schmelzer übertragen wurde.

Inmittelst erweckten die Nachrichten von dem schlechten Lebenswandel der Gräfin und die Ueberzeugung, daß ein ferneres Zusammenleben bewandten Umständen nach nicht mehr möglich sei, in dem Grafen von Neuem die Absicht, das Band der Ehe zu trennen. Aber auch jetzt wieder wußte die Gräfin eine förmliche Ehescheidung, die außerdem bei den religiösen Grundsätzen ihrer Verwandten wenig Eingang fand, zu hintertreiben, und der Graf ließ sich bestimmen, es bei einer bloß factischen Trennung bewenden zu lassen. So kam denn durch die Vermittelung der Verwandten
Anlage 4. der Gräfin die freiwillige Scheidung vom $^{10}/_{18}$ Oktober achtzehnhundertdreiunddreißig (Anlage 4) zu Stande, bei welcher die ausgesprochene Hoffnung auf dereinstige bessere Verständigung, wie die Folge lehrt, im Munde der Gräfin nur eine leere Formel war, während sie sich in der That durch die stipulirte factische Trennung aller lästigen Fesseln entbunden erachtete und darin gewissermaßen einen Freibrief zu dem jetzt beginnenden herumschweifenden Leben erblickte.

Der nächste Aufenthaltsort der Gräfin nach jenem Vertrage ist Berlin, wo wir sie bald in
q. ehebrecherischer Verbindung mit einem Attaché bei der französischen Gesandschaft wiederfinden; und um dies leichter zu bewerkstelligen, verlegt sie ihr Schlafzimmer, welches zuerst im obern Stock, neben dem ihrer Kammerjungfer war, zu ebener Erde. Die damals fünfjährige Tochter Melanie sagte den Dienstboten, daß sie einen neuen Papa habe, und der in Düsseldorf ihr Papa nicht mehr sei, und sie gab auch direct ihrem neuen Papa in Gegenwart der Gräfin und der Dienstboten dieses Prädicat.

r. Zu jener Zeit war es auch, wo sie einmal Abends zu Fuß ihre Wohnung verließ, und die ganze Nacht auswärts verbrachte, ohne dafür ihren dortigen Verwandten, die sie deshalb zur Rede stellten, einen rechtfertigenden Grund angeben zu können. –

Dies und die übeln Gerüchte über den Umgang der Gräfin mit Männern, deren Besuche und öffentliche Begleitung sie annahm, ließen es den eigenen Schwager, General-Lieutenant Grafen von Nostitz dringend wünschen, daß doch die Gräfin Berlin verlasse. Dieselben Ansichten sprachen die

beiden andern Schwäger, die Herren von Loë und von Landsberg aus; des Erstern Schreiben
Anlage 5. an von Landsberg (Anlage 5) bestätigt zugleich die Eingangs gegebene Charakteristik, indem er
ihr „Leidenschaftlichkeit, Eitelkeit, übelverstandenen Stolz ꝛc. ꝛc. ꝛc." (ganz abgesehen von der Sittlichkeit) zur Last legt, und ihr durchaus unangemessenes Betragen nur erklärlich findet, bei einer
Frau, die sich schon unter den günstigsten Verhältnissen wie eine Unsinnige benommen habe.

Im Jahr achtzehnhundertvierunddreißig verließ die Gräfin Berlin und reiste nach Dresden,
s. wo jener Attaché im Hôtel de Saxe das Logis für sie bestellt hatte.

t. Von Dresden aus machten sie zusammen einen Ausflug nach Schandau in der sächsischen
Schweiz, wo sie acht Tage verweilten, nebeneinanderliegende und miteinander in Verbindung stehende
Zimmer bewohnten, und Spaziergänge in die Umgegend machten.

u. Von dort kehrte die Gräfin nach Dresden zurück und knüpfte eine neue Verbindung mit einem
Grafen Michalewsky an, und demnächst mit einem Engländer Herbert, worauf wir noch zurückkommen werden.

In dieser Zeit machte sich bereits die Ansicht der Verwandten geltend, daß die beiden jüngern Kinder nicht länger der Mutter anvertraut bleiben dürften, und die desfallsige Correspondenz mit den Verwandten führte zu der durch die gedachten Schwäger auf Grund des Paragraphen fünf des Vertrages vom $^{10}/_{18}$ October achtzehnhundertdreiunddreißig abgegebenen motivirten
Anlage 6. Erklärung vom $^{20}/_{27}$ September achtzehnhundertfünfunddreißig (Anlage 6), daß die Tochter Melanie
nicht länger bei der Mutter bleiben dürfe, vielmehr in einer von dem Grafen zu bestimmenden
Erziehungsanstalt ihre fernere Ausbildung erhalten solle. Der Graf wählte hierzu die unter der
Protection der Kaiserin stehende Erziehungsanstalt der Salesianerinnen zu Wien; die Gräfin wußte
aber der Realisirung dieses Beschlusses des Grafen fortwährend Hindernisse, deren Darstellung hier
übergangen werden mag, entgegenzusetzen, dergestalt, daß es noch im Jahre achtzehnhundertachtunddreißig wie wir später sehen werden, zu einer gerichtlichen Aufforderung kommen mußte.

v. Im Sommer achtzehnhundertsechsunddreißig war die Gräfin im Bade zu Ems; hier schloß
sich der Graf de la Roche-Bouchin, Adjutant des Herzogs von Lucca an sie an, in dessen Gesellschaft sie Schlangenbad und Wiesbaden besuchte, und diesen Umgang nicht einmal für die paar
Tage, welche ihr Sohn Alfred mit seinem Gouverneur Laurent zum Besuch bei ihr war, einstellte,
vielmehr ihren Freund zu den Partien, welche sie mit ihrem Sohne machte, mitnahm, und in Mainz
die Schamlosigkeit hatte, spät Abends das Souper auf ihr Schlafzimmer kommen zu lassen und dort
mit de la Roche-Bouchin allein zurückzubleiben, als ihr Sohn und dessen Erzieher um eilf Uhr
das Zimmer verließen.

In jener Zeit erhoben sich wieder Stimmen wohlmeinender Freunde, welche die Trennung von
einer so gesunkenen Frau, so wie die Entfernung der Kinder von ihr für unabweisliche Pflicht des
Grafen erklärten. Dies führte auf den Gedanken, einer freiwilligen gerichtlichen Scheidung;
Anlage 7. die desfallsigen Vorschläge (Anlage 7) nahm zwar die Gräfin am fünften Januar achtzehnhundert-
Anlage 8. siebenunddreißig unter gewissen Bedingungen an (Anlage Nro. 8), wiederrief dieselben aber bald
Anlage 9. nachher wieder (Anlage 9) unter dem erheuchelten und nichtigen Vorwand, daß die Ehescheidung eine
immerwährende Quelle des Unglücks für ihre Kinder sein würde. Sie erklärt sich dagegen in diesem
Schreiben bereit, „jeden Aufenthaltsort zu wählen, den ihr Gemahl ihr anweisen
werde, so wie überhaupt sich streng an die Lebensweise zu binden, welche er
ihr vorschreiben werde."

Wie sie auch dieses Versprechen gehalten, beweist der Umstand, daß sie sich bald wieder auf
Reisen begab, um ihr früheres Leben fortzusetzen. Eine Krankheit, die sie mit ärztlichen Zeugnissen
belegte, diente ihr zum Vorwand, einen Theil des Jahres achtzehnhundertsiebenunddreißig in Italien
w. zuzubringen, wo sie dann unter Andern in Genua den Umgang mit ihrem früheren Bekannten, dem
Engländer Herbert, auf eine höchst anstößige Weise fortsetzte, und durch gar zu übermäßige
Zumuthungen denselben veranlaßte, das Weite zu suchen.

Der Graf erhielt inzwischen von dem Bruder der Gräfin, dem Herren Fürsten von Hatzfeld
die Zusage einer Intervention. Letzterer erklärt in dem desfallsigen Schreiben vom dreiundzwanzigsten
Anlage 10. August achtzehnhundertsiebenunddreißig (Anlage 10) er wolle darauf Bedacht nehmen, daß der Gräfin

der Weg offen bleibe, falls sie vernünftig werde, künftig mit Anstand in der Welt leben zu können. Doch auch dieser brüderliche Versuch scheiterte bei der Schwester und konnte den Fürsten nur in seiner in dem Schreiben vom zweiundzwanzigsten December achtzehnhundertsiebenunddreißig
Anlage 11. (Anlage 11) niedergelegten Ansicht bestärken, daß nur eine mit beiderseitiger Einwilligung zu bewerkstelligende Scheidung zu einem guten Ziele führen könne, daß aber, da die Ausführung dieser Ansicht unmöglich sei, zur Beseitigung des Skandals die Gräfin in Trachenberg unter seiner Aufsicht leben müsse, die Comtesse Melanie in einer Erziehunganstalt unterzubringen und Paul unter die Aufsicht eines Gouverneurs zu stellen sei.

Um ihren Bruder von solchen Ansichten abzubringen, ging die Gräfin zu demselben nach Trachenberg, und hier ist es, wo sich ein Ereigniß zutrug, welches einen neuen tiefen Blick in die verderbte Seele der Gräfin gewährt, und jeden, selbst den gesunkenen Menschen, mit Abscheu und Schauder erfüllen muß.

x. Der siebenjährige Sohn Paul, welcher aller Verträge und aller Gutachten der eigenen Verwandten ungeachtet nicht von der Gräfin zu entfernen gewesen war, befindet sich mit der Fürstin und ihrem Töchterchen im Zimmer und spielt mit einer großen Puppe; auf einmal hebt er der Puppe das Kleid auf, fühlt ihr zwischen die Beine, und küßt sie auf die Stelle der Schamtheile. Die Fürstin entsetzt sich und verweist dem Knaben mit Strenge sein Beginnen, worauf dieser erwidert: „wenn Dir das nicht gefällt, so thue ich es Dir selbst!" und auf die Frage, wo er dergleichen gelernt habe, hinzusetzt: „von Herbert, der macht es der Mama ebenso." — Der Kammerherr von Poser kam über dieser Scene ins Zimmer und theilte sie in gerechter Entrüstung dem Erzieher des Paul, Lehrer Laurent, so wie dem Kammer-Präsidenten Schramm zu Düsseldorf mit, wie
Anlage 12. dies die beiden Schreiben des bereits verstorbenen von Poser, vom neunten April achtzehnhundertachtunddreißig andeuten. Auch die Fürstin selbst theilte den schauderhaften Vorfall sofort dem Lehrer und Erzieher Laurent mit, und erklärte auf die Frage, ob er davon Gebrauch machen dürfe: „Allerdings, darum sage ich es Ihnen, und ich würde es selbst sagen, wenn es mir nicht zu delicat wäre, werde es übrigens jederzeit wahr halten."

y. Bei der nämlichen Gelegenheit sagte die Fürstin zu Laurent: „sie würde um Alles in der Welt ihr Töchterchen nicht mit Paul allein im Zimmer lassen; Paul habe ihr erzählt, die Mama habe oft geglaubt, daß er geschlafen habe, wenn er hinter dem Schirm gelegen, aber dann habe er gewacht und sie belauscht."

So war es also klar, daß die Kinder sogar Zeugen der Frevel ihrer entsittlichten Mutter waren, und daß das Gift der Begierde, wovon die gesunkene Frau erfüllt war, schon das zarte Gemüth des eigenen Knaben angesteckt hatte.

Dem Vaterherzen versetzte die Kunde von jenem empörenden Ereigniß eine unheilbare Wunde; nachdem er sich von der ersten Bestürzung erholt hatte, convocirte er ein Consilium rechtskundiger Männer, denen er die Lage der Sache mittheilte und die Frage vorlegte: wie der Knabe auf die schnellste zulässige Weise aus der verderblichen Nähe der Mutter entfernt und unter seine väterliche Gewalt zurückgebracht werden könne. Aus rechtlichen Gründen, deren Relation hier überflüssig sein würde, rieth das Consilium dem Grafen, der noch in seinen Diensten stehenden Wärterin die sofortige Rückkehr mit dem Kinde ins eheliche Domizil befehlen, und nöthigenfalls das Kind in Besitz nehmen zu lassen, wo er es finde. Der Graf übertrug dieses Geschäft dem Polizeirath Wachter unter Beihülfe des Verwalters Höller; wie rücksichtsvoll und schonend dabei zu Werke gegangen, ist seiner Zeit an einer andern Stelle ausgeführt worden, und die provocirte Untersuchung der vorgesetzten Dienstbehörde des Wachter hat die Handlung selbst vollkommen gerechtfertigt, indem das Oberlandesgericht zu Arnsberg in seinem Urtheile vom siebenundzwanzigsten September achtzehnhundertneununddreißig solche nicht allein für nicht strafbar, und auch nicht einmal für ungeziemend, vielmehr für ganz erlaubt und gerechtfertigt erklärt. Der Graf hat daher auch noch gegenwärtig nur zu bedauern, daß wirklich Rücksichten und Schonungen gebraucht, dadurch der Erfolg vereitelt und das Kind im Besitz der Gräfin belassen worden.

Ein wiederholter Versuch der durch die obige Uebereinkunft vom $^{10}/_{18}$ October achtzehnhundertdreiunddreißig bezeichneten Verwandten, nämlich der Schwäger Max von Loë und von Landsberg

Anlage 13. die unglücklichen Verhältnisse außergerichtlich zu ordnen (Anlage 13) scheiterte an den Gesinnungen
Anlage 14. der Gräfin ebenso wie die Bemühungen des Fürsten, welcher, nachdem er sich in der Anlage 14 abermals über die Nothwendigkeit einer freiwilligen gerichtlichen Scheidung ausgesprochen hatte,
Anlage 15. unterm einunddreißigsten März achtzehnhundertachtunddreißig (Anlage 15) an den Grafen schreibt:

„Ich kann nicht anders, ich muß es anerkennen, daß Du Dir seit Jahren die größte Mühe gegeben hast, diese Sache auf friedlichem Wege auszugleichen; Deine Bemühungen die ich mit redlichem Willen nach Kräften unterstützte, sind fruchtlos gewesen, und eine längere Geduld kann Dir Niemand zumuthen. Auch meines Erachtens bleibt Dir daher jetzt nichts übrig, als Sophie auf gerichtlichem Wege zur Rückkehr in Dein gesetzliches Domizil aufzufordern. — Noch wage ich es zu hoffen, daß Sophie zur Besinnung kommt, sollte aber auch dieses noch nicht vermögen, sie aus ihrem unglücklichen Wahne zu reißen, dann allerdings bleibt Dir nur der förmliche Ehescheidungsprozeß übrig."

Hierauf stellte der Graf am neunundzwanzigsten April achtzehnhundertachtunddreißig bei dem Justiz-Senate zu Ehrenbreitstein eine Klage auf Rückkehr ins eheliche Domizil und Rückgabe der Kinder unter die väterliche Gewalt gegen seine Gemahlin an. Gleichzeitig ließ er den Herrn
Anlage 16. von Landsberg laut Anlage 16 auffordern, die bei ihm befindliche Tochter Melanie der väterlichen Gewalt zurückzugeben, welches letztere dann auch nach vielen Intriguen und Protestationen der Gräfin zu Ende des Jahres achtzehnhundertachtunddreißig erfolgte, und mit der Unterbringung in der Erziehungsanstalt der Salesianerinnen zu Wien endigte, nachdem die eigene Schwester der
Anlage 17. Gräfin in der Anlage 17 erklärt hatte, daß es besser sei, daß das Kind nicht in die Hände der Mutter falle. Dagegen wußte die Gräfin jener Klage beim Justiz-Senat durch Erheuchelung versöhnlicher und reumüthiger Gesinnungen und dadurch herbeigeführte neue Vergleichsunterhandlungen den Fortgang zu benehmen.

Es würde nur ermüden, in das Detail dieser längere Zeit hindurch fortgesetzten Vergleichsunterhandlungen einzugehen; genug, sie scheiterten wie die früheren, an den unverbesserlichen Gesinnungen der Gräfin.

Inmitten dieser Vergleichsunterhandlungen und der von der Gräfin ostentirten versöhnlichen Gesinnungen, tritt uns nun ein Vorfall entgegen, der ein würdiges Vorspiel zu den jüngsten Ereignissen in der Rheinprovinz bildet.

Die Gräfin hatte bei ihrem herumziehenden Leben und den damit nothwendig verknüpften bedeutenden Ausgaben fortwährend Schulden contrahirt, deren Bezahlung der Graf endlich im Jahre achtzehnhundertachtunddreißig um so mehr versagen zu müssen glaubte, als man hoffen konnte, dadurch die Gräfin einigermaßen zur Besinnung zu bringen, ihrem maßlos verschwenderischen Treiben Einhalt zu thun und sie zu einer geordneteren Lebensweise zu zwingen. Der Erfolg lehrte jedoch, daß auch von dieser Seite nichts zu erringen war, daß es vielmehr der Gräfin und ihren Rittern einestheils nicht an Erfindungsgabe hinsichtlich der Mittel zu ihren Zwecken fehlte, und daß ihnen anderntheils auch die schlechtesten Mittel nicht zu schlecht waren, wenn sie nur zum Ziele führen konnten.

Am zweiundzwanzigsten October achtzehnhundertachtunddreißig zeigte ein Gläubiger der Gräfin A. Haldenwang (et Closen) in Baden dem Grafen an, daß er für seine Forderung an die Gräfin von fünftausendzweihundertund ein Thaler sechs Sgroschen einen Garanten gefunden habe, der sich zur Zahlung dieser Schuld ihm, Haldenwang, gegenüber verpflichtet habe, falls der Graf nicht innerhalb vierzehn Tagen zahlen werde; daß er es übernommen habe, diese Anzeige dem Grafen zu machen, und daß nach nutzlos verstrichenen vierzehn Tagen der Garant sich direkt an den Grafen
Anlage 18. wenden werde (Anlage 18). Schon am dritten November achtzehnhundertachtunddreißig meldet sich dieser Bürge dem Grafen direct als Comte de Corberon, verlangt:

de lui faire de suite rembourser cette somme (5123 écus de Prusse)

und drückt die Hoffnung aus:

de ne lui mettre pas dans l'obligation d'aller lui même chercher une réponse etc.

Dann schließt er damit zu sagen, daß es auffallen könne, daß er sich in eine Sache mische, die ihn nichts angehe, und das habe auch seine Richtigkeit, si d'un autre coté il n'était pas du devoir de tout homme de cœur de venir au secours d'une femme qui ne peut rien parelle même etc.

Mit diesem Schreiben hatte sich der durch den Grafen bereits ertheilte Auftrag, die Schuld der Gräfin zu bezahlen, gekreuzt, und so war diese Angelegenheit, in die sich der Graf Corberon als homme de cœur unbefugter Weise gemischt hatte, geordnet. Nichtsdestoweniger geht bald darauf
Anlage 20. von demselben Corberon ein Schreiben vom achten Januar achtzehnhundertneununddreißig aus Baden ein, dem er Copie eines Briefes von einem gewissen Gilbert Wingens beischließt, und der Inhalt dieses übrigens unverfänglichen Briefes soll nun dazu benutzt werden, zu beweisen, daß er,
Anlage 21. der Kämpe der Gräfin, beleidigt worden sei, und das Recht habe, Aufklärung und Genugthuung zu verlangen. Die Erläuterung, welche ihm darauf zu Theil wird, veranlaßt eine zweideutige Antwort
Anlage 22. vom siebenzehnten Januar achtzehnhundertneununddreißig, worin er versichert, qu'il n'a jamais eu l'idée de chercher une injuste querelle, et qu'il était tout disposé à oublier cette offense etc. pourvu, heißt es, que le sort de celle qui me l'a involontairement attirée, s'en améliore etc.

Er bleibt also immer der Verfechter der Angelegenheiten der Gräfin.

Diese verläßt indeß Baden und im Sommer desselben Jahres finden wir sie in Schlangenbad,
z. von wo aus sie nach Wien reist. Unterwegs hinter Hirschberg, gesellte sich unser homme de cœur zu ihr, machte mit ihr in Einem Wagen die Reise nach Wien, aß und trank unterweges mit ihr zusammen, logirte in Zimmern, welche neben den ihrigen lagen und durch Thüren damit verbunden waren. In Wien selbst war er längere Zeit fast immer bei der Gräfin, früh und spät, blieb ganze Nächte bei ihr, und wurde, wenn andere Besuche kamen, bald im Schlafzimmer der Gräfin, bald in dem des Sohnes Paul und bald in jenem der Kammerjungfer versteckt.

Von Wien aus ließ nun die Gräfin am dreißigsten December achtzehnhundertneununddreißig einen neuen Wechsel, im Betrage von dreitausend Thalern, indossirt durch das nämliche Haus in Baden (Haldenwang & Closen), welches auch das frühere Wechselgeschäft betrieben hatte, auf den Grafen abgeben, und diesem Wechsel waren nicht unterschriebene Propositionen zu einem Arrangement
Anlage 23. beigefügt, die nach der Adresse Corberon befördert hatte. (Anlage 23). Aber damit noch nicht
Anl. 24—25. genug. Derselbe Mensch nimmt in zweien Schreiben an den Grafen aus Dresden vom achtundzwanzigsten Januar und vierten März achtzehnhundertvierzig die Geschichte vom vorigen Jahre wieder auf, mit dem kathegorischen Verlangen, das Glück der Gräfin wieder herzustellen, und mit der Drohung:

qu'il lui fallait cette fois du noir sur du blanc, une chose sûre, irrévocable enfin, ou — du sang.

Er verlangt courrier par courrier eine entscheidende Antwort oder die Einwilligung zu einem Rendez-vous à main armée und sucht, wenn diese nicht anlange, mit Verfolgung in der Augsburger Allgemeinen Zeitung und allen gelesenen Blättern Englands, Frankreichs und Deutschlands ꝛc. ꝛc. zu erschrecken. Dieselben Drohungen und Anmaßungen werden in dem letzten Schreiben vom vierten März achtzehnhundertvierzig wiederholt, worauf der Graf diesem offenbar durch die eigene Gattin gegen ihn aufgestachelten Buhlen und Helfershelfer antwortet, daß er sich auf keine weiteren Verhandlungen einlassen und jede Mittheilung unbeantwortet lassen werde, da er Niemanden das Recht
Anlage 26. einräume, sich in Angelegenheiten zu mischen, die ihn allein beträfen. (Anlage 26).

Die Schreiben des Bruders der Gräfin, Fürsten von Hatzfeld, vom dritten December achtzehnhundertneununddreißig, fünfundzwanzigsten Januar und fünfzehnten Februar achtzehnhundertvierzig, so wie jene ihrer Schwäger von Schreckenstein und von Loë vom siebenzehnten Januar,
Anl. 27—34. neunten Februar und dreizehnten April achtzehnhundertvierzig (Anlage 27—34) liefern den Beweis, wie die eigene Familie der Gräfin dem Grafen mit Rath und That gegen ihre unwürdigen Intriguen beisteht. In dem ersten Briefe des Fürsten an den Grafen heißt es:

„Ich bitte Dich inständigst, Dich nicht von Aventuriers plagen zu lassen, sondern dergleichen Messieurs ganz einfach der Polizei zu übergeben."

In jenem vom fünfundzwanzigsten Januar achtzehnhundertvierzig sagt der Fürst:

„Meine Verhandlungen mit Sophie haben bis jetzt nun wieder das Resultat, daß sie eigensinnig wie immer, auf ihrem Willen besteht. Das einzige, worum ich Dich bitte, ist, daß Du Dich nicht etwa mit einem losgeschossenen Aventurier einläßt, sondern einen solchen an die Brüder Deiner Frau weisest, die allein berufen sind, ihre Sache zu führen,"

und endlich heißt es in jenem vom fünfzehnten Februar achtzehnhundertvierzig:

„Die Sache mit Sophie nimmt eine ganz üble Wendung; diese beklagenswerthe Frau ist dem Wahnsinne nahe; den arglistigen Umtrieben gefährlicher Aventuriers Preis gegeben, hat sie den Kopf ganz verloren. Dich kann ich nur bitten, fest zu bleiben, nicht nachzugeben, und Dich mit keinem Aventurier auf Ehrensachen einzulassen."

In gleichem Sinne sprechen sich der Oberst von Schreckenstein und der Freiherr Max von Loë in den angezogenen Schreiben über die vom Grafen zu beobachtende Stellung aus.

Das einfache Resultat, welches sich aus jener Geschichte jedem Unbefangenen aufdrängt, und welches auch von Mitgliedern der Familie selbst, wie wir sehen werden, ausgesprochen worden, ist dieses, daß die verirrte Frau von Stufe zu Stufe heruntergesunken, und schon zu jener Zeit dahin gelangt war, daß es ihr nicht darauf ankam, selbst über die Leiche ihres Gemahls in den Besitz und Genuß seines Vermögens zu gelangen.

Uebrigens war Corberon keineswegs der einzige Buhle der Gräfin in Wien; schon gleichzeitig mit ihm erhielt sie Besuche von mehrern Männern, in deren Einzelnheiten wir hier unmöglich eingehen können, da schon allein die größern Züge des darzustellenden Bildes so viel Raum und
aa. Zeitaufwand erfordern. Als Corberon, den wir im Januar achtzehnhundertvierzig schon in Dresden getroffen haben, Wien verließ, nahm sofort der Chevalier Linzoni, Gesandtschaftsträger von Toscana, dessen Stelle ein, welcher nur selten bei Tage, sondern gewöhnlich erst Abends um eilf bis zwölf Uhr
bb. kam, und dann bis zum Morgen bei der Gräfin blieb. Die Dienerschaft hatte Auftrag, den Linzoni, wenn bei dessen Ankunft noch anderer Besuch bei der Gräfin war, in deren Schlafzimmer einzulassen. Wenn er nicht von selbst kam, so ließ die Gräfin ihn noch Abends spät und häufig selbst in der Nacht rufen. Gleichzeitig hatte die Gräfin ehebrecherischen Umgang mit zweien jungen Fürsten zu Wien.

cc. Eines Abends kommt nach dem Theater zuerst der Eine von ihnen, welcher eine Stunde bei der Gräfin im Schlafzimmer zubringt, und sich dann entfernt. Die Gräfin zieht ein anderes Hemd an, da das abgelegte von dem Besuch des jungen Mannes ganz beschmutzt ist. Hierauf kommt der Andere und bleibt ebenfalls eine Stunde bei der Gräfin, worauf das frischangelegte Hemd in gleicher Weise beschmutzt ist, und wieder durch ein frisches ersetzt werden muß. Es war inmittelst ein Uhr geworden, — aber unersättlich giebt sie auch noch ihrem Diener den Auftrag, den Chevalier Linzoni zu rufen. Diesem ist es zu spät, und er schickt den Diener mit einer ablehnenden Antwort zurück; die Gräfin läßt aber nicht nach; der Diener muß zum zweitenmale gehen und den Widerstrebenden Sträubens ungeachtet herbeiholen. Linzoni kommt denn nun auch, und bleibt bei der Gräfin bis zum andern Morgen. Dies war doch selbst der Dienerschaft zu arg: sie sprach sich untereinander höchst tadelnd darüber aus, daß so etwas gewiß bei Huren nur selten vorkomme.

Auch dem Einen jener jungen Fürsten wurden zuweilen die Zumuthungen der Gräfin zu arg,
dd. und sie mußte dann die Demüthigung erleben, solche zurückgewiesen zu sehen. Eines Abends erwartet sie ihn um eilf Uhr; da er nicht kommt, so muß der Diener ihn rufen; er läßt sich entschuldigen, was aber nur die Folge hat, daß sie den Diener zum zweitenmale, und zwar diesmal mit einem Billet, zu demselben hinschickt, der sich jedoch wieder entschuldigen läßt, und für eine Zeit lang weiteren Zudringlichkeiten durch eine Reise ausweicht.

Inzwischen hatte die nach Obigem wahrhaft gefährliche Gestaltung der Verhältnisse den Grafen zu neuen Verhandlungen mit den Verwandten der Gräfin veranlaßt, und die Folge davon war eine
Anlage 35. neue Familen-Conferenz zu Calcum, in welcher die sub Anlage 35 beiliegenden Beschlüsse vom sechszehnten und siebenzehnten Juni achtzehnhundertvierzig zur Regulirung der unglücklichen Verhältnisse dahin gefaßt wurden, daß die Schulden zu Wien bezahlt und die Gräfin unter angemessenen Präjudizien zur Rückkehr ins eheliche Domizil aufgefordert werden solle. Der Oberst von Schrecken-
Anlage 36. stein theilte der Gräfin diese Vorschläge im Juli achtzehnhundertvierzig zu Wien in Gegenwart des Grafen von Malzahn mit, und sie versprach auch, ihren Bedarf an Geld in kürzester Frist nachzuweisen, und die Abreise so zu beschleunigen, daß sie nach Verlauf von zehn Tagen Wien verlassen und sich direct nach Calcum begeben könne. Nachdem aber die Schulden mit sechstausendfünfhundertachtundsiebenzig Thalern bezahlt waren, kehrte sie nicht direct in die Wohnung ihres Gemahls zurück, sondern ging zunächst nach Baden und traf erst im September achtzehnhundertvierzig zu Calcum ein.

Welcher Ernst es ihr überhaupt mit einer wahren Wiedervereinigung mit ihrem Gemahl war, geht schlagend daraus hervor, daß sie schamlos genug war, einen ihrer Wiener Buhlen mit nach Düsseldorf zu nehmen, und den ehebrecherischen Umgang mit demselben unterwegs und in Düsseldorf un-
ee. unterbrochen fortzusetzen. In der Nacht vom neunundzwanzigsten auf den dreißigsten Juli achtzehnhundertvierzig reis'te die Gräfin in Begleitung desselben von Wien ab, sie fuhren auf der Reise in Einem Wagen, und logirten zusammen in anstoßenden Zimmern; in Düsseldorf logirte der Reisegefährte im
ff. Breidenbacher Hofe und hatte Rendez-vous mit der Gräfin auf einem Zimmer im obern Stock bei dem Kaufmann Tyrell auf der Bolkerstraße, wo die Gräfin auch Besuche von mehreren andern Männern empfing, während sie in Calcum war.

Ueber das bisherige Treiben der Gräfin gaben auch zehn verschiedene Briefe, welche sie aus
Anl. 37—46. Versehen in Calcum zurückgelassen, neuen Aufschluß (Anlage 37—46).

Vier dieser Schreiben vom zweiten August, zweiundzwanzigsten und fünfundzwanzigsten Sep-
Anl. 37—40. tember und ersten October achtzehnhundertvierzig verrathen die engste Verbindung mit einem fremden Manne, der sie in dem ersten Briefe an eine Störung in einem glücklichen Momente um Mitternacht
Anlage 41. erinnert. Der Brief d. d. Stadt Steier den eilften October achtzehnhundertvierzig beweis't die für ihren Gemahl so gefahrdrohende Verbindung mit Subjecten, die zu jedem Aeußersten fähig sind. Am Schluß dieses Schreibens heißt es:

Vertrauen Sie auf die unwandelbare Banditen-Ergebenheit eines ehemaligen Factioso.

Und im Context des Schreibens stoßen wir auf folgende Stelle:

„Im Dulden und Schweigen, im Tragen und Bücken zeigt sich die Kraft mehr, als im Ausbruch derselben. Auf diese Art bereitet man den Augenblick des Handelns vor. Il faut du silence pour l'énergie d'une conception! — Der gefährliche Feind, der Indianer und Araber, ist schweigsam und still; der gute Jäger schleicht Schritt für Schritt — dafür aber trifft seine Kugel.

Endlich wird ihr sogar in dem Schreiben de dato Paris den achtzehnten Oktober achtzehnhun-
Anlage 46. dertvierzig von einem Kuppler, Anielsky, eine Summe von einmalhunderttausend Francs geboten, wenn sie Concubine in Italien werden will. Man traut wirklich seinen Augen nicht, — aber es steht buchstäblich da:

„Madame la comtesse. — Je suis chargé d'une commission importante près de vous, et qui pourrait vous valoir une centaine de Mille francs. Voudriez vous aller en Italie habiter avec quelqu'un? Veuillez me répondre sans retard et me donner votre adresse pour que mes lettres ne parviennent qu'à vous seule."

So war sie also in den Augen der Welt schon zur öffentlichen Person heruntergesunken, die man als Maitresse zu dingen wagen durfte.

gg. In Calcum setzte die Gräfin den in Uebereinstimmung mit der Familie getroffenen Anordnungen, die dahin zielten, mit Entschiedenheit einen vorgezeichneten, auf den Gesetzen des Anstandes und der Sitte basirten Lebensplan festzuhalten, den trotzigsten Widerstand entgegen, verhöhnte oder versuchte die Diener des Grafen, die ihr gegenüber nur eine traurige Pflicht erfüllten, empfing Besuche von Männern, und machte Besuche bei solchen in Düsseldorf und anderwärts, trat den Wünschen des Grafen in allen Punkten entgegen, und wandelte wieder ganz und gar ihren eigenen Weg. Und dabei klagte sie über Mißachtung, schlechte Behandlung, und liebte es besonders, Andern gegenüber die Gefangene zu spielen, und ihren Aufenthalt zu Calcum als den Zustand einer wirklichen Gefangenschaft zu schildern. Dies wurde für die Mitglieder ihrer Familie die Veranlassung, persönlich in Calcum zu erscheinen, um sich vom Gegentheil zu überzeugen. Der Inhalt des Schreibens des
Anlage 47. Obersten von Schreckenstein vom sechsten Januar achtzehnhunderteinundvierzig (Anlage 47) deutet die Gesinnungen der Gräfin und das Urtheil der Familie über ihre Klagen an:

„Es war, sagt er, eines Theils (von Seiten der Gräfin) darauf abgesehen, den Zustand in Calcum so unhaltbar als möglich zu machen, und jetzt kam es besonders darauf an, uns Alle und besonders Max zu überzeugen, daß eine Veränderung des Aufenthalts,

Arrangements ꝛc. durchaus nothwendig sei; anderntheils stimmte es mit diesem Plane überein, sich als eine Verfolgte, Gefangene, in den Augen der Welt darzustellen ꝛc. ꝛc. . . . . .

Obgleich nach meiner gewissenhaften Ueberzeugung nur durch konsequentes Beharren auf dem einmal eingeschlagenen Wege dem Uebel gesteuert werden kann, so scheint es mir doch Pflicht so zu verfahren, daß der Hang zu thörichtem Widerstand keine Nahrung findet, und es wird also hauptsächlich darauf ankommen, der unglücklichen Verirrten den Weg der Rückkehr zu bahnen ꝛc. ꝛc."

Noch ein helleres Licht über den Charakter der Gräfin verbreitet das Separat-Votum des
Anlage 48. Freiherrn Max von Loë vom vierten Februar achtzehnhunderteinundvierzig (Anlage 48), welches derselbe nach der Zusammenkunft mit dem Grafen Max von Hatzfeld, Bruder der Gräfin, und dem Freiherrn von Landsberg abzugeben sich bewogen fand, so wie sein an die Gräfin selbst
Anlage 49. gerichtetes Schreiben vom sechszehnten Februar achtzehnhunderteinundvierzig (Anlage 49).

„Nachdem die Frau Gräfin Sophie von Hatzfeld," so beginnt jenes Votum, „durch ihre seit mehrern Jahren befolgte Lebensweise einen Grad von Verkehrtheit und Mißachtung aller ihr obliegenden Pflichten öffentlich an den Tag gelegt hatte, der — wenn nicht als eine Geistesverwirrung, jedenfalls als die beklagenswertheste Verirrung aller Begriffe über Religion, Sittlichkeit und Ehre von allen denjenigen betrachtet werden müssen, denen jene Begriffe als die Grundlage aller häuslichen und öffentlichen Ordnung gelten, und namentlich im Laufe des vergangenen Jahres eine Reihe von ihr ausgehenden Handlungen bis zur Evidenz dargethan hatten, daß sie auf der von ihr eingeschlagenen Bahn ihrem gänzlichen Untergange mit schnellen Schritten zueile, und überdies die durch diese Angelegenheit schon vielfach berührte Ehre der Familie in stets wachsendem Maaße bedrohe, da erkannten sämmtliche Mitglieder der Familie, daß es hoch an der Zeit sei, jenem Unwesen durch kräftiges, konsequentes und in allen Beziehungen übereinstimmendes Zusammenwirken ein Ziel zu setzen ꝛc. ꝛc. Und es fährt der Freiherr von Loë im Verlaufe des Votums die Unzufriedenheit der Gräfin berührend, fort, daß dieser, nach seiner Ansicht, mit der einfachen Antwort zu begegnen wäre, wie eine Frau, die Jahre lang in unerlaubten Verbindungen gelebt, die sich an fremdem Eigenthum vergriffen, und sogar ihrem Gemahl durch ihre Helfershelfer nach dem Leben getrachtet, nur Gott und ihrem Gemahl täglich zu danken habe, daß sie trotz allen diesen schrecklichen Vergehungen bei Letzterem Verzeihung für die Vergangenheit und eine ihren Stand und ihr Verhältniß zu ihren Kindern berücksichtigende Aufnahme und Behandlung gefunden, und bei ihren mit jenen Thatsachen genau bekannten Verwandten eine Berücksichtigung ihrer unvernünftigen gewissenlosen Klagen um so weniger erwarten dürfe, als es offenkundig in ihrer Macht liege, durch Beseitigung ihres bisherigen störrigen, rücksichtslosen Benehmens einen bessern Zustand der Dinge herbeizuführen."

Und in gleichem Sinne schreibt der Freiherr Max von Loë, dieser Mann von der anerkanntesten Ehrenhaftigkeit in Wort und Gesinnung an seine Schwägerin selbst:

„Nachdem Sie nunmehr den äußersten Rand des Abgrundes, an dem Sie sich befinden, betreten haben, glaube ich, trotz der geringen Aussicht auf Gehör, nochmals einige Worte wohlgemeinten Raths an Sie richten zu müssen,"

und indem er nun in seinen Vorstellungen fortfährt, spricht er sich unter andern dahin aus:

„Daß Sie bei einer gerichtlichen Klage, wo auch immer dieselbe anhängig gemacht wird, unterliegen werden, kann Niemand bezweifeln, dem es bekannt ist, daß ein Dritter auf Ihre Veranlassung das Leben ihres Gemahls mit persönlichen Angriffen bedroht hat, und daß hierüber, so wie über Ihre Mitwirkung die vollständigsten, von Ihren eigenen Verwandten actenmäßig anerkannten Beweise vorliegen ꝛc. ꝛc."

Alle diese Vorstellungen fruchteten indeß nichts; die Gräfin, welche ihrem Gatten auf kurze Zeit nach Schönstein folgte, erreichte ihren immer verfolgten Zweck, getrennt von ihm und frei von allem Zwange in der Welt leben zu können, durch einen neuen Vertrag, der am fünften Juli achtzehnhunderteinundvierzig zu Altenkirchen durch den Fürsten von Hatzfeld im Namen seiner Schwester

unter Mitwirkung des Bruders Max von Hatzfeld und der beiden Schwäger von Landsberg
Anlage 50. und von Schreckenstein mit dem Grafen von Hatzfeld abgeschlossen wurde. (Anlage 50.)

Dieser Vertrag, welcher dem Grafen das ihm ohnedies zustehende Recht der Erziehung seiner Kinder sichert, gewährt der Gräfin eine jährliche Rente von achttausend Thalern, die der Graf zu ihrem standesmäßigen Unterhalte bewilligt. Der Fürst von Hatzfeld übernimmt darin mit der Leitung der Geldangelegenheiten seiner Schwester zugleich allein die Controlle über die Art und Weise wie die Gräfin die ihr bewilligten Geldmittel anwendet, und derselbe soll nach seinem Ermessen das ihm zugestandene Recht der Controlle benutzen, um Unheil, Streitigkeiten und thörichte Unternehmungen zu verhüten &c. &c.

Leider aber diente auch diese Uebereinkunft, wodurch der Gräfin eine so bedeutende Jahresrente ausgeworfen war, nur dazu, die ihr gemachten Verwilligungen zu ihren schlechten Plänen zu mißbrauchen, und allen Anordnungen des Grafen hinsichtlich der Kindererziehung entgegenzuwirken. Zu dem Ende reist sie vor Allem nach Freiburg, wo der Graf die beiden Söhne in einer Erziehungsanstalt untergebracht hatte, stört dieselben in ihren Studien, reizt sie gegen den eigenen Vater auf, verleitet sie, Reisen mit ihr zu machen, u. s. w., so daß der Rektor der Anstalt am fünfzehnten August
Anlage 51. achtzehnhundertvierundvierzig an den Grafen schreibt: (Anlage 51.)

„mais l'expérience que nous venons de faire du dérangement qui resulte de ses visites (der Frau Gräfin) me fait l'obligation de vous demander, Mr. le comte, comme condition indispensable a l'admission de MM. vos fils au pensionat de Fribourg, l'assurance que Madame ne viendra point s'etablir auprés d'eux, et de plus je dois avoir la certitude, qu'à aucune époque de l'année elle ne viendra leur faire visite de maniére quelconque."

Ebenso wie diesen Erziehungsplan des Vaters wußte sie dessen ferneres Project, die Söhne in einem belgischen Institut (Alost) unterzubringen, schon vor der Ausführung zu vereiteln, indem sie mit demselben Skandal wie zu Freiburg drohte, die unwürdigsten Schmähungen gegen ihren Gemahl
hh. in Gegenwart der Kinder und ihres Lehrers ausstieß, und dem ältesten Sohne mehrmals in Gegenwart des Lehrers förmlich mit ihrem Fluche drohete, wenn er es wagen würde, seinem Vater zu gehorchen, ja noch hinzufügte, daß sie dem Sohne Paul, wenn er groß würde, schon allen Respect vor dem Vater zu benehmen wissen werde. (Schreiben des Professors
Anlage 52. Cheruit an den Grafen vom vierundzwanzigsten Oktober achtzehnhunderteinundvierzig (Anlage 52.)

Durch alles dieses provocirte die Gräfin eine Erklärung der beiden Schwäger von Landsberg und von Schreckenstein de dato Münster den zweiten November achtzehnhunderteinundvierzig
Anlage 53. (Anlage 53) dahin gehend:

„daß das in letzterer Zeit ihnen bekannt gewordene Betragen und Verfahren der Gräfin von der Art gewesen, daß offenbar Nachtheile für die Kinder, die Ruhe, den Frieden und die Ehre der Familie daraus hervorgehen, und daß es für sie also eine Gewissenssache geworden sei, den Wunsch auszusprechen, daß der Frau Gräfin die Geldmittel zu verderblichen Unternehmungen, zweckwidrigen Reisen entzogen werden."

Leider fand die Anordnung dieser Maßregel nicht statt, und die Gräfin blieb mit nichtswürdiger Consequenz ihren Grundsätzen treu, den Ansichten und dem Ansehen des Vaters hinsichtlich der Erziehung der Kinder entgegenzutreten. Gegen Ende des Jahres achtzehnhunderteinundvierzig wurde der Sohn Paul in dem Cadettenhause zu Potsdam aufgenommen; sofort beginnt wieder eine Reihe von Machinationen und Intriguen, welche im Sommer achtzehnhundertzweiundvierzig damit endigen, daß sie den Sohn Paul wieder in ihre Gewalt bekommt.

Aber wir müssen das widerwärtige Bild des liederlichen Lebens der Gräfin wieder aufnehmen, und ihr zunächst nach Berlin folgen, wohin sie sich sofort, nachdem sie die Erziehungspläne ihres Gemahls in Freiburg und Belgien hintertrieben hatte, nämlich im Herbste achtzehnhunderteinundvierzig begiebt. Hier und abwechselnd in Potsdam verweilt sie bis zum Sommer achtzehnhundertzweiundvierzig und logirt nacheinander in mehreren Gasthöfen und Privatwohnungen: zu Berlin in Meinhardt's Hôtel, Stadt Rom, Lutz Hôtel, Brittisch Hôtel, Hôtel de Russie; und bei Privaten: unter
ii. den Linden Nro. 65, 50 und Schadowstraße Nro. 1 A.; zu Potsdam: im Einsiedler und bei

Privaten. Im Hôtel de Russie erhielt sie von verschiedenen Herren Besuche, insbesondere aber von
einem Herrn von B., der auch dort logirte, Abends spät zu der Gräfin auf ihr Zimmer ging und
gewöhnlich die Nacht dort zubrachte, auch häufig auf Befehl der Gräfin von der Dienerschaft zur
Nachtzeit gerufen werden mußte. Noch gegen das Ende des Jahres achtzehnhunderteinundvierzig
kk. reiste indeß von B. von Berlin ab, und später äußerte sich dessen Kammerdiener, daß sein Herr von
der Gräfin eine schändliche Krankheit davon getragen habe.

Zugleicher Zeit (im December achtzehnhunderteinundvierzig) begann auch die nachhaltigere
ll. Bekanntschaft mit dem Grafen von Bassenheim, welcher anfänglich im Hôtel de Russie und dem-
nächst in andern Gasthöfen und in den Privatwohnungen die Gräfin täglich besuchte und durch-
gängig die Nächte bei ihr zubrachte, wo dann häufig der Jäger des Grafen noch spät in der Nacht
stärkende Speisen und Champagner herbeiholen mußte. Dieses Verhältniß gelangte zur größten
Offenkundigkeit, und der Graf von Bassenheim zerfiel dadurch mit seinem Schwager, dem bayeri-
schen Gesandten Grafen von Lerchenfeld. Der Graf begleitete auch die Gräfin, wenn sie nach
Potsdam reiste, um den Sohn Paul zu besuchen, und dann nahm derselbe immer ein besonderes
Coupé für sich und die Gräfin.

mm. Eines Tages bestellte die Gräfin den Bassenheim zu bestimmter Stunde zu sich, und um
ein Zeugniß ihres Ehebruchs mit Bassenheim gegen diesen zu erhalten, wird im Nebenzimmer eine
Zeugin in Bereitschaft gestellt, welche auf ein gegebenes Zeichen hereintritt, und den Bassenheim
mm½. über dem Act der fleischlichen Vermischung mit der Gräfin ertappt.

nn. Um diese Zeit legt sie auch eine Probe der von ihr stets zur Schau getragenen und so gern
zum Deckmantel ihres gehässigen Auftretens gegen den Gemahl gebrauchten Mutterliebe ab. Paul
war zu Potsdam erkrankt, und als es seine Kräfte kaum gestatten, besucht er die Mutter in Berlin.
Diese aber hatte eine Reise mit Bassenheim verabredet und kündigt den Entschluß, zu verreisen,
ihrem Sohne an; dieser fleht und weint, die Mutter möge ihn doch jetzt nicht verlassen, — jedoch
vergebens: die exemplarische Mutter verreist mit ihrem Buhlen und treibt sich mit diesem einen
ganzen Monat lang herum, während sie ihr zehnjähriges Kind krank zurückläßt, und solches im
Lazareth zu Potsdam, wo es eben die Gefahr einer tödtlichen Krankheit überstanden hat, wiederfindet.

oo. Am dreiundzwanzigsten Juni achtzehnhundertzweiundvierzig machte die Gräfin mit Bassen-
heim einen vorläufigen Abstecher nach dem Rheine und kehrte Anfangs August mit demselben nach
Potsdam zurück. Am siebenten August verließ sie nun definitiv Berlin und Potsdam; sie reiste mit
pp. Bassenheim voraus nach Frankfurt, während der Graf Paul mit seinem Erzieher dem Lieutenant
von Kurowsky und dem Bedienten der Gräfin erst zwei Tage später abreisen durften, und man
erst zu Frankfurt im Russischen Hofe wieder zusammentraf. Von hier ging die Reise nach Bonn,
dann nach Ems, wo von der Badesaison noch profitirt wurde: Alles in Begleitung des von Bassen-
qq. heim, welcher in Ems und der Umgegend den Verkehr mit der Gräfin auf eine höchst ärgerliche
Weise fortsetzte, und sie zuweilen mit auf sein Schloß Bassenheim nahm. Auch nach der Badesaison
rr. blieb er ihr noch eine Zeitlang treu, und reiste im Herbste mit ihr nach Paris, wo dann aufeinmal
ein Bruch zwischen dem Liebespaar entstand, und die Sache mit einem äußerst heftigen Auftritt
endigte. Bassenheim reiste im November achtzehnhundertzweiundvierzig nach München, und die
ss. Gräfin zur nämlichen Zeit nach Neapel, wo sie am vierundzwanzigsten December ankam.

Während des zweimonatlichen Aufenthalts in Neapel war unter Andern ein englischer Lord
der fast beständige Gesellschafter der Gräfin, welcher auch die Nächte bei ihr zubrachte. Indessen
erwachte auch die Sehnsucht nach ihrem früheren Freunde Bassenheim wieder, welcher ihr vor
dem Zerwürfniß versprochen hatte, nach Neapel zu kommen. Trotz dieses Zerwürfnisses rechnete sie
auf seine Ankunft, aber vergebens, und da auch ein durch dritte Hand befördertes Schreiben an den
Kurier des Grafen von Bassenheim ohne Erfolg blieb, und der Gräfin inmittelst die Kunde von
der Verlobung des von Bassenheim und dessen bevorstehender Vermählung in München wurde,
so reiste sie sofort Ende Februar achtzehnhundertdreiundvierzig mit dem Sohne Paul, den sie auf
ihren Hin- und Herzügen immer bei sich hatte, und einem italienischen Hofmeister nach München.
tt. Ungestüm dringt dort die Gräfin in das Zimmer des Treulosen im Bayrischen Hofe, gießt einen
Strom von Vorwürfen und Schmähungen über ihn aus, fragt ihn „was sie denn für ihr Kind

hätte," verlangt Geld für ihr Kind, und setzt durch ihr Toben den ganzen Gasthof in Allarm. Bassenheim sucht ihr zu entkommen, und läßt sich dann nicht wieder sehen. Bald wird durch den Fürsten Wallerstein der Vorfall dem König berichtet, und durch einen Kabinetsbefehl wird die Gräfin des Landes verwiesen, dieser Befehl auch noch in derselben Nacht vollzogen. Ein Polizei-Commissar erscheint bei der Gräfin, hat bereits Postpferde bestellt, und fährt mit der Gräfin im nämlichen Wagen; so wird sie mehrere Stationen weit expedirt und muß, als der Commissar sie verläßt, noch das Versprechen ablegen, nicht wieder zu kommen.

Sie reist nun nach Trachenberg zu ihrem Bruder dem Fürsten von Hatzfeld, um diesen noch gegen ihren Gemahl aufzureizen, während doch ihr ganzes Leben nur eine einzige fortgesetzte schwere Kränkung ihres unglücklichen Gatten ist. Aber selbst hier wird der ewig unbefriedigten Sinneslust
uu. der schuldige Tribut gebracht. Ein Lieutenant von Strantz, der gleichzeitig auf dem Schlosse des Fürsten Aufnahme gefunden hatte, verbrachte die Nächte in ihrem Schlafzimmer und in ihrem Bette, während der eilfjährige Sohn Paul im Nebenzimmer schlief, und, wie er selbst der Dienerschaft damals erklärte, die Mutter in ihren Wollustübungen belauschte, während er sich schlafend stellte und
vv. zum Scheine schnarchte. Von hier aus machte sie auch zweimal die Tour nach Breslau, wo von Strantz in Garnison stand, und wo die Besuche und Zusammenkünfte fortdauerten.

Von Trachenberg aus wurde im October achtzehnhundertdreiundvierzig in Folge höherer Befehle der Sohn Paul wieder in das Cadetten-Institut zu Potsdam zurückgebracht. Das Schreiben des Premier-Lieutenants von Kurowsky, dem die Erziehung Paul's insbesondere anvertraut war,
Anlage 54. an den Grafen vom fünfzehnten November achtzehnhundertdreiundvierzig (Anlage 54) enthält neben der Schilderung dieses Vorfalls eine Charakteristik des Knaben, die den verderblichen Einfluß der Mutter auf sein kindliches Gemüth ergiebt:

> „Uebrigens wäre nicht zu verwundern, wennn die Ereignisse der neuesten Zeit eben so nachtheilig auf Paul's Gesundheit, wie auf sein Gemüth gewirkt hätten, da die Mutter es sich hat offenbar angelegen sein lassen, ihn aufzuregen und durch entstellte Auseinandersetzung aller Verhältnisse zum Hasse gegen Euer Hochgeboren zu entflammen. Es thut mir in dem Innersten meiner Seele wehe zu sehen, wie das arme Kind bethört und irre geleitet ist, und mit seinem kindischen Verstande die verkehrtesten, abentheuerlichsten Ansichten eingesogen hat, welche sich alle in Einem Punkte, die Opposition gegen Euer Hochgeboren, vereinen rc. rc.

Und daß diese Charakteristik nicht mit zu starken, sondern in der That noch mit zu schwachen
Anlage 55. Farben aufgetragen ist, beweist leider das eigene Schreiben des Paul, welches er damals in Gegenwart des von Kurowsky an seinen Vater richtete, und welches wörtlich lautet wie folgt:

> „Ich sehe recht gut ein, was Du damit bezweckest, mich hierher zu thun. Du bildest Dir wohl ein, daß Du es mit mir machen wirst, wie Du es mit Alfred und Melanie gethan hast; nämlich mich der Mama abwendig zu machen, der ich mehr Dank bringen muß, als ich es je in meinem ganzen Leben werde bewerkstelligen können. Was hab' ich denn von Dir? Nicht einen Stecknadelknopf. Alles was ich irgend besitze habe ich von ihr. Kurz herausgesagt: ich bezwecke mit diesem Briefe weiter Nichts, als Dir hier feierlich zu erklären: Mache mit mir was Du willst, wie ich groß bin und majorenn, gehe ich zur Mama, die ihr Leben gäbe für mich und die Du nur ihr ganzes Leben lang gequält hast. Und Du, Du weißt, daß ich zehnmal lieber bei ihr bin, als bei Dir, denn ich hasse Dich. Ich will Dir also nur sagen, daß Du Deinen Zweck nicht erreichst. Das ist die einzige nöthige Erklärung von mir. Mehr bedarf es nicht. Jetzt kennst Du meine Meinung über Dich.
>
> Paul von Hatzfeld."

Dieses im Innersten empörende Schreiben des kaum zwölfjährigen Sohnes, in welchem jedes Kindesgefühl mit Füßen getreten, in welchem nicht einmal das Wort „Vater" oder „Sohn" enthalten, in welchem der Sohn ein teuflisches „Ich hasse Dich" ins Vaterherz schleudert, — fällt lediglich auf das Haupt der entarteten Mutter und Gattin zurück, der es gelungen ist, in dem Sohne jedes Naturgefühl zu ersticken, und sich in dem eigenen Kinde ein Werkzeug ihres Hasses und ihrer Verfolgungssucht gegen den Gemahl und Vater zu schaffen. Und sie fährt fort, diesen Zweck mit einer Beharrlichkeit zu verfolgen, als ob dies die einzige Aufgabe ihres schuldерfüllten Lebens sei.

So schreibt der Lieutenant von Kurowsky noch am achtzehnten Januar achtzehnhundertvierundvier-
Anlage 56. zig (Anlage 56) an den Grafen:

„wie die Gräfin mit unerhörter Ausdauer und Selbstverläugnung dem augenscheinlich einzigen Zweck ihres künftigen Lebens nacharbeitet, Paul nicht nur vom Herrn Grafen abzuwenden, sondern ihn auch zu einem möglichst gefährlichen und unbedingt willigen Werkzeuge des Hasses und der Rache gegen ihn (den Vater) zu machen. In der That, sagt Herr von Kurowsky weiter, scheint er mir vermöge seiner großen Fähigkeiten und seines heftigen Temperaments für diesen Zweck eben so geeignet, als es der Gräfin nicht an Klugheit mangelt, diese seine Eigenschaften hierzu systematisch zu verarbeiten, und ich sehe Euer Hochgeboren (des Herrn Grafen) künftige Tage durch die Angriffe eines ungerathenen Sohnes aller Ruhe beraubt, und gefährlich bedroht, wenn Hochdieselben nicht noch mehr ernste und durchgreifende Schritte thun, um das Unheil abzuwenden, da es vielleicht noch Zeit ist."

In Folge der Wiederaufnahme Paul's ins Cadettenhaus zu Potsdam reiste die Gräfin auch dorthin, um sich durch ihre Nähe den verderblichen Einfluß auf den Sohn zu erhalten, und ihren fortgesetzten Intriguen gelang es bald, den Sohn Paul wieder aus dem Cadettenhause und in ihre Gewalt zu bringen.

In Potsdam hatte sich die Gräfin eine Privatwohnung gemiethet, und darin dem Lieutenant
xx. von Strantz, welcher sich auch in Potsdam eingefunden hatte, ein Zimmer eingeräumt. Dieses kontinuirliche Verhältniß zu dem von Strantz konnte natürlich die Gräfin von dem gleichzeitigen
yy. Umgang mit andern Männern, z. B. dem Lieutenant Schneider u. A. nicht abhalten.

zz. Im Frühjahr achtzehnhunderteinundvierzig reiste die Gräfin von Potsdam nach Trachenberg, von dort nach Breslau, wo sie wieder mit von Strantz zusammentraf, und denselben mit nach Helgoland in's Bad nahm, wo er dann auch fortwährend mit ihr zusammenblieb, den vertrautesten Umgang bei Tag und Nacht mit ihr fortsetzte, und ihr nebenbei auch bedeutende Summen auf der
aaa. Bank verlor. Nach der Badesaison reisten sie zusammen zurück, zunächst nach Hamburg, wo sie in einem Gasthof an der Brücke nach Altona zusammen logirten, und wo auch der Lieutenant Schneider von Potsdam sie besuchte. Nach vierzehntägigem Aufenthalte zu Hamburg reisten diese Dreie nach
bbb. Leipzig, wo jedoch ein Zwist das Liebhaberpaar von der Gräfin trennte und sie sich allein nach Dresden begab, im September achtzehnhundertvierundvierzig. Hier erhielt sie zwar noch einen Besuch von dem von Strantz, der jedoch nur von kurzer Dauer war, und sich in Streit endigte.
ccc. Dagegen wurde hier ein neues Verhältniß mit einem reichen polnischen Grafen Branitzky angeknüpft, der mehrentheils die Nächte bei der Gräfin zubrachte; — und hier war es wieder, wo der Sohn
ddd. Paul zum Zeugen des ehebrecherischen Treibens der Mutter gemacht wurde. Branitzky war gegen Ende Januar achtzehnhundertfünfundvierzig des für ihn so kostspieligen Verhältnisses mit der Gräfin überdrüssig und wollte Dresden verlassen. Kaum erfährt dies die Gräfin durch andere Bekannte, so schickt sie ihre Dienerschaft mit Briefen in dessen Wohnung; er wird verläugnet, aber Alles ist mit Einpacken zur Abreise beschäftigt; als die Dienerschaft dies der Gräfin meldet, fährt sie sofort selbst mit ihrem Bedienten nach der Wohnung des Branitzky, geht ins Haus und stürmt durch die Zimmer; inzwischen gelingt es dem Verfolgten, während die Gräfin in einem der Zimmer ist, durch ein anderes zu entwischen, und er erreicht, nachdem er vor lauter Eile noch gestolpert und gefallen ist, eine Droschke, welche ihn zu der Wohnung des Eigenthümers der Droschke bringt, wo er sich versteckt. Die Gräfin folgt seiner Spur, und schickt den Bedienten in das Haus, um den Verlornen aufzusuchen; die Hausleute aber, die ihn versteckt hatten, wollen nichts von ihm wissen, und die Gräfin muß unverrichteter Dinge abziehen. Hierauf weiß sie sich Kunde zu verschaffen, daß Branitzky im Hôtel de France mit seinen Freunden ein Abschieds-Dejeuner hält; wie besessen rennt sie nun mit ihrer Kammerjungfer die Straße am Hôtel de France auf und ab, und schickt endlich ihren Bedienten hinein, und läßt fragen ob Branitzky da ist; Alles verneint dies, und der Kammerdiener des Branitzky sagt zum Bedienten der Gräfin in Gegenwart mehrerer Personen: „Was will denn die Hure? es ist kein schlechteres Mensch auf der Welt, wie die; sie will haben, mein Herr soll ihre Rechnungen bezahlen; mein Herr sagt, daß er nichts mehr von ihr wissen will, und daß er krank durch sie geworden ist, denn sie ist ja venerisch." Der Diener rapportirte der

Gräfin, daß Alles im Gasthofe ihn verläugne, daß er aber da sein müsse, indem man an seinem Reisewagen beschäftigt und auch Pferde bestellt seien. Hierauf geht die Gräfin nach Haus, schreibt einen Brief und schickt mit diesem wieder den Diener nach dem Gasthof, aber erst beim Einsteigen in den Wagen gelingt es diesem, den Brief abzugeben, und Branitzky fährt von Dresden fort.

Unmittelbar darauf reis'te die Gräfin auf zwei Monate nach Berlin, und ließ den Sohn Paul und dessen Hauslehrer Schummel, so wie auch ihren Bedienten in Dresden zurück.

eee. Sie logirte zu Berlin in Meinhardt's Hôtel, wo sie häufig Nachts durch eine Hinterthür sich hinausschlich, und erst am Morgen zurückkam, sich mit Herren auf den Maskenbällen herumtrieb, und ein solches Aergerniß erregte, daß die Leute in ihrem Gasthof sagten: „das wäre eine schöne Gräfin, die um Mitternacht mit Männern herumlief."

Am zwölften März achtzehnhundertfünfundvierzig kehrte sie nach Dresden zurück, und brachte fff. den Grafen von P. mit, mit welchem sie vom zwölften bis neunzehnten März im Hôtel de Saxe logirte. Demnächst bezog sie eine Sommerwohnung in der Nähe von Dresden. P., der wieder nach ggg. Berlin oder Potsdam zurückgekehrt war, besuchte von dort aus noch zweimal, und jedesmal auf mehrere Tage die Gräfin in ihrer Sommerwohnung, wo er dann bis ein und zwei Uhr Nachts bei ihr in ihrem Schlafzimmer blieb; am letzten Tage begleitete ihn die Gräfin Nachts um zwei Uhr bis vor Dresden. Die Reisen gehen nun hin und her von Dresden nach Berlin und Potsdam und nach Muskau, bis zum zehnten November achtzehnhundertfünfundvierzig, wo die Gräfin Dresden gänzlich verließ und wieder nach Berlin zog. Während dieser Zeit dauerten die Besuche des Grafen P. an den verschiedenen Orten fort.

In Berlin logirte die Gräfin im Gasthof bis zum Anfange des Monats Dezember, wo sie hhh. eine Privatwohnung bezog, und dort auch ein Zimmer für den Grafen P. einrichtete, welcher jedoch nur einige Zeit bei ihr wohnte und schlief, da dies Zusammenwohnen Aergerniß bei den Hausleuten erregte. Die Besuche wurden indeß fortgesetzt bis zum März achtzehnhundertsechsundvierzig, wo P., der krank und leidend war, zur Herstellung seiner Gesundheit nach Italien reiste, nachdem schon vorher sein Oheim das Aufgeben des Verhältnisses mit der Gräfin und die Entfernung seines Neffen von Berlin dringend verlangt hatte.

iii. Neben P. knüpfte sich schon bald ein gleiches Verhältniß mit einem Legations-Sekretär an, welcher die Gräfin häufig besuchte, und dann gewöhnlich bis ein Uhr Nachts bei ihr blieb. Einmal kkk. wurde derselbe in ehebrecherischer Umarmung mit der Gräfin auf dem Sopha von der Dienerschaft lll. überrascht. Wenn er nicht von selbst kam, so ließ die Gräfin ihn rufen. Im Verlauf der Sache wurde er krank und mußte die Besuche einstellen, was die Kammerjungfer zu der Bemerkung veranlaßte: „Werden denn die Herren alle krank, die zu der Gräfin kommen?" „Aber, fügte sie hinzu, ich glaube, die Gräfin ist auch nicht gesund, sie hat so Schmutzflecken in ihren Hemden, wie Materie; das riecht wie Pest; pfui, es ekelt mir davor; kein Wunder, daß die Herren, welche sich so mit ihr abgeben, krank werden."

Im Jahr achtzehnhundertsechsundvierzig lernte auch die Gräfin durch Vermittelung des Grafen Kaiserling den Jacob Lassall, Sohn eines jüdischen Kaufmanns aus Breslau kennen, und gleichzeitig den Kammergerichts-Assessor Oppenheim, Sohn eines jüdischen Banquiers, und den jüdischen Arzt Dr. Mendelsohn: diese drei Helden des weltkundig gewordenen Drama's in der Rheinprovinz. Alle Drei hatten ehebrecherischen Umgang mit der Gräfin, indem sie derselben nicht blos fortwährend mmm. Besuche bei Tage, sondern auch zur Nacht- und Unzeit abstatteten und längere Zeit bei der Gräfin in ihrem Schlafzimmer zubrachten. Vorzugsweise war dies aber der Fall mit Lassall; zwischen ihm und der Gräfin knüpfte sich bald die engste — ehebrecherische nicht nur, sondern auch verbrecherische — Verbindung, deren Zweck auf nichts Geringeres, als die Vernichtung des tödtlich gehaßten Gemahls ging. Doch wir wollen vorerst nur einen Blick in das ehebrecherische Treiben der Beiden zu Berlin werfen.

nnn. Kaum war die Bekanntschaft mit Lassall angeknüpft, so kam er auch täglich zu der Gräfin, und blieb schon in der ersten Zeit bald bis eilf Uhr Abends, bald bis ein, zwei und drei Uhr Nachts bei ihr. Dem Diener, welcher ihm beim Weggehen hinunterleuchtete, gab er in der ersten Zeit beooo. deutende Trinkgelder, gewöhnlich zwei Thaler. Einmal schlich er sich erst um sechs Uhr Morgens

fort, und als der Diener, der dies hörte, auf den Gang kam, sagte er zu diesem: Seien Sie stille und sagen nichts davon. Die Vertraulichkeit erreichte einen solchen Grad, daß er die Gräfin mit „Du" anredete, was der Dienerschaft so ärgerlich wurde, daß sie es mißbilligend dem Grafen Paul mittheilte. Lassall spielte bald völlig den Hausherrn: er legte sich im Zimmer der Gräfin aufs Kanapee, oder setzte sich in den Lehnstuhl und schlief und schnarchte in Beisein der Gräfin. Häufig
ppp. ließ er noch in der Nacht Speisen und Champagner aus der Restauration holen. Später bezog die Gräfin eine Sommerwohnung zu Moabit bei Berlin; auch hier wurden die Besuche des Lassall täglich fortgesetzt, und dauerten immer bis in die Nacht hinein. Um jene Zeit war es auch, wo die
qqq. Kammerjungfer den Grafen Paul einmal am Schlüsselloch fand, wie er die Gräfin in fleischlicher Vermischung mit dem Lassall belauerte; wo dann die Kammerjungfer denselben zu entfernen suchte, mit den Worten: „Gehen Sie doch zurück, denn Sie sind noch zu jung." Die Kammerjungfer theilte den Vorfall dem Bedienten mit, bemerkend, die Gräfin solle sich doch vor dem Grafen Paul
rrr. schämen. Vor der Abreise nach dem Rhein war sie sehr häufig in der Wohnung des Lassall, wo sie auch ihre Möbeln stehen hatte, und hier zeigten sich wiederholt in dem Bette des Lassall die Spuren ihres ehebrecherischen Treibens.

sss. Im Sommer achtzehnhundersechsundvierzig finden wir nun auf einmal den Lasall, Oppenheim und Mendelsohn in der Rheinprovinz, und dort die beispiellosen Ereignisse vorbereiten, denen wir jetzt entgegengehen. Incognito, auf verschiedenen Wegen, sehr oft unter falschen Namen reisen sie in der Rheinprovinz umher, knüpfen Verkehr mit Freunden und Feinden des Grafen an, werben sich Helfershelfer, und beginnen sodann jeder in seiner Rolle mit der Ausführung eines, wie
ttt. die demnächstige Anklage sagt, lange gehegten Planes. Dr. Mendelsohn erscheint zuerst in Schönstein, und untersucht unter dem Vorwand, das Schloß sehen zu wollen, die Wohnung des Grafen, knüpft Bekanntschaft an mit der Familie des im Dienst der Gräfin befindlichen Bedienten Johann Kurtz, mit dem Advocaten Pfeiffer, dessen tödtlichen Haß sich der Graf dadurch zugezogen, daß er ihn nicht als Richter und Amtmann zu Schönstein anstellen wollte, und einen desfallsigen Prozeß gegen denselben gewann, endlich mit dem Gastwirth Pollmann, der sich, wie wir sehen werden,
uuu. selbst den ehrlichen Pollmann nennt. Dann wohnt Mendelsohn eine Zeit lang zu Kaiserswerth,
vvv. um auf dem Schlosse Calcum zu recognosciren, und geht hierauf nach Düsseldorf, wo er mit Aerzten in Bekanntschaft tritt, dann die Höhlen der Prostitution besucht, und mit Kuppelerinnen, Freudenmädchen und Personen des gemeinsten Gelichters in Verbindung tritt, um Liebesabentheuer des Grafen zu erfinden, und solche von jenen Personen bezeugen zu lassen, worüber dann von Oppenheim,
www. als angeblichem Justizrathe von Berlin, protokollirt wird. Lassall, der schon in Berlin die zwischen dem Grafen und seinem Schwager Herrn Grafen von Nostitz gepflogene Correspondenz in seine Hände zu bekommen versucht hatte, wußte sich Empfehlungsschreiben an den Grafen zu verschaffen, um mit deren Hülfe Zutritt zu der Wohnung und Person des Grafen zu erhalten, was ihm indeß, wie wir sehen werden, mißlang.

Die Verbündeten hatten in Erfahrung gebracht, daß der Graf Ende Juli oder Anfangs August in der wilden und einsamen Gegend von Schönstein zur Jagd sein werde, und hier nun war es, wo ein Attentat auf den Grafen und wahrscheinlich sogar auf dessen Leben versucht werden sollte. Der schwarze Plan scheiterte jedoch daran, daß der Graf nicht dorthin kam, sondern Krankheitshalber nach Aachen ins Bad reiste, wo er, ohne etwas Arges zu ahnen, eine einsame Villa des Grafen von Goldstein hinter dem Louisberge bezog.

xxx. Kaum hier angelangt, sucht sich Lassall ihm aufzudringen, geht den Grafen persönlich und schriftlich an, um Aufnahme bei ihm zu erhalten, was der Graf, der inzwischen gerechten Argwohn gegen das räthselhafte Treiben dieses Menschen gefaßt hatte, zurückweist. Bald überzeugt man sich, daß Lassall stets ein geladenes Pistol bei sich führt. Er spielt an der Bank, und beim Herausziehen des Taschentuches fällt ihm das Terzerol aus der Tasche. Als er von der Polizei hierüber zur Rede gestellt wird, führt er zu seiner Rechtfertigung an, daß er das Pistol, wenn er sich zum Spielen mit vielem Gelde versehen habe, seiner Sicherheit wegen nachtrage. Offenbar also war das Pistol auch geladen. Als Lassall aller Bemühungen ungeachtet keinen persönlichen Eingang bei dem Grafen fand, richtete er an denselben ein Schreiben vom siebenundzwanzigsten August

Anlage 57. (Anlage 57), worin er den Beleidigten spielt, eine Mißhandlung seines Kammerdieners durch die Leute des Grafen erdichtet, und diesem eine ähnliche Behandlung androht, wenn er ihm nicht eine genügende Erklärung zugehen lasse. Wer wird hier nicht an die Correspondenz des Corberon
Anlage 58. erinnert? Der Graf antwortet, daß er allerdings Auftrag gegeben habe, weder den Lassall selbst noch Scripturen von ihm anzunehmen, daß er sich weder verpflichtet noch veranlaßt halte, ihm die Gründe hiefür mitzutheilen, übrigens jede Insultirung von seinen Leuten in Abrede gestellt werde;
Anlage 59. worauf Lassall durch Schreiben vom ersten September seinen früher geäußerten Vorsatz wiederholt.

yyy. Gleichzeitig rapportirte der Stallmeister Eisig dem Grafen, daß der Weg von Aachen nach der Villa unsicher geworden sei, indem sich verdächtige Leute in dem dortigen Gebüsch zeigten. Nach
Anlage 60. den unter Anlage Nro. 60 beiliegenden Abschriften der protocollarischen Verhandlungen des Bürgermeisters zu Kaiserswerth und eines Berichtes des Polizei-Commissars zu Aachen scheint sogar um
zzz. jene Zeit ein Attentat auf das Leben des Grafen mittelst Brandstiftung versucht worden zu sein.
aaaa. Nicht weniger waren viele Briefe des Grafen und seiner Beamten gestohlen worden.

bbbb. Inzwischen war die Gräfin um die Mitte August mit ihren Gehülfen in Aachen erschienen, und unter diesem begegnen wir auch dem uns schon bekannten Grafen Kaiserling, welcher den Lassall zu Berlin bei der Gräfin eingeführt hatte. Auf einmal erscheint die Gräfin in Begleitung des Grafen Kaiserling und des Pfarrers Bochum von Calcum auf dem Wohnzimmer des Grafen und sucht ihn unter Schmähungen und der Drohung, ihn in öffentlichen Blättern zu beschimpfen, zur Annahme der exorbitantesten Propositionen zu zwingen. Nur mit der größten Mühe, und nur nach wiederholter Versicherung, daß er einen billigen Vergleich gern abschließen wolle, und daß ein solcher mit dem anwesenden Pfarrer näher verhandelt, und von den beiderseitigen Rechtsconsulenten nach Verlauf von einigen Tagen abgeschlossen werden solle, gelingt es dem Grafen, diesem ebenso ungestümen als unerwarteten Besuche ein Ende zu machen.

Nach wenigen Tagen erscheint indeß die Gräfin wieder unter Assistenz der nämlichen Personen, und verlangt nun ohne Weiteres die Vollziehung des angeblich schon abgeschlossenen Vergleiches nach den von ihr gestellten Bedingungen, und als der Graf wiederholt auf näherer Verhandlung der
cccc. Sache und eventuell der verabredeten Redaction durch Rechtsgelehrte besteht, führt sie vor seiner Wohnung, welche der Graf zu seiner Sicherheit in die Stadt verlegt hatte, einen förmlichen Straßenskandal auf. Insbesondere diente ein von dem Grafen mit der Frau von Meyendorf abgeschlossener Leibrentenvertrag der Gräfin zum erwünschten Vorwand, Geschrei zu machen und Skandal zu erregen. Die Gräfin hatte es dadurch, daß sie fast das ganze Vermögen ihres Gemahls mit der Legalhypothek verstrickt hatte, selbst veranlaßt, daß dieser Vertrag, durch welchen dem Grafen zweihundertfünfzigtausend Franken gegen eine jährliche Leibrente von fünfundzwanzigtausend Franken zur Disposition gestellt wurden, für den Grafen wünschenswerth war und abgeschlossen wurde. An eine Simulation, wie die Gräfin ausposaunte, war dabei nicht gedacht worden. Um ihr jedoch auch diesen Vorwand des Skandals abzuschneiden, und um zugleich dem Wunsche der Frau von Meyendorf selbst, der unter solchen Umständen jener Vertrag nur höchst unangenehm war, nachzukommen, wurde derselbe am 16. Au-
dddd. gust vor Notar Weiler wieder aufgehoben, und dies auch der Gräfin sofort bekannt gemacht.

Die Frau von Meyendorf reis'te hierauf von Aachen nach Cöln, und hier wurde ihr im Mainzer Hofe durch Oppenheim und Mendelsohn ihre Kassette entwendet, wovon die durch Zeitungen und Brochüren allgemein bekannte Assisen-Prozedur gegen Oppenheim die Folge war. Mendelsohn hatte die Flucht ergriffen; in dem zurückgelassenen Ueberzieher desselben fand man ein Schreiben des Pollmann de dato Altenkirchen den zweiten August achtzehnhundertsechsundvierzig an die Frau Kurtz, dessen Inhalt den obenangedeuteten schwarzen Plan des Complotts bestätigt, und auch dem Polizei-Commissar Schönbach in Bonn auf nichts Geringeres, als auf ein Attentat gegen den Grafen zu deuten scheint. Er schickt daher dem Grafen den Brief mit dem Begleitschreiben
Anlage 61. vom einundzwanzigsten August achtzehnhundertsechsundvierzig (Anlage 61) ein, und wir lassen dessen Inhalt hier wörtlich folgen:

„Liebe Freundin Kurth!

„Wie wir uns in Ueckerath trafen, kam in der nämlichen Nacht der Freund des angeblichen Herrn Benda, da dieser auch, so wie vor Allem seinen rechten Namen auch nicht angab, — bin ich etwas mißtrauisch geworden, z. B. Herr Benda nahm diesen Namen bei mir an; Ferdinand Hoppe heißt er beim Herrn Amtmann Pfeiffer in Aachen; den Namen Mendelssohn hat er auch; sein Freund, der des Nachts um zwei Uhr kam, heißt Kollmann.

Meine liebe Freundin, wer bei mir ein solches wichtiges Geschäft ausführen will, muß, unter vier Augen, nichts, gar nichts zurückhalten, und auf dem geordneten Wege ausführen. Man muß ganz offen und nicht hinterlistig sein. Wie ich nun um ein Uhr hier ankam, war ich schrecklich müde, demungeachtet ging ich mit dem Briefe zu dem Herrn Amtmann Pfeiffer und gab ihm den Brief; aber wie erschrak ich, als ich beim Weggehen einen Jäger vom Grafen in einer Nebenstube erblickte, — ich dachte an das Sprichwort: Man soll nie zweien Herren dienen.

„Urtheilen Sie nun, was Sie wollen; ferner glaube ich, daß der Graf Hatzfeld und der Graf Droste, der bei ihm ist, vom Schlosse Merten, wenn die Jagd- oder Badezeit dort beendigt, — nach Crottdorf oder Schönstein zur fernern Jagd kommen, alsdann sind sie **in meiner Nähe**, wo vielleicht **etwas zu probiren wäre**.

„Aber es muß von den Unternehmern ein festeres Band aufrichtig geschlossen werden.

„Der Jäger vom Grafen sitzt jetzt mir gegenüber im Lykenschen Gasthofe. „Benehmen Sie sich nur sehr geschwinde mit den Herren, die Sie mir vorgeführt haben in Aachen rc. rc., und geben mir dann auch ebenso eine schleunige Antwort, da in Schönstein ein **sehr günstiger Zeitpunkt** sein mag, was nun geschehen soll.

„Wäre ich nur eine gute Viertelstunde bei der guten Gräfin, dann wüßte ich Alles, so aber traut Einer dem Andern nichts. Ich bin von dem weiten Wege zu Fuß zu gehen, so ermüdet, daß ich auch nicht mehr schreiben kann. „Schreiben Sie nur recht geschwind eine Antwort dem

ehrlichen
gez. **F. Pollmann.**

eeee. Als man die von dem flüchtigen Mendelsohn zurückgelassenen Koffer und Reisesäcke öffnet, findet man darin einen Dolch und drei Pistolen, die mit Kugeln geladen sind, und Zündhütchen auf den Pistons haben; ferner eine Perrücke, die ohne Zweifel dazu dienen sollte, sich unkenntlich zu machen, da die gedachten Personen sämmtlich starkes Haar haben.

ffff. In einer Mappe findet sich ein Schreiben, allem Anschein nach von der Hand des Mendelsohn an die Gräfin gerichtet, worunter es unter Andern heißt:

„Willst Du, daß er todt sein soll, so ist er morgen todt."

Aus der bei Oppenheim vorgefundenen Correspondenz ergiebt sich außerdem das ehebrecherische Verhältniß zur Gräfin: „er will jeden Zoll ihres lieben Leibes küssen und nur der einzige Gedanke quält ihn, daß sie sich auch den Andern körperlich hingegeben habe." Bekanntlich versuchte es Oppenheim, die Correspondenz, worin diese und die obigen Stellen vorkommen, zu zerstören, und bildete dies einen der Anklagepunkte gegen ihn; gegenwärtig aber erfahren wir, daß nach jenem vereitelten Versuche des Oppenheim, Lassall es war, der die Zerstörung der Papiere wirklich bewerkstelligte, und es ist nun dieserhalb gegen ihn die Criminal-Untersuchung eingeleitet, und auch seine Verhaftung bewirkt. Und somit hat das weltbekannte Drama noch nicht zu Ende gespielt.

Inzwischen hatte die Gräfin, während der Oppenheim'schen Prozedur und nach derselben den europäischen Ruf, den das öffentliche Ministerium ihr in der öffentlichen Assissensitzung attri-
gggg. buirte, zu erhalten und zu befestigen gesucht, indem sie sich nicht entblödete, mit Lassall zu Deutz, Düsseldorf und anderwärts in Einem Gasthofe zusammenzuwohnen und mit demselben öffentlich her-
hhhh. umzuziehen. Auch Oppenheim eilte sofort nach seiner Freisprechung nach Deutz, wo die Gräfin
iiii. seiner harrte. In der Nacht von dem sechsten auf den siebenten Oktober achtzehnhundertsechsundvierzig fuhr sie mit dem Kölner Boote Ludwig nach Coblenz und wurde von dem Conducteur im

Pavillon in den Armen Lassall's gefunden, während der Sohn Paul und das Kammermädchen
kkkk. zum Fenster hinausblickten. In Deutz ist Lassall stets mit der Gräfin auf Einem Zimmer gewesen, und ist sogar einmal in fleischlicher Vermischung mit demselben erblickt worden.

Noch jedem ist es im frischen Gedächtniß, welche furchtbaren Schmähartikel gegen den Grafen während der Oppenheim'schen Prozedur und später, ja noch bis heute in in- und ausländischen Blättern, insbesondere in der Augsburger Allgemeinen, Elberfelder, Düsseldorfer, Aachener, Trierschen und Mannheimer Abendzeitung, in dem Frankfurter Journal, Rheinischen Beobachter und Düsseldorfer Kreisblatt successive ans Tageslicht getreten sind. Sie verrathen sämmtlich die Tendenz, die bürgerliche und Standesehre des Grafen völlig zu vernichten, durch die boshaftesten Lügen und Verläumdungen denselben der öffentlichen Schande preiszugeben, und so gewissermaßen seine Existenz auf die raffinirteste Weise zu untergraben und langsam zu zerstören. Auf der andern Seite wird darin die Gräfin, von deren Charakter und Treiben man sich doch nach Obigem nur mit Abscheu wegwenden kann, als eine Tugendheldin, als eine mißhandelte und verfolgte Gattin, als eine unglückliche Mutter dargestellt. Schon aus dieser gleichmäßigen Tendenz der sämmtlichen Artikel geht hervor, daß sie aus einer Quelle geflossen, und die Frucht eines einzigen konsequent verfolgten Systems sind. — Aber auch schon der alleinige Umstand, daß eine Gattin dergleichen in ihrem Interesse gegen den Gemahl geschmiedeten, eine lange Zeit hindurch fortgesetzten, öffentlichen Schmähungen und Verläumdungen ihres Gemahls duldet, ohne sie öffentlich zu verläugnen und zu mißbilligen, würde schon mit Grund auf eine Theilnahme der Gattin an dem Werke der Diffamation schließen lassen. Wir haben jedoch nicht nöthig, auf bloße Vermuthungen, so dringend sie auch sein mögen, zu rekurriren; die
Anl. 62—70. unter Anlage 62 bis 70 beigefügten Originalschreiben der Gräfin und ihres Gehülfen Lassall an den Postsekretär Goedsche zu Düsseldorf, der als Vermittler zur Besorgung der unter Anlage 71
Anl. 71—75. bis 75 beiliegenden Inserate in die Elberfelder Zeitung, das Düsseldorfer Kreisblatt, den Rheinischen Beobachter und die Augsburger Allgemeine Zeitung benutzt worden, und demnächst die Verfasser unter Aushändigung der Entwürfe bezeichnet hat, beweisen auf das Vollständigste, daß die Gräfin die Seele dieses Unwesens, und daß sie fortwährend mit der Ausführung des schändlichen Planes, ihren Gemahl auf jede Weise öffentlich zu verläumden und zu verfolgen, befaßt ist. Außer jenen Artikeln wollen wir aus der ungeheuren Zahl, womit das In- und Ausland überschwemmt worden, nur noch folgende Blätter:

Aachener Zeitung vom 6. September 1846; Frankfurter Journal vom 20. Januar 1847; Düsseldorfer Zeitung vom 13. October 1846; Rheinischer Beobachter vom 9. und 24. September 1846; Triersche Zeitung vom 6. Februar, 24. und 30. März 1847; Mannheimer Abendzeitung vom 3., 9., 14., 19., 21., 23., 29. November und 18. December 1846, 26. und 28. Januar, 8. Februar, 17., 19. und 29. März 1847; Düsseldorfer Kreisblatt vom 8. und 11. September 1846 und Elberfelder Zeitung vom 21. September 1846. (An-
Anl. 76—100. lage 76 — 100.)

llll. vorlegen, und seiner Zeit nöthigenfalls durch Zeugen darthun, daß auch die darin enthaltene Schmähartikel von der Gräfin selbst oder ihren Gehülfen herrühren.

Man sollte denken, das Maaß des Hasses und der Bosheit müßte sich doch endlich erschöpft und in dem eigenen schuldbeladenen Bewußtsein einen allmählig besänftigenden Widerhalt gefunden haben. Aber weit entfernt! — Mitten unter jenen Schmähartikeln in den öffentlichen Blättern streift die gränzenlos verkommene Frau auch das letzte Restchen von Weiblichkeit und Schamgefühl ab, und setzt eine Schrift in die Welt, von welcher der Vertreter des öffentlichen Ministeriums bei Verhandlung des Cassettendiebstahls in gerechter Entrüstung sagte: es sei ein Machwerk, wie die Welt an Schmach und Schande kein zweites gesehen habe, und sei von der Gattin gegen den eigenen Gemahl
Anlage 101. gerichtet. Es ist dies die unter Anlage 101 beigefügte, bei dem Justizsenat zu Ehrenbreitstein gegen den Grafen erhobene Prodigalitätsklage. Mit sichtbarem Wohlgefallen ergeht sich die Verfasserin in Skandalosen, welche sie ihrem Gemahl andichtet, und welche durch Atteste der gemeinsten Menschensorte bewahrheitet werden sollen. Wir haben aber schon gesehen, wie diese Atteste durch die Ge-
mmmm. hülfen der Gräfin erwirkt worden sind, und werden seiner Zeit darthun, welche Einwirkungen und Bestechungen dabei im Spiele gewesen sind.

Aber es kommt nicht einmal auf die Richtigkeit oder Unrichtigkeit der Thatsachen an, da sie mit dem Zwecke der Klage offenbar nur in einem erkünstelten Zusammenhange stehen, in Wahrheit aber zu deren Begründung ganz unerheblich sind, mithin nur den Zweck haben können, den Gemahl zu kränken, wie denn auch die Klage selbst nur auf schwere Kränkung des Gemahls berechnet ist. Aber es genügte dem skandalsüchtigen Weibe nicht, dieses Schandwerk blos dem Gerichte vorzulegen,
nnnn. und allenfalls Abschriften davon an einzelne Freunde gelangen zu lassen; vielmehr läßt sie es bei dem Buchdrucker Hildebrand zu Coblenz in vielen (wenigstens hundert) Exemplaren drucken, und wir finden nun die Druckschrift in der Rheinprovinz und Westphalen in den verschiedensten Händen, hören sie in öffentlichen Wirthshäusern vorlesen, und so zu einer wahrhaft bedauerlichen Publicität gelangen. Grade der Druck der Schmähschrift, dieses Mittel zur Vervielfältigung und Verbreitung, beweis't zur Evidenz die Absicht, den Grafen zu kränken, und diese Kränkung durch die Publicität auf den höchsten Grad zu steigern.

Gestützt auf vorstehenden Thatbestand, welcher außer dem ununterbrochen fortgesetzten Ehebruche der Gräfin eine kontinuirliche Kette der gröbsten, bis zu lebensgefährlichen Attentaten gesteigerten Beleidigungen und Excesse gegen den Gemahl enthält, und auf Grund der Artikel zweihundertneunundzwanzig und zweihundertneununddreißig des bürgerlichen Gesetzbuchs, erhebt hiermit der Graf von Hatzfeld die Ehescheidungsklage gegen seine Gemahlin, und bittet Euer Hochwohlgeboren das dieserhalb gesetzliche Verfahren einzuleiten.

Düsseldorf, den dritten April achtzehnhundertsiebenundvierzig.

Vorstehende in meinem Auftrag gefertigte Klageschrift genehmige ich ihrem ganzen Inhalte nach und bestätige solches durch meine hier folgende Unterschrift.

Düsseldorf den dritten April achtzehnhundertsiebenundvierzig.

gez. **E. Graf Hatzfeld.**

III. „Düsseldorf den fünfzehnten Mai achtzehnhundertsiebenundvierzig, Vormittags im Präsidial-Cabinet.

Vor dem unterzeichneten Landgerichts-Präsidenten erschien in dem heutigen, durch Ordonnanz vom vierten vorigen Monats angesetzten Termin in der Ehescheidungssache des Grafen Edmund v. Hatzfeld zu Calcum, Klägers gegen seine Ehegattin Verklagte, Herr Kläger in Person, und legte die Acte des Gerichtsvollziehers Barths vom dritten Mai und Gerichtsvollzieher Neuhaus vom vierten Mai anni currentii vor, wodurch die Vorladung zum heutigen Termine nachgewiesen worden.

Verklagte ist jedoch nicht erschienen, obschon bis halb zwölf Uhr Vormittags auf ihr Erscheinen gewartet worden, und über welches Nichterscheinen dem Herrn Kläger Act ertheilt ist. Gemäß der im Artikel zweihundertneununddreißig des bürgerlichen Gesetzbuchs enthaltenen Vorschrift, wurden dem Herrn Kläger die geeignet scheinenden Verhaltungen gemacht: derselbe erklärte jedoch auf das Entschiedenste, daß er unter den obwaltenden Umständen sich auf keine Aussöhnung einlassen könne, vielmehr darauf antragen müsse, seiner Klage Fortgang zu geben: da sonach der Sühneversuch fruchtlos blieb, ist diese Verhandlung geschlossen, und nach geschehener Verlesung von dem Herrn Comparenten mit uns unterschrieben.

gez. **E. Graf von Hatzfeld.**
gez. **Wilhelm von Voß.**"

Nach fernerer Einsicht des von dem Königlichen Ober-Prokurator Herrn Dr. Schnaase unterm fünfzehnten dieses Monats erstatteten schriftlichen Antrags dahin gehend: die Erlaubniß zur Vorladung zu ertheilen;

Auf den Bericht des Herrn Landgerichts-Präsidenten und nach gehaltener Berathung;

Nach Einsicht der Artikel zweihundertsechsunddreißig bis zweihunderteinundvierzig einschließlich des bürgerlichen Gesetzbuchs

Beschließt das Königliche Landgericht, ertheilt dem Kläger Grafen von Hatzfeld, die Erlaubniß, die Verklagte in der gewöhnlichen Form und in der gesetzlichen Frist zur Sitzung des Königlichen Landgerichts bei verschlossenen Thüren vorladen zu lassen.

Zugleich wird dem Kläger gestattet, sich die mit seiner Klageschrift übergebenen Beweisstücke Behufs deren Mittheilung an die Beklagte und Vorlegung in der Sitzung, vom Secretariate aushändigen zu lassen. Stempel fünfzehn Silbergroschen. Auf der Urschrift haben unterschrieben:

von Voß. **Weidenkaff.**

„Wir befehlen und verordnen allen darum ersuchten Gerichtsvollziehern gegenwärtigen Beschluß zu vollstrecken; Unserm General-Prokurator und Unsern Prokuratoren bei den Gerichten der ersten Instanz über diese Vollziehung zu wachen; Unsern Befehlshabern und Beamten der öffentlichen Macht auf Ersuchen starke Hand dazu zu leisten."

Zur Urkunde dessen ist gegenwärtige Ausfertigung unterschrieben und besiegelt, und zur Stempel 15 Sgr. Urschrift ein Stempel von fünfzehn Sgroschen berechnet worden.

Für gleichlautende Ausfertigung, welche dem Herrn Advokat-Anwalt Widenmann auf Verlangen ertheilt wird.

Der Ober-Secretair des Landgerichts,

Thiéry.

II. „Schwere Mißhandlungen und Beleidigungen“, Erster Abschnitt der von der Gräfin Sophie v. Hatzfeldt am 6. November 1847 überreichten Scheidungsklage

Erster Abschnitt.

Schwere Mißhandlungen und Beleidigungen.

(Als Manuscript gedruckt.)

An den

Präsidenten des Königlichen Landgerichts zu Düsseldorf

Herrn Geheimen Ober-Justizrath

von Voß

Hochwohlgeboren.

Der Graf Edmund von Hatzfeldt-Kinsweiler hat am 4. April dieses Jahrs die Ehescheidungsklage gegen die Gräfin von Hatzfeldt geb. Gräfin Hatzfeldt-Schönstein bei Ew. Hochwohlgeboren eingereicht. Die Gräfin sieht sich genöthigt, ihrerseits die Ehescheidung gegen den Grafen von Hatzfeldt zu beantragen. Sie reicht daher die beifolgende Gegenklage gegen ihren Gemahl ein, um auf die gemeinschaftliche Verhandlung derselben mit der von dem Grafen erhobenen anzutragen und erklärt dabei ausdrücklich, sich die Einreden der Incompetenz, der Unzulässigkeit und der Compensation, der Verjährung und Versöhnung gegen die Klage des Grafen vorzubehalten.

Die Ehe wurde den 9. August 1822 zu Allner, einem Schlosse des Vaters der Gräfin, abgeschlossen, der Tags zuvor von Notar Strunk errichtete Heirathsvertrag liegt unter Anlage 1 bei. Anla[illegible]

Drei Kinder sind aus dieser Ehe entsprungen.

1. Franz Edmund Hermann Alfred geb. 9. April 1825.
2. Friederike Hubertine Marie Melanie geb. 29. Oktober 1828 und
3. Melchior Hubert Paul Gustav geb. am 8. Oktober 1831.

Nicht einzelne vorübergehende oder selbst wiederholte Handlungen sind es, welche die Gräfin als Grund der Scheidungsklage zu incriminiren hat. Der Klagegrund dieser Ehe ist — ihre Geschichte.

Die schwersten Beleidigungen, die gröbste Vernachläßigung, die grausamste systematische Mißhandlung [illegible] berechnetes Vernichtungssystem ihrer äußern und moralischen Existenz, das sich zu Angriffen [illegible]en sogar trieb, die raffinirteste Kränkung an den heiligsten menschlichen Gefühlen, daneben so ungemessener und notorischer Ehebruch, daß er in der Provinz sprüchwörtlich geworden ist — das ist das allgemeine Bild des grausamen Schicksals, welches der Gräfin von ihrem Gemahl während 25 Jahren unausgesetzt zu tragen auferlegt war, und dessen einzelne Züge das Folgende in empörender Deutlichkeit hervortreten lassen muß.

Ueber den monströsen und bis ins thierische gehenden Ehebruch des Grafen Hatzfeldt wird der letzte Abschnitt dieser Klage handeln; die ersten Abschnitte werden diesen Punkt nur in so weit berühren, als er nicht eine bloße gesetzlich strafbare Pflichtverletzung des Grafen enthält, sondern als er vor den Augen der Gräfin selbst verübt und vor ihr zur Schau getragen sich zu der grausamsten Beleidigung und zu der unmenschlichsten Behandlung und Kränkung der Gräfin selbst steigerte; denn wie die beispiellosen erlittenen Beleidigungen und Mißhandlungen der Gräfin noch weit empfindlicher gewesen sind als der eigene verwahrloste Lebenswandel des Grafen und noch weit verwüstender auf ihr Gemüth und ihre Gesundheit eingewirkt haben, so sollen sie auch in dieser Scheidungsklage vorangestellt und mit als hauptsächlicher Grund der verlangten Scheidung articulirt werden.

Zur bessern Verständniß dieser Ehe müssen die Umstände unter denen sie geschlossen worden kurz erwähnt werden. Die Gräfin hatte am Tage ihrer Heirath eben ihr 16. Jahr zurückgelegt. In so zarter Jugend noch kindisch, geistig, und wie später viele Aerzte als erste Ursache ihrer zu Grunde gerichteten Gesundheit angaben, auch körperlich unreif, wurde sie dem Grafen Hatzfeldt überantwortet. Majorats-Streitigkeiten zwischen der fürstlichen und gräflichen Linie des Hauses Hatzfeldt den Revenuengenuß und die Administration Trachenbergs und Schönstein-Wildenburgs betreffend, hatten es als ein erwünschtes Auskunftsmittel erscheinen lassen, daß der damalige status quo fortbestehen solle, der Graf Edmund von Hatzfeldt aber eine der Töchter des Fürsten zu ehelichen und mit ihr in Gütergemeinschaft zu treten habe. Die Wahl des Grafen Hatzfeldt fiel auf die 16jährige Sophie, obgleich ihre beiden älteren Schwestern noch unverheirathet waren. Der Graf Hatzfeldt lag bereits längere Zeit vor seiner Verheirathung in den Banden eines vertrauten Verhältnisses mit der Gräfin

8*) Nesselrode-Ehreshoven. Das damalige Stubenmädchen der Gräfin Nesselrode kann bezeugen, daß
ihre Herrin schon vor der Heirath der Gräfin Hatzfeldt mit dem Grafen Edmund Hatzfeldt in einem
fleischlichen Verhältnisse stand. Bauern haben auf dem Felde gesehen, daß der Graf bei den Spazierritten, die
8 er oft mit der Nesselrode machte, sich die unanständigsten Handgriffe gegen sie erlaubte; ja als der Graf
seine junge Braut ein Jahr vor der Hochzeit auf dem Schlosse Allner mehremal auf einige Wochen besuchte,
kam fast eben so oft auch die Gräfin Nesselrode unter dem Titel der Verwandtschaft dahin, und der uner-
170. 164. 163. 162. 145. laubte Umgang wurde daselbst, wie wohl heimlich fortgesetzt. Dies war unter allen Hausgenossen in Allner
bekannt; die noch lebenden werden Zeugniß darüber abgeben können. Es war wie die Brüder und Schwestern
der Gräfin Hatzfeldt bezeugen werden, gleich damals eine clameur publique der Graf Edmund habe auf
Anrathen der Nesselrode sich mit Uebergehung ihrer ältern Schwester die kindische unentwickelte und damals
allgemein für beschränkt geltende Sophie ausgesucht, um bei einer Gemahlin, die noch ein Kind, und unerfah-
ren, unselbstständig und wehrlos wie ein solches, ungestört sein Verhältniß zu der Nesselrode fortsetzen zu
können.

So gänzlich bereits an eine andere Frau gefesselt, erschien es dem Grafen Hatzfeldt gleichwohl zweck-
mäßig zur ungestörten ruhigen Erhaltung seines Vermögens die Existenz und Zukunft eines unschuldigen Kindes
hinzumorden. Umsonst suchte der Fürst Hatzfeldt die Fortsetzung jenes auch ihm nicht unbekannten Verhält-
nisses dadurch abzuschneiden, daß sein Schwiegersohn in den Ehepacten §. 1. ganz ausdrücklich versprechen mußte,
seiner Gattin mit der reinsten zärtlichsten Liebe und Treue lebenslänglich beizuwohnen, — und somit durch das
besondere Versprechen der Treue eine Verpflichtung auf sich nahm, die sonst von dem französischen Gesetz dem
Ehemann nicht auferlegt wird; umsonst mußte der Graf dem Fürsten, bevor dieser seine Einwilligung gab, ein
162. 145. feierliches Ehrenwort noch geben, sein Verhältniß zur Nesselrode aufzuheben; — wir werden bald sehen, mit
welcher Scheußlichkeit nichts destoweniger dieses Ehebrecherische-Verhältniß nicht nur fortgesetzt, sondern unter den
Augen der jungen Gemahlin selbst betrieben wurde.

Indeß war es schon damals nicht die Gräfin Nesselrode allein, deren Reize das Glück der bevor-
160. 161. stehenden Ehe bereits im Voraus untergraben hatten.

Kurz nach der Verlobung, die 6 Wochen vor der Hochzeit statt fand, machte der Graf Hatzfeldt mit seiner jun-
gen Braut eine Landpartie nach Godesberg. Im Gasthof bei Blintzler wurde eingekehrt und gespeist. Daselbst befand
sich grade die heutige Doktorin Wurzer geb. Dupuis aus Bonn, die von ihrer Mutter auf einige Zeit zu Blintzler
gegeben worden, die Kochkunst zu lernen. Während die übrige Gesellschaft oben dinirt, begegnet der Graf dem
reizenden Mädchen auf der Treppe. Er redet sie an und nachdem er ihr einige Complimente gem[illegible] er
sie und will durch gewisse Handgreiflichkeiten ihre Sinnlichkeit erregen. Das junge Mädchen entflieht weinend und
bestürzt. Kurze Zeit darauf sitzt sie an dem Familientisch bei ihrem Vater zu Bonn. — „Gestern beginnt Herr
Dupuis seiner Frau zu erzählen, war der Jude Baruch — eine Art von Agent und Commissionär zu Bonn —
der in dem Rufe eines Kupplers stand — bei mir und wollte im Auftrage des Grafen Hatzfeldt, der sich
nächstens verheirathet, unsere Tochter als Gesellschafterin für die zukünftige Gräfin Hatzfeldt engagieren, er
bot mir aber eine so enorm große Summe, daß ich ihn gleich zur Thüre hinauswarf, denn eine solche Summe
giebt man nicht für etwas Ehrliches." Das junge Mädchen brach bei diesen Worten ihres ehrlichen Vaters in
160. 161. Thränen aus und erzählte nun, welche unanständige Attaque sich der Graf Hatzfeldt neulich gegen sie erlaubt
habe.

So ging der Graf Hatzfeldt, noch Bräutizam, schon darauf aus, neben seine 16jährige Gemahlin
eine Dienerin seiner Lust als Gesellschaftsdame zu stelen! Dieser Vorfall ist eben so wie das über das bereits
zur Nesselrode bestehende Verhältniß mitgetheilte charakterisch für die Gesinnung mit der der Graf Hatz-
feldt zur Ehe schritt. Das Unglück dieser Ehe hat nicht seinen menschlichen Erklärungs- und Entschuldigungs-
grund wie viele andere Ehen etwa in Unverträglichkeit der Charaktere oder in dem plötzlichen Erwachen einer
unbesieglichen Leidenschaft, wenn das Band der Ehe schon geknüpft ist. Es war bereits ein vorsätzlicher und
absichtlicher Meineid, den der Graf am Traualtare schwur. Ahnungslos begab sich das junge Kind in ein
Unglück, das von der andern Seite mit seltner Gewisenlosigkeit bereits fest über es beschlossen war.

Den Tag nach der Hochzeit reißte das neuvermählte Paar nach Calcum dem Schlosse des Grafen.
Hier angekommen erklärte der Graf seiner Gemahlin rund heraus „er habe sie nicht geheirathet um sich um sie
„zu bekümmern; er liebe bereits die Gräfin Nesselrode, sie, Sophie möge ihre Wege gehen und ihn seine
„Wege gehen lassen. Mit dieser Mittheilung, der seiner Gemahlin nur Thränen entgegenzusetzen wußte, hatte
der Graf das Eis gebrochen, und trug jetzt auf das schonungsloseste und ungescheuteste offen sein ehebrecherisches
Verhältniß vor seiner Gattin zur Schau. Er ließ sie unmittelbar nach der Hochzeit Tag und Nacht allein
49b. 122. 86. 124. 143. 129. 77. 121. 123. sitzen, allein zu Mittag speisen, war fast nie zu Haus, sondern ging in Düsseldorf seinem Verhältniß zur
Nesselrode nach. Er begnügte sich aber nicht auferhalb des Hauses seiner Lust zu fröhnen, die Gräfin
Nesselrode kam auch oft nach Calcum, wohnte Wochenlang daselbst, und dann wurde es stets so eingerichtet,
8 daß ihr Schlafzimmer unmittelbar an das Ankleidezimmer des Grafen stieß. Als die Gräfin Hatzfeldt in
Calcum Tags nach ihrer Heirath ankam, fand sie daselbst bereits die Gräfin Nesselrode mit ihren Kindern
8. 171. etablirt; sie blieb daselbst einige Wochen. Die Nesselrode schaltete und waltete als Herrin in dem Hatzfeldt-
schen Hause; die junge Gräfin mußte ihr wollte sie sich nicht arge Zornesausbrüche ihres Gatten zuziehen
49. 65. 128 durchaus unterthänig sein und oft Frechheiten von ihr erdulden. Wenn Kisten für die Gräfin Hatzfeldt an-
kamen wurden sie zuerst von der Gräfin Nesselrode geöffnet. Diese nahm zuerst für sich heraus, was sie
49b. wollte und sagte dann „das hier soll die Sophie haben." Oft aber mußte auch die Gräfin Hatzfeldt
mit ihrem Gemahl der Gräfin Nesselrode in Düsseldorf Besuch abstatten, dann wurde die Gräfin Hatzfeldt
allein in einem Zimmer gelassen, Graf Hatzfeldt zog sich mit der Nesselrode in ein Kabinet zurück und

---

*) Die neben dem Texte ausgeworfenen Ziffern zeigen an, daß die Punkte des Textes auf welche sie sich beziehen durch Zeugen werden erhärtet werden. Die Zahlen selbst beziehen sich auf die Nummer, welche die einzelnen Zeugen in der Zeugenliste einnehmen — Die neben dem Wort Anl. (Anlage) im Text gedruckten Zahlen weisen auf die eingereichten nummerirten Original-Belege hin.

vollzog da den Beischlaf mit ihr. Natürlich war der Gräfin eben kein Geheimniß warum sie allein gelassen 101. 9.
wurde. Die Dienstmädchen der Nesselrode aber waren oft von menschlichem Mitgefühl ergriffen darüber 100
so empört daß sie die Schuhe gegen die Klingel der Hausthür warfen um durch das Geläute glauben zu machen 103 9
es kämen Fremden und so das Paar aus seiner Wollust aufzuwecken. Oft — und ganz kurz nach der Heirath —
mußte die Gräfin Hatzfeldt wenn sie mit ihrem Gemahl Abends bei der Nesselrode in Düsseldorf war,
12 Uhr Nachts allein zurück nach Calcum fahren. Die Gräfin bat ihn auf das inständigste und rührendste sie
doch nicht allein zu so später Stunde nach Hause fahren zu lassen „Edmund sagte sie, das schickt sich doch
„nicht daß Du noch bleibst, wenn ich fortfahre." „Ach sei doch nicht so dumm" herrschte ihr der Graf als 9
Antwort zu, der Graf blieb und die Gräfin mußte sich allein fortbegeben.

Aber nicht genug, daß die Gräfin so täglich und stündlich ihr Unglück empfinden, daß sie ihre Schmach
mit eignen Augen ansehen mußte, ohne daß ihr Gatte auch nur die Rücksicht auf sie nahm, ihr zu verbergen wie
sehr er sie entehrte, sie mußte sich selbst dazu hergeben ihrem Gemahl zu der verbrecherischen Befriedigung
seiner Lüste den Vorwand zu bieten und Gelegenheit zu machen, indem sie die Nesselrode auf Befehl selbst
besuchen oder zu Besuchen nach Calcum einladen mußte. Weh dem armen Kinde wenn ihm manchmal der Muth
kam, die Entwürdigung doch nicht so weit treiben zu lassen, in die eigene Entehrung zu willigen.

Einstmal ebenfalls im ersten Jahre der Ehe, in der Zeit, die man sonst die Flitterwochen nennt, ging
die Gräfin Hatzfeldt mit ihrem Gemahl in Düsseldorf auf der Straße. Da kommt ihnen von weitem die
Gräfin Nesselrode entgegen, die Gräfin Hatzfeldt will ihr ausweichen, sie weigert sich, nach dem Willen
ihres Gemahls auf seine Buhlerin zuzugehen und sie zu begrüßen; um sie hierzu zu zwingen giebt ihr der
Graf drei derbe heftige Stöße in die Seite; von Scham und Schmerz überwältigt bricht die arme mißhandelte
Frau in lautes Schluchzen aus, kehrt um und begiebt sich allein nach Haus; der Graf Hatzfeldt, ungerührt
geht auf die Nesselrode zu und begleitet diese. Ein Düsseldorfer Ehepaar hat diesen ganzen Vorgang
der auf offner Straße spielte mit angesehen. 83a. 83b.

Der Graf Hatzfeldt hat selbst in seiner Ehescheidungsklage ein Dokument aus dem Jahre 1832 auf-
gelegt, welches einen schätzenswerthen Beitrag enthält, mit wie schnödem Hohn der Gräfin noch zur Pflicht
gemacht wurde den Buhlerinnen ihres Gemahls mit Zuvorkommenheit entgegen zu kommen. Es heißt in diesem
Revers (Anlage 2 der gegnerischen Scheidungsklage) „auch fordere ich, daß gegen alle Leute die ich in
[illegible] zu sehen für gut finde, von ihr ein anständiges Betragen und die sich geziemende
„[illegible] beobachtet wird. Dieser Satz bezog sich wie sich von selbst erhellt, da im Allgemeinen Unhöflich-
keit der Gräfin Hatzfeldt schwerlich zur Last gelegt werden kann, auf die Personen der Gräfinnen von Nessel-
rode und Hompesch, die der Gräfin Hatzfeldt von allen Buhlerinnen ihres Gatten am unerträglichsten
weil sie zu denselben sich äußerlich in Freundschaft eigentlich aber sogar in Unterwürfigkeit zu verhalten noch
gezwungen war. Auf welche Weise die Unterschrift einer so schmachvollen Bedingung erpreßt wurde wird
Jeder leicht präsumiren können, später aber auch noch erörtert werden.

So grausam und empörend auch die angeführten Bedingungen jedem Menschen selbst von verhärtetem
Gefühl erscheinen müssen, so unerheblich sind sie im Vergleiche mit Dingen die noch angeführt werden sollen.
Dem Graf Hatzfeldt sollte die Ehre verbleiben der Erfinder einer so atrocen und unnatürlichen Beleidigung
zu sein, wie sie unter halb thierischen Wilden vielleicht noch nicht vorgekommen ist. Es war im Jahre 1823
als die Gräfin von Hatzfeldt zum erstenmale danieder kam. Die Entbindung war eine überaus schwere;
die Aerzte trugen Bedenken für das Leben der Gräfin, das Kind mußte mit Instrumenten geholt werden, und
kam todt zur Welt. Noch 18 Tage nachher schwebte die Gräfin zwischen Leben und Tod und war von den 174.
Aerzten völlig aufgegeben. In der Nacht nach der Entbindnng als die junge Gräfin in den fürchterlichsten
Schmerzen und der größten Lebensgefahr sich wand — vollzog — fünf Zeugen werden trotz der Reihe der Jahre
darüber deponiren — der Graf mit der Gräfin Nesselrode bei halb offener Thür den Beischlaf. Die in 18. 49b. 123.
Lebensnöthen ringende junge Frau bemerkte es und weinte bittere und laute Thränen. So wurde hier durch 124. 172.
eine Bestialität ohne Gleichen Name und Gestalt des Menschen geschändet! ꝛc. ꝛc.

Auch während der ganzen Dauer des Wochenbettes, während welcher Zeit die Nesselrode das Hatz-
feldtsche Haus fast nicht verließ, schaltete sie vor den Augen der zurückgesetzten Frau als unumschränkte 65. 148. 150.
[illegible]in. Bei dem ungemeßnen Ehebruch des Grafen kann es nicht Wunder nehmen, wenn er im Gegensatz 151. 149.
hiezu die eheliche Pflicht vollkommen vernachlässigte und die Geringschätzung die er seiner Frau bezeugte, sogar
bis in die äußern Arrangements zu treiben nicht Anstand nahm. Wenn die gräfliche Familie in Düsseldorf
wohnte, lagen ihre Schlafgemächer in verschiedenen Stockwerken. Der Graf wohnte im Anfang parterre, die
Gräfin im ersten Stock. Als später der Graf den ersten Stock bezog mußte die Gräfin in den zweiten ziehen.
Nur wenn der Graf in Calcum wohnte, hatte er aus Scheu vor seiner Großmutter die einige Autorität über
ihn besaß und viel auf eine zahlreiche Nachkommenschaft hielt, das Schlafzimmer mit der Gräfin gemeinschaftlich. 86. 122. 124.
Es war übrigens im ganzen Hause bekannt, daß ihn nur die Furcht vor der Großmutter bewog diese Form in 130. 149.
Calcum zu beobachten. Obgleich also die Schlafzimmer getrennt waren, stand dennoch ein für den etwaigen Ge-
brauch des Grafen bestimmtes Bett im Schlafgemach der Gräfin. Während eines Zeitraumes von 6 Monaten
brauchte dies Bett von den Dienstmädchen nur 1 — 2 mal gemacht zu werden, so daß selbst den Dienstmädchen
an dem Zeichen des unberührten Bettes sichtlich zu Tage lag wie sehr die Gräfin vernachlässigt wurde, worüber
sie sich untereinander ihre Verwunderung nicht verhehlten. 130. 122.

Noch schlimmer wenn ihn plötzlich einmal eine sinnliche Laune befiel und er sich in augenblicklicher Ermangelung
anderer Personen an seine Gemahlin wandte. Nicht nur daß er auf die roheste Weise und ohne das barsche und grobe
Wesen daß ihn seiner Gemahlin gegenüber nie verließ, auch nur für einen Augenblick zu mildern sein Recht wie über ein
Ding exercirte, — an die raffinirten Dienstleistungen seiner Lustdirnen verwöhnt verlangte er auch noch so depravirte
Gefälligkeiten, Genüsse so überschwenglicher Bordellhaus entsprungener Unnatur, daß das arme entwürdigte Opfer von
Thränen, Eckel und Scham überwältigt wurde. So wenig solche Vorgänge der Natur der Sache nach sich genau durch
Zeugen herausstellen lassen, so sehr liegt in dem Angedeuteten ein hauptsächlicher Grund für die Größe der
Mißhandlungen denen die Gräfin erlegen. Vielleicht wäre es ihr gelungen, eben so gut wie eine der vielen
Maitressen ihres Gatten neben den Andern gehalten zu werden, wenn es ihr gelungen und möglich gewesen

Concubinen in ihrer Kunst Concurrenz zu machen, und den Rang abzulaufen. Schlagend aber ergiebt sich die
Wahrheit des Gesagten aus einer eigenen Aeußerung des Grafen selbst die er zu einem seiner Schwäger machte.
Von diesem nämlich auf einem Spazierritte in den ersten Jahren der Ehe befragt, woher es doch käme, daß
ihm seine Frau, die alle Welt schön fände, so wenig zugefallen scheine, gab er die überaus charakteristische
Antwort: Ach was ich habe auch ein häßliches Frauenzimmer von Fleisch und Bein lieber als eine solche todte
151. Statue wenn sie noch so schön ist.

Mit so tödtlichen Beleidigungen stand die übrige Behandlung welche die Gräfin genoß nach jeder Be-
ziehung hin in der grausamsten Uebereinstimmung. Der Zustand den wir jetzt schildern wollen erstreckt sich,
wie sich aus den Zeugenaussagen ergeben wird unverändert über einen Zeitraum von 11 Jahren von 1822 — 1833.
Es ist bereits oben angeführt wie vom ersten Beginn der Ehe an, der Graf die Gräfin auf das beispielloseste
vernachlässigte, sie Tag und Nacht allein ließ und sich ununterbrochen außerhalb seines Hauses aufhielt. Die
Gräfin die ihrerseits in ihrem Hause das vollkommendste Einsiedlerleben führte nie Gesellschaft bei sich sah und
fast nie ausging bat ihren Gemahl umsonst bei seinen Ausflügen sie mitzunehmen.

Einstmal stand der Graf unter dem Thorweg seines Hauses und schickte sich eben an, wieder auszuge-
86. (128. 129.) hen. Die Gräfin trat zu ihm und bat ihn, er möge sie doch auch einmal mitnehmen, „Nein durchaus nicht!
antwortete der Graf auf das barscheste. Die Gräfin fuhr fort zu bitten, worauf der Graf sich schweigend um-
drehte und fortging. Traurig kehrte die Gräfin in ihr Haus zurück. Oft erwartete die Gräfin die Rückkehr
122. 129. 128. des Grafen bis Nachts 3 oder 4 Uhr und begab sich wenn sie durch das Geräusch des geöffneten Thores erfuhr,
daß der Graf nach Haus gekommen sei, denn er wohnte wie erwähnt, um freier zu sein zu Düsseldorf ge-
trennt von ihr, er im untern sie im obern Stock, zu ihm hinunter. Wenn sie dann heraufkam und von ihren
122. Kammermädchen entkleidet wurde, hatte sie ganz verweinte und geschwollene Augen.

Wenn das Paar zu Düsseldorf wohnte, mußte die Gräfin meist allein essen, weil der Graf selten
123. 124. ꝛc. Mittags nach Hause kam. In Calcum freilich genoß sie dabei der Gesellschaft der Mutter und Groß-
mutter. Diese beiden Frauen, obgleich nicht ohne Verdienste, steigerten noch die Unerträglichkeit des qual-
vollen Zustandes, in welchem sich die Gräfin befand. Es waren zwei vortreffliche Pächterinnen, sie hatten
Großes in frühern Jahren für die Zusammenhaltung und Erweiterung des Hatzfeldt'schen Vermögens gethan,
aber es waren Frauen ohne jede Erziehung und innere Ausbildung des Gemüths von der größten Rohheit des
Herzens und Geistes. Ihr Geist vermochte nur einen einzigen Gedanken zu erfassen, den er bis ins Extrem
verfolgte, den Gedanken der Nützlichkeit. Seit einer langen Reihe von Jahren auf das allerausschließlichste,
auf die kleinsten untersten Sorgen und Beschäftigungen des praktischen Landlebens gerichtet, als das Melken
der Kühe, das Mästen von Hühner und Gänsen, das wirthliche Verschließen der Butter vor den Domestiken ꝛc.
hatten sie hierbei selbst jenes angeborne Zartgefühl bis auf die letzte Spur verloren, das sonst Frauen aus den
höhern Ständen, selbst wenn sie keine Erziehung genossen, eigen zu sein pflegt. Dabei mißtrauisch und verächt-
lich denkend über Alles Andere was diesen so beschränkten Horizont überstieg, urtheile man wie oft und wie
schneidend sie das Gefühl der jungen Gräfin Sophie verletzen mußten, welche vor dem Unglück das sie in der
Wirklichkeit gefunden, sich eben in eine innere Ideenwelt zurückzuziehen und zu vertiefen begann. Dabei reizbar
bis ins kleinlichste, eifersüchtig auf ihre Autorität, eigensinnig, mürrisch und närglich wie alle alten gebrechlichen
Frauen, den Grafen Edmund aber, ihren einzigen Sprößling und Erben über alle Maaßen liebend, waren sie
die ächte Personificationen solcher Schwiegermütter, wie wir sie wohl in aus dem Leben gegriffenen Erzählungen
geschildert finden und füllten mit Quälereien gegen die Gräfin die Langeweile aus, die ihnen Mangel an Be-
123. 128. 129. schäftigung und üble Laune verursachte, behandelten ihre Schwiegertochter auf das roheste vor den Domesti-
149. ken ꝛc. ꝛc.

Auch wenn der Graf im Schlosse war, was selten genug geschah, kümmerte er sich nicht im geringsten um die
124. 128. 129 Gräfin. Er begab sich nur zu ihr in ihr Zimmer, wenn er sie anschnauben, einer üblen Laune an ihr Luft
143. machen wollte. Alle Hausgenossen, welche von dem Jahre 1822 — 1833 zu gleicher Zeit und hintereinander in
den Häusern des Grafen Hatzfeldt zu Calcum und Düsseldorf wohnten und Zutritt hatten, versichern mit der
86. 121. 122. seltensten Uebereinstimmung, daß der Graf während all dieser Zeit nie auch nur ein einziges
123. 124. 128. Mal ein freundliches Wort zu der Gräfin gesprochen habe. Er habe nie anders
129. 130. 143. [illegible]
18. 49b. 121. 123. der barschesten, gröbsten Weise auch über die gleichgültigsten Dinge gesprochen, sie ohne Unterlaß in Gegenwart
121. 124. 86. 143 der Domestiken auf das roheste wie einen Dienstboten angefahren und angeschnaubt.
128. 129

Die Unmenschlichkeit dieser Behandlung war so groß, daß trotz der Schadenfreude, die sonst wohl Dienst-
boten bei Demüthigungen ihrer Herrschaft zu beseelen pflegt, die Hausleute von dem tiefsten Mitleiden mit
ihrer unglücklichen Herrin ergriffen waren; das weibliche Personal brach oft in Thränen aus, wenn es Zeuge
77. 79. 18. 49b der beispiellosesten Barbarei war — mit welcher der Graf eine Frau behandelte, die, wie Alle einstimmig be-
124. 123. 86. haupten, von der Güte und Sanftmuth eines Engels ihrem rohen Gebieter nicht den geringsten Anlaß irgend
122. ꝛc. einer Art zur Unzufriedenheit gab und seinen Wuthausbrüchen immer nur stummes Zittern und Thränen, nie ein
77. 79. 18. 49b. Wort des Widerspruchs entgegensetzte. Ohne daß die Gräfin je sich bei irgend Jemand im Hause über ihr
121. 122. 123 Leid beklagte, und grade weil sie es so stumm und mit solcher Resignation trug, hatte sich ein allgemeines Gefühl
124. 128. 129 des Abscheus gegen den Grafen aller Hausleute bemächtigt, mit Ausnahme seiner Augendiener, die von ihm zu
143. allerlei Dingen gebraucht, zur Besorgung von Frauenzimmern, Rendezvous und Anderem, was wir später beleuchten
werden, für die niederträchtigsten Dienste, die reichlichste Bezahlung und gänzliche Ungebundenheit eintauschten
Einst war in Düsseldorf Hoftrauer und der Graf sollte mit der Gräfin zur Cour fahren. Die Kammerjungfer
hatte der Gräfin das schwarze Trauerkleid nicht zur rechten Zeit besorgt, so daß der Graf auf seine Gemahlin
etwas warten mußte. Da kam er zu ihr ins Zimmer hinein und tobte mit ihr und schalt sie auf eine solche
Weise, daß die dabei gegenwärtige Haushälterin von einem Unwillen ergriffen, den sie nicht mehr bemeistern
konnte, zu dem Zimmer hinaus stürzte, weil sie fühlte, daß sie die Scene nicht länger mit anhören könne, ohne
ihre untergeordnete Stellung vergessend ihre Indignation offen dem Grafen kund zu geben.

124. Später einmal ist, wie weiter unten erzählt werden wird, ein solcher Fall mit einer Pächtersfrau ein-
wirklich eingetreten. Ein Diener des Grafen nahm aber in den ersten Jahren der Ehe wirklich seinen Abschied
aus dem einzigen Grunde, weil er, wie er selbst einer Bekannten angab, die Mißhandlung der armen unschul-
173 digen Gräfin nicht länger mit ansehen wolle.

Dabei wurde die Gräfin auch mit Geld so knapp gehalten, daß sie sehr oft, wenn sie ihrem
Wohlthätigkeitssinn folgend, den sie auch in den drückendsten Lagen ihres Lebens bewährte, den Ar-
men etwas geben wollte, sich bei den Dienstleuten im Hause das Geld dazu borgen, oder die Haushälterin 49b. 122. 124.
bitten mußte, diesem oder jenem Bedürftigen doch aus der Haushaltungskasse etwas zuzuwenden! Ueber diese, 86. 143.
sowie über Alles zur Wirthschaft Gehörige, stand der Gräfin nicht die geringste Disposition oder Einmischung zu. Das
war Regal der Schwiegermutter. Die Hausleute erzählten das schon damals mit unverhaltenem Unwillen in der Stadt
herum. Ihre eigensten Bedürfnisse wurden ihr nur mit der größten Spärlichkeit befriedigt. Die Gräfin brauchte
fast gar nichts. Während des Zeitraums eines Jahres z. B. ließ sie sich nur ein einziges Kleid machen; nichts- 122.
destoweniger, so oft irgend eine noch so unbedeutende Rechnnng an einen Schneider oder Schuhmacher 2c. zu
bezahlen war, mußte sie die heftigsten Vorwürfe vom Grafen darüber hören, daß sie zu viel brauche. Im 122.
grellen Gegensatze hierzu mußte die zurückgesetzte Frau mitansehen, wie ihr Gatte die unsinnigsten Verschwen-
dungen für seine Maitressen nicht scheute. Eines Tages machte der Graf der Gräfin Nesselrode eine Kiste
mit 100 Paar Schuhen zum Geschenk, die er extra aus Paris hatte nach Calcum kommen lassen. Die Gräfin 122. 61. a. 61. b.
Hatzfeldt, sich doppelt gedrückt fühlend durch eine solche überschwengliche Verschwendung zu Gunsten einer
Maitresse, während sie selbst über ihre kärglichen Bedürfnisse ausgescholten wurde, hatte den ganzen Tag bitter-
lich darüber geweint. Als sie sich Abends auszog, sagte sie zu ihrer sie bedienenden Kammerjungfer: „Ach,
was habe ich für Magenschmerzen.“ „Da laß Dir einen Thee machen,“ brüllte ihr der Graf im höhnischsten
Tone und mit so barscher Stimme zu, daß die Gräfin in den Händen ihrer Kammerjungfer erzitterte, und sie
nur die Thränen gewaltsam zurückdrängte, aus Furcht, noch größere Mißhandlung hervorzurufen. Denn auch 122.
körperlich thätlicher Mißhandlung um der geringfügigsten oder vielmehr schändlichsten Ursache willen konnte die
Gräfin nicht entgehen. Wir haben schon oben gesehen, wie sie in Düsseldorf auf offener Straße Faustschläge
erdulden mußte, weil sie der Nesselrode nicht entgegengehen wollte!

Ein ander Mal ritten der Graf, die Gräfin Hatzfeldt und Se. Königl. Hoheit der Prinz Friedrich
spazieren. Die kleine Cavalcade setzte sich, auf dem Felde angelangt, in Galopp. Das eingeschlagene Tempo
wurde dem Grafen etwas zu schnell, und er ruft dem Prinzen und seiner Frau zu anzuhalten. Sei es aber,
daß sie, da sie bereits im Galopp begriffen, seinen Zuruf nicht hören oder nicht verstehen, sei es, daß sie ihre
Pferde nicht gleich zügeln können, kurz, sie halten nicht augenblicklich an. Da setzt der Graf sein Pferd in
gestreckten Carriere, ventre à terre hat er in wenig Sätzen die beiden Reiter eingeholt, er überflügelt sie und
schlägt mit der Reitpeitsche seiner Frau einen weit ausgeholten Schlag über den Rücken, zur Strafe, daß sie 154.
nicht sofort ihr Pferd angehalten — in Gegenwart eines Fremden, eines Mannes, eines Prinzen von König-
lichem Geblüt!! —

Das Reiten war übrigens das einzige Vergnügen, das der Graf seiner Gemahlin verstattete. Dabei
aber stand ihr nicht frei, sich der trefflichen Pferde aus dem kostbaren und zahlreichen Marstall des Grafen zu
bedienen. Es wurde ihr vielmehr stets ein bestimmtes Pferd zugewiesen, dessen sie sich ausschließlich bedienen
durfte. Und zwar wurden hierzu allemal vom Grafen die Pferde bestimmt, welche durch einen Unfall sich die
Beine ruinirt hatten, was man gewöhnlich struppirt zu nennen pflegt, kollerig oder sonst auf irgend eine Weise
unbrauchbar geworden waren. Umsonst wurde die Gräfin von Bekannten in Düsseldorf wiederholt darauf auf-
merksam gemacht, daß das Pferd, das sie ritt, ruinirte Beine habe, und sie sich also der äußersten Gefahr 153. 154. 145
aussetze. Umsonst stürzte die Gräfin zu den wiederholtesten Malen mit dem Pferde, machte ihren Gemahl 147.
auf die gefährlichen Gebrechen und gänzliche Untauglichkeit des ihr zugewiesenen Thieres aufmerksam. Die
einzige Antwort, die sie endlich erlangen konnte, war das Versprechen, „er würde trachten, das Pferd zu ver-
„kaufen; bis er aber einen Käufer gefunden habe, müsse sie das Pferd weiter reiten, weil, wenn es bekannt
„würde, daß sie es nicht mehr reite, er keinen Käufer dafür finden würde.“ Da man immer und immer die
Gräfin nur ruinirte und zum Stürzen geneigte Pferde reiten sah, trotz der bekannten Vortrefflichkeit des Hatz-
feldt'schen Marstalls, hatte sich schon damals in Düsseldorf das allgemeine Gerücht verbreitet, der Graf gebe 153. 154. 145.
der Gräfin derlei Pferde, weil er hoffe, daß sie ein Unglück damit nehmen und er sich so ihrer entledigen 150.
würde. Ein eben derartiges Pferd war der Gräfin auch im Jahre 1830 zugewiesen; sie ritt mit einem ihrer
Brüder, der damals in Düsseldorf zum Besuch war, spazieren. Bei einem Galopp, den die Reiter einschlugen,
stürzte das Pferd wiederum mit seiner Reiterin; der Bruder, der dicht hinter ihr sprengte, konnte sein Roß
nicht anhalten und setzte über die Gräfin hinweg, ohne sie zum Glück zu beschädigen. Nach Hause gekommen,
machte der Bruder dem Grafen sehr heftige Vorwürfe über das schlechte Pferd, das er seiner Frau zu reiten
gebe. Der Graf verkaufte diesmal kurz darauf das Pferd; der Käufer, der zu spät die Gebrechlichkeit und 145. 147.
Unbrauchbarkeit des Pferdes wahrnahm, verkaufte es sofort wieder mit bedeutendem Verlust.

So waren die standesgemäßen Vergnügungen der Gräfin beschaffen!

Derselbe Haß, dieselbe beleidigende Geringschätzung, die wir nun schon nach so vielen Seiten hin wahr-
genommen, zeigte sich auch in der durchaus bedeutungslosen Stellung, die man die Gräfin in ihrem eigenen
Hause einzunehmen zwang. Daselbst herrschten unumschränkt die Mutter und besonders die Großmutter des
Grafen. Die Gräfin durfte sich nicht um die Wirthschaft bekümmern und Anordnungen treffen; die Haus- 124. 86. 2c.
hälterinnen standen unter der Autorität der Großmutter; sie durften keine Befehle von der Gräfin einholen. 123. 122. 89.
Alle Hausleute können Auskunft darüber geben, daß von der Gräfin im ganzen Hause nicht die geringste Notiz 121. 128. 129.
genommen wurde; es bekümmerte sich keiner um sie, es fragte keiner nach ihr, es hing nichts von ihr ab; es
war, als wenn sie gar nicht vorhanden wäre. Wenn der Graf Gäste zu Tische lud, so wurde dies der Gräfin
nicht angezeigt; sie kam Mittags in das Eßzimmer, ohne zu wissen, ob sie Gäste träfe oder nicht. War der 123.
Graf zu Haus, so kochte regelmäßig der französische Koch; wenn der Graf aber abwesend war, so durfte der
Koch nicht kochen; „für die Gräfin, hieß es, sei das nicht nöthig“; es wurde dann die Küche von einer Köchin 86. 89. 2c.
besorgt. Die Quälerei, die der Graf gegen seine Gemahlin ausübte, ging selbst bis in's Kleinliche und Lä-
cherliche. So oft die Gräfin sich eine Lieblingsspeise auf dem Küchenzettel anstrich, besonders Vanillen-Eis,
das sie sehr gern aß, strich der Graf regelmäßig die von ihr angestrichenen Speisen wieder aus. 123.

So zur Schau getragene Geringschätzung, so unausgesetzte Demüthigungen, so grobe Mißhandlungen in
Gegenwart der Dienstleute mußten natürlich zur Folge haben, daß auch die Domestiken, wenn nicht grade Mit-

leid eine rücksichtsvolle Anhänglichkeit in ihnen für die Gräfin hervorrief, sie total zurücksetzten, ihr förmlich Trotz
89. 124. 123. boten und offen die Mißachtung ihres Willens an den Tag legten. Besonders thaten dies die Favoritdiener
143. 122. des Grafen, welcher solche Beleidigungen der Dienerschaft gegen seine Gemahlin auf alle Weise ermunterte
und unterstützte, wie denn weiter unten im Zusammenhange dargestellt werden wird, wie der Graf, so seltsam
es auch zuerst klingt, seine Kreaturen bezahlte, um öffentlich und in den Wirthshäusern auf die Gräfin zu
raisonniren. Es war durch alles dieses auch unter der Dienerschaft eine Geringschätzung und Vernachlässigung
der Person der Gräfin eingerissen, die beispiellos genannt werden kann.

Eines Tages (im Jahre 1830) kam die Kammerjungfer der Gräfin in die Küche und sagte der Köchin
Marie, der Arzt habe der Gräfin verboten, Schneidebohnen zu essen, sie wolle Kohlrabi haben. „Ei was,"
sagte die Köchin Marie, „wenn sie nicht essen will, was sie kriegt, so mag sie es stehen lassen, dann kriegt
89. „sie gar nichts."

Im Jahre 1831, als die Gräfin in andern Umständen war, wollte man sie nach Aachen schicken, dort
die Bäder zu gebrauchen. Die Frau eines gräflichen Pächters hörte dies in der Küche des Calcumer Schlosses
von den Dienstleuten erzählen. Als erfahrene Frau wußte sie, daß das Bad zu Aachen für Frauen in andern
Umständen oft den Tod nach sich ziehe, und äußerte dies den Hausleuten. „Ach was," antwortete die Köchin
Marie, „wenn sie nicht aus dem Hause will, so mag sie auf den Kirchhof hinaus; wenn das Aas erst aus
89. „dem Wege wäre, das wäre dem Grafen doch am liebsten."

Freilich, diese Marie die konnte schon die Intention des Grafen kennen, und sich auch sonst wohl, wie man zu sagen pflegt, eine Gurke herausnehmen, das war keine bloße Köchin, das war, wie der Abschnitt über die Ehebrüche zeigen wird, auch eine Concubine des Grafen.

Was Wunder, wenn die Dienstmägde des Grafen, die fast durchgehends auch seine Buhlerinnen waren, die, deren Rechte sie usurpirten, auch, wie immer zu geschehen pflegt, haßten, höhnten und ihres größern pouvoir sich bewußt maltraitirten?!

Es wird wichtig sein zu untersuchen, ob die Gräfin ihrerseits durch irgend ein Vergehen, oder selbst nur durch Charakter-Fehler, Unverträglichkeit, Pflichtvernachlässigung, diese infamirende Behandlung, deren Bild vor uns liegt, nicht hervorgerufen, — denn wir haben gesehen, daß sie gleich vom ersten Tage der Ehe begonnen hat — sondern ob sie vielleicht irgend eine Schuld diesen vom ersten Tage an sich datirenden niederträchtigen Mißhandlungen ihrerseits entgegengesetzt habe. Und wenn wir sie ganz schuldlos finden, wird es f[illegible] haben, zu sehen, ob die Gräfin in gerechter Vertheidigung ihrer Rechte sich den Mißhandlungen [illegible] widersetzt hat, oder ob die Grausamkeit des Grafen dadurch noch haßenswerther und abscheulicher wird, daß sie ein Wesen traf, welches sich stumm und resignirt unter der Last der Schläge beugte, die auf es fielen.

Die Schilderung von dem Lebenswandel und Betragen der Gräfin, die wir jetzt entwerfen müssen, umfaßt etwa nicht nur ein oder zwei Jahre; sie umfaßt die ganze Dauer des Abschnittes, mit dem wir uns jetzt beschäftigen, den Zeitraum von 11 Jahren, von 1822 — 1833. Diese Schilderung wird bis in ihre allerkleinsten Einzelheiten herab von einer Menge der glaubwürdigsten Zeugen auf das Genaueste bewahrheitet werden.

Die Gräfin führte unausgesetzt das einsamste und zurückgezogenste Leben, das gedacht werden kann.
77. 78. 86. 121. Sie empfing äußerst selten Besuch, Herrenbesuch fast gar nicht; nur einige Geistliche leisteten der Gräfin manch-
123. 122. 124. 128. mal Gesellschaft, so daß man im Nesselrode'schen Hause sogar darüber lachte, wie während der Graf bei
129. 143. u. a. der Nesselrode sei, sich irgend ein alter Prälat aus Calcum oder Budingen der Gräfin erbarmen müsse, und
78. ihr Gesellschaft leiste, um sie doch nicht gar so allein zu lassen. Alle Hausleute aus der Zeit von 1822 bis
1833 werden bezeugen können, daß die Gräfin keinerlei unerlaubtes Verhältniß mit irgend einem Herrn unter-
86. 89. halten hat, noch ihrer Lebensart nach, da sie fast nie ausging, immer auf ihrem Zimmer saß und noch seltener
175. 77. 79. 121. Besuch hatte, unterhalten haben kann; daß auch, im grellen Gegensatz zu der gegnerischen Scheidungs-
122. 124. 128. klage, nie während jener Zeit so etwas im Hause über die Gräfin von den Dienstboten gehört, erzählt oder
129. 143. u. a. auch nur verdachtsweise wirklich angenommen wurde.

bito. bito. Es ward dem Grafen unbequem, daß seine Gemahlin immer bis tief in die Nacht hinein seine Rück-
122. 124. 129. kehr abwartete; er zankte sie heftig darüber aus, und als dies nicht den gewünschten Erfolg hatte, begann er
129. 175. 149. 150. seiner Gemahlin Herrengesellschaft zuzuführen, und sie mit denselben stets allein zu lassen. Z
145. 153. 154. seiner Handlungsweise, seine Gattin zu induciren, gleichfalls an ihrer Pflicht zu fehlen, um
desto freier und ungehinderter vorwurfsfrei à son aire ausschweifen zu können, trat mit so plumper Deutlichkeit
129 176. 150. an den Tag, daß sich die Hausleute mittheilten, wie es der Graf darauf anzulegen schiene, seine Frau zur
193. 153. 154. Untreue zu verleiten. Die Sache steigerte sich dahin, daß sie gleichsam einem öffentlichen Feilbieten ähnlich
wurde. War z. B. Gesellschaft beim Diner und die Gräfin äußerte zu ihrem Gatten die Bitte, sie Abends
153. 154. 149. in's Theater zu führen, so schlug dies der Graf für seine Person regelmäßig aus, und wandte sich an die Ge-
u. a. sellschaft mit der Aufforderung: „Führt doch Einer von Euch heut meine Frau in's Theater."

Ein Ereigniß ließ den geringen Werth, welchen der Graf auf die eheliche Treue seiner Gattin legte, ja vielmehr die infame Absichtlichkeit, mit welcher er sie zum Treubruch zu verleiten suchte, noch deutlicher heraustreten.

Im Jahre 1832 lebte der Graf in der intimsten Freundschaft mit einem Herrn von Schell auf
Tischnowitz, der damals Monate lang mit kurzer Unterbrechung in dem Hause des Grafen zu Calcum und
Düsseldorf wohnte. Dieser Herr v. Schell war damals das Factotum, das Oracle des Grafen, der seinem
Willen blindlings folgte. Eines Tages zu Calcum macht Hr. v. Schell der Gräfin frei und frank die ent-
155. 149. 150. 177. ehrendsten Vorschläge. „Sie wissen," sagt er ihr, um sie zu bewegen, in sein ehebrecherisches Ansinnen zu
willigen, „Sie wissen, daß ich Hatzfeldt gänzlich leite und er meinem Rathe blindlings folgt. Wenn Sie
„mir nun zu Willen sein wollen, so werde ich meinen Einfluß auf Hatzfeldt so benutzen, daß Ihre jetzige
„Mißhandlung aufhöre, ja daß er jeden ihrer Wünsche erfüllen, jedem zuvorkommen soll. Dagegen würde ich,
„wenn Sie sich weigern, Ihren Zustand noch unleidlicher machen, Ihre Lage noch verschlimmern können." —
Mit der ganzen Würde einer beleidigten Frau entgegnete ihm die Gräfin, die einzige Antwort, die sie ihm geben könne, sei die, daß sie sich augenblicklich zu ihrem Gemahl hinunter begebe, ihm das Vorgefallene mitzutheilen. Und in der That verließ die Gräfin augenblicklich das Zimmer, begab sich zu ihrem Gemahl, erzählte ihm den Vorfall, und beklagte sich auf das Aeußerste über die insolente Beleidigung, die sein Freund

ihm und ihr zugefügt. „Ach, laß mich in Ruh' mit Deinen Dummheiten!" war die einzige Antwort, die sie 155. 149. 150.
vom Grafen erlangte. Herr v. Schell blieb nach wie vor der Freund des Grafen, blieb nach wie vor im 145.
Hatzfeldt'schen Hause wohnen! Die damals in Calcum gleichfalls anwesende Schwester der Gräfin, Helene
Frau von Loe, theilte diesen Vorfall der Familie mit, und auf diesem Wege gelangte er damals schon
unmittelbar zur Kenntnißnahme mehrer der vornehmsten Adligen in der Rheinprovinz und Westphalen, die ihn
gleichfalls werden constatiren können.

Einen so beleidigenden ehrlosen Gleichmuth, eine so wenig verhehlte Connivenz gegen die Angriffe, die
auf die Ehre seiner Gemahlin gemacht wurden, bezeugte eben dieser Mann, der es jetzt wagt, hinzutreten und
eine auf Ehebruch gestützte Ehescheidungs-Klage gegen ebendieselbe Gattin einzureichen!

Nichtsdestoweniger widerstand die Gräfin all dieser systematischen Verführung standhaft. Eine alte und
neugierige Haushälterin hat lange Zeit hindurch die Gräfin regelmäßig, wenn sie Besuch hatte, heimlich be-
lauscht, nie aber auch nur das geringste Unehrbare und Unanständige wahrgenommen, worüber sie sich in Lob
überfließend, zu ihren Bekannten äußerte: Die Gräfin fühlte sich zu unglücklich, um an Gesellschaft Vergnügen 129. 176.
zu finden, und so wurden in Folge ihres zurückgezogenen Wesens die Besuche, denen der Graf planvoll sein
Haus geöffnet, äußerst selten.

Viele Personen, die über ein Jahr in dem Hatzfeldt'schen Hause waren, können sich nicht erinnern, je
Herren-Gesellschaft bei der Gräfin gesehen zu haben, so selten hatten sie deren, und können nicht Worte genug 124. 122. 123.
finden, das überaustrübselige Leben zu beschreiben, das die Gräfin führte. Sie saß den ganzen Tag auf ihrem u. v. A.
Zimmer mit Lesen beschäftigt. Wenn man ins Zimmer trat, so bemerkte sie es gewöhnlich nicht, sondern starrte
weiter vor sich hin, den Kopf auf die Hand gestützt in trauriges Nachdenken verloren. 86. 123. 129.

Die viele Mißhandlung hatte sie ganz melancholisch gemacht. Ihr Gesichtsausdruck war stets so traurig
und gramvoll, daß für Jeden der sie sah die deutlich ausgeprägte Schrift des tiefsten Unglücks darauf zu lesen 77. 121. 122.
war. Leute die Jahrelang um sie waren haben sie nie lachen, nie heiter gesehen. Gegen alle Arme und 86. 89. 123.
Nothleidenden war sie wie die liebevollste Mutter; trotz dem daß sie selbst so äußerst knapp mit Geld gehalten 123. u. a.
wurde, half sie allen, indem sie sich ihre eigenen Bedürfnisse versagen ihr Nadelgeld hierzu aufwandte, sie 121. 122. 123.
suchte Hülfe und Trost spendend die Kranken in ihren Hütten auf nnd unauslöschlich hat sich ihr Andenken in 124. u. a.
die Herzen der Landleute zn Calcum zu Schönstein-Wildenburg und Aller deren eingeprägt, die sie in ihrem 92. 93. 94. 95. 96. 97. 98. 99. 100.
Wirken beobachteten. Auch gegen die Domestiken im Hause war sie voller Sanftmuth, Güte und Milde. 102. u. v. A.

Vor Allem aber war ihr Benehmen gegen ihren Gatten durchaus musterhaft. Es wird wiederum 77. 89. 124.
durch das einstimmige Zeugniß von den Hausgenossen herausgestellt werden können, daß die Gräfin der
ihr Gemahl jetzt Streitsucht zur Last zu legeu sich nicht scheut nie dem Grafen auch nur einen Wi-
derspruch entgegen gesetzt habe. Wenn er sie auf die oben beschriebene Weise auf das Brutalste belei- 121. 122. 123. 124.
digte, anfuhr nnd demüthigte, begegnete sie ihm mit einer Sanftmuth, welche die Zuschauer in Erstaunen 49b. 129. 79. 89.
setzte. Schweigend und ihre Thränen unterdrückend zog sie sich zurück. Die Hausleute sagten oft untereinander, 86. 77. ꝛc.
die Gräfin sei selbst durch ihre engelgleiche Güte und Sanftmuth daran schuld, daß sie der Graf ohne Auf-
hören so mißhandele. Sie könne die unwürdige Behandlung nur ändern, wenn sie „curagirter" sei. 123. 89.

So weit hatte man den Geist und Kraft der armen Frau durch unausgesetzte Mißhandlung von ihrem
16. Jahre ab unterdrückt und gebeugt, daß sie sogar wenn der Zwingherr das Schloß verlassen hatte, nie das
furchtsame und eingeschüchterte Wesen ablegte, das eiserner Druck ihr angeeignet. Eine einzige Freude erhellte das 123.
dunkle Leben der Gräfin eine Freude die sie allein vor der Verzweiflung schützte, der sie sonst hätte unterliegen
müssen. Es war die Erziehung und Pflege des 1825 gebornen Sohnes Alfred. Aus dem Vorangegangenen
wird es jedem Menschenkenner begreiflich sein, wenn wir sehen, daß sich die Gräfin dieser Pflicht mit einer
Leidenschaftlichkeit hingab, welche weit die Zärtlichkeit selbst einer liebevollen Mutter überstieg. Allerdings versuchte
man zuerst auch dieses Glück ihr streitig zu machen, und von dem Grafen unterstützt nahmen Mutter und Groß-
mutter die Erziehung des jungen Alfreds als eine ihrer Prägorativen in Anspruch. Hier aber zeigte sich die
schlummernde Charakterfestigkeit der Gräfin. So willenlos sie in jeder andern Beziehung nachgab, so uner-
[illegible]rchtlos vertheidigte sie diesen Punkt. Nichts, was Alfred betraf, überließ sie Andern oder der
[illegible]. Sie verlegte die Kinderstube dicht neben ihr Schlafzimmer, um Nachts bei jedem Geschrei ihres 175. 122. 123. 124.
Kindes aufzuwachen und bei der Hand zu sein; sie wusch und kämmte ihn fast immer selbst, zog ihn selbst an, 86. 77. 128. 129.
immer mußte er um sie sein, nie fuhr sie spazieren ohne ihn mitzunehmen, Ihr Glück war, für seine
kleinste Bedürfnisse selbst zu sorgen. Es war dann eine neue Quelle des Grams, die Lieblosigkeit und Gleich-
gültigkeit mit ansehen zu müssen, die der Graf seinem eignem Sohne bezeugte. Der Graf bekümmerte sich
gar nicht um die Kinder. Oft trug auf Befehl der Gräfin die Wärterin früh das Kind zum Grafen hinunter, 122. 128. 175.
kam dann aber immer gleich zurück und sagte den Leuten. „Na der ist wieder verdrießlich der muß wieder heute
Nacht eine Gesellschaft gehabt haben, die ihm nicht gefiel." Auf eine so exemplarische Weise erfüllte die Gräfin
ihre Pflichten, lebte so still und eingezogen, war von so bewunderungswürdiger Sanftmuth und Geduld allen
Rohheiten ihres Eheherrn gegenüber ohne in 11 Jahren die geringste Milderung der Mißhandlungen, die man
auf sie häufte, hervorbringen zu können!

Das Unglück der Gräfin wurde noch gesteigert durch die Hoffnungslosigkeit desselben. Sie konnte sich
nicht der Hoffnung überlassen, daß wenn die Liebe zu der Nesselrode erlöschen sollte, der Graf zu seiner
Pflicht zurückkehren und sich ihr Loos erträglicher gestalten würde. Denn auch während des Verhältnisses zu der
Nesselrode das bis 1831 dauerte, figurirten bunt durch einander Haushälterinnen, Köchinnen, öffentliche
Frauenzimmer ꝛc. in seiner Gunst. (Siehe Abschnitt über Ehebruch).

Und im Jahre 1828 als das Verhältniß zur Nesselrode bereits sehr lau zu werden anfing, that sich
neben demselben ein neues Verhältniß zu der Gräfin Hompesch auf. All die odiösen Beleidigungen, welche
wir schon den Grafen im Verein mit der Nesselrode gegen die Gräfin haben vollbringen sehen, indem sie
ihrem Verhältniß nicht den geringsten Zwang anlegten und es offen vor der Gräfin zur Schau trugen, wieder-
holten sich hier mit der Hompesch. Von der Messe nach Haus zurückkehrend, fand die Gräfin den Grafen
mit der Hompesch zusammen im Bett, und verließ weinend das Zimmer. 12. 143.

Mit ihrer Schwester, der Frau von Schreckenstein einst zur Hompesch gehend, fand die Gräfin ihren Gemahl mit der Hompesch im Schlafzimmer in ähnlicher Situation, was die Dienerschaft bemerkte. Die Gräfin ging augenblicklich nach Haus; der Graf aber blieb sehr ruhig bei der Hompesch zurück, als
15. kümmere ihn das Vorgefallene gar nicht.

Die Niederkunft der Gräfin 1828, wo sie eine Tochter gebar, wurde eben so wenig wie wir es oben von der ersten Entbindung gesehen haben, respektirt und konnte eben so wenig die Lage der Gräfin mildern. Vielmehr vernachlässigte der Graf seine Frau auch während dieses Wochenbettes gänzlich, und hielt sich bei der Hompesch, deren Gemahl verreißt war, auf; ja am Tage der Niederkunft selbst, die Abends erfolgte und die
149. 148. 150 man bereits seit früh Morgens erwartete, war der Graf nicht einmal zu Haus, sondern mit der Hompesch auf deren Landgut Micklen, wohin ihm ein Bote geschickt werden mußte. Eine Schwester der Gräfin, die während dieses Wochenbettes bei ihr wohnte, wird Zeugniß ablegen müssen, wie der Graf auch während dieser Entbindung seine Frau vernachlässigte und so lange die Hompesch in Micklen blieb, sich stets bei dieser aufhielt. Nicht nur daß die Gräfin der Hompesch in derselben Weise unterwürfig sein mußte, wie der Nesselrode — der Zwang wurde diesmal noch bei weitem brutaler!

Als nämlich der General Hompesch im April 1831 plötzlich gestorben war und die Gräfin Hatzfeldt im Oktober desselben Jahrs mit ihrem dritten Kinde in Wochen kam, weigerte sich von jetzt an die Hompesch für ihre Reputation besorgt, das Hatzfeldt'sche Haus, ohne ausdrückliche Einladung der Gräfin Hatzfeldt zu besuchen. Es war jetzt Sache des Grafen seiner Buhlerin diese Einladungen von seiner Gattin um jeden Preis zu verschaffen. Kam nun die Hompesch so ging sie gewöhnlich nicht zur Gräfin die in dem zweiten Stock
86. 446. damals wohnte, sondern sie ging eine kleine im Hof gelegene Hintertreppe hinauf, die zu den Zimmern des Grafen führte.

Umsonst wiedersetzte sich die Gräfin auf das Standhafteste so schimpflicher Zumuthung, die Hand zu bieten zu einem gegen sie gerichteten Betrug, und ihrem eigenen Gatten Gelegenheit zu machen. Durch wochenlange
149. 150. 148. Quälereien der grausamsten Art, durch fürchterliche Mißhandlungen endlich gelang es dem Grafen seine Gemahlin auch hierzu zu zwingen. Eine leider zu früh gestorbene Schwester der Gräfin, welche dieselbe öfters auf einige Zeit besuchte, die selige Frau von Loe hat oft der Gräfin unter Thränen ihre tiefste Entrüstung hierüber bezeigt. Sie hat aber auch eine andere noch lebende Schwester davon unterrichtet, welche auf den Eid gefordert, das Angegebene wird bezeugen können.

So wechselten wohl die Personen der Favoritinnen häufig, nur zu häufig aber das System blieb. Als der Graf 1830 auf 6 Monate nach Paris reiste und auf das mitleidige Fürwort der Großmutter, und um nicht gar zu sehr das Decorum außer Augen zu setzen, seine Frau mitnahm, konnte er es nicht einmal für diese kurze Zeit über sich gewinnen, seiner Gattin das Minimum von Aufmerksamkeit zu widmen, welches auf einer Reise und in der Fremde einer Frau um so unerläßlicher ist. Auch in Paris (im Hôtel de Prince, rue Richelieu) mußte sie getrennt von ihm wohnen, sie im Hinter-, er im Vorderhaus; die Vernachlässigung, die der Gräfin von ihrem Gemahle wiederfuhr, war so groß, daß sie selbst hier, wo in Sitten und Verhältnisse eine bei weitem größere Isolirung zwischen Mann und Weib, als in Deutschland begründet ist, Aufsehen erregte und allgemeines
178. 179. Bedauern für die Gräfin hervorrief. Der Graf ließ seine Frau stets allein, nie besuchte er mit ihr zusammen die Gesellschaft, sondern ging während deß seinem wüsten Treiben nach, die Folge davon war, daß er noch
178. während seines Aufenthalts in Paris eine venerische Krankheit bekam. Als diese glücklich geheilt war, reiste das Ehepaar nach Düsseldorf zurück. Aber hier brach in Kurzem eine neue venerische Krankheit aus, welche viele
180. 153. 145. Monate dauerte. Der Graf wurde von den Doktoren Müller und Zolling behandelt. Lange Zeit hiedurch
150. 151. hatte die Gräfin keine Ahnung, welche Art die Krankheit ihres Gemahles sei. Als sie aber einst den Dr. Müller befragte, woher es käme, daß im Zimmer des Grafen eine so unerträgliche Hitze herrsche und ihr jedesmal das Zahnfleisch blute, wenn sie es betrete, da theilte ihr der Dr. Müller, erschreckt die Gräfin unwissend über den Zustand ihres Mannes zu finden, die Beschaffenheit der Krankheit mit, warnte sie auf das ernstlichste vor Ansteckung und bat sie auch, die Kinder den Vater nicht umarmen zu lassen, weil die Krankheit so schlimm sei, daß eine Operation im Halse nothwendig werden könnte.

Ueberhaupt eben beinahe so regelmäßig wie der Baum jedes Jahr einen Ring ansetzt, hatte der Graf fast jedes Jahr eine venerische Krankheit. Ueber 5 bis 6 solchen Krankheiten können erwiesen werden; einer Maitresse (s. d. Abschn. über Ehebr. Ernestine Magnin) hat er einst durch Ansteckung den fürchterlichsten, qualvollsten Tod zugezogen. Es war in der Familie der Gräfin so bekannt, daß der Graf fast beständig an solchen
145.146.151.150. Krankheiten leide, daß keiner seiner Schwäger aus seiner Pfeife rauchen wollte. Eines Tags reichte er Herrn
181. 22. 182 v. Schreckenstein, der zu rauchen begehrt, eine seiner Pfeifen. Herr v. Schreckenstein in Gedanken vertieft nimmt sie; bald aber besinnt er sich wessen Pfeife er genommen, und er macht dem Grafen Hatzfeldt die ernstlichsten Vorwürfe, wie er der beständig Kranke ihm einem Familienvater eine seiner Pfeifen geben könne, bei seinen immerwährenden Krankheiten könne er selbst kaum wissen, ob er krank sei oder nicht. Man urtheile, welcher Gefahr die Gräfin durch die ewigen Krankheiten dieses Mannes, der 3 Kinder mit ihr zeugte, ausgesetzt war. Diese Gefahr lag so am Tage, der ausschweifende Lebenswandel des Grafen und sein noch ausschweifenderer Haß gegen die Gräfin war allgemein so bekannt, daß folgendes Gerücht sich bilden konnte, der Graf habe eines Tages eine Kupplerin beauftragt, ihm ein syphylitisches Frauenzimmer zu bringen. Einige Tage später, als er sich überzeugt, daß er angesteckt sei, habe er bei seiner Gemahlin geschlafen, unmittelbar darauf
183. 184. 185. habe er sich den Arzt rufen lassen um sich curiren zu lassen, seine Frau aber habe er fortwährend über seinen
186. 187. 188. Zustand ununterrichtet gelassen.

Durch eine Menge der glaubhaftesten und untereinander gar nicht bekannten Zeugen wird bekundet werden, daß seit einer Reihe von Jahren dies Gerücht von den verschiedensten Personen und zwar bis in die kleinsten Details auf das Genaueste übereinstimmend in den rheinischen Städten erzählt wird und Notorität genießt.

Endlich fing der Graf an auf ein Mittel zu sinnen, sich seiner Gattin gänzlich zu entledigen.

145. Schon im ersten Jahre der Ehe hatte die Gräfin ihrerseits an ihre Mutter geschrieben und sie auf das heißeste um eine Scheidung von ihrem Gemahl angefleht. Die Fürstin, welche die Vergehungen ihres Schwie-

gersohnes wohl kannte, hoffte dennoch, daß die Zeit ihn zu seiner Pflicht zurückbringen würde. Sie tröstete ihre Tochter mit dem Beispiele so vieler Ehen, die aus unglücklichen glückliche oder doch erträgliche geworden waren. Seit dem aber Söhne in dieser Ehe geboren waren, gab die Gräfin den Gedanken der Scheidung aus aufopfernder Liebe zu ihren Kindern auf, weil man ihr gesagt, daß die Söhne bei einer Scheidung, besonders ein Majoratserbe immer dem Vater verblieben.

In den letzten Jahren vor ihrem Tode fordert die Fürstin wiederholt, ihre Tochter möge zu ihr zurück- 145.146.149.148.
kehren, weil unter solcher Mißhandlung wie die Gräfin erleide selbst ihre Gesundheit und Leben zu Grunde gehen müsse; aber aus Liebe zu Alfred den der Graf der Mutter mitzugeben verweigerte, blieb die Gräfin zu Calcum und wies standhaft die Bitte der Fürstin zurück. Der Graf aber hatte seit dieser Erklärung der Fürstin einen solchen Haß auf dieselbe geworfen, daß, als dieselbe 1832 von der Krankheit befallen wurde, von der sie sich nicht mehr erheben sollte, und sie vor ihrem Ende ihre Tochter Sophie noch vor sich zu sehen
wünschte, der Graf mit beispielloser Härte seiner Gemahlin alles Flehens ungeachtet verweigerte zu ihrer ster- 146.
benden Mutter reisen zu dürfen. Die Fürstin starb, ohne daß ihre Tochter ihr die letzten Augenblicke erleichtern durfte. Jetzt war mit dem Tode ihrer Mutter 1832 (der Fürst Hatzfeldt war schon 1827 gestorben) die Gräfin aller ihrer natürlichen Schützern entblößt, die Brüder waren damals noch sehr jung und in andern Wirren hinlänglich beschäftigt, jetzt war der geeignete Augenblick eingetreten, wo der Graf seine Gemahlin ungescheut mit jeder Gewaltthat zur Befriedigung seines Willens zwingen konnte.

Es ward ihm immer unbequemer, so wenig Rücksicht er auch nahm, wie wir gesehen haben, vor den Augen seiner Gemahlin die unnatürlichsten Verbrechen zu begehen, bei der Rückkehr von seinen wüsten Ausschweifungen einem W. en zu begegnen, dessen Miene den Ausdruck stummen Vorwurfs an sich trug. Noch dazu konnte der Graf wohl ahnen, daß die Gräfin nicht ewig diesen rechtlosen und unwürdigen Zustand stumm ertragen, daß einst der Wille in ihr erwachen würde, ihre Rechte, die ihr gebührende Stellung in Anspruch zu nehmen. Darum galt es zuerst den Tadel auf sie zu werfen, mit dem die Welt stets den Namen einer von ihrem Gatten getrennt lebenden Frau begleitet; es galt durch den Schimpf der Separation das Vorurtheil der Welt gegen sie zu erregen, das dann leicht durch Anzettelung von Gerüchten und ähnlichen Manövers die wir im zweiten Abschnitt kennen lernen werden, bestärkt, vergrößert werden konnte, es galt sie zu discreditiren um wenn die moralische Kraft ihrer Existenz vernichtet war um so leichter sich jede Willkühr ungestraft zu erlauben und der einstigen Reclamation ihrer Rechte ungescheut Trotz bieten zu können!

So beschloß er denn sie zu zwingen, das eheliche Haus zu verlassen. Lange Zeit blieben alle die Mißhandlungen, die er anwandte, um sie zu seinem Zweck zu bestimmen, vergeblich. Endlich erreichte er ihn dadurch, daß er seiner Gattin drohte, wenn sie das Haus nicht verlasse, sämmtliche Kinder außerhalb desselben
erziehen zu lassen, ihr dagegen die beiden jüngern Kinder mitzugeben, wenn sie sich nach Berlin übersiedeln 145. 146. 149.
wolle. Die Bedingungen, welche in diesem, in der gegnerischen Klage sub Anlage 4 aufgelegten Abkommen stipulirt sind, erweisen selbstredend auf das Deutlichste, daß dies nicht ein Vertrag ist, geschlossen, wie die gegnerische Klage mit seltener Unverschämtheit glauben machen will, mit einer selbst auch nur im Geringsten schuldigen und schuldbewußten Frau; vielmehr zeigen sie, wie es der einzige Zweck gewesen, um jeden Preis und mit Aufgabe der wesentlichsten Rechte, in die nie ein Ehrenmann ohne förmliche Scheidung willigen würde, sich der unbequemen Gegenwart seiner Gattin zu entledigen. So giebt ja der Graf sogar darin (§. 2.) ausdrücklich das gesetzliche Recht auf, die Rückkehr seiner Gemahlin in's eheliche Haus gegen ihren Willen verlangen zu können; eine Bestimmung, in welcher deutlich liegt, wie der Graf selbst fühlte, daß es wenn auch gesetzlich doch moralisch gar nicht von seiner Frau verlangt werden könne, sich je wieder den Mißhandlungen, welche sie erduldet, auszusetzen. Er läßt ihr seinen Namen, seine beiden Kinder, und begibt sich jeder ehelichen Gewalt über sie; er sichert ihr auch ein Jahrgeld, welches — bestehend aus 6000 Thlr. Rente und außerdem den 4 % jährlich zahlbaren Zinsen des ganzen von der Gräfin eingebrachten Vermögens — wenigstens mit dem in jüngster Zeit geschehenen Anerbieten von 2400 Thlr. verglichen, wahrhaft glänzend zu nennen ist. Kurz, es ist aus Allem diesem auf das Deutlichste ersichtlich, daß dies ein Vertrag ist, geschlossen mit einer Frau, der man sich um jeden Preis entledigen will, der man aber in Wahrheit keinen begründeten Vorwurf machen kann, so gern man den Schein erregen mochte, weil es sonst solcher Concessionen nicht bedurft hätte. Jede andere Frau, besonders ein so genußsüchtiger und frivoler Charakter, wie ihn die Scheidungsklage der Gräfin andichtet, hätte mit ausgestreckten Armen nach einem Vertrage gegriffen, der sie plötzlich aus dem unerträglichen Zustande befreite, den wir geschildert haben, und sie vor der Willkür eines Mannes zu sichern versprach, der unausgesetzt die größten Abscheulichkeiten an ihr verübte.

Anders die Gräfin. Aus allen Kräften widerstrebte sie das Domizil ihres Gatten zu verlassen, an das
sie die Liebe zu ihrem Sohne Alfred gefesselt. Beweis dessen ein Brief ihrer Schwester, der Frau von Loe, 145.146.150.149.
aus dem Jahre 1836 (Anl. 2.), worin sie der Gräfin schreibt: „Wie oft sagtest Du mir, wie Dich der Ge- Anl. 2.
„danke erschreckte, so weit fortzuziehen, in die unbekannte Fremde, fern von jeder befreundeten Brust; auch „erinnere ich mich stets der Worte, welche Du mir schriebst, als man Dich überreden wollte nach Berlin zu „gehen: Laßt mich in einem Dorfe wohnen, aber nur in der Nähe von Alfred; nur daß ich „zuweilen sehen, ihn erreichen kann."

Aber grade auf diese Liebe zu ihren Kindern war es, worauf der Graf seinen Plan gebaut hatte, und darum mußte er gelingen. Der Drohung, sämmtliche Kinder von ihr im Weigerungsfalle zu trennen, konnte
die Gräfin nicht widerstehen. Um ihr einen Vorgeschmack einer solchen Trennung zu geben, hatte er der Gräfin 128. 8.
nach Wiesbaden, wo sie September und Oktober 1833 eine Cur brauchte, keines ihrer Kinder mitgegeben. Durch die Unterschrift des Vertrages konnte sie sich mit einem Federzug zwei ihrer Kinder verschaffen; so unterzeichnete denn in Wiesbaden die Gräfin und that einen Schritt, dessen Bedeutung sie damals noch nicht kannte. Es wurden ihr darauf ihre Kinder zugeschickt.

Damals bei den Verhandlungen, die geführt worden waren, die Gräfin zur Einwilligung in die Verlassung des maison conjugale zu bewegen, war es ein Mann besonders gewesen, welcher durch sein unablässiges Bemühen, durch die Scheinbarkeit seiner Gründe, durch den großen Ruf eminenten Verstandes, den er genoß und der jedem seiner Worte Gewicht und Bedeutung gab, und endlich durch eine historisch ihm eigenthümliche seltene Kunst der Unverschämtheit, Alles zu behaupten, Alles zu verlangen, und grade dadurch Alles durchzusetzen, hauptsächlich viel dazu beitrug, die Pläne des Grafen gelingen zu machen. Dieser Mann, der seitdem unausgesetzt der eigentliche Rathgeber des Grafen war, und einen zu fünesten und tief eingreifenden Einfluß auf diese Ehe ausgeübt hat, als daß er in dieser Historie der Hatzfeldt'schen Ehe nicht seine Stelle und Würdigung finden sollte, zumal der Graf Hatzfeldt in der Scheidungsklage auf die Briefe desselben als Beweisstücke sich zu berufen nicht scheut, war der Freiherr Maximilian von Loe.

Eitel nicht ohne bedeutendes Talent aber von noch weit größerer Pretension als sein Talent ihn berechtigte, im höchsten Grade ehrgeizig und herrschsüchtig aber mit zu geringen Vermögensmittel begabt um die Stellung wirklich einzunehmen, die er beanspruchte, ein Widerspruch der ihn später zum Wahnsinn trieb — war es der einzige Zweck seines rastlosen Strebens durch die Erringung eines unbegrenzten Einflusses auf seine Standesgenossen die Bedeutung und Stellung zu gewinnen, welche ihm seine eigenen höchst mittelmäßigen Verhältnisse versagten. Er benutzte die Privatangelegenheiten seiner mächtigern Standesgenossen das Ansehen in dem seine Persönlichkeit bei ihnen stand um sich ihrer Stimmen und Geister, ihrer blinden Anbetung für alle allgemeinen Fragen zu bemächtigen, und so die Stellung des politischen Parteiführers einzunehmen, die er Volk und Regierung zugleich gegenüber der begeisterte Wortführer der Aristocratie lange wirklich zu behaupten wußte. Was konnte einem Ehrgeizigen dieser Gattung gelegeneres kommen als die aus geistiger Unfähigkeit hervorgehende Rathlosigkeit und Hülfsbedürftigkeit eines rheinischen Fürsten, der einer der ersten im Rang und Vermögen grausam und schwach zugleich stets eine Leitung brauchte und stets ein Spielball in den Händen derer war, die ihn zu leiten wußten. So lieh denn der Freiherr von Loe dem Grafen Hatzfeldt seinen Geist und Talent und Entschlossenheit und wenn es nöthig wurde, die Autorität seines Namens zu den jetzt beginnenden Verfolgungen seiner unglücklichen Gemahlin. Ein Vorwand zu interveniren war für Hrn. von Loe ebenfalls vorhanden, denn er hatte eine Schwester der Gräfin zur Frau. Das Vertrauen was die Gräfin zu dieser ihrer Schwester hatte, ging eine Zeitlang auf ihn über und er wußte dies unter dem Schein nur das Glück der Gräfin selbst vor Augen zu haben schlau genug dahin zu abusiren, sie zum Eingehen in die Pläne des Grafen zu bestimmen.

Wie es die Umstände erforderten bald den Wünschen der Gräfin scheinbar nachgebend bald auch sie offen brusquirend und die große Kunst des Imponirens die ihm in seltenem Maaße zu Gebote stand hier wie überall mit Erfolg anwendend, wußte er stets den Absichten des Grafen trefflich in die Hände zu arbeiten.

Natürlich trat zuletzt die wahre Physiognomie und Beschaffenheit seiner vorgeschützten Theilnahme Gräfin deutlich unter der Larve hervor und die Complicität des Hrn. v. Loe an dem Unglück und de[n Miß]handlungen der Gräfin war in der ganzen Familie allgemein bekannt. Schlagend ergiebt sich die Wahrheit des Gesagten aus dem Briefe der Frau v. Landsberg einer Schwester der Gräfin an dieselbe worin die ganze eben gegebene Schilderung in einen einzigen Satz höchst treffend zusammengedrängt ist. In einem noch weiter
Anl. 3. unten zu citirenden Briefe sub 3 aus dem Jahre 1841 in welchem Frau v. Landsberg ihrer Schwester mittheilt, sie glaube der Graf werde jetzt endlich seine große Verirrungen einsehend sein Betragen ändern, schreibt sie: „Ich habe aber jetzt Hoffnung, daß er (Hatzfeldt) es redlich meint; sein böser Geist Loe ist nicht da."

Er war in der That der böse Geist dieser Ehe. Die Familie hat dies auch laut anerkannt, und ihn als Miturheber des Unglücks bezeichnet. Als Hr. v. Loe 1840 zur Huldigung nach Berlin kam, verweigerte seine Schwägerin die Gräfin Nostitz ihn bei sich zu empfangen, indem sie unumwunden die schlechte Rolle, die er in Hatzfeldt'scher Ehe gespielt als Grund angab. Sie brachte es durch ihren Einfluß sogar dahin, daß auch der
148. Fürst von Wittgenstein, Herr v. Rochow und die russische Gesandtin Frau v. Meyendorff aus demselben
149. 150. Grunde ihm den Zutritt in ihre Häuser untersagten. Selbst das Glück der Loe'schen Ehe wurde heftig getrübt durch die Unverantwortlichkeit seiner Handlungsweise gegen die Gräfin. Seine Frau Helene nahm sich dieselbe nur zu sehr zum Herzen, sie machte ihm unausgesetzte Vorwürfe und der Gram hierüber nagte gewaltig an ihrem Leben.

Es ist also überaus thöricht, wenn der Graf Hatzfeldt, wie er gethan durch Vorlegung der Briefe und Vota dieses seines bösen Dämons, sowie durch die darin enthaltenen Urtheile über die Gräfin gegen dieselbe präjudiciren will, und grade deshalb hat diese etwas ausführliche Erörterung finden müssen.

Vielmehr geht selbst aus diesen vom Grafen Hatzfeldt mitgetheilten Aktenstücken die Stellung und Glaubwürdigkeit des Herrn von Loe am Deutlichsten hervor. In dem Separatvotum (Anlage 48 der gegnerischen Klage) des Herrn von Loe aus dem Februar 1841, zu einer Zeit, wo, wie dies das Votum selbst enthält, alle Brüder und Schwäger der Gräfin einstimmig erklärten, der bestehende Zustand (die Calcumer, Schönsteiner Gefangenschaft) dürfe nicht länger fortdauern, die Behandlung der Gräfin sei auf's Höchste unpassend, die Stellung, die man ihr eingeräumt, durchaus falsch; in demselben Votum, wo Herr von Loe dies Alles als Meinung der Familie selbst anerkennt, stemmt er mit seltener Insolenz sich allein der ganzen Familie gegenüber, behauptet allein, daß keine Aenderung eintreten dürfe, spricht der Familie in den schneidensten fast beleidigenden Ausdrücken das Recht ab, sich in die ehelichen Verhältnisse des Grafen Hatzfeldt zu mischen, und erklärt endlich:

„daß er sich hiermit für die Zukunft von jeder gemeinsamen Mitwirkung in dieser Angelegen„heit lossage, über diesen Gegenstand mit den übrigen Mitgliedern der Familie ferner„hin weder schriftlich noch mündlich verhandeln (!) und sich blos darauf beschränken werde, „Graf und Gräfin Hatzfeldt Rathschläge zu ertheilen."

Nur von der Familie also will er nichts wissen, weil diese bereits sein Treiben durchschaut hatte. Als daher die Brüder und Schwäger im Mai 1841 nach Düsseldorf kamen, um die Gräfin definitiv aus ihrer damaligen Gefangenschaft zu befreien, und es in Düsseldorf zu Verhandlungen kam, bestanden sie fest darauf, daß
145 146. der gegenwärtige Max von Loe, ehe die Verhandlungen begönnen, das Zimmer verließe. Ebenso war er der Einzige, welcher von der Conferenz in Altenkirchen durch die Familie ausgeschlossen wurde, und den Altenkircher Vertrag daher nicht mitunterschrieben hat. Noch bezeichnender ist, daß der Graf Hatzfeldt im Stande ist (Anl. 49 seiner Klage), Abschrift eines Briefes des Herrn von Loe an die Gräfin mitzutheilen; dies ist

nicht anders möglich als dadurch, daß Loe gleich damals, als er jenen Brief schrieb, dem Grafen Abschrift davon mittheilte; aus welchem noblen Manöver sich am Besten ergibt, wie Loe gegen die Gräfin conspirirte, und wie es blos darauf ankam, ihr durch Darstellung ihrer Lage als einer verzweifelten den Muth zu nehmen, sie mürbe zu machen, oder dem Grafen Waffen gegen sie in die Hände zu liefern.

Wollte daher der Graf seine Gemahlin auf recht plumpe Weise übertölpeln, ihr einen empfindlichen Schaden zuziehen, und dennoch dabei einen Schein von Loyalität fingiren, so hatte er nur nöthig, mit Umgehung der Brüder und unter Zuziehung der Schwäger Loe und Landsberg oder Schreckenstein einen beliebigen Akt, Pact, Erklärung, Circular rc. rc. in die Welt zu schicken. v. Loe war seine zu Allem bereite Creatur, und Hr. v. Landsberg, ein gutmüthiger aber äußerst schwacher Mensch, ließ sich durch Loe zu Allem überreden, seiner Autorität blindlings folgend. So entstanden denn die saubern Verträge und Erklärungen (Anl. 2, Anl. 4, Anl. 6, Anl. 7, Anl. 13, Anl. 53 der gegnerischen Scheidungsklage), zu denen nie einer der Brüder der Gräfin wohlweislich zugezogen war, und mit welchen die Scheidungsklage gegen die Gräfin präjudiziren will.

Dieser ungeschickte Versuch zerfällt in sich, wenn wir sehen, daß die Brüder schon vor vielen Jahren auf das offenste aussprachen wie der Gräfin von ihren Schwägern durch solche Machwerke und ihr Wirken überhaupt das größte, gewissenloseste Unrecht zugefügt worden sei. So schreibt der Fürst Hatzfeldt den 23. Febr. 1838 an den Grafen selbst (die von der Hand der Gräfin Nostiz genommene Abschrift dieses Briefes liegt sub Anl. 4 bei. Anl. 4.

Lieber Freund!

„Ich habe Loe und Landsberg auf Ihre mir in jener unglücklichen Angelegenheit neuerdings „zugesandten Erklärungen nur antworten können, daß ich ganz und gar nicht ihrer Meinung sei, „und überhaupt mit ihnen in dieser Sache nichts zu thuen haben will (!); durch das „Einwirken der Herren Schwäger ist meiner Ansicht nach die Sache nur bisher verfahren „worden, daran will ich keinen Theil haben; als dein Freund als Sophiens Bruder und nebst „Max einzigem Beschützer, werde ich handlen wie mein Gewissen es mir vorschreibt rc.“

Es ergiebt sich hieraus wohl klar welcher Werth jenen nur den einseitigen Willen und die einseitige Beschuldigungen des Grafen enthaltenden sogenannten „Familien-Erklärungen,“ beizulegen ist, die nur unterzeichnet waren von einem Schwager, der seine Creatur, und einem Andern der seine Dupe war!

... ren von dieser Abschweifung die nöthig war einen Helfershelfer des Grafen, auf den dieser sich ... ne Autorität berufen will zu charakterisiren und manches Folgende zu erklären zurück.

Der Zeitraum von 1833 bis zu dem heutigen Tage den wir nunmehr zu schildern haben ist von den grausamsten und schändlichsten Verfolgungen aller Art angefüllt.

Unausgesetzt giebt der Graf seine Gemahlin durch gänzliche Geldentziehung drückender Noth und Elend Preis; auf das wiederholteste raubt er ihr heimlich und gewaltsam ihre Kinder um durch einen Mißbrauch getrieben mit dem heiligen Gefühle zärtlichster Mutterliebe, das selbst der Schlechteste sonst achtet, die Gräfin zur Einwilligung in die von ihm gewünschte Scheidung zu zwingen, er verweigert fortgesetzt, sie bei sich aufzunehmen; dann wieder fordert er sie zur Rückkehr auf, und wenn sie Folge leistet, überschüttet er sie mit Mißhandlungen der himmelschreiendsten Art; er bringt sie in einen Zustand von Sequestration, verweigert ihr selbst die ärztliche Hülfe und Medicamente, alle Versöhnungsversuche weist er zurück, alle gegebene Ehrenworte bricht er, er beleidigt seine Gattin öffentlich, er gebraucht die ehrlosesten Mittel. Alles, wie der Fürst Hermann v. Hatzfeldt in einem weiter unten beigefügten Aktenstücke selbst bekundet „in der Absicht sie durch „Mangel und Entbehrung rc. rc. zur Scheidung zu zwingen,“ eine Scheidung, welche die Gräfin, aus Liebe zu ihren Kindern um keins derselben zu verlieren mit der Standhaftigkeit eines Märtyrers zurück wies. Wie die Gräfin nur aus Liebe zu ihren Kindern die Scheidung verweigerte, ergiebt sich am besten aus den von der gegnerischen Klage sub Anl. 7 u. 8 mitgetheilten Scheidungsentwürfen, es geht nämlich aus den Aussetzungen welche die Gräfin Anl. 8 macht, hervor wie sie als sie einen Augenblick lang so gebeugt war in eine Scheidung willigen zu wollen, sich mit den finanziellen Bedingungen (der kärglichen und den Rechten ihrer Gütergemeinschaft durchaus nicht gleichkommenden Rente von 8000 Thlrn. rc. rc.) begnügt“ und wie nur die Beschränkungen ... heidung ihrem Verkehr und Zusammenleben mit den Kindern aufzulegen beabsichtigte — wieder- ... rse um diesen Punkt an dem die Gräfin mit aller Kraft und Energie der Mutterliebe hielt, — die Entwürfe nicht zur Ausführung kommen ließ.

All diese schmachwürdigen Mißhandlungen sollen jetzt in ihren Einzelheiten nachgewiesen, durch die Original-Briefe des Grafen selbst, durch die sämmtlichen Familien-Mitglieder und durch den erschöpfendsten Zeugenbeweis erhärtet werden. Der Briefwechsel der Verwandten wird deshalb vielleicht ein wenig ausführlich mitgetheilt werden, um die unglaubliche Hinterlist herauszustellen, mit welcher der Graf seine Verfolgungen betrieb.

1836 hatte der Medizinalrath Guggert in Baden der Gräfin nachdem sie eben von einer bedenklichen Krankheit sich in etwas erholt hatte, das Gutachten ausgestellt, daß sie auf das schleunigste eine Reise nach dem Süden antreten müsse, wenn nicht unheilbare Krankheit die Folge sein solle.

Die sub Anlage 5 anliegende von der Hand der Frau von Loe herrührende Abschrift dieses Gutachtens, die schleunige Reise der Gräfin ist darin von Guggert als eine Gewissenspflicht bezeichnet. — Anl. 5.

Der Medizinalrath Nasse in Bonn wurde darüber consultirt; sein Rath war derselbe und fiel noch peremtorischer aus, die Familie theilte dies dem Grafen mit, er weigerte sich obwohl Nasse den bestimmten Tod in Aussicht stellte, die Geldmittel zur Reise zu bewilligen. Frau v. Loe schreibt darüber sub Anl. 6. 192. 191. Anl. 6.

„Das wiederholte Attest von Nase hat mich sehr geschmerzt, ja ich möchte beinah sagen gegen ihn aufgebracht, „denn er, der die Verhältnisse zu Hatzfeldt persönlich auch kennt müßte sich doch sagen, daß so lange du nicht ‚geschieden und von einem Manne abhängig, mit welchem Du à couteau tiré stehst, es eben so wenig von Dir „abhängt, eine solche Reise zu unternehmen, als wenn er dieselbe einer armen Taglöhnerin verschriebe. „„Wie grausam und unvernünftig würde man es aber von einem Arzte finden, wenn er einer solchen armen „Frau sagte, ihr könntet gerettet werden, wenn ihr Geld hättet und nach Italien reisen könntet, nun aber „müßt ihr sterben, weil ihr zu arm dazu seid. Nur eine Scheidung könnte Dir die Mittel zu der Aus„führung und den Nutzen der Reise geben; „et à ce prix vous n'en voulez pas vous même.“

Die Gräfin konnte von der Pension die sie erhielt (6000 Thaler trotzdem sie zwei Kinder bei sich hatte) natürlich eine so weite Reise nicht bestreiten. Die Verwandten drangen eifrig in sie, diese Reise, die

149. 150. 148. 146. zu ihrer Gesundheit so unerläßlich, anzutreten. Wenn sie erst in Italien sei, hofften sie die Mittel zur Rückreise vom Grafen auf eine oder die andere Weise zu extrahiren. Um die Reise nur antreten zu können, mußte die Gräfin in Frankfurt am Main einen Schmuck verkaufen. Nach langem Bemühen erlangten dann die Verwandten 2000 Thlr. vom Grafen, aber nur gegen eine Quittung der Gräfin, in welcher sie dieselbe als von ihrer Mitgift zurück gezahlt anerkennen mußte.

146. ꝛc. Unter solchen Beschränkungen und der vielfachen Unruhe konnte der sehr kurze Aufenthalt in Italien natürlich von keinem Nutzen sein und die Aerzte wiederholten im Winter 1837 dringend ihr Gutachten. Ihrem

Anl. 7. Rathe schloß sich diesmal noch der Dr. König in Köln an, dessen Gutachten beiliegt (s. Anl. 7.) Aber es

190. war wiederum nicht zu erlangen von einem Gatten, dessen Bemühungen darauf gerichtet waren, das Leben seiner Gattin durch Qual und Mißhandlung, durch Verweigerung der von den Aerzten nothwendig erachteten Maaßregeln, ja wie wir weiter sehen werden, durch Verweigerung jeder ärztlichen Behandlung zu verkürzen!

Anl. 8. Frau von Loe schreibt darüber (s. Anl. 8.):

„Von der andern Seite aber hat mich das Zeugniß von Dr. König sehr betrübt. Warum „muß doch gerade das Mittel, welches unerreichbar (!) als das Passendste zur Wiederherstellung „Deiner Gesundheit ausgesprochen werden! es ist recht traurig und ich bin froh, daß ich nicht wieder „in dem Falle bin wie voriges Jahr rathen zu müssen, da Du ja selbst entschlossen bist, daß davon „(nämlich von der Reise) keine Rede sein soll."

Als die Reise dennoch absolut nothwendig wurde, wandte sich die Gräfin bittend an ihre Verwandten,

Anl. 9. das Geld ihr vorzuschießen. Frau v. Loe schreibt ihr darüber (Anl. 9.):

„Landsberg braucht ja blos auf der Bank in Münster das Geld aufzunehmen und für Dich „mit seinem Namen gut zu stehen, daß es in 6 Monaten zurück gezahlt wird. Freilich wird er bis „dahin die Interessen zahlen müssen, doch die sind ja gering und er bekommt sie wieder. Ich kann „Dir versichern, daß, wenn ich Herr meines Vermögens wäre, so wollte ich es gern drauf wagen, „obgleich ich das Geld nicht anders bekommen könnte, als beim Banquier, wo immer Verlust und hohe „Prozente. Nur bitte ich Dich, mache Dir keinesfalls Sorge wegen des Geldes. Du hast ja schon „Kummer genug, ohne Dir unnützen zu machen; ich verspreche Dir, daß Du es bekommen sollst."

So war die Gräfin Jahr für Jahr genöthigt, wo es sich um Ausgaben handelte, die für ihre Gesund-

190. 191. 192. heit so wie für ihr Leben selbst gebieterisch von drei der renommirtesten Aerzte gefordert waren, sich bettelnd an die Milde und Gefälligkeit ihrer weit weniger begüterten Verwandten zu wenden.

Die Scheidungsklage des Grafen hat die für Jeden der die Verhältnisse kennt unglaubliche Insolenz gehabt, die Gräfin als eine verschwenderische, liederliche und zur Bestreitung ihres Aufwandes schuldenmachende Frau hinstellen zu wollen. Zum Beleg dessen sind (2—3) Wechsel mitgetheilt worden, welche die Gräfin in Wien und Baden aufgenommen. Nur ist dabei verschwiegen worden, daß diese Gelder von der Gräfin immer nur aufgenommen worden, nachdem der Graf sie 6—12 Monate lang mit ihren Kindern ohne jede Alimentation gelassen und somit dem größten Elend ausgesetzt hatte; daß der Graf somit keinerlei Recht hat ihr die völlig loyalen Schulden, zu deren Contrahirung er sie zwang, vorzuwerfen, wie denn auch ihre eignen Brüder sie oft darin unterstützt haben, Geld bei fremden Leuten aufzunehmen, wenn der Graf ihr den Unterhalt entzog, (s. mehre Briefe des Fürsten Herrmann und Grafen Max weiter unten.)

Ueber den angeblichen „verschwenderischen Hang" der Gräfin wird es genügen, einen Brief der Frau

Anl 10. von Loe aus der Zeit der eben erwähnten italienischen Reise 1837 anzuführen. Sie schreibt (Anl. 10.):

„Mitleid, Kummer und Aerger kämpfte dabei in meinem Innern, auch Unzufriedenheit mit Dir „meine liebste Sophie, daß Du aus so nichtigen einfältigen Gründen so gewaltthätig, ja frevelhaft „Dein Leben in Gefahr bringst. Ich bitte und beschwöre Dich meine liebe Schwester, um Gottes wie „Deiner Kinder willen, gehe nicht so leichtsinnig mit Deiner Gesundheit um. Es kommt vielleicht noch „eine Zeit, wo Du die Jahre zurückwünschest um die Du Dich jetzt bringst, und wenn auch nicht für „Dich selbst, wenn auch nicht aus Neigung zum Leben, so denke doch, daß Du dieses so lange tragen „und verlängern mußt, als der liebe Gott es Dir möglich macht, daß Du für Dein Leben besorgt „sein sollst um es zu erhalten, wenn es Dir auch noch so unnütz und werthlos erscheint; ich glaube „Stollberg sagt sehr wahr, der Werth der Zeit (also auch des Lebens) sei unendlich, denn damit „erkauft man die Ewigkeit. Deine Geldsorgen, deine Furcht vor Schulden und die dar„aus entstehende unvernünftige Oeconomie und Lebensart, sind wirklich bei Dir „zu einer närrischen Idee fixe geworden. Du bist doch sonst nicht so furchtsam und leicht „einzuschüchtern mais vela tient vraiment de la folié, (das gränzt wirklich an Wahnsinn.) Willst „Du meinen Rath befolgen und ich habe Dir noch keinen schlechten gegeben, so versagst Du Dir „nichts gar nichts, was zu Deiner Gesundheit, also Wohnung, Equipage, Nahrung, Kost, anstän„dige Lebensart, Aufwartung nöthig und nützlich."

Weit entfernt also, eine Verschwenderin zu sein, war es sogar nöthig, der Gräfin ernste Vorwürfe über ihre Gesundheits gefährdende „unvernünftig öconomische Lebensart" zu machen, zu der sie der niedrige Geiz des verschwendrischen Gemahls herabgedrückt hatte.

Schon bis zum Jahre 1836 hatte sich der Graf Hatzfeldt so viele in der Familie notorische Infamien gegen die Gräfin zu Schulden kommen lassen, daß bereits damals Frau von Loe an Hrn. von Landsberg schrieb: es müsse eine Art von Familienacht über ihn verhängt werden; und Hr. v. Landsberg ihr antwortet: er sei au fond damit einverstanden, und ergreife diese Maaßregel nur aus Rücksicht für die Gräfin nicht, um nicht durch entschiedenen Bruch mit ihrem Gemahl ihr gänzlich unnütz zu werden. Dies geht aus seinem im Original sub Anl. 11 beiliegenden Brief an Frau von Loe offen hervor.

„So äußern Sie die Meinung (schreibt er 4. Dezb. 36) Loe, ich, kurz wir Alle hätten „längst müssen Hatzfeldt ganz aufgeben. Keiner von uns wird den geringsten An„stand nehmen, diese Maaßregel zu ergreifen, so bald Jemand garantirt, daß sie zur „Wiedervereinigung führt; ich bin aber überzeugt, daß sie Hatzfeldt eher erbittern würde; und

„wer könnte dann noch mit ihm hinsichtlich der Kinder oder sonstiger Wünsche von Sophie noch mit „ihm etwas unterhandeln?! und wäre nicht zu fürchten, daß nur solche Leute, die gar kein Interesse „für Sophie nehmen, seine Rathgeber würden!"

Den Januar des Jahres 1838 eröffnet der Graf Hatzfeldt mit drei neuen wohlberechneten und tödtlichen Angriffen auf seine Frau, die, in Baden-Baden befindlich, eben eine lange und bedenkliche Krankheit beendigt hatte. Ohne sie aufzufordern, zu ihm zurückzukehren, entzieht er ihr die Sustentationsmittel gänzlich; zu gleicher Zeit läßt er ihr heimlich und räuberisch durch Herrn Dir. Wachter den Sohn Paul entführen. Zu gleicher Zeit will er ihr durch einen niedrigen Betrug die Tochter Melanie entreißen, welche die Gräfin auf kurze Zeit während ihrer Krankheit der Frau von Landsberg unter dem von ihr und dem Grafen Hatzfeldt selbst genehmigten Beding anvertraut hatte, sie nur der Mutter zurückzugeben.

Das Erste wird bekundet durch einen Brief des Grafen Max von Hatzfeldt (Anlage 12) vom 14. Januar 1838: Anl. 12

„Ich muß Dich benachrichtigen, daß ich mich gleich nach Empfang Deines letzten Briefes mit „Deiner Vollmacht zum Banquier Wagner begeben habe, um das Geld für den 1. Februar zu er„heben, von demselben aber zur Antwort erhalten habe, er habe seit Mitte Januar Anweisung, keine „Zahlungen mehr zu leisten. Ich habe Herrmann hiervon benachrichtigt."

Die Entführung Paul's trug sich also zu: Unter falschen Namen waren Herr Direktor Wachter und Verwalter Höller nach Baden-Baden gekommen und hatten heimlich die Wärterin Paul's, eine Frau Jansen, bestochen, sammt dem 7jährigen Kinde unter dem Vorwand eines Spaziergangs sich vom Hause zu entfernen und mit ihnen durchzugehen. Abgesehen von der Niederträchtigkeit des Streiches beging man dabei noch die unverantwortliche Grausamkeit, eine Mutter gänzlich in Unwissenheit über das Schicksal ihres plötzlich und unerklärlich entschwundenen Kindes zu lassen. Mit namenloser immer steigender Angst wartet die Gräfin die Rückkehr der Wärterin und des Kindes ab. Lange, qualvolle Stunden von Morgens 9 bis Nachmittags 3 Uhr vergehen, ohne daß die Gräfin die geringste Nachricht über ihr spurlos abhanden gekommenes Kind erhält. Endlich hört sie, man habe die Wärterin sammt dem Kinde in Begleitung eines Mannes die Stadt verlassen sehen. Nach der Beschreibung des Mannes erkennt die Gräfin den Wachter; sie ahnt den Zusammenhang. Obgleich als Reconvalescentin noch an das Bett gefesselt, fährt sie sofort mit Courier nach und schickt einen reitenden Boten voraus mit der Nachricht an die Posthalter, dem Räuber ihres Kindes keine Pferde zu geben. Von 3 Uhr Nachmittags — in der fürchterlichsten Kälte, es war am 1. Januar — fährt die Gräfin die ganze Nacht durch und erreicht in Hattersheim Morgens 6 Uhr den Wachter, dem der Posthalter eben die Pferde verweigert. Der Anblick des aufgebrachten Publikums, das sich unwillig um den Wagen drängt, hält Hrn. Wachter ab, der Mutter das Kind gewaltsam vorzuenthalten. Er gibt es ihr zurück. Aber im Bewußtsein ihres guten Rechtes verschmäht die Gräfin ihrerseits dem Wachter das Kind wie eine Beute abzunehmen und damit zurückzukehren. Sie will sich nicht nur faktisch in den Besitz setzen, sondern ihr Recht auch anerkannt sehen. Sie reist daher sofort mit Paul, von Herrn Wachter begleitet, nach Altenkirchen, und läßt von hier aus ihrem Gemahl nach dem 2 Meilen entfernten Schönstein durch Wachter melden, sie sei mit ihrem Sohne da und bereit mit demselben nach Schönstein zu kommen.

191. 194. 195. 196. 145. 146. 148.

197. 145. 146. 148. 198.

Der Graf aber fühlt den Muth nicht in sich, den Anblick der so tief beleidigten Frau zu ertragen. Er läßt ihr durch Wachter zurück sagen: er erkenne vollkommen ihr Recht an, ihr Kind zu behalten; sie möge sich nur wieder mit demselben entfernen.

Die Gräfin kehrt mit Paul nach Baden zurück; aber kaum hier angelangt, rächt sich die durch übergroße Anstrengung und Gemüthsaufregung erschöpfte Natur. Unter dem heftigsten Anfall von Brustkrämpfen und Blutspeien sinkt sie zusammen; gleichzeitig muß ihr an Arm und Fuß zur Ader gelassen werden. Drei Wochen schwebt sie in der äußersten Todesgefahr, und hat von diesem Augenblick an zeitlebens als Folge dieser unerhörten Schandthat ihres Gemahls eine nun gänzlich zerstörte Gesundheit behalten. 191.

In der Untersuchung, die gegen Herrn Wachter ex officio eingeleitet wurde, hatte die Gräfin die unGroßmuth, ihr Zeugniß zu verweigern und so ein vielleicht gefährliches Resultat von dem Haupte dieses abzuwenden.

Auch die Familie war auf das Aeußerste über diesen Vorfall entrüstet, und es wird nützlich sein, denselben durch die Prädikate zu charakterisiren, die ihm die Familie gibt.

Graf Max schreibt den 15. Januar 1838 (s. Anl. 13): Anl. 13.

„Deine beiden Briefe sind mir richtig zugegangen, meine liebe gute Sophie. Durch die „Zeitungen war schon ein Paar Tage vorher die Entführungsgeschichte Deines Kindes hier verbreitet „worden, allein ich ließ mir nicht im Traume einfallen, daß sie wahr sein könne, sondern hielt es für „eins von den tausend Zeitungsmärchen. Wie sehr mußte ich daher durch die mir von Dir über das „fast unglaubliche Ereigniß gegebenen Nachrichten überrascht werden. Es läßt sich kein dümme„res und zugleich weniger würdiges Verfahren denken, als das von Hatzfeldt „beobachtete. Gott sei Dank jedoch, daß die Sache so abgelaufen ist, denn hätten sie es klüger „angefangen, so hätte dieser abscheulich schlechte Streich doch höchst unangenehme Folgen „haben können. Ich will nur hoffen, daß Deine Gesundheit durch die Gemüthsbewegungen und an„gestrengte Reise nicht wieder gefährdet werde."

Ebenso schreibt die Gräfin Nostiz 14. Januar 1838 (Anl. 14): Anl. 14.

„— — — Hatzfeldt hat sich wieder schändlich benommen; er ist beinah schlim„mer als ein Straßenräuber. (!) Hier erregt die Sache allgemeines Interesse für Dich, denn „leider ist die Sache sehr laut geworden. Das einzige Gute ist, daß gewiß Jeder gegen Hatzfeldt „empört sein muß."

Und noch viele andere derlei Briefe. Aber es blieb auch bei den Briefen!

Der gleichzeitige Entführungsversuch Melanie's trug sich also zu: Der Graf hatte Ende Dezember 1837 die Tochter auf einige Tage zum Weihnachtsfest von Frau v. Landsberg, zu welcher sie die Gräfin ihrer Krankheit wegen mit dem ausdrücklichen, von Herrn und Frau v. Landsberg eingegangenen und vom Grafen genehmigten Beding gegeben, daß sie nur ihr, der Gräfin selbst, wieder überantwortet würde, ausgebeten, und als **Melanie** ihm darauf überschickt worden, eröffnete er der Frau v. **Landsberg**, ihr seine Tochter nicht mehr zurückgeben zu wollen.

Anl. 15. Frau von Loe schreibt darüber der Gräfin unter dem 16. Januar 1838 (Brief No. 15):

„So eben, meine arme, liebe **Sophie**, erhalte ich Deinen Brief vom 12., und eile Dich „über **Melanie** zu beruhigen; sie wird ganz bestimmt binnen Kurzem wieder hier sein, und **Her-** „**minie** (Frau v. **Landsberg**) hat sich so energisch in der Sache benommen, wie Du es nur „wünschen kannst; **es ist leider nur zu wahr, daß Hatzfeldt auch sie hat um das Kind** „**betrügen wollen**; doch ist es ihm eben so wenig gelungen wie mit **Paul**. Du kannst denken, „in welche Angst und Bekümmerniß uns die erste Nachricht von **Hatzfeldt** an **Herminie** versetzte, „**daß er Dir Paul habe wegnehmen lassen, und auch** — zwar mit vielen schönen Phrasen „und Entschuldigungen gegen **Herminie** bemäntelt — **entschlossen sei, auch Melanie zu be-** „**halten**, und sie mit nach Schönstein ginge. **Herminie** war wüthend und schickte ihm sogleich „eine Stafette (**Landsberg** war noch in Berlin), wo sie auf das Dringendste und Ernstlichste „darauf bestand, er müsse ihr das Kind auf der Stelle wieder geben, sonst würde **Landsberg** sich „als **Mann von Ehre** genöthigt sehen, es zu verlangen; sie sei gegen Dich auf das Gewissen- „hafteste verpflichtet, und **er habe diese Verpflichtung gekannt und gut geheißen**, da er „**seine Zufriedenheit mit dem Arrangement geäußert**; nur Dir würde er das Kind wie- „dergeben, enfin toutceque vous pouvez desirer à ce sujet. Mit derselben Stafette bekam sie „auch die Antwort, sein Plan mit **Paul** sei mißglückt, und so würde er **Melanie** nun ebenfalls „zurückschicken."

Der Graf hatte es also auf nichts weniger abgesehen, als mit einem Schlage seiner kranken Frau beide Kinder heimlich und hinterlistig und allen Lebensunterhalt zu entziehen.

Die Geldentziehung dauerte auch in der That fort vom 1. Januar 1838 bis 29. Dezember 38. Die eigenen Brüder der Gräfin suchten der von allen Mitteln entblößten Schwester auf jede Weise Geld aufzu-

Anl. 16. treiben. Im Juni 1838 schreibt der Graf **Max** (Anl. 16):

„Ich habe so lange Anstand genommen, meine liebe **Sophie**, Deinen letzten Brief zu be- „worten, weil ich hoffte, Dir selbst meine Ankunft anzeigen zu können oder Dir aber ein „**Resultat hinsichtlich des Geldauftrages, den Du mir gegeben, zu ertheilen**. Ich „**habe mir alle mögliche Mühe gegeben, das Geld für Dich aufzutreiben, habe** „**mit Gott und aller Welt conferirt, und meinem eignen Banquier die Sache als** „**einen Dienst für mich an's Herz gelegt; allein Alles war vergebens.** Niemand will „sich auf das Geschäft einlassen, wie Du auch aus dem beiliegenden Briefe, den mir ein Banquier „in dieser Angelegenheit schrieb ersehen wirst."

Endlich gelang es der Gräfin selbst 5200 Thlr. in Baden bei dem Banquier **Haldenwang** u. **Close** daselbst aufzunehmen, indem ein Bekannter von ihr, dem die unwürdige Behandlung der gequälten Frau Theilnahme einflößte, der Graf **Corberon**, Burgschaft für sie leistete. Und diese Schuld ist es, welche der Graf in der Ehescheidungsklage als einen Beleg der Verschwendung seiner Gattin geltend macht.

In der Unterstützung aber, die, wie sich aus dem eben angeführten Schreiben des Grafen **Max** ergibt, dieser in eben jener Zeit seiner Schwester zur Auftreibung von Geldmitteln leistete, liegt der beste Beweis, daß diese Schuldcontrahirung durch das eigene Betragen des Grafen unabweislich nothwendig gemacht worden war, daß sie somit der Gräfin nicht zum geringsten Vorwurf gereicht und nur auf den Grafen selbst zurückfällt, der Frau und Kind gänzlicher Noth aussetzt und sie dadurch zu der Erniedrigung zwingt, bei fremden Leuten das Geld zu ihrem Unterhalte aufzutreiben. Graf **Max** war so sehr mit dieser so loyalen Schuld einverstanden, daß er, als Graf **Hatzfeldt** sich weigert, die Summe an den Banquier **Close** zu zahlen, ganz wie der Graf **Corberon** seinerseits (s. die Ehescheidungsklage des Grafen Anl. 18 rc.) durch die ernsthaftesten Drohungen, den Weg der Ehre mit ihm gehen zu wollen, den dadurch plötzlich nachgiebigen Grafen **Hatzfeldt** zur Zahlung der 5200 Thlr. zu zwingen weiß. Beleg dessen ein Brief des Grafen **Max** an die Gräfin vom

Anl. 17. 29. Dezember 1838 (Anl. 17):

„— — — Nur noch einige wenige Worte über das, was bisher zwischen mir und **Hatzfeldt** „vorgegangen. Anfangs waren wir **ganz nahe zu den äußersten Mitteln zu kommen**. Als „jedoch **Hatzfeldt** darauf zu dem Entschlusse kam, meiner ersten und **Hauptforderung**, Rege- „lung der Geldverhältnisse, zu entsprechen, legte sich das, und die Verständigung über alle übrigen „Punkte wurde bis zu unserer persönlichen Zusammenkunft vorbehalten. **Hatzfeldt** zahlte die auf- „genommenen 5200 Thlr."

Anl. 18. Und einige Tage darauf schreibt er noch einmal (Anl. 18):

„— — — **Du scheinst zu glauben, daß Hatzfeldt sich so ganz gutmüthig von** „**selbst entschlossen habe, Geld für Dich zu geben**, indem er sich überzeugt habe, daß er nichts „gegen Dich auszurichten vermöge. **Hierin irrst Du Dich** aber; er kannte recht gut die Vortreff- „lichkeit des Mittels, und Niemand außer Deinem **Bruder** hätte ihn dazu bringen können, darauf „zu verzichten."

So war also die Gräfin ein ganzes Jahr ohne Unterhalt geblieben, und nur durch die **äußersten** Maaßregeln konnte der Graf von seinem Schwager gezwungen werden, ihn wieder zu zahlen. Es kann daher nur Wunder nehmen, wie der Graf den Muth haben konnte, in jenem Wechsel von **Close** das Document seiner eigenen Pflichtvergessenheit und der von ihm verübten Mißhandlungen aufzulegen.

Gleich nach dem Attentat auf **Paul**, und nachdem er die nach Altenkirchen gekommene Gattin zu sich nach Schönstein zu nehmen verweigert hatte, forderte der Graf im direkten Widerspruch mit dieser seiner Weigerung die Gräfin plötzlich wieder auf ins eheliche Domizil zurückzukehren; eine Aufforderung die nach solchen Beleidigungen wie eine Ironie erscheint, deren hinterlistige Absicht aber in vielen Briefen treffend erklärt ist;

Anl. 19. so schreibt die Gräfin v. **Nostiz** ihrer Schwester darüber (Anl. 19.)

„Ich habe die feste Ueberzeugung erlangt, daß ihm seine Geschäftsleute gerathen, Dich auf-„zufordern zurückzukommen, weil er und seine Rathgeber hoffen, daß Du es nicht thun wirst."

Und in einem andern Schreiben (Anl. 20): Anl. 20

„Ich bin hingegen überzeugt, daß Hatzfeldt nichts weniger wünscht, als daß Du zurückkommst, „und Alles aufbieten wird, sei es durch Drohungen oder andere Mittel, um Dich zu verhindern, zu „ihm zurückzukehren; wenn Du aber zurückgehst, wird er es nicht wagen, die Drohungen auszu-„führen, schon vor der Welt könnte er es nicht und dann weiß er auch, daß Max Dir zur Seite „steht."

Graf Max schreibt darüber (Anl. 21): Anl. 21.

„Ich begreife, daß der Gedanke nach Schönstein zu gehen Dir erschrecklich erscheint, „und Du nach dem Vorgefallenen es fast für eine Unmöglichkeit hältst den dortigen „Aufenthalt zu ertragen, allein im Leben kommt es darauf an sich keine Illusionen zu machen und „die Sachen so anzusehen wie sie sind. Ich habe mich mit verschiedenen Rechtsgelehrten hier berathen, „und alle sind der Meinung, daß Hatzfeldt nur bis jetzt die Kinder nicht hätte zurückverlangen „können, weil er Dich nicht zurücknehmen wollte, daß jedoch falls er Dich auffordere zu „ihm zurückzukehren und Du dies verweigertest er dann die Behörden blos zur Auslieferung der „Kinder zu requiriren brauche ꝛc. — Vor einer schlechten Behandlung werden wir Dich zu schützen „wissen und falls Herrmann, dem ich mich dann wie natürlich mit den andern Verwandten an-„schließen würde, nur recht kräftig aufzutreten gedenkt, so ist auch nicht daran zu zweifeln, daß es mir „gelingen muß, es dahin zu bringen, daß Paul mit Dir bleibt."

Und in dem sub 12 bereits angeführten Briefe:

„— — Nur soviel läßt sich im Allgemeinen sagen, daß für jetzt durch die Scheidung die Annehmlich-„keit Deines Lebens mehr gesichert wird, als durch die Rückkehr. — — Wählst Du die Rückkehr, so „habe ich Dir schon früher erklärt, daß wir Dir für eine achtungsvolle Behandlung stehen, und daß „ich hoffe durch gemeinschaftliches kräftiges Auftreten es dahin zu bringen, daß Hatzfeldt seinen „Plan die Kinder sämmtlich von Dir zu trennen nicht ausführt."

Noch schlagender als aus einzelnen Fakten geht aus solchen Briefen hervor, daß es unter der Familie notorisch war, daß der Graf den Plan verfolge, die Gräfin von allen Kindern zu trennen, sie nur deshalb zu sich fordre, daß sie der schlechtesten Behandlung — ohne Intervention der Familie — ausgesetzt, und der Schutz und „kräftiges Auftreten" der Familie nöthig sei, um sie vor Mißhandlung zu bewahren.

Scheines halber stellte der Graf sogar am 29. April 1838 bei dem Justiz-Senate zu Ehrenbreitstein eine Klage auf Rückkehr in's eheliche Domizil gegen seine Gattin an. Diese hatte aber schon früher sich entschlossen, um ihrem Gatten keinerlei Vorwand, sie von ihren Kindern zu trennen, zu bieten, zu ihrem Gemahl zurückzukehren, und hatte dies auch bereits ihren Verwandten angekündigt. Wie groß die Mißhandlungen gewesen, welche die Gräfin bis zum Jahre 1833 in Calcum erduldet, und welchen neuen sie sich durch die Rückkehr exponirte, ergibt sich am Besten aus den Gefühlen schlecht verhehlten Erstaunens, dankbarer Anerkennung und halb unterdrückter Bewunderung über diesen aufopfernden Entschluß, welche aus den brieflichen Antworten der Familie hervorleuchten.

So schreibt der General Graf von Nostiz den 2. April 1838 (Anl. 22): Anl. 22.

„Ihr Brief hat mir wahre herzliche Freude gemacht. Sie wollen zu Hatzfeldt zurückkeh-„ren; aus Anhänglichkeit zu den Kindern, aus wahrer frommer Gesinnung die Opfer bringen und „willig tragen, was Ihnen vielleicht auferlegt werden kann. (!) — Sollte es nöthig sein, „so können Sie auf den Beistand der Brüder und den meinigen mit Zuversicht rechnen."

Frau von Loe schreibt (Anl. 23): Anl 23.

„So eben, meine liebste Sophie, kommt Dein Brief an Loe an, und da ich ihn erst über-„morgen erwarte, so konnte ich unmöglich der Versuchung widerstehen, ihn zu öffnen. Denn wie „gespannt ich auf Deine Antwort war, wie ängstlich ich sie längst erwartete, kannst Du Dir doch wohl „vorstellen. Mit Herzklopfen erbrach ich das Siegel; ich muß Dir zugestehen, daß ich eine ganz andere „Antwort befürchtete. Ich glaubte, Dein früherer rasch gefaßter Entschluß wäre Dir leid geworden, „der Brief von Loe werde Dich nicht befriedigt haben; Du würdest wenigstens versuchen, zu tempo-„risiren, Zeit zu gewinnen, erst noch bessere Scheidungsbedingungen mit der Hülfe von Herrmann „zu bekommen versuchen. — Ja, sollte Dir selbst kein langes Leben hier beschieden sein, so wird „dieses Opfer als eine große edle Sühne für Deine Kinder fortleben und Dich in ihren „Augen weit über alle giftigen Nachreden erheben."

Aber die Rückkehr seiner Gattin ins Domizil war es nicht, worauf der Graf gerechnet hatte oder die ihm erwünscht gewesen wäre. Sein Widerwille gegen ihre Rückkehr wuchs, als der Fürst Herrmann verlangte die Gräfin sollte nicht nach Schönstein wie in eine Verbannung gehen, sondern den wirklichen Aufenthalt des Grafen theilen. Der Fürst schreibt hierüber in dem oben bereits sub Anl. 4. citirten Brief an den Grafen (am 13. Febr. 1838):

„Daß Sophie alsdann mit aller Deiner Gattin, der Mutter Deiner Kinder gebührenden Ach-„tung behandelt werde und nicht nur Dein formell erwähltes, sondern Dein wirkliches „Domizil theilen müsse wird eben so gewiß in Deiner eigenen moralischen Ueberzeugung „begründet sein, als nur hieraus die Ansicht hervorgeht, daß nur, wenn die Ehe wirklich „hergestellt ist, Du als Vater das Recht unbeschränkter Disposition über Deine Kinder hast."

Merkwürdigerweise hat zwar schon einen Monat darauf der Fürst auf das Entschiedendste seine Meinung geändert und ist plötzlich der gegentheiligen Ueberzeugung geworden, denn während er in jenem Briefe vom 13. Febr. 1838 aufs Bestimmteste seine Meinung ausspricht, daß in moralischer wie in juristischer Beziehung, die Gräfin nur das wirkliche nicht gesetzliche (formell erwählte) Domizil mit ihrem Gatten zu theilen habe, schreibt er den 31. März 1838 (s. Anl. 15 der gegnerischen Klage):

„Auch meines Erachtens bleibt Dir daher jetzt nichts übrig, als Sophie auf gerichtlichem „Wege zur Rückkehr in Dein gesetzliches Domizil aufzufordern, d. h. den gerichtlichen Befehl „zur Rückkehr ihr in Baden durch einen Huissier oder Notaire insinuiren zu lassen."

Und gleichwohl stellt ihr in eben diesem Briefe der Fürst das Zeugniß aus:

„Deiner Aufforderung in Dein Domizil zurückzukehren, will sie sofort entsprechen, falls „sie die Zusicherung erhält, daß Du auch dasselbe bewohnen werdest."

Es ergiebt sich aus so widersprechenden in einem Zeitraume von 6 Wochen geschriebenen Briefen deutlich, wie wenig gewissenhaft die Familie in den Angelegenheiten der Gräfin verfuhr, wie sie, was sie heute als ihrer „moralischen Ueberzeugung" gemäß ausgesprochen und verlangt hatte, morgen, wenn der Graf hartnäckig blieb oder ein Interesse sie an denselben fesselte, selbst wiederum desavouirte, und jetzt sogar dem Grafen behülflich an die Hand ging zur Erreichung dessen, was sie früher entschieden gemißbilligt.

Der Graf mochte indeß leicht überzeugt sein, daß die Erklärung der Gräfin sich zwar nicht in irgend eine von ihm formell zum Domizil erwählte Gegend verbannen zu lassen, wohl aber sein wirkliches Domizil mit ihm theilen zu wollen, ihm den Prozeß unmöglich machen würde. In seinen wirklichen Wohnort zu sich aufnehmen wollte er sie nicht; — so begann er denn statt der Rückkunft ins Domizil eine Zusammenkunft an einem dritten Ort zu einer definitiven Arrangirung der Angelegenheiten zu fordern und stellte die Klage am Justiz-Senate zu Ehrenbreitstein wieder ein.

Unterdeß war es aber dem Grafen durch Intriguen die er mit der Frau von Landsberg angesponnen, gelungen, die Tochter Melanie der Mutter wirklich zu entreißen, eine Intrigue, die aus Rücksicht für Frau v. Landsberg hier nicht mitgetheilt werden würde, wenn nicht der Graf selbst durch Mittheilung des Briefes der Frau von Landsberg (Anl. 17. der Scheidungsklage) diese zuerst blosgestellt und diesseitige Schonung unnütz gemacht hätte.

Wir haben bereits gesehen, wie Herr und Frau von Landsberg bei der Uebernahme Melanies sich verpflichtet hatten, dieselbe nur der Mutter wiederzugeben und wie Graf Hatzfeldt dies gut geheißen hatte. (Brief der Frau v. Loe.) Herr v. Landsberg wiederholt sogar noch in einem Briefe vom 5. Febr. 1838, bei Gelegenheit der oben erzählten durch betrügerisches Vorgeben erlangten Bemächtigung Melanies sein
Anl. 24. feierliches darüber gegebenes Versprechen. Er schreibt (Anl. 24.):

„Liebe Sophie! Ich habe Ihre beiden Briefe im Anfang voriger Woche gleichzeitig erhalten „und würde Ihnen schon eher geantwortet haben, hätte ich nicht Nachricht von Hatzfeldt über die „Zeit der Rückkehr von Melanie entgegen gesehen, die ich erst vorgestern erhielt und welcher zu„folge Melanie am 9. oder 10. d. M. wieder hier eintreffen soll. Herminie sowohl als ich „können eben so wenig Anstand nehmen Ihnen selbst Melanie wieder auszuliefern, wenn „Sie es wünschen, als wir uns keiner Aeußerung oder Handlung bewußt sind, die Sie oder „sonst irgend Jemand mit Grund veranlassen könnte, das Gegentheil zu vermuthen; wir wissen „sehr wohl, daß Sie uns Melanie anvertraut (!) haben, daher uns nicht zugemuthet werden „kann, Sie ohne ihren Willen jemand Anderm als Ihnen wieder zu geben, so lange die Gesetze nicht „darüber entschieden, ob Hatzfeldt das Recht hat sie zurückzufordern ꝛc., ich bin entfernt das Ver„trauen so Sie uns erwiesen, im Geringsten mißbrauchen oder gar zu ihrem Nachtheil gebrauchen zu „wollen."

Die Gräfin forderte darauf Ende Mai 1838 ihre Tochter wieder zurück und verabredet brieflich mit ihrer Schwester der Frau v. Landsberg, daß diese ihr die Tochter nach Bacharach bringen solle, wo sie zugleich eintreffen werde, sie in Empfang zu nehmen. Frau v. Landsberg verspricht dies hoch und heilig. Sie
Anl. 25. schreibt sogar den 28. Mai (Anl. 25.) der über ihr zweideutiges Benehmen schon mißtrauisch gewordenen Gräfin:

„Du magst mir nun glauben oder nicht, ich gebe 1000 Thlr. drum, wenn ich Melanie in „Deine Hände zaubern könnte; ich begreife ganz vollkommen, was es Dir in jeder Beziehung werth „sein muß, das Kind zu haben; ich möchte überhaupt, mein gutes Kind, Dir helfen können."

Zugleich aber, ehe sie sich mit Melanie nach Bacharach auf die Reise macht, schreibt sie den vom Grafen in seiner Klage sub Anl. 17. mitgetheilten Brief der hier wiederholt werden mag, weil er zusammengehalten mit den eben mitgetheilten Briefen ein helles Licht auf die Handlungsweise dieser Schwester und per analogiam der ganzen Familie wirft.

„Lieber Hatzfeldt! Durch einen sehr pressanten Brief von Sophie bin ich veranlaßt, ihr „augenblicklich Melanie an einen bestimmten Ort innerhalb des preußischen Gebiets auszuliefern. „Ich verfolge die Route nach Köln und fahre mit Melanie wie wir gehen und stehen ohne das „geringste Gepäck mitzunehmen, um keine Zeit zu verlieren. Es ist mir außerordentlich lieb, daß „dieser große Moment in der Abwesenheit von Landsberg eingetreten ist, da Alles was von „Ihrer Seite bei dieser Gelegenheit gegen mich unternommen werden könnte, ge„genüber von Landsberg natürlicher Weise weit gewichtigere Folgen haben „müßte (!!) Landsberg weiß nichts von dieser Expedition, binnen wenigen Stunden wird er gewiß „von Münster zurück sein; ich hinterlasse ihm ein Schreiben, welches ihn von meinen Schritten in „Kenntniß setzt, und hoffe, daß er sie billigen wird. Gleichfalls erwarte ich, daß auch Sie einsehen, „daß ich nicht anders handeln konnte. — Jedenfalls zähle ich mit völliger Gewißheit dar„auf, daß Sie bevor ich mein Ziel erreicht, nichts gegen mich unternehmen werden, sondern erst „am Ort der Rückgabe die Ablieferung verhindern werden. Nach Allem was ich Ihnen „in diesem Schreiben gesagt, wird Ihnen dies ein Leichtes sein; daher darf ich „diese Rücksicht im Angesicht der Welt von Ihnen erwarten. Ich sehe zwar ein, daß es „besser für das Kind ist, nicht in die Hände der Mutter zu fallen; doch ist meine Stellung der „Art, daß ich mein mit Ihrer Einwilligung gegebenes Versprechen halten und mich „übrigens ganz neutral verhalten muß."

Diesem Briefe zufolge reiste der Graf Hatzfeldt der Frau v. Landsberg nach und in Koblenz überlieferte ihm Frau v. Landsberg das Kind. Die Gräfin aber erhielt in Bacharach folgenden Brief von dieser
Anl. 26. ihrer Schwester (Anl. 26.):

Liebe Sophie! **Koblenz.**

„Ich habe gethan was menschlich war — ich war hier angekommen ohne Unfall, hatte in
„Köln Namen gewechselt, war im Begriff hier aufs Dampfschiff zu steigen, als Hatzfeldt drei
„Stunden später als ich von Düsseldorf abgefahren, mich hier auffing. Ich könnte Dir mehr als
„ein Attest geben, daß ich Alles was thunlich war gethan um die Sache reussiren zu machen (!),
„aber es sollte nicht sein; — ich fühle mein Gewissen rein von jedem Vorwurf (!) Du magst es mir
„glauben oder nicht, ich bin beruhigt." (!)

Daß aber diese Entreißung der Tochter durchaus nicht wie der Graf glauben zu machen sucht, durch die
Erziehungsweise der Mutter rc. veranlaßt und ernöthigt war, geht daraus hervor, daß die ganze Familie den
Schritt entschieden mißbilligte. So schreibt die Gräfin Nostiz (Anl. 27.): Anl. 27.

„Max schreibt auch, er habe an Herminie geschrieben und ihr sein Mißfallen nicht verhehlt.
„Ich werde ihr nächstens schreiben und sie auffordern nach ihren besten Kräften auf Hatzfeldt ein-
„zuwirken und ihr früheres Unrecht dadurch wieder gut zu machen."

Und noch deutlicher ergiebt es sich daraus, daß die Familie Anstrengungen machte der Gräfin ihr Kind
wieder zu verschaffen.

So macht dies der Fürst Hatzfeldt, als im Jahre 1840 der Graf die Gräfin in sein Haus zurückzu-
kehren auffordert, zur ausdrücklichen Bedingung. Er schreibt 25. April 1840 (Anl. 28): Anl. 28.

„Edmund Hatzfeldt hat seine Bereitwilligkeit erklärt Dich in alle Rechte und Pflichten
„seiner Gemahlin wieder aufzunehmen und ladet Dich ein in sein Haus nach Calcum zu kommen.
„Dieser Erklärung habe ich die Bedingung hinzugefügt, daß:
„Edmund Hatzfeldt sich verpflichte, sobald meine Schwester Sophie zu ihm in sein Haus
„zurückgekehrt ist, ohne allen Verzug ihre Tochter Melanie aus dem Kloster zu Wien zu
„nehmen und sie mit den beiden Söhnen gemeinschaftlich bei der Mutter in seinem Hause erzie-
„hen zu lassen; ferner daß meine Schwester in seinem Hause eine anständige ihrem Stande völlig
„angemessene Aufnahme finden werde."

Eben so ist in dem vom Grafen selbst Anl. 35 mitgetheilten Protokoll der Familien-Conferenz vom
Juni 1840 ausdrücklich erklärt:

„Der Graf v. Nostiz, der Fürst H. v. Hatzfeldt und der Graf Max v. Hatzfeldt äußern
„den Wunsch und finden für rathsam für den Fall, daß die Gräfin Sophie ins eheliche Domizil
„zurückkehrt auch deren Tochter Melanie dahin zurückzunehmen."

Indeß ist dies trotz des feierlichen Verlangens der ganzen Familie von dem bösen Willen des Grafen,
der wohl wußte, welche Wunde er damit der Mutter schlug nie zu erreichen gewesen. Daß aber der eigentliche
Grund und Plan des Grafen nicht eine Besorgtheit um das Wohl seiner Tochter, sondern nur der war, dem
Herzen der Gräfin durch die gänzliche Trennung von ihrem Kinde die empfindlichste Wunde zu versetzen, das
ergiebt sich unwidersprechlich aus dem unerhörten und ungesetzlichen Prohibitivsystem durch welches der Graf
jetzt seiner Gemahlin jede Kunde selbst von ihrer Tochter abschnitt, ihr jede Annähereng unmöglich machte.
Er brachte nämlich die 9jährige Melanie vier Wochen nach der geschilderten Bemächtigung in das clausurirte
Kloster der Salesianerinnen zu Wien. Seit einer Reihe von Jahren hat er aber dort noch solche Befehle
gegeben, daß kein Brief der Mutter mehr die Tochter erreichte, seit 4 Jahren kein Brief der Tochter zu der 145. 147.
Mutter gedrungen ist — auf ausdrückliches Verbot des Grafen! Unzähligemal schrieb die Gräfin an ihre 152. 201.
Tochter, nie erhielt sie eine Antwort. Als es endlich 1843 dem Grafen Gölze gelang einen Brief der Gräfin 199. 200.
ihrer Tochter zu bestellen, erhielt sie beiliegende Antwort, an der nicht zu verkennen, daß sie eindiktirt ist, (wie 177.
auch Melanie (s. f. Anl. 30.) H. Donati zu wissen thun läßt), in der ein 14jähriges Kind sich erlaubt
ihrer Mutter Lehren zu geben! (s. Anl. 29). Anl. 29.

Als die Gräfin im Jahre 1843 den Erzieher ihres Sohnes Paul nach Wien mit Briefen an ihre
Tochter schickte, verweigerte die Abtissin sowohl ihn mit Melanie sprechen zu lassen, als auch die Briefe der
Gräfin abzugeben; sie erklärte ferner, daß sie der Gräfin selbst, wenn sie persönlich erschiene, eine 199. 145. 200.
jede Unterredung mit Melanie versagen müßte, (!!) und las als Grund dieser unerhörten Kränkung
mütterlicher Rechte ein Schreiben des Grafen Hatzfeldt vor, welches in so abscheulichen und ehrenrührigen
Ausdrücken für die Gräfin abgefaßt war, daß Herr Donati, wie er schreibt, sie nicht wiederzugeben wagte.

Wir lassen den Brief, in welchem Herr Donati dies der Gräfin anzeigt, folgen (s. Anl. 30): Anl. 30.

Vienne, le 23. Octobre 1843.

Madame la Comtesse!

„Voilà une terrible circonstance pour une pauvre mère. Dimanche dernier selon vos „ordres je me suis pressé d'aller chercher Mademoiselle *Melanie* au couvent de la visitation où „des Salesiennes. A la demande de Mademoiselle *de Hatzfeldt* toutes les religieuses se sont „rejouies et une entre elles m'a demandé si je venois de le part de son père ou de sa mère, „à ma réponse tout a changé on m'a fait entrer dans le parloir et après deux heures d'anti-„chambre est venue la Supérieure, à laquelle j'ai dit que je venois de votre part et je lui ai „fait voir votre billet de créance. Au commencement elle m'a demandé si j'avois des lettres „pour elle de vous, et moi je lui ai repondu, que j'avois des lettres et des cadeaux à lui con-„signer, et je lui ai fait voir lę cadeau que vous m'avez consigné. „Monsieur, m'a-t-elle dit, „les cadeaux et l'argent seront soigneusement conservés par moi jusqu'au départ du couvent „de *Melanie*, mais *jamais je lui consignerai les lettres de sa mère et de son frère, et je ne „lui permettrai de descendre à parler avec vous, ni avec quiconque personne qui serait en-„voyée par sa mère, parsque cea m'est expressément défendu par son père, qui est un brave „homme et qui a soin de l'éducation de ses enfans;* selon cette lettre qu'à cet objet je vous „traduirai en français et après j'éspère que vous me pardonnerez, si je suis forcée d'agier „aussi sévèrement avec vous." *Quelle lettre*, Madame, *ai-je entendue!* Je tâcherai de vous „expliquer les moindres des mots, parceque me fait horreur la main qui l'a écrite! „Ni vous, „ni Madame la Comtesse, ni son fils, ni toutes les persennes envoyées par elle ne verront

„pas sa fille, et si *Madame la Comtesse elle même osait venir à Vienne elle ne verra „pas sa fille;* renvoyez, Monsieur, les lettres et ces objets à Madame la Comtesse, et en plan „des cadeaux, rappelez lui pour son bonheur *l'obéissance et la resignation à la volonté de son „mari.*“ Après tous ces jolis complimens je n'ai pas perdu courage et après avoir employé „deux journées par moyen d'un Italien; je suis parvenu à avoir une entrevue avec une vieille „religieuse du même couvent, laquelle s'est chargée de remettre les lettres et les bijoux à „*Melanie*, et ce matin même je suis retournée à prendre la réponse. Soeur *Marguerite* m'a „dit, cette bonne creature: „elle se porte bien de santé, elle connait déjà sa situation et la „vôtre, et que souvent elle est très affligée pour cela, qu'elle remercie tendrement Maman de „toutes les attentions, qu'elle a pour elle; et que quand elle aura un peu de tems elle écrira „à Maman et à *Paul* par le moyen de la même religieuse, que la dernière lettre que *Paul* lui „ecrite elle ne l'a pas reçue, et que *la lettre qu'elle vous a écrite l'avoit dictée la Supérieure „elle même.* Voilà, Madame, la position de cette ânge et à quelle épreuve le dessin met votre „pauvre coeur. Mais quoi faire, Madame? Courage et force pour délivrer d'ici cette ânge „afin qu'elle vous rende son amour et constance, pour prétendre et obtenir vous même l'édu„cation de vos enfans chéris et vivre tranquille au milieu de leur amour. Mes voeux, Ma„dame, du moment, où j'ai connu votre position, ont toujours été ceux-ci et il n'y a pas „d'autre chose pour vous rendre heureuse etc. etc.

Der äußerst liebevolle Brief der Gräfin an ihre Tochter, welchen die Abtissin refüsirte, liegt zum Beweise,
daß dies nicht auf Grund seines Inhaltes geschah, bei (s. Anl. 31) er wurde damals bei Absendung vom Fürst
Anl. 31. Herrmann gelesen und kann seine Identität daher constatirt werden.

Die Gräfin wandte sich an den berühmten Domherrn Herrn Ritter in Breslau und dieser auf das
200. Tiefste entrüstet an den Erzbischof von Wien. Selbst dieser konnte, da das Stift der Salesianerinnen unter der
ausschließlichen Leitung der Abtissin und der Kaiserin steht und seiner Competenz nicht unterliegt nichts daran
ändern. Selbst als im Jahre 1845 die Comtesse Melanie viele Monate hindurch in einer lebensgefährlichen
145.152.148.201 Krankheit schwebte, drang keine Kunde hierüber weder aus dem Kloster noch durch den Grafen an das Ohr der
namenlos geängsteten Mutter, welche wissend, daß man sie in Wien nicht zu ihrer Tochter lassen würde, in ihren
Bruder, den Fürsten Hermann drang sie zur Durchsetzung ihrer Rechte, dahin zu begleiten, was dieser
versprach, krankheitshalber aber nicht erfüllen konnte, weshalb die Reise dann unterbleiben mußte (Brief 3
Anl. 32. Sicherlich enthält diese schreiende Gewaltthat des Grafen ein so heiliges Band, wie zwischen Mutter und Toch-
ter so sündlich zu zerreißen, eine Beleidigung seiner Gattin und eine Kränkung ihrer unverlierbarsten Rechte,
wie sie nicht empörender gedacht werden kann! Die Wahrheit des Gesagten wird außer den brieflichen Belegen
auch noch durch die Zeugenaussagen der betreffenden Personen auf das Genaueste herausgestellt werden. Wir
werden übrigens weiter unten sehen, daß sich dies Bestreben des Grafen die Kinder vom Herzen der Mutter
zu reißen, und sie ihr gänzlich fremd zu machen, sich nicht auf die Tochter beschränkt, sondern auch bei den
Söhnen unausgesetzt wiederholt, nur durch die angespannteste Aufmerksamkeit der Mutter, durch die aufreibendsten
Kämpfe vereitelt werden konnte.

Anfangs 1839 trafen die beiden Ehegatten unter Assistenz des Grafen Max in Straßburg zusammen, wo eine Versöhnung Statt hatte. Auf den Willen ihres Gemahls ging die Gräfin von da, ihrer ganz zerrütteten Gesundheit wegen nach Italien, und dann nach einer Zusammenkunft in Schlangenbad nach Wien.

Hier bleiben wieder lange Zeit die Unterhaltsgelder aus, und können nur mit größter Noth nachträglich vom Grafen erlangt werden. Im Juli 1840 trifft die Aufforderung des Grafen an seine Gemahlin ein, nach Calcum zurückzukehren. Schwerlich hätte sich eine andere Frau der Wiederholung solcher Mißhandlungen ausgesetzt, wie sie die Gräfin erfahren und sich wieder in die Gewalt eines Mannes begeben, der ohne Scheu und Gewissen, die empörendsten Sünden an ihr verübt hatte. Aber im Vertrauen auf das einstimmige Versprechen der Brüder, sie vor jeder unanständigen Behandlung zu schützen, auf die Versicherungen, welche der Graf Hatzfeldt der ganzen Familie gemacht hatte, und um ihm keinerlei Vorwand zu geben sie von ihrem Sohn Paul zu trennen, beschloß die Gräfin wieder wie 1838 die Rückkehr. Vorher hatten im Mai und Juni 1840 in dem, in der gegnerischen Klage sub Anl. 35 mitgetheilten Protokoll der Graf v. Nostiz, dei mann v. Hatzfeldt und der Graf M. v. Hatzfeldt ausdrücklich für wünschenswerth und ra für den Fall der Rückkehr der Gräfin in das Domizil auch die Tochter Melanie dahin zu nehmen. Ja der Fürst Hatzfeldt wie wir aus dem bereits mitgetheilten Brief (Anl. 28) ersehen haben, hatte es zur förmlichen Bedingung gemacht, daß wenn die Gräfin zurückkehrte Melanie ohne Verzug aus dem Kloster dahin gebracht und auch die beiden Söhne im Hause erzogen werden müßten. Trotzdem dieser von den drei Häuptern der Familie einstimmig ausgedrückte Wunsch von dem Grafen rund abgeschlagen und ihr sogar der Trost der Tochter gegen das Familien-Votum in ihrem Hause verweigert wurde, kehrte die Gräfin Anfangs September nach Calcum zurück. Kaum aber war sie daselbst eingetroffen, als nachstehendes Schreiben des Grafen Hatzfeldt ein Musterstück von kalter Grausamkeit und verrückter Despotie an sie gelangte. (Anl. 33):

Anl. 33.

Calcum, den 22. September 1840.

„Ich begreife vollkommen, daß Dich der Inhalt dieses Briefes sehr unangenehm berühren wird, „wünsche daher vor allen Dingen, daß Du das, was ich Dir nachstehend mittheile, recht ruhig und „reiflich überlegst und Dich nicht etwa durch eine augenblickliche Aufregung dazu verleiten läßt, meine „guten Absichten (!!) gleich beim Beginn unseres Zusammenlebens zu stören. Aus diesem Grunde „bin ich auch fest entschlossen, mich in den ersten Tagen auf keine Art von Erörterung einzulassen.“

„Da Du alle meine wohlgemeinten Vorschläge verworfen und, wie Du mir unter'm 16. „Dezember aus Wien angezeigt, den Entschluß gefaßt hast, Deinen eigenen Weg zu verfolgen, so „kann von dem, wozu ich mich früher erboten, jetzt durchaus keine Rede mehr sein, denn es „liegt am Tage, daß alle Unterhandlungen mit Dir nur zu nachtheiligen Erörterungen und verderb„lichen Unannehmlichkeiten führen.

„Wundere Dich also nicht, wenn ich Dir ebenfalls zuvörderst den unwiderruflichen Entschluß „mittheile, bei Regulirung meines künftigen Verhältnisses einzig und allein meine Rechte und Pflichten „als Familienvater und Eheherr zur fernern Richtschnur zu nehmen, und auch überhaupt, wie ich es „auch den Deinigen bestimmt eröffnet habe, auf keine weitern Verhandlungen mehr einlasse.

„Durch meine Anerbietungen sind Deine Angehörigen zu der Ueberzeugung gelangt, daß ich „zu Allem bereit war, was dazu dienen konnte, die Vergangenheit auszulöschen, und mein künftiges „Benehmen wird darthun, daß ich auch noch jetzt darauf ausgehe, durch unsere Wiedervereinigung und „Zusammenleben ein Verhältniß herbeizuführen, daß sich mit unserer beiderseitigen Ruhe und Wohl„fahrt verträgt und mit dem gegenwärtigen und künftigen Wohle unserer Kinder im Einklange steht; „ja, ich überlasse mich gern der Hoffuung, daß auch Du nach reiflicher Ueberlegung dahin gelangen „wirst, einzig und allein nach diesem Ziele zu streben; aus diesem Grunde versteht es sich von selbst, „daß ich in dem, was ich den Umständen nach zur Begründung unseres beiderseitigen Glückes und be„sonders zum Wohl unserer Kinder augenblicklich annoch für unumgänglich nöthig erachte, diejenigen „Modifikationen eintreten lassen werde, die ich nach Maaßgabe Deines Benehmens und Verfahrens „für zulässig halte, und nicht abgeneigt bin, billigen Wünschen Gehör zu geben und zu erfüllen.

„1. Ich darf voraussetzen, daß es Dir in meinem Hause nicht an den erforderlichen Bequem„lichkeiten fehlt, und die Umgebungen des Schlosses reichen vollkommen zu Deiner Zerstreuung, nö„thiger Bewegung, Erholung 2c. aus; ich bestehe daher vorläufig darauf, daß Du mein „Haus und die anstoßenden Gärten weder verläßt noch ohne meine ausdrückliche Zustim„mung überschreitest. (!!)

„2. Bin ich weit davon entfernt Dich zu zwingen, Deine Gemächer gegen Deinen Willen „zu verlassen oder irgend Jemand zu empfangen (welcher Hohn!), und ich werde selbst nur dann „bei Dir e heinen, wenn Du mir den Wunsch ausdrückst, daß es Dir angenehm ist. — Ueber alle „Besuche von Freunden und Leuten, die nicht zu meinem Hausstande gehören, behalte ich mir aber „die Entscheidung vor, und kann nur zugeben, daß Du mit Deinen Schwestern, Brüdern und Schwä„gern nach Deinem Gefallen verkehrst und einen Briefwechsel unterhältst; dagegen muß jeder der„artige schriftliche und mündliche Verkehr mit Unberufenen ohne mein Mitwissen und Zustim„mung vorerst ganz unterbleiben. (!)

„3. Da der Hauptzweck unserer Wiedervereinigung und Zusammenleben dahin gerichtet ist, unseren Söhnen und unserer Tochter eine angemessene Erziehung zu geben, so muß ich Dich ersuchen, „Dich vorläufig jeder Einmischung und Anordnung zu enthalten; (!) überhaupt mußt Du „einsehen, daß ärgerliche Auftritte, das Aussprechen verschiedenartiger Meinungen in Gegenwart der „Kinder, unsern Zweck gänzlich vereiteln, und ich bestehe daher, um solchen Uebelständen vorzubeugen, „darauf, daß Du mir Deine etwaigen Ansichten und Wünsche nur schriftlich(!) mittheilest, auf keinen „Fall werde ich mich auf mündliche Erörterungen der Art einlassen, und wenn Du wider Erwarten „dagegen handeln solltest, so werde ich sofort den Aufenthalt der Kinder im Hause abkürzen, dem „Zusammensein mit Dir entgegentreten, und diejenigen, die zufällig anwesend „sind, gänzlich entfernen, überhanpt von meinen Rechten (!) und Pflichten als Vater den „vollen Gebrauch (!) machen — ohne die geringsten Rücksichten weiter auf Deine Widerreden „und Handlungen zu nehmen.

„Nachdem ich hier meine Meinung und Ansicht, wahrlich in guter Absicht (!), offenbar „niedergeschrieben, halte ich es beinahe für überflüssig, noch hinzuzufügen, daß ich nach Deinen Mit„theilungen aus Wien 2c. 2c. auf alle Fälle gefaßt bin, die nöthigen Vorkehrangen getroffen habe, „und allenfallsige Gewaltstreiche, wie Du sie in Aussicht gestellt hast und die jedenfalls nur auf Dich „zurückfallen können, ebenfalls mit Gewalt zurücktreiben werde. Damit das, was ich für unum„gänglich nothwendig erachte, ferner auf keine Weise gestört werde. Schließlich wiederhole ich aber „nochmals, daß ich gern nach allen Kräften dazu beitragen werde, um es Dir zu erleichtern, Deine „Pflichten als Mutter (Pflichten als Mutter! während dasselbe Schreiben förmlich gebietet, sich jeder „Einmischung und Anordnung Betreffs der Kinder zu enthalten) und Gattin zu erfüllen, und Deine „Tage soviel als möglich erträglich zu machen und nach Maaßgabe eines richtigen Benehmens der „Art zu verändern, daß Du ruhig und zufrieden bei mir leben kannst.

„Da ich wie gesagt gern bereit bin, Deine Wünsche zu berücksichtigen, insofern sie billig sind „und vorstehenden Bestimmungen nicht entgegen stehen (!), so bitte ich Dich, sie mir schriftlich mitzu„theilen, sobald Du den Inhalt dieses Schreibens mit Ruhe erwogen haben und im Stande sein „wirst, denselben eben so ruhig zu beantworten; bevor dies geschehen, werde ich mich auf keinerlei „Art mündlicher Besprechung über unser ferneres Verhältniß mit Dir einlassen; überhaupt aber dies „auch in Zukunft nur insofern thun, als mich überzeuge, daß es ohne wechselseitige Aufregung ge„schehen kann.“

E. G. von Hatzfeldt.

So wurden plötzlich der Gräfin unmittelbar bei ihrem Eintritt in das Haus nicht nur alle ihr gemachten Versprechungen gebrochen, und ihr untersagt, sich irgend wie um ihre Kinder zu bekümmern, sondern sie selbst in einen vollständigen Zustand von Sequestration gebracht, denn anders nicht läßt sich ihre detinirte Lage auf einem vereinzelt gelegenen Landschlosse nennen, in der ihr verboten war

1. Haus und Gärten zu überschreiten!
2. Irgend Jemand bei sich zu sehen!
3. Oder selbst schriftlich mit irgend Jemand zu verkehren,

denn obgleich der eben angeführte Brief des Grafen, die Correspondenz mit den Verwandten zwar freizugeben scheint, werden wir bald sehen, wie auch diese Briefe aufgefangen, erbrochen und unterschlagen wurden. Die Erlaubniß aber mündlich mit den Verwandten zu verkehren hebt sich in sich selbst auf, da kein Mitglied der Familie in Calcum oder Düsseldorf wohnhaft war.

Die Gräfin protestirte natürlich laut gegen einen so brutalen und verbrecherischen Mißbrauch der Gewalt und erhielt folgendes Schreiben ihres Gatten Tages darauf zur Antwort (s. Anl. 34.): Anl. 34.

Calcum, den 23. Sept. 1840.

„Du hast wie gewöhnlich meine gutgemeinten (!) Absichten wieder verkannt und statt „dieselben dankbar (!!) zu befolgen, Dich auf die unvernünftigste Weise dagegen aufgelehnt und „kann ich Dir auf Dein gestriges an mich gerichtetes Schreiben nur erwidern, daß es bei den Be„stimmungen, so ich Dir gestern mitgetheilt, unabänderlich verbleibt und sich mein Benehmen „überhaupt ganz nach Maaßgabe des Deinigen richten wird.

„Ferner sehe ich mich veranlaßt Dir zu eröffnen:

„1. Da Paul einer männlichen Leitung bedarf, so habe ich beschlossen, denselben vor der Hand „zur Erziehung dem Herrn Laurent zu übergeben, in derselben Art und Weise, wie derselbe die „Erziehung von Alfred leitet.

„2. Alle von Dir auf mich ohne mein Wissen ausgestellten Wechsel werde ich nicht zahlen.

„3. Ersuche ich Dich Deinen Courier, der hier ein unnöthiger Diener, aus Deinem Dienste zu „entlassen, wo nicht ich dies Geschäft selbst übernehmen werde. (!)

„Schließlich mache ich Dich nochmals aufmerksam, daß von keiner Art von Unterhand„lung zwischen uns die Rede ist und daß ich nur die von mir als Eheherr zum Wohl „meines Hauses gegebenen Anordnungen befolgt wissen will.

E. G. v. Hatzfeldt."

So hatte der Graf also nur den so natürlichen und pflichtmäßigen Protest der Gräfin gegen ihre Einkerkerung abgewartet, um statt der Forderung der Familie gemäß auch die andern Kindern ins Domizil zurückzubringen, auch noch das letzte ihr gebliebene Kind von ihr zu reißen. Um dies Kind sich zu erhalten, war sie nach Calcum zurückgekehrt; jetzt wurde gleichzeitig ihr dennoch das Kind genommen und sie in die härteste Gefangenschaft gebracht. Wie beschaffen aber der Mann war dem Paul übergeben wurde, werden wir in kurzem sehen.

Zu diesen beiden Schreiben, deren bloßer Ton schon eine hinreichende Beleidigung wäre, um eine Ehe trennen zu lassen, und die kaltblütigste Feindseligkeit bekundet, gesellte sich bald darauf ein Drittes vom 5. Okt.

Anl. 35. (Anl. 35.):

„Da ich genöthigt bin nach Berlin zur Huldigung zu reisen, so habe ich es für unumgänglich „nothwendig erachtet, Vorkehrungen zu treffen, damit die von mir dafür angeordnete Hausordnung „während meiner Abwesenheit in keiner Weise gestört werde und habe ich zu diesem Ende

„1. den Direktor Wachter mit anliegender schriftlichen Vollmacht und außerdem „mit mündlichen Instruktionen versehen, um ihn in den Stand zu setzen, jene Hausordnung in „meinem Namen und Auftrage fortlaufend in dem Sinne aufrecht zu halten, wie ich es Dir nothge„drungen unterm 22. Sept. d. bereits ausführlich schriftlich mitgetheilt habe.

„2. Erscheint es beinah überflüssig, daß ich Dir nach Allem was sich bis heute zugetragen „hat, wiederholt erkläre, daß ich von dem, was ich zu Deinem und Deiner Kinder Wohl für dringend „nothwendig erachtet habe, nun und nimmermehr abgehen werde, und daß es vergeblich ist, wenn Du „auf irgend eine Art darauf ausgehen solltest hierin gewaltsam eine Abänderung während meiner Ab„wesenheit hervorzubringen, indem auch für solchen nicht zu verhoffenden Fall die bestimmtesten Vor„kehrungen getroffen sind, welche jedes derartige Unternehmen vereiteln und dessen nothwendig nach„theilige Folgen nur Dir zuwenden werden.

„3. Von Deinem Benehmen wird es daher auch lediglich abhängen, in wiefern es in Zukunft „zulässig ist, den Kindern wie es bis Dato aus Rücksicht für Dich geschehen ist, die öftern Besuche in „Calcum zu gestatten (!) und hoffe ich, daß Du aus Liebe zu unsern Kindern Alles vermeiden wirst, „was eine Beschränkung (!) hierin nothwendig sofort herbeiführen müßte, indem ich in dieser Bezie„hung Herrn Cheruit mit den bestimmtesten Befehlen versehen habe.

„4. Solltest Du wieder meinen Willen Calcum auf eine oder die andere Art verlas„sen, so kann ich hieraus nur folgern, daß Du entschlossen bist, Dich ferner Deinen Pflichten als „Mutter und Gattin zu entziehen (!!) und überhaupt trotz allen Ermahnungen und Vorste„lungen Deiner nächsten Verwandten nicht gesonnen bist, Deine Lebensweise zu ändern und verständigem „Rathe Gehör zu geben. Ich habe daher auch für diesen Fall den Direktor mit bestimmter „Instruktion und ausreichender Vollmacht versehen, damit er sofort in den öffentli„chen Blättern die zum Schutze meines und unserer Kinder Vermögen nöthigen „abschriftlich anliegenden Bekanntmachungen einrücken läßt und halte ich mich nun „noch verpflichtet, Dich auf die Nachtheile die für Dich hieraus hervorgehen werden aufmerksam zu „machen, da ich fest entschlossen bin, selbst diesen öffentlichen Schritt nicht zu scheuen, um Dir die „Mittel zur Erreichung verderblicher Absichten zu entziehen.

„5. Schließlich wiederhole ich es wie früher, daß ich mich freuen werde, wenn Dein Benehmen „während der Dauer meiner Abwesenheit mich endlich wieder zu mildern Maaßregeln und zu der „Hoffnung berechtigt, daß es endlich Deine Absicht ist, Deinen Pflichten auf verständige Weise nach„zukommen, da ich nur meiner Pflicht als Familienvater eingedenk, im Einverständniß mit allen Deinen „Verwandten und nur nothgedrungen von meinen väterlichen und eheherrlichen Rechten den vollen „Gebrauch gemacht habe, nirgend aber die Absicht zum Grunde liegt, Dir Deine Lage ohne dringende „Noth zu erschweren, vielmehr bei mir überall der Wunsch für Dein eigenes und unserer Kinder „Wohl vorherrscht."

E. G. v. Hatzfeldt.

Calcum, den 5. Okt.

So war die Gräfin jetzt noch dazu unter die Botmäßigkeit eines Diener ihres Gatten gestellt! der Graf trieb die Beleidigung so weit einen Untergebenen zu den Mißhandlungen seiner Gattin zu ermächtigen, die er sich doch billig wenigstens als Prärogativ seiner Person hätte vorbehalten sollen; ihm die vollste Gewalt über sie zu übertragen und sogar ihre Ehre in seine Hand zu legen, indem er ihm Vollmacht und Auftrag gab, der Gräfin sofort in den Zeitungen die Ehre abzuschneiden, wenn sie den gewiß gesetzlichen und vernünftigen Schritt gethan hätte, Calcum zu verlassen, um im Wege Rechtens gegen ihren Gemahl aufzutreten.

All' diese unerhörten Mißhandlungen und Beleidigungen werden wo möglich noch gravirender, wenn man die Person des Kerkermeisters betrachtet, den der Graf seiner Gattin setzte. Dieser Direktor Wachter, der Untergebene der Gräfin, der jetzt als ihr Herr auftritt, ist derselbe, den wir schon als Räuber ihres Kindes die empfindlichste Beleidigung der Gräfin haben zufügen und die gröbste Gewaltthat begehen sehen. Es ist ein Mann, der während mehrer Jahre, in denen er Standesherrschaftlicher Oberbeamte in Schönstein-Wildenburg war, sich den einstimmigen Ruf erworben hat, wie durch hunderte und hunderte der Eingesessenen herausgestellt werden kann, die himmelschreiendsten Gewaltthaten und Grausamkeiten ungescheut zu begehen, wo es seine eigenen oder seines Gebieters Gelüste erfordert, ein Mann den die Eingesessenen des saubern Gewerbes bezüchtigen, den vom Grafen verführten Frauenzimmern Ehemänner aufzufinden; ein Mann endlich, der zuletzt wegen Ueberschreitung der Amtsgewalt — er hatte einen armen Bauern ohne Urtheilsspruch mehre Tage einkerkern lassen — vom Justizsenat in Ehrenbreitstein in strenge Untersuchung genommen, eine Untersuchung, deren Ausgang er selbst nicht abwarten zu dürfen glaubte und dadurch beendigte, daß er seine Demission nahm. Zum Glück kennt das Düsseldorfer Gericht ohne weitere Schilderuug die in Rede stehende Persönlichkeit.

In die Gewalt dieses Augendieners seiner Tyrannei und Lust gibt jetzt der Graf sein Weib!

Die schriftliche Vollmacht, die der Graf ihm gab und abschriftlich der Gräfin zustellte, enthielt die nichtswürdigsten Beleidigungen derselben. Es ist unendlich zu bedauern, daß diese Abschrift, welche die Gräfin später dem Justizrath Friedrichs übergab, unter dessen Papieren nach der Meinung desselben verloren gegangen sein soll.

Noch anderer Natur mußten die mündlichen Instruktionen gewesen sein, denn es trat jetzt ein Zustand ein, der allerdings schon vom 23. September ab und auf persönlichen Befehl des Grafen an die Diener begonnen hatte, von dessen Schimpflichkeit man sich selbst nach den Briefen des Grafen keinen Begriff machen kann.

Sämmtliche Gemächer im Schlosse wurden für die Dauer der Abwesenheit des Grafen von dem Peter 128. 131.
Küpper verschlossen und der Gräfin nur zwei Zimmer überlassen. Alle Dienerschaft hatte den strengsten Be-
fehl, der Gräfin in nichts zu gehorchen. Der Stallmeister Jakob Eisig hatte den Kutschern auf's Strengste 26. 25. 88. 128.
untersagt, für die Gräfin anzuspannen. Niemand durfte zu der Gräfin gelassen werden, selbst nicht der 131.203.150.149.
Advokat, selbst nicht Geistliche!! Der Peter Küpper hatte Auftrag, auf der Lauer zu stehen und 145.146.148.204.
zu verhindern, daß der alte Pastor Schuchmann aus Ratingen zu der Gräfin komme. (Nur der Pastor 154. 152. 151.
Fowinkel aus Calcum wußte, alles Widerstandes ungeachtet, kraft seiner Autorität zu der Gräfin durchzu-
dringen.) Der Peter Küpper verweigerte, den ihm ertheilten Befehlen gemäß, der Gräfin Wein zu geben.
Die Köchin hatte genaue Ordre, was sie für die Gräfin kochen durfte; darüber hinaus durfte sie nichts verab- 128. 204.
folgen. Das Essen war der Art, daß selbst die Kammerjungfer der Gräfin, welche dieselbe Kost mit ihr hatte,
sich bitter beklagte, sie könne dabei nicht aushalten, es sei zu schlecht.

Der Graf kündigte sogar in Person den Putzmädchen an: „sie seien nicht da, die Gräfin zu bedienen, 131. 128. ꝛc.
die könne selbst sehen, wo sie Jemand fände, der sie bediene;" ja — man traut seinen Ohren kaum — die
gemeine Ehrlosigkeit dieses Mannes erreichte einen solchen Grad von Schmutzigkeit, daß er befahl: „es solle
für die Gräfin (Tochter und Schwester eines Fürsten und Frau eines Standesherrn!) nicht gewaschen (!) 131. d. ob.
werden, sie könne sehen, wo sie gewaschen bekäme"!!

Selbst die eine Kammerjungfer, welche die Gräfin hielt, verbot der Graf zu bezahlen, so daß sich die von allen Mitteln entblößte Frau das Geld hierzu von ihren Brüdern erbitten mußte.

Nur sehr selten durfte die unglückliche Gräfin von ihren Söhnen Paul und Alfred besucht werden. Und wenn dies geschah, waren stets ihre Hofmeister gegenwärtig, die Herren Cheruit und Laurent, zwei Creaturen des Grafen, die sich gleichfalls zu jeder Absicht ihres Gebieters stets willig hergaben, und die Gräfin in Gegenwart der Kinder und Domestiken auf das Zurücksetzendste und Beleidigendste behandelten.

Das Verbot von irgend Jemand, wer es auch sei, Besuche anzunehmen, war indeß nicht bloß ein gesprochenes oder geschriebenes Wort, eine abschreckende Drohung; es wurde auf das schonungsloseste und härteste executirt. Die Gräfin munterte natürlich, um sich nicht nutzlos den demüthigendsten Beleidigungen auszusetzen, Niemanden auf, zu ihr zu kommen; als aber zweimal während der langen Monate ihrer Gefangenschaft der Zufall es fügte, daß der Gräfin Besuch zugedacht war, wurde jenes Verbot mit Excessen ins Leben gesetzt, welche die tödlichste Beleidigung gegen die Gräfin enthielten, und ihre Ehre vor Fremden mit Füßen traten.

Eines Tages begab sich der Prinz Friedrich, von dieser Einkerkerungs-Maaßregel noch nichts wissend,
nach Calcum die Gräfin zu besuchen. Aber im Hause bereits stürzt ihm Hr. Wachter entgegen und kündigt 154.
ihm an, es dürfe auf strengen Befehl des Grafen kein Mensch zur Gräfin, er müsse daher Seine Hoheit bitten,
das Haus zu verlassen. Es blieb dem Prinzen nichts übrig als sich zurückzuziehen.

Ein andermal fügt es sich, daß der Fürst Carl v. Schwarzenberg, ein alter Freund der Hatzfeldt-
schen Familie auf seiner Rückkehr von Paris nach Wien sich 2 Tage in Düsseldorf aufhielt und daselbst vernahm,
daß die Gräfin in Calcum sei. Er zeigt der Gräfin seine Ankunft und seine Absicht, sie zu besuchen in den
(sub 36) beiliegenden Zeilen an: Anl. 36.

„Je viens d'arriver, chère Comtesse, avec le projet de m'arrêter deux jours et le désir „de vous voir. On me dit que vous viviez retirée dans une château à quelque distance d'ici, „où vous ne voyez que très peu de monde; mais j'espère que vous ferez une exception pour „moi et que vous voudrez bien me permettre de vous voir."

Tags darauf begiebt er sich nach Calcum und wird von der Gräfin, die ohne die gröbste Anstandsver-
letzung den Besuch nicht einmal ablehnen konnte, angenommen. Aber kaum hat er das Zimmer der Gräfin
betreten, als Hr. Dir. Wachter ihm hinein sagen läßt: „er müsse darauf bestehen, daß er sich sofort entferne."
Der Fürst, verwundert und wenig an solche Begegnung gewöhnt, läßt ihm erwidern, daß er mit Erlaubniß der
Gräfin so lange dableiben würde, als es ihm gefiele. Hr. Wachter läßt ihn bedrohen, Polizei zu rufen!
und begibt sich auch in der That zu dem Bürgermeister von Kaiserswerth, Hr. Rottländer, mit der Bitte, einen 205.
Fremden, der sich in das Schloß Calcum eingedrängt, polizeilich entfernen zu lassen. Der Bürgermeister im
Glauben, daß von Vagabunden die Rede sei, will zuerst darauf eingehen, verweigert aber natürlich einzuschreiten, 205.

als er hört, daß es der Fürst Schwazenberg sei, der der Gräfin Hatzfeldt einen Besuch abstatte. So wurde vor ihren Standesgenossen, vor Männern der höchsten Position und Gesellschaft, die Gräfin auf das Empfindlichste compromittirt und ihre gesellschaftliche Stellung und Reputation natürlich dadurch unrettbar und absichtlich untergraben.

Man irrt aber, wenn man glaubt, das Empörendste bereits gehört zu haben. Die Gräfin erlag diesen Mißhandlungen, die wie Keulenschläge plötzlich auf ihr hülfloses Haupt herabstürzten. Sie wurde sehr bedenklich krank, es erfolgten wieder mehrere Anfälle von Blutspeien. Da verbot der Graf unter Androhung von Nicht-
35 a. 202. bezahlung dem Apotheker F. Hansen in Kaiserswerth, der Gräfin Medicamente zu schicken, dem Dr. Med. Tönnessen ihr ärztliche Behandlung angedeihen zu lassen.

In den Akten des Prodigalitäts Prozesses ist hierüber ein von Hansen selbst ausgestelltes Zeugniß
Anl. 37. mitgetheilt also lautend (sub Anl. 37):

„Auf Verlangen der Gräfin v. Hatzfeldt wird hierdurch bescheinigt, daß der verstorbene gräf„liche Hausverwalter Herr Johann Schmitz im Winter vom Jahre 1840 auf 41, angebend im „Auftrage des Herrn Grafen v. Hatzfeldt, zu mir kam und erklärte, daß der Herr Graf von nun „an keine Arzneien mehr für die gnädige Frau noch deren Dienerschaft bezahlen würde. Dieselbe „Erklärung hat derselbe auch am selben Tage dem Med. Dr. Tönessen, wie mir dieser gesagt hat, „auch gemacht. Die Medicamenten-Rechnung für die gnädige Frau Gräfin ist mir jedoch lange Zeit „nachher nach vielen Vorstellungen aus der gräflichen Hauskasse bezahlt worden, allein die ihrer Die„nerschaft bis hierhin noch nicht."

Kaiserswerth, 15. September 1846. F. Hansen, Apotheker.

Den direktesten aller Angriffe, den mit dem Messer in der Hand, abgerechnet, gibt es wohl keinen direkteren Angriff auf das Leben einer Gattin, als ihr, zumal während der lebensgefährlichsten Krankheit, nach wiederholten Anfällen von Blutspeien, und während man sie, von der Außenwelt gänzlich abgeschnitten, von allen Mitteln entblößt, in den Zustand einer Gefangenen versetzt hat, auch noch ärztliche Hülfe und Medicin zu versagen!

Früher haben wir gesehen (1836, 1837), wie der Graf die Mittel und Erlaubniß zu der von 3 Aerzten für unumgänglich zur Abwendung der höchsten Gefahr nothwendig erachteten Reise nach Italien versagte; wir haben gehört, wie eine seiner Maitressen seine Intention bekundete, „die Gräfin auf den Kirchhof zu bri[illegible]" jetzt verwehrt der Graf direkt der Gräfin sogar jeden ärztlichen Beistand und alle Medicin. D[illegible] wird bezeugen können, daß als er im Jahre 1841 eine Conferenz Betreffs der Gräfin mit dem intimen und
202. vertrauten Arzte des Grafen, Herrn Dr. Zolling, hatte, wobei er (Tönessen) unumwunden seine Meinung erklärte, die Gräfin müsse d'rauf gehen, wenn nicht eine gründliche Cur eintrete, Dr. Zolling ruhig erwiderte, „daß dies gerade dem Grafen das Angenehmste sein dürfte"

Von der Menge schriftlicher Belegstücke, von sämmtlichen Familienmitgliedern und einigen Geistlichen aus Calcum herrührend, welche dazu dienen, den geschilderten Zustand unerhörter Mißhandlung, schimpflicher Beleidung und Gefangenschaft zu erweisen, welcher ohne Unterbrechung noch Milderung volle 9 Monate, vom September 1840 bis Juni 41, dauerte, sei es vergönnt, verhältnißmäßig nur einige wenige anzuführen.

Anl. 38. Selbst Herr v. Landsberg schreibt (s. Anl. 38):

„— — — Denn es ist nicht möglich, daß Jemand mehr als ich von der Ueberzeugung durch„drungen ist, daß eine Abänderung der jetzigen Lage der Dinge bei Ihnen auf dem einen oder dem „andern Wege herbeigeführt werden muß, zumal es mir zu begreiflich ist, daß Sie bei der „einmal eingetretenen Erbitterung und der Lebhaftigkeit Ihres Geistes durch die Ausführung der ge„troffenen Maaßregeln leicht in eine gereizte und aufgeregte Stimmung gerathen, und so muß es bei „der jetzigen Veranlassung auch der Fall gewesen sein, denn in dem bewußten Briefe von „Hatzfeldt ist es ja deutlich gesagt, daß Sie sich der Equipage nicht bedie„nen und sich von Calcum nicht entfernen dürften; ich erinnere mich auch recht „gut, daß ich selbst, hieran nicht denkend, Ihnen mal sagte, wann Sie mal „Adolphine besuchen wollten, worauf Sie erwiderten: ich darf ja nicht mal an„spannen lassen; daß also Jakob nicht anspannen durfte, konnte Sie [illegible] „nachdem Sie das Alles wohl wußten, nicht befremden, wohl aber E[illegible]gen, „da Sie nur Ihre Schwester zu begleiten wünschten!!"

Frau von Landsberg hatte ihrer Schwester ihr Haus angeboten, rieth ihr aber selbst, dies Anerbieten nicht anzunehmen. Die Gründe, die sie sowohl als die Gräfin Nostiz hiefür anführt, dienen dazu, die un-
Anl. 39. beschreibliche Hinterlist in dem unwürdigen Verfahren des Grafen herauszustellen. Sie schreibt (Anl. 39):

„Er (Hatzfeldt) wünscht nichts sehnlicher, als daß Du zu mir kommst, parce qu'il pense „que c'est le commencement de la fin pour lui, und er hat alsdann dort ganz freies Spiel. „Sie „hat mein Haus verlassen u. s. w., sie hat mir nicht folgen wollen ꝛc.", das wird dann wieder ent„stellt vorgetragen."

So war es also in der Familie notorisch, wie die Gräfin auch noch mit einem Verläumdungssystem Seitens des Grafen zu kämpfen hatte, und wie er darauf ausging, an sich höchst natürliche Handlungen seiner Gattin hervorzurufen, wie er sie immer sich begünstigte, und damit einverstanden war, in der Absicht, sie dann zu Calumnien und schandbaren Gerüchten gegen die Gräfin auszubeuten.

Anl. 30. Dieselbe Schwester schreibt (Anl. 30):

„Herrmann schrieb letzthin, es wäre gut für Deine Angelegenheit, wenn Du wo nur immer „möglich Calcum nicht allein verließest, denn groß wird allerdings der Brüder Vortheil vis à vis „von Hatzfeldt sein, wenn sie ihm sagen können, wir haben uns persönlich von ihrer Lage in „Calcum überzeugt und wir haben sie hinweggenommen, weil wir nicht mehr wollten, daß sie „bleiben sollte. Auch ist es Dir in Düsseldorf und in der ganzen Gegend eine eclatante Reparation, „denn darin hast Du leider vollkommen Recht, daß in Düsseldorf Alles entstellt über Dich erzählt „wird. — — Schließlich ist es wahrscheinlich, daß wenn Du zu mir kommst, Herrmanns Ankunft, „welche bald dringend nothwendig ist, durch Deinen Aufenthalt bei mir verzögert wird — es

„wird Gras über Deine Behandlung in Calcum wachsen und Herrmann wird es nicht „gesehen haben, daher Hatzfeldt füglich Vieles läugnen kann; kurz, ich habe die Ueberzeugung, „daß wenn es Dir irgend möglich ist, Du aushalten mußt bis die Brüder kommen, wegen des un„berechenbaren Vortheils, den es Dir für die Zukunft bringen wird. Es ist mir unendlich schwer „geworden, Dir diese Meinung auszusprechen; denn es zerreißt mir das Herz, Dir zu ra„then, noch mehre Wochen freiwillig dieses auszuhalten — — ich würde stolz darauf „sein, daß ich meiner verfolgten Schwester, die in diesem Augenblick einer Stütze bedarf, eine solche „sein kann. Daher, meine liebe, gute Sophie, wiederhole ich, daß wenn die physische Mög„lichkeit für Dich aufhört, in Calcum zu bleiben, Du natürlicher Weise die oben angeführten Rück„sichten der Klugheit bei Seite setzest und vorzugsweise zu mir kommst; zum Pastor macht zu viel „Eclat. — Das Einzige, was mich dann ärgern würde, wäre, daß Hatzfeldt seinen „Zweck erreicht hat, denn ich bin überzeugt, daß er sich königlich freut, wenn er „hört, daß Du zu mir gegangen bist, denn Landsberg hat ihm das ja schon vor 4 Wochen „geschrieben, und es schien ihm sehr recht zu sein." (Das Motiv geht aus dem vorher angeführten Briefe hervor; um sagen zu können, die Gräfin habe sein Haus gegen seinen Willen verlassen, und darin eine Quelle neuer Verfolgungen zu finden.) — „Ich werde übrigens Herrmann gleich „einen Theil Deines Briefes mittheilen, damit er daraus entnimmt, daß man nicht von Dir ver„langen kann in Calcum auszuhalten."

Von derselben hinterlistigen Absicht des Grafen ist auch die Gräfin Nostiz durchdrungen. Sie schreibt (Anlage 40): Anl. 40.

„Meine gute, liebe Sophie! obgleich Du schwere Prüfungen in der letzten Zeit überstanden, „wünsche ich doch nicht für Dich, daß Du das Haus von Hatzfeldt wieder verläßest, aber von gan„zem Herzen, daß man Dir eine andere Stellung darin verschafft, was so Gott will doch gelingen „wird. Ich begreife, daß, da Du den Kindern gar nicht nützlich sein kannst, der Wunsch in Dir rege „wird, das Haus, wo Du bis jetzt nur gequält wurdest, um jeden Preis zu verlassen; „doch es wäre gewiß zu Deinem größten Unglück und nur Dein Feind könnte Dir dazu rathen, und „wer weiß, ob Du nicht Andern den größten Gefallen damit thätest, wenn Du „gingst. Ich glaube nicht, daß Hatzfeldt es gern gesehen, daß Du zurückkamst; er „wollte nur das Recht für sich haben; ich glaube nicht, daß er nur gedacht hat, daß Du „wirklich kommen werdest, als er Dir anbot zu ihm zu kommen."

In dem oben mitgetheilten Brief des Grafen an seine Gemahlin vom 22. September, der eigentlich ein Verhaftungsbefehl genannt werden muß, heißt es zwar, daß es der Gräfin nur untersagt sei, mit fremden Personen zu correspondiren, sie dagegen mit ihren Verwandten Briefwechsel unterhalten kann. Diese Erlaubniß war aber nur eine Heuchelei, ein Betrug. Den geheimen Befehlen des Grafen zufolge wurden auch alle Briefe ihrer nächsten Verwandten, ja ihrer Kinder an sie, sofern man ihrer habhaft wurde, aufgefangen, erbrochen und unterschlagen.

Indirekt ergibt sich dies schon, wenn wir sehen, daß Hr. v. Landsberg sich genöthigt fühlt, auf einen Brief (Anl. 41) zu schreiben: „Ein Lump, wer diesen Brief liest mit alleiniger Ausnahme der Frau Gräfin von Hatzfeldt." Anl. 41

Aber mehre Schreiben ihres damals 14jährigen Sohnes Alfred erweisen auf's Direkteste, wie man den Kindern sogar den Briefwechsel mit der Mutter untersagte, die Briefe auffing und unterschlug, und so jeden Zusammenhang und Mittheilung zwischen der unglücklichen Mutter und ihrem Sohne freventlich zerriß. Graf Alfred schreibt (Anl. 42): Anl. 42.

„Deinen Brief hat mir der Wirth Pollmann selbst überbracht, da es ihm zu gefährlich „schien, ihn durch den Forstmeister Scholin an mich zu schicken. — Auch mir ist es zu gefährlich, „die Briefe durch Scholin zu schicken; es ist viel besser, wenn Du sie gleich pr. Boten an diesen „Wirth schicktest, der sie an mich besorgen wird. Wie Du es wünschest, werde ich mit Hrn. „Laurent über die Sache sprechen, damit man mich doch wenigstens an Dich schreiben (!!)

... in einem andern Briefe des Grafen Alfred heißt es (Anl. 43): Anl. 43.

„Seit meiner Abreise hatte ich nichts mehr von Dir gehört, und ich habe er„fahren, daß Wachter (!) alle Deine Briefe an mich zurückgehalten hat." (!!)

Die Briefe also, die durch die Post gingen, wurden unterschlagen, und die Correspondenz auf Privatwege scheute man sich nicht durch ein noch perfideres Mittel zu verhindern, wie durch einen Brief des selbst darüber auf's Höchste entrüsteten Pastors Fowinkel sich ergibt. Dieser schreibt (Anl. 44): Anl. 44

„Man hat dem Grafen Alfred schon vor längerer Zeit und zwar schriftlich (!) sein „Ehrenwort abgelockt, daß er mit Ihnen nur durch die Post correspondiren wolle."

In dem letztangeführten Briefe Alfred's (Anl. 45) heißt es noch: Anl. 45.

„Was er, Herr Laurent, sonst gegen Dich vorbrachte, mag ich gar nicht wie„derholen und ich antwortete ihm gleich darauf, daß ich ohne Beweise nichts von „alle dem glauben würde."

So beging man also die Infamie, einem 13jährigen Sohne die schändlichsten Dinge über seine Mutter vorzusagen, und zwar that dies sein eigener Erzieher, dessen Worte Autorität für ihn haben mußten, und in einem Grade, daß das Ehrgefühl des Kindes selbst dadurch empört wurde. Auf diese Weise wurde Alfred systematisch gegen seine eigene Mutter eingenommen und aufgehetzt; man bestrebt sich, sie ihm verächtlich zu machen. Ein würdiger Gymnasial-Professor der alten Sprachen, der viele Jahre hindurch, während Hr. Laurent Alfred's Erziehung im Allgemeinen leitet, demselben philologischen Unterricht gab, hat mit der tiefsten innern Indignation wahrgenommen, wie Hr. Laurent den Saamen des Hasses und der Verachtung gegen die zärtlichste Mutter in das Herz des jungen Kindes unablässig streute, und wird darüber deponiren können. 206.

Nichtsdestoweniger kannte H. Laurent die Gräfin nicht einmal, er war erst 1833 als die Gräfin Düsseldorf bereits verlassen, in den Dienst des Grafen gekommen. Man wird sich darüber nicht wundern, wenn man

hört, daß dieser Hr. Laurent einer der Hurengenerale des Grafen war, der ihm seine Corespondenz mit den
207. liederlichsten Frauenzimmern besorgte, ihnen das Geld auszahlte &c. &c. Dies war überhaupt das Amt, dem
211. 182. 213 sich die Erzieher der gräflichen Kinder, wenn sie Gunst beim Grafen erlangen wollten, widmen mußten. H.
212. 101. 102. Cheruit der langjährige Erzieher Alfreds und auch Paul, i. J. 1841 zugeordnet führte z. B. auch in neuester
88 b. 99. 98. 97. Zeit die Correspondenz des Grafen mit der Meyendorff in der Art, daß er, wenn er bei der Hand war die Con-
u. v. a. cepte der Briefe an diese entwarf, weil der Graf (s. den unten beigelegten Brief an die Meyendorf) nur höchst unvollkommen Herr der französischen Sprache ist.

Die Frau des Direktor Wachter hat selbst einen von der Hand des H. Cheruit entworfenen Brief des
208. Grafen an die Meyendorf gelesen, worin der Graf diese Person einladet zu ihr zu kommen, „einige seelige Tage bei ihm zu verleben." Bei gerichtlicher Befragung wird sie dies wahrhalten müssen.

Herr Direktor Wachter selbst, der seiner Stellung nach dies am besten wissen mußte, stellt Herrn Cheruit das Zeugniß aus, daß er nach der einen Seite hin dem Grafen Hatzfeldt als Kuppler diene, dem Grafen Alfred aber durch jesuistische Casuistick die Liebe und Anhänglichkeit gegen seine Mutter fortzudisputiren
Anl. 46. unablässiglich bestrebe. Er schreibt (28. August 1845, Anl. 46):

„Daß Sie Ihren erwachsenen Sohn zur Mitwirkung bei der Vermittlung veranlaßt, finde ich „ganz sach- und zweckmäßig, und werde ich denselben auf den rechten Weg führen, wenn er mich zu „Rathe zieht. Dieser Sohn könnte Alles in Ordnung bringen, wenn er mit der jetzigen Sachlage „bekannt gemacht und ihm gesagt würde, was er zu thun habe. Allein ein Jesuit beweist auch „daß die zehn Gebote vorschreiben Vater und Mutter nicht zu ehren, so wie er auch „ewig von Religion und Moral zu predigen im Stande ist, während er die schändlich-„sten Laster vermittelt und begünstigt, und deshalb lege ich großen Werth darauf, daß Ihr „Herr Sohn sich mit einem ehrlichen Manne, der Religion hat und auch noch ein Mensch ist, „über diese hochwichtige Angelegenheit berathen möchte, wenn ich ihm nicht jesuitisch genug bin."

Anl. 47. Und ein andermal bald darauf schreibt er (19. September 1845, Anl. 47):

„Auch bedaure ich mich dem Grafen Alfred in dieser Sache nicht aufdrängen zu können, da „er eine Verhandlung darüber die Sie angeordnet, ausgewichen, seit acht Tagen mit Cheruit und „dem Herrn Grafen in Calcum zusammen und höchst wahrscheinlich in Berathungen begriffen ist, die „eine andere Natur und einen andern Zweck haben, als diejenige welche mit mir darüber statt-„gefunden hatte. Am Ende bekommen Sie nach der Diplomatie eines französischen Sprach-„meisters gar keine Antwort von Ihrem Herrn Sohne oder Floskeln und Phrasen statt „realer Antwort, und auf solche Spiegelfechtereien werden Sie natürlich nur mit Verachtung herab-„blicken können."

Man sieht, daß dies Erziehungssystem noch bis in die neueste Zeit fortdauerte, und schon im Jahre 1838 ist es in der Familie notorisch; so spricht Graf Max in einem oben citirten Briefe vom Jahre 1838 von „dem Plane Hatzfeldt's, sämmtliche Kinder von Dir (der Gräfin) zu trennen," als von einem foit accompli, indem er zufügt, er hoffe es durch kräftiges Einschreiten verhindern zu können. Und die Gräfin Nostiz stellt in eben demselben Jahre 1838 der Gräfin als einen Grund der Rückkehr in's Domicil vor, daß man dann, wie sie glaube, auch Alfred bei ihr lassen, und sie dann den Nebel von Verläumdung zerstören könne, mit dem man ihn gegen sie einzunehmen suche.

Anl. 48. „Schon deshalb rathe ich Dir, schreibt sie (Anl. 48), zurückzugehen, Du kannst dann auf „Alfred's Erziehung wachen, und daß er nicht Menschen um sich hat, die ihm eine ungünstige „Meinung über seine Mutter beibringen, denn das, meine arme Sophie, denke ich, nur wäre „das größte Unglück für Dich, da Du ihn immer so abgöttisch geliebt, wie würdest Du diesen „Schmerz ertragen, und dabei mußt Du Dir sagen, wie viel schlechte Menschen es gibt, die es sich „nicht zum Gewissen anrechnen werden, und wie leicht es ist einem Kinde irgend eine Meinung bei-„zubringen."

Wir haben indeß gesehen, daß es der Gräfin auch durch die Rückkehr 1840, zu der sie sich meist aus diesem Grunde entschloß, nicht gelang, den abscheulichen Plan, sie den von ihr getrennten Kindern systematisch verächtlich zu machen, aufzuheben oder auch nur ihm entgegen arbeiten zu können. Vielmehr wurde, wie wir sahen, jetzt nicht nur Alfred sondern auch Paul von ihr getrennt und das Werk der Bosheit nun bei beiden rüstig fortgesetzt. Auch dem Pfarrer Fewinkel waren diese ruchlosen Bestrebungen des Grafen und der Erzieher wohl bekannt, wie noch aus einem Briefe hervorgeht, in welchem er die Gräfin darüber mit der Versicherung zu trösten sucht, daß all' diese Insinuationen keinen Erfolg haben würden.

Anl. 49. „Am Samstage (schreibt er Anl. 49) an Ihrem Namenstage besuchte mich Graf Alfred. „Wir stießen zusammen an und ließen unsere Sophie hoch leben. Gestern feierten wir hier das „von Ihrer seligen Groß- und Schwiegermutter gestiftete Krönungsfest und ich hatte die Freude, daß „Alfred und Paul nebst Alfred von Nesselrode und Chervenis meine Gäste waren. Sie „wollen nicht glauben, wie sehr die guten Kinder an ihrer Mutter hängen, und ich begreife nicht, wie „man nicht einzusehen scheint, daß man eben dadurch die Liebe dieser Kinder zu ihrer Muttrr ver-„stärkt, wodurch man dieselbe schwächen will!"

Am Besten aber würden die jungen Grafen Alfred und Paul selbst darüber Auskunft geben können, welche abscheuliche Dinge ihnen über ihre Mutter von den Herren Cheruit und Laurent stets beigebracht wurden, und auf wie beleidigende und pöbelhafte Weise diese Herren der Gräfin in Gegenwart ihrer Kinder begegneten, so daß Alfred selbst oft Thränen der Wuth darüber vergoß.

Dieser Herr Laurent hatte übrigens schon im Jahre 1838 der Gräfin eine tödtliche Beilidigung zugefügt (man siehe darüber unten Abschnitt II.) der Art, daß die ganze Familie damals die Entfernung des &c. Laurent aus dem Dienste des Grafen gefordert hatte, nicht aber erlangen konnte. Diesem Manne wurde jetzt also auch Paul übergeben, um dieselben Lehren des Hasses und Abscheu's gegen seine Mutter sich einimpfen zu lassen.

Fassen wir kurz zusammen, was wir den Grafen in Bezug auf die eigenen Kinder an der Mutter haben verüben sehen, so ergibt sich Folgendes, bisheran durch schriftliche Beweisstücke und Zeugen Belegtes: fortwährende Entführungsversuche auf die Kinder. Man sperrt die Tochter in's Kloster, diktirt ihr unpassende Briefe in die Feder, verbietet dann jeden Briefwechsel zwischen Mutter und Tochter, unterschlägt die Briefe der Gräfin, und weiß jetzt bereits seit 4 Jahren jeden Verkehr zwischen den beiden zu verhindern; zugleich erhält die Gräfin nicht einmal die geringste Nachricht und Auskunft über ihre Tochter, sie ist für sie wie todt. Der Graf befiehlt sogar, der Mutter den Zutritt zu ihr zu verweigern. Den ältesten Sohn hat man getrennt von ihr erzogen. Man gibt ihm Lehrer, welche ihm die schandbarsten Sachen über seine Mutter erzählen, man schildert sie ihm täglich als die verächtlichste Frau. Die Briefe, die seine Mutter an ihn schreibt, werden durch Herrn Wachter unterschlagen. Man lockt ihm ein schriftliches Ehrenwort ab, ihr nur durch die Post zu schreiben; diese Briefe werden gleichfalls unterschlagen. Man sucht die Vorstellung in ihm zu erregen, die Mutter habe ihn vergessen, kümmere sich nicht um ihn. Man entfremdet ihr auch den Sohn. Den 9jährigen Sohn Paul trennt man gleichfalls so wie sie sich in die väterliche Gewalt zurückbegibt von ihr, man gibt ihn in dieselben Hände; durch Lehre und Beispiel erniedrigt man auch vor seinen Augen die Frau, die ihn geboren und unausgesetzt für ihn gelitten!

Wir werden im Verlauf sehen, wie diese Sündenwirthschaft, die Kinder sämmtlich von der Mutter zu trennen und in ihrem Herzen jeden Funken von Achtung und Liebe zu ihr zu ertödten, unausgesetzt bis in die neueste Zeit verfolgt wird, so daß es theilweise nur zu sehr gelungen.

Wir kehren jetzt zu der weitern Anführung der Beläge über die Gefangenschaft zu Calcum und zur weitern Schilderung derselben zurück.

Der einzige wahre Beistand, den die Gräfin in dieser verzweifelten Lage fand, war der leider jetzt todte 203. 149. 150.
Pastor Fowinkel aus Calcum. Obgleich sonst katholische Geistliche und so fromme zumal aus den Grundsätzen der Religion Ehescheidungen unter allen Umständen entgegen zu sein pflegen, war es hier grade ein katholischer Geistlicher, der die Gräfin antrieb, den Schutz der Gesetze gegen so empörende Mißhandlung anzurufen und die Scheidungsklage gegen ihren Gemahl einzuleiten; er vermittelte selbst sogar zu diesem Zweck ihr heimliche Zusammenkünfte mit den Advokaten. Man kann den Rückschluß machen, wie groß diese Mißhandlungen gewesen sein müssen, um einen alten und frommen katholischen Pastor zu solch energischem Auftreten zu bewegen. Der noch lebende und damals in Calcum angestellte Herr Vikar Beesen hat der Gräfin eine Bescheinigung ausgestellt, durch welche das eben Angeführte und die Mißhandlung der Gräfin erwiesen wird.

Sie lautet (Anl. 50): Anl. 50.

„Die Frau Gräfin von Hatzfeldt befand sich in den Jahren 1840 und 41 allein in Calcum „ohne den Herrn Grafen und ohne Kinder. Ich hatte öfters Gelegenheit Sie während dieser Zeit zu „sehen und überzeugte mich sowohl durch mich selbst als durch das, was ich von dem verstorbenen „Herrn Pastor Fowinkel zu Calcum darüber hörte, daß sie dort von allem Verkehr abge„schnitten ein sehr unglückliches Leben führte. Die Dienstleute hatten die Weisung gar „keinen Besuch bei ihr vorzulassen und ihren Befehlen nicht zu gehorchen. Der „Kutscher durfte für sie nicht anspannen. Nachdem sie mehre vergebliche Versuche „gemacht hatte, den Herrn Grafen von Hatzfeldt zu bewegen sich mit ihr zu ver„söhnen und diese Maaßregeln zu ändern, entschloß sie sich auf Anrathen des Herrn Pastor „Fowinkel, der ihr in dieser Lage ein treuer Freund und Beistand war, den Justiz„rath Friedrichs in Düsseldorf zu befragen, ob ihr auf gesetzlichem Wege nicht „geholfen werden könne? Da dies in Calcum nicht geschehen konnte, wegen des „Befehls, den die Dienerschaft hatte, jeden Besuch zu verhindern, ließ der Herr „Pastor Fowinkel einen Wagen aus Düsseldorf kommen und brachte die Frau „Gräfin des Abends, damit man es im Schlosse nicht wisse, in mein Haus und „ersuchte mich mit ihr nach Düsseldorf zu fahren, weil er selbst augenblicklich durch „Amtsgeschäfte verhindert war. Ich fuhr mit der Frau Gräfin nach Düsseldorf, „wo wir im Hause des Herrn Kaufmann Tyrrel abstiegen und von dort brachte „ich die Frau Gräfin zum Justizrath Friedrichs. Dies geschah mehremal; ich habe „die Frau Gräfin jedesmal begleitet, sie in Düsseldorf nicht verlassen und sie nach „Calcum zurückgebracht.“

Um dies beiläufig anzuführen ergiebt sich aus den letzten Sätzen dieses von dem Herrn Vicar ausgestellten Zeugnisses auch die giftige Verläumdung der vom Grafen angestellten Ehescheidungsklage. In derselben wird die Gräfin nämlich bezüchtigt, während ihres Aufenthaltes in Calcum 1840 und 41 Rendez-vous mit einem „Wiener Buhlen“ bei Tyrrel gehabt zu haben. Es heißt daselbst wörtlich „in Düsseldorf logirt der „Reisegefährte (der Buhle) im Breidenbacher Hofe und hatte Rendez-vous mit der Gräfin auf einem Zimmer im obern Stocke bei dem Kaufmann Tyrrel auf der Bolkerstraße, wo die Gräfin auch Besuche von mehreren andern Männern empfing, während sie in Calcum war.“

Wir haben jetzt durch das Zeugniß eines ehrwürdigen Geistlichen gesehen, welcher Art diese unter seiner Assistenz abgehaltenen Besuche waren und wie er sie immer begleitet und sie ohne sie zu verlassen wieder nach Calcum zurückgebracht hat.

Kaum aber hörte der Graf, daß die Gräfin beabsichtige eine Scheidungsklage auf sevices et injures graves gegen ihn einzuleiten, deren Erfolg unzweifelhaft gewesen war, als er seiner Gattin durch H. Wachter sagen ließ er wolle sich gütlich mit ihr vergleichen, sie möge nur 8 Tage mit Anhängigmachung ihrer Klage warten, in dieser Zeit wolle er ihr seine Vergleichsbedingungen mittheilen.

Die Gräfin, welche in ihrer Arglosigkeit die ganze Hinterlist ihres Gatten noch nicht kannte, ließ sich bethören und wartete — aber einen Tag vor dem Ablauf der 8 Tage begab sich der Graf nach Schönstein, ließ auch 149. 150.
die Kinder aus Düsseldorf dahin bringen und erklärte den Behörden, daß er in dieser seiner Standesherrschaft, 146. 203.
wo er eigentlich sein Domizil seit lange habe, nun auch faktisch seinen Wohnort aufgeschlagen habe. Durch diesen wohlberechneten Schritt hatte der Graf seine Gattin um die Möglichkeit ihn vor den franz. Gerichten zu verklagen und somit um die Möglichkeit des Prozesses überhaupt betrogen.

Denn unter der Langsamkeit des unter gemeinem Recht üblichen Verfahrens und da dasselbe der Bestimmung entbehrt, welche der Frau während der Dauer des Prozesses Schutz gegen die Willkür des Gatten zu-

7

sichert wäre es nur ein nutzlos lächerlicher und nur ihren Quäler erbitternder Schritt gewesen, in Ehrenbreitstein eine Scheidungsklage gegen einen Mann einzuleiten, der es trefflich versteht die Gerechtigkeit sich nachhinken zu lassen.

Von Versöhnungen oder gütlichen Vergleichen wollte der Graf nun wo er durch seinen Betrug glücklich in den Hafen faktischer Straflosigkeit eingelaufen war, nichts mehr wissen und ließ nur seiner Frau die dürre Aufforderung zugehen ihm in sein Domizil Schönstein zu folgen. Zugleich aber ließ er ihr durch H. Wachter die Drohung insinuiren, wenn sie nach Schönstein käme würde er sich sofort mit den Kindern von da entfernen und dieselbe Gefangenschaft, wie in Calcum über sie verhängen, die sich natürlich dort in der Wildniß „von der menschlichen Hülfe so weit" wo der Graf wie weiter unten articulirt werden wird, Gewalt genug hat seine Frau von Staatsdienern auf das Erbärmlichste mißhandeln zu lassen, noch weit unerträglicher gestalten mußte. Diese officielle Aufforderung ihm zu folgen, und die dem widersprechende Drohung war wieder eins jener so überaus würdigen Manöver des Grafen, um einen Schein des Ungehorsams auf die Gräfin werfen zu können.

Anl. 51. Frau v. Laudsberg schreibt hierüber (Anl. 51):

„— — Wir wollen dies (Herrmanns Ankunft) noch abwarten, aber mir scheint, wenn er „lange ausbleiben will, so muß er für sich auf den Vortheil renonciren Dich in Calcum zu finden, „denn diese lange Zeit scheint mir menschliche Kräfte zu übersteigen; mir scheint meine liebe „Sophie, daß ich an Deiner Stelle (da Du doch den Prozeß vor dem dortigen Gesetze keinesfalls führen willst, und davon überhaupt, wenn die Brüder kommen, nicht mehr die Rede „sein kann, nun nach Schönstein gehen würde; ich habe die Ueberzeugung gewonnen, daß Du ihm „keinen größern Tort anthun kannst, als wenn Du kommst; er traut Dir diese Courage nicht zu — „und er wird nicht die Courage haben die Drohung in Ausführung zu bringen, die „Kinder gleich weg zu schicken und selbst weg zu gehen und sollte er die Courage haben, „so steht die Sache für Dich und die Brüder wiederum brillant; denn Thatsachen sprechen lauter als „bloße Drohungen.

„Du wirst mir entgegnen, daß er Dir dort jede Correspondenz unmöglich machen und Dich „einsperren wird — ich verspreche Dir aber feierlich, daß wenn Du Dich dazu entschließest (was „in Deinem Interesse für nützlich hielte), daß ich von dem Tage an gerechnet, daß Du in Schönste „eintriffst, wenn ich binnen 3 Wochen keine Nachricht von Dir habe, zu Dir nach Schönstein komm „werde um solche zu holen. — —"

Aber die Gräfin war mit seltner Resignation, so entsetzlich auch der Gedanke sein mußte sich unter solche Umständen nach Schönstein zu begeben, wo sich zu der Gewalt des Eheherrn noch die des Landesherrn gesellt fest entschlossen jedes noch so schwere Opfer zu bringen, um das steinerne Herz ihres Gemahls zu erweichen

Die Nachricht von der Domizil-Verlegung ihres Gemahls, die ihre Hoffnungen auf gesetzliche Hülf durch einen Mißbrauch ihrer Leichtgläubigkeit so plötzlich geknickt, hatte ihr einen vehementen Blutsturz zugezo-
202. gen und sie auf das Krankenbett geworfen. Es mußte ihr mehremale zur Ader gelassen werden. Kaum hat sie sich soweit erholt, daß sie die Feder führen kann als sie ihrem Gemahl den rührendsten, versöhnlichsten, verständigsten Brief schreibt, in welchem sie, fern von jeder Heuchelei ihm nicht verhehlt, wie namenlos und schwer er sie beleidigt und verfolgt, zugleich aber mit all dem feinen Gefühl einer edeln Frau jeder Anklage den Stachel zu benehmen weiß; in welchem sie ohne mit ihm zu rechten sich an das Herz und Mitleiden ihres Quälers wendet und ohne eine Liebe zu heucheln, die sie nicht mehr besitzen kann, ihm mit unendlicher Milde die Hand zur Versöhnung bietet, ihrer Kinder wegen, und im Namen dieser ihn beschwörend.

Dieser Brief, aus dessen edler Einfachheit jeder Menschenkenner hinreichend den Charakter der Frau
Anl. 52. Gräfin erkennen wird, folgt bei (Anl. 52):

An den Grafen v. Hatzfeldt nach Schönstein geschrieben und durch den Pastor Fowinkel ihm zugeschickt.

Abschrift.

„Ich bin sehr krank, und daher in der Unmöglichkeit gewesen nach Schönstein zu kommen. „Ich bin zur Ader gelassen worden, weil ich wiederholte heftige Anfälle von Blutspeien hatte, und „bin erst seit wenigen Tagen etwas besser. Ich hätte Dir dies früher gemeldet „dazu die Zeugnisse der Aerzte, um sie als Beweise beizulegen; sie sollten heu „aber vor Abgang der Post nicht da sind, werde ich sie nachschicken. Daß ich wirklich recht krank „bin, könnte man mir indessen auch wohl ohne dem glauben, nach Allem was ich nach einem halben „Jahre gelitten habe, und dieser letzte Schlag, die gänzliche Trennung von allen meinen Kindern, „hat mich so schwer getroffen, daß alles Vorhergegangene daneben verschwindet. Man bedauert eine „Mutter, wenn sie ein Kind verliert, ich habe sie nun alle verloren, und keine Mutter liebt „gewiß ihre Kinder zärtlicher wie ich. Erlaube nur noch einmal auf die Vergangenheit zurückzukom„men. Als ich vor sechs Monaten hierher kam, geschah es in den friedlichsten Gesinnungen; daß ich „einige Wochen später eintraf, als Du es glaubtest, und woraus Du mir einen so großen Vorwurf „machtest, daran war theils Krankheit, worüber ich Dir das ärztliche Zeugniß des Dr. Guggert „schickte, schuld, theils auch, ich gestehe es, aus einer bangen Ahndung und Angst, daß mir neues „Unglück bevorstände. Mein Bruder Max hatte mir zwar in Wien versprochen, daß Du friedliche „Gesinnungen hegtest und mich mit Achtung behandeln werdest, allein ich wußte ja recht gut, daß, „indem ich zu Dir kam, ich das noch übrige Glück meines Lebens, nicht von meinen Kindern getrennt „zu sein, in Deine Hand legte. — Hätten wir dazumal beide die Zwistigkeiten der Vergangenheit „vergessen können, so wären sie auch vor der Welt und vorzüglich vor unsern Kindern ausgelöscht „gewesen, und wir hätten beide noch einige Zufriedenheit finden können. Ich mag einen harten Sinn „haben, und mich auch das Schicksal, was mich hier getroffen hat, zu schwer gereizt und beleidigt „haben, als daß ich es mit völliger Ergebung hätte ertragen können, trotzdem habe ich hier noch „immer den Frieden gewollt, Dich oft darum gebeten aus Liebe zu meinen Kindern, und sei über„zeugt, daß wenn Du anstatt dem, was ich hier erdulden mußte, mir endlich nach so langem Unglück „Ruhe und Zufriedenheit mit meinen Kindern gegeben, mich mit Güte behandelt hättest, so würde

„dies einen tiefen Eindruck auf mein Herz gemacht haben. Ich bin zwar überzeugt, daß Du mich „hassest, aber dennoch glaube ich, daß Du so hart nicht aus eigenem Antrieb gegen mich gewesen „bist, und daß Dich Andere, die keinen guten Zweck hatten, dazu verleitet haben. Ich bitte Dich „nun inständig, mir zu sagen, welches eigentlich Dein Zweck und Dein Wille mit mir ist. Diese „harte Prüfung hat mich tief gebeugt, und es kann doch unmöglich zu Deiner Beruhigung beitragen, „zu wissen, daß ich grenzenlos unglücklich bin, manchmal kaum mehr den Muth habe, das Leben zu „ertragen, und daß es nur von Dir abhing, dies zu ändern. Bedenke, daß ich die Mutter Deiner „Kinder bin, daß sie nach Pflicht und Gewissen mir Liebe, Achtung, Gehorsam schuldig sind, daß sie „mit ganzem Herzen an mir hängen, und nie vergessen können, daß ich ihnen eine gute Mutter gewe„sen bin. Sieh Alfred an und Du mußt Dich überzeugen, wie schmerzlich ihn das unselige Ver„hältniß, das ihn zwischen zwei gleich heilige Pflichten stellt, bedrückt. Du kannst uns Alle glücklich „machen; laß es nicht dahin kommen, daß unsere Kinder einst als Richter zwischen ihren Eltern stehen. „Das kann zu nichts Gutem auf keiner Seite führen. Gott gebe, daß diese meine Worte den Weg „zu Deinem Herzen finden! Laß uns versuchen, uns ohne fremde Einmischung zu sprechen und zu „verständigen; wenn sich dann Dein Herz nicht gegen mich erweicht, Du Dich nicht mit mir einigen „kannst, so hast Du nichts dabei verloren, wäre es aber möglich, so würde es doch auch gewiß zu „Deiner Beruhigung jetzt und später gereichen. Ich reiche Dir wiederholt die Hand zur Versöhnung, „stoße sie nicht zurück, damit unser Alter wenigstens ruhiger sei, als unsere Jugend es gewesen, und „vorzüglich, damit sich dieser Haß und Streit nicht auf unsere Kinder fortpflanze, was jedenfalls sein „muß, wenn auf diesem Wege fortgefahren wird. Ich bitte Dich inständig, diesen Brief, der nur „für Dich allein geschrieben, für Dich allein zu behalten, und mir aus Deinem eigenen Gefühl recht „bald zu antworten. Laß nur jetzt Niemand sich darin mischen, nur unsere Kinder als Vermittler „zwischen uns stehen. Wenn Du es nicht für mich thust, so thue es für sie, damit ihr Leben glück„licher werde als es jetzt ist. Ein Augenblick kann manchmal die Herzen umwandeln, möchte ich doch „diesen Brief in einem solchen Augenblick an Dich gerichtet haben."

Calcum, den 3. April 1841. Sophie von Hatzfeldt.

e Gräfin übergab diesen Brief dem Pastor Fowinkel zur Besorgung, der darüber schreibt 3): Anl. 53.

„Ihr Brief an den Grafen, liebe Frau Gräfin, hat meine Erwartung übertroffen, und ich „habe denselben nicht ohne Rührung gelesen, kann mir folglich denken, welchen Eindruck er auf den „Grafen machen werde. Die Worte: „ich weiß, daß Du mich hassest," wären freilich besser weg„geblieben. Doch der übrige Inhalt des Briefes ist herzlich und ergreifend, und ich zweifle nicht „daran, daß der Herr Graf Sie bald vom Gegentheil überzeugen wird."

Als Antwort erhielt die Gräfin vom Grafen den insolentesten Brief, der gedacht werden kann, der leider verloren gegangen ist, über den sich aber Frau von Landsberg (Anl. 54) also ausspricht: Anl. 54.

„Dein Brief an Hatzfeldt war gewiß geeignet, eine günstigere Antwort hervorzurufen; „doch laß Dich das nicht gereuen, meine liebe Sophie, das sind glühende Kohlen, die er „selbst auf seinem Haupte sammelt."

Nichtsdestoweniger begibt sich die Gräfin der Aufforderung ihres Gemahls gemäß nach Schönstein. Kaum aber ist die Gräfin da angekommen, als der Graf ungerührt wirklich die preiswürdige, von Frau von Landsberg bezweifelte Courage hat, seine Drohung auszuführen; er schickt augenblicklich die Kinder fort, er selbst folgt kurz darauf und läßt die Gräfin in noch härtere Gefangenschaft nehmen, wie selbst zu Calcum.

Frau von Landsberg schreibt darüber vom 4. Mai (Anl. 55): Anl. 55.

„Meine liebe, gute Sophie! Vorgestern Abend spät nach Steinfurt zurückkehrend, fand ich „Deinen Brief aus Schönstein vor, nachdem mich der Pastor schon von allem bis dahin Vorgefalle„nen unterrichtet hatte. Alles, was Du jetzt gethan, meine liebe, gute Sophie, billige ich „im vollsten Sinne des Wortes, und wenn auch Deine Lage in diesem Augenblicke wieder eine „sehr traurige zu nennen ist, so werden ganz sicher die guten Folgen Deines jetzigen Benehmens „für die Zukunft durchaus nicht ausbleiben; dafür will ich Dir wohl bürgen. — Ich beschwöre Dich, „meine liebe Sophie, so schwer es Dir auch werden muß, auf dem eingeschlagenen „Weg zu beharren, was auch immer Hatzfeldt unternehmen möge, fahre fort höflich „und freundlich mit ihm zu sein, und sprich mit Niemand in Schönstein über ihn. — Er selbst lobt „Dich sehr in einem Briefe an Landsberg, und dieser todte Buchstabe wäre ja eine gren„zenlose Unvorsichtigkeit von ihm, wenn er jetzt, ungeachtet daß er die Kinder fortgeschickt, „nicht versöhnliche Absichten gegen Dich hätte. Ich bitte Dich, fahre auf dem Wege der Duld„samkeit fort bis die Brüder kommen; diese seine Worte sind dann Waffen in den Händen der „Familie. Ich habe aber jetzt Hoffnung, daß er es redlich meint; sein böser Geist Loe ist „nicht da."

Der Pastor Fowinkel schreibt der Gräfin (2 Mai 1841) nach Schönstein (Anl. 56): Anl. 56.

„Ich kann denken, daß es Ihnen wehe, sehr wehe thun mußte, sich sobald von Ihren Kindern „wieder trennen zu müssen, und ich hätte gewünscht, daß man sie wenigstens einige Tage bei Ihnen „gelassen hätte; allein ich bitte Sie, liebe Frau Gräfin, sich hierdurch nicht aus der Fassung bringen „zu lassen. — — — Lassen Sie sich durch nichts, es sei was es immer wolle, verleiten, unfreund„lich und hart gegen Ihren Gemahl zu werden. Durch fortgesetztes sanftes und gelassenes „Benehmen und durch die Resignation, die ich hier an Ihnen zu bewundern so oft „Gelegenheit hatte, werden Sie ganz sicher und gewiß das Ende des Mißverhältnisses und eine „in jeder Hinsicht bessere Zukunft herbeiführen. — — Ihre Abreise von hier ist allgemein be„trauert worden. Wehmüthig fragte mich fast Jeder, der mir begegnete: Hat unsere Frau Gräfin „uns wirklich verlassen? und ich gab den Fragenden zu ihrem Troste die Antwort: Sie wird wie„derkommen — — Und nun, liebe Frau Gräfin, leben Sie recht wohl, Sie haben schon so

„Vieles, ja Sie haben Alles gethan, um das Ende eines für Sie, Ihren Gemahl
„und Ihre Kinder so kläglichen Zwistes herbeizuführen."

In solchen Briefen des Pastors der selbst seine Bewunderung der Resignation und Sanftmuth der Gräfin nicht versagen kann, wie in dem eben mitgetheilten Brief der Frau v. Landsberg, die sogar ein Schreiben des Grafen erwähnt, in welchem er in einem Augenblick der Unvorsichtigkeit selbst das musterhafte geduldige Betragen seine: Gattin anerkennen muß, liegt der Beweis wie die Gräfin selbst in dieser Zeit des fürchterlichsten Drucks und der empörendsten Mißhandlung, ihrem rohen Gebieter dieselbe bewunderungswürdige Geduld und Ergebung entgegensetzte, die sie schon in den Jahren von 1822 bis 1833, der empfindlichsten Beleidigungen ungeachtet, stets bekundet hatte.

Anl. 57. So schreibt in eben demselben Sinne der Pastor (Anlage 57):

„Man hat dem Grafen Alfred schon vor längerer Zeit und zwar schriftlich (!) sein Ehren-„wort abgelockt, daß er mit Ihnen nur durch die Post correspondiren wolle und da er sein einmal „gegebenes Wort nicht brechen wolle, so bittet er Sie zugleich, das was Sie ihm selbst durch die Post „nicht gerne schreiben wollen, mir zu schreiben, um es dann von mir mündlich zu erfahren. Um „Alles aber läßt Alfred Sie bitten, daß Sie doch gar nicht glauben möchten, er habe für seinen „Vater Partei genommen. Er hat vielmehr Partei für seine Mutter genommen, aber der Augenblick „ist noch nicht gekommen, wo er mit Entschiedenheit auftreten kann, wenn er nicht die Sache verderben „und schlimmer machen will."

„Die Zeit kann nicht mehr fern sein, wo man das was Sie gethan und die Opfer, die Sie „gebracht haben anerkennen wird. Selbst Ihre wenigen Feinde sind dieser Meinung, und so wenig „man Ihnen eine so ruhige Haltung zugemuthet hatte, so sehr ist man überzeugt, daß, wenn „Sie diese Ihre Ruhe diese Hingebung (!) nur noch eine kurze Zeit behaupten wol-„len, Sie böse Mäuler stopfen und blinde Augen öffnen werden." (!!)

Sehr bemerkenswerth ist auch die allgemeine Liebe und Anhänglichkeit, die sich wie z. B. der Brief 56 des Pastor Fowinkel zeigt unter den Calcumer Bewohnern zu ihrer wohlthätigen und liebevollen Gutsherrin ausspricht. Es giebt in jedem Charakter und daher in jedem Lebenslauf eine Folgerichtigkeit. Die Tugend wie das Laster hat seine Consequenzen. Wie wir daher sehen, daß der Graf ein verbrecherischer Gatte, ein gewissenloser seiner Söhne Gut verschwendender Vater auch verflucht und gehaßt wird von seinen Unterthanen, welche ihn, viele Tausende einstimmig, bezüchtigen, daß er mit eiserner Geißel ihnen den letzten Heller abpreßt, um es zu Tausenden Huren und Kupplerinnen in den sündhaften Schooß zu werfen, daß sie nur durch Preisgebung ihrer Schwestern, Frauen und Töchtern an ihn und seine Beamten sich ein erträgliches Loos bereiten können, (worüber man bei den Zeugenvernehmungen Unerhörtes erfahren wird,) so daß die Standeseingesessenen in Masse, sonst das geduldigste und ihrer Herrschaft unterthänigste Menschengeschlecht sich gegen ihren Herrn erhoben haben um sich und ihn in Hunderten von Prozessen zu Grunde zu richten, so ist es sehr bedeutsam und charakterisch, wie diese ganze Bevölkernng von 6000 Seelen (eben so wie nicht minder die Leute in Calcum ꝛc.) der Gräfin mit der wärmsten Liebe mit treuester Anhänglichkeit seit je zugethan sind und von ihrem Lobe überfließen. Diese seltene erquickende Liebe und Anhänglichkeit hat sich die Gräfin durch ihr gleichfalls seltenes Betragen bei ihrem oftmaligen Aufenthalte in der Standesherrschaft erworben.

Wie in Calcum, und selbst hier noch mehr wegen der größeren Noth war es die regelmäßige Beschäfti-
90. 91. 92. 93. 94. gung der Gräfin seit immer gewesen die Hütten der Armen zu besuchen, die Kinder derselben zu bekleiden und
95. 96. 97. 98. 99. auf ihre Kosten zu Handwerkern erziehen zu lassen, brachte den Kranken persönlich kräftige Speisen und Getränke
101. 102 209 wie auch Geld ꝛc. ꝛc. Und was, wie natürlich den Werth solcher Unterstützungen noch steigerte, war
210. u. v. a. die Weise, in der sie dargeboten wurden, und welche zeigte wie die Wohlthätigkeit hier keine bloß äußere Manie war, sondern wirklich aus innerer Herzlichkeit entsprang. Zu keiner Zeit, selbst nicht wenn sie Gesellschaft hatte, ließ sich die Gräfin bei den verschiedenen Malen ihrer Anwesenheit in der Standesherrschaft vor den Armen verleugnen oder abhalten sich deren Angelegenheiten in voller Ausführlichkeit vortragen zu lassen ꝛc. ꝛc. Weinend und auf ihren Knieen nahmen daher auch die Bauern Abschied als die Gräfin die Standesherrschaft 1841 auf lange Zeit verließ.

Es ist nichts Kleines um solchen Nachruf, wie ihn die Gräfin bei einer Bevölkerung von 6000 Seelen einstimmig bei Alt und Jung zurückgelassen hat, und es ist nichts gewisser, als daß dieser begeisterte Nachruf, der über die Tugenden der Gräfin bei einer ganzen Bevölkerung herrscht, welche durch Umgang, Interesse, Verhältnisse ꝛc. sie auf's Genaueste kennen zu lernen Gelegenheit hatte, in einem unvereinbaren Widerspruch mit den saubern Eigenschaften steht, welche der Graf in seiner Scheidungsklage ihr andichtet. Selbst bei ihrem Aufenthalte in Calcum und Schönstein in den Jahren 40 und 41, wo man die Gräfin so gänzlich und an Allem Noth leiden ließ, daß nicht für sie gewaschen, der Lohn für ihr Kammermädchen nicht gezahlt wurde, — die Entbehrungen, die man ihr auferlegte, waren so groß, daß sie für die unerläßlichsten Lebensbedürfnisse das Mitleid ihrer Brüder angehen mußte; so schreibt z. B. Graf Max am 14. April 1841
Anl. 58. (Anlage 58):

„Ich habe Dir vor 14 Tagen 1000 Francs geschickt, was vielleicht für den Augenblick (denn „hier ist wohlverstanden immer nur vom Augenblick die Rede) hingereicht haben könnte, um das „Nothdürftigste, wie Lohn Deiner Bedienung ꝛc. zu berichtigen, wo Du jedoch dem ungeach-„tet noch von ganz augenblicklichen Verlegenheiten redest, so erfolgen hierbei noch 1000 Francs in „einem Wechsel," —

selbst in der Zeit so reducirter Lage und selbst der Noth preisgegeben scheute die Gräfin kein Opfer um ihrem Triebe Gutes zu stiften nachzukommen. So schreibt der Pastor in dem sub 57 angeführten Briefe:

„Nur noch Eins, welches ich in meinen letzten Briefen vergessen hatte. In einem Ihrer „Briefe schickten Sie mir 6 Thlr. für den hiesigen Küster und bemerkten dabei, daß Sie bedauerten, „nicht mehr schicken zu können, allein Sie dachten vielleicht nicht daran, daß er während Ihrer An-„wesenheit bei uns 8 Thlr. baar erhalten und daß auf Ihren Befehl Herr Tyrrel einen Marmor-„stein von 15 bis 20 Thlr. vielleicht bezahlt hat. Der Küster kann also zufrieden sein und ist es

„auch. Bestehen Sie jedoch darauf, daß ich ihm das Geld auszahlen soll, so soll's geschehen. Sonst „aber möchte ich Sie bitten diese 6 Thaler den Armen zuzuweisen, deren es so Viele giebt, die „Ihre Abwesenheit beweinen."

Und hatte sie gar kein Geld, so machte sie von ihrem Credit Gebrauch den Armen zu helfen. So gab sie z. B. im Winter 41 in Schönstein, des Geldes ermangelnd, einem alten verkrüppelten Mann, welchen der Winter den Mangel warmer Kleidungsstücke schmerzlich fühlen ließ, eine Anweisung auf einen Krämer (Steinstraß) in Wissen sich daselbst einen vollständigen Tuchanzug auf ihre Rechnung machen zu lassen; später, als sie wieder zu Mitteln gelangt war, erhielt der Krämer den Betrag von ihr bezahlt. 106.

Dieser Zustand der schrecklichsten Gefangenschaft, in welcher die Gräfin alle Mißhandlungen zu erdulden hatte, die nur der raffinirteste Kopf gegen eine Frau und Mutter aussinnen kann, dauerte 10 lange Monate, vom Sept. 1840 bis Juni 1841.

Es scheint fast menschliche Kräfte zu übersteigen eine solche Lage 10 Monate lang ertragen zu haben. Es hatte sich der Gräfin ein solcher Grad der Verzweiflung bemächtigt, daß sie ihre Zuflucht dazu nahm, sich durch den Genuß von Opium-Extract in Lethargie zu versetzen und so sich vor dem Bewußtsein ihrer Qualen zu retten.

„Ja, Du arme Sophie, (schreibt die Schwägerin der Gräfin, die Fürstin Hatzfeldt, Anl.
„59), jetzt bist Du wahrhaft unglücklich, denn ich weiß wie sehr Du an Deinen Kindern hängst, aber Anl. 59.
„fasse Muth und laß nicht die Verzweiflung in Dich einziehen, gerade jetzt kannst Du am besten „zeigen, was ein kräftiger Wille vermag, wenn Du ausharrest bis die Hülfe kommt. Wirf das „abscheuliche Morphium zum Fenster hinaus oder versprich Dir selbst, es nicht mehr anzu„rühren denn auch nur eine geringe Gabe so oft genommen, tödtet Dich doch endlich."

Endlich, gegen Ende Juni 1841 kamen die Brüder der Gräfin, der Fürst Herrman von Hatzfeldt aus Trachenberg und der Graf Max Hatzfeldt aus Paris nach Schönstein um der schimpflichen Bedrückung ihrer Schwester ein Ende zu machen. Selbst da noch erklärte die Gräfin, aus reiner Mutterliebe handelnd der man seine Anerkennung nicht versagen wird, „sie wolle in Schönstein oder Calcum bei ihrem Gemahle bleiben, wenn die Kinder in das gemeinschaftliche Haus zurückgebracht würden." Dies geht auch aus dem in der gegnerischen Ehescheidungsklage sub Anlage 50 aufgelegten Altenkirchner Vertrag hervor, worin die Erklärung der Gräfin protocollirt ist, daß sie getrennt von allen Kindern nicht die Kraft fühle, bei ihrem Manne zu verharren, und da ihr Mann die Söhne in ein Schweizer-Institut bringen lassen wolle, so wolle sie sich bei ihren Kindern etabliren, sofort aber zu ihrem Gemahl zurückkehren, wenn er die Kinder mit ihr vereinige.

Selbst gerührt von diesem Entschluß der Gräfin, den man nach solchen Mißhandlungen nicht hätte erwarten dürfen, reißten die Brüder nach Düsseldorf den Grafen zur Annahme dieser billigen Bedingungen zu bewegen; damals war es, wo, wie oben angegeben, Max v. Loe von den Verhandlungen ausgeschlossen wurde; die Brüder fanden aber bei dem Grafen selbst so hartnäckigen Haß gegen die Gräfin vor, daß sie so bald zurückkehrten und der Gräfin eröffneten. 145. 146.

„Es sei nicht möglich, daß sie bei ihrem Gatten bliebe, sie hätten solche Gesinnungen bei ihm „gefunden, daß ihnen ihr Gewissen nicht erlaube, sie bei ihm zu lassen. Die erlittenen Mißhand„lungen würden sich alle Tage wiederholen, sie könnten ihr aber nicht wie Gensdarmen fortwährend „zur Seite stehen. Sie würden ihr auf andere Weise helfen."

Jetzt versammelten die Brüder einen Familienrath zu Altenkirchen, luden auch die Schwäger ein, mit Ausnahme des Herrn v. Loe und beschieden auch den Grafen dahin. So entstand den 8. Juli 1841 der sogenannte Altenkirchner Vertrag. Die Gräfin selbst war bei den Verhandlungen nicht gegenwärtig und wurde über keinen Punkt um ihre Zustimmung befragt. Der Fürst Herrmann hatte sich wie aus der Urkunde des Vertrages selbst erhellt von seiner Schwester im Voraus eine Erklärung abgeben lassen, „daß sie ihr Wohl „vertrauensvoll ihrem Bruder anheimstelle," und so wurde denn ganz ohne ihre Zustimmung verhandelt und abgeschlossen. Dies blinde Vertrauensvotum wurde aber, wie aus den Stipulationen des Altenkirchner Vertrags selbst hervorgeht, schlecht genug belohnt. In keinem Punkte wurden die Rechte der Gräfin hinlänglich gewahrt; es war eben nur darauf abgesehen sie aus der schimpflichen Gefangenschaft und Mißhandlung zu befreien, einen Zustand aufzuheben, den die Brüder aus Rücksicht auf ihre eigene Ehre nicht länger dulden konnten und der Gräfin eine erträgliche Lage zu bereiten, die aber weit entfernt war ihren Rechten zu entsprechen oder gar ihr eine Satisfaction für die Niederträchtigkeiten, die sie so lange ertragen, zu geben. In der Denkschrift zum Aliment.-Prozeß sind sub 44, 45 und 54 die Belege darüber mitgetheilt, wie die Brüder selbst z. B. die Summe von 8000 Thlr. für eine durchaus nicht entsprechende Rente ꝛc. ansahen.

Nach einer Seite hin verdient das Document des Altenkirchner Vertrags eine nähere Betrachtung. Die Familie bestrebte sich nämlich darin, nach einer Hauptseite wenigstens die Rechte der Gräfin vertretend, dieselbe dagegen zu sichern, daß der Graf seinen unnatürlichen und grausamen Plan, die Kinder gänzlich von der Mutter zu trennen, fortsetze und es geht aus den protokollarischen Erklärungen und Feststellungen der Familie indirekt aber schlagend die Bestätigung der Anklage gegen den Grafen hervor, wie derselbe bisher das verabscheuungswürdige System befolgt, die Kinder der Mutter gänzlich fremd zu machen und diese dadurch in der innersten Tiefe ihres Herzens zu verwunden, und wie die Familie allen Grund zu glauben hatte, daß der Graf ohne ihre ausdrückliche Garantie sich eigentlich ganz von selbst verstehender Dinge das infame Manöver fortzusetzen beabsichtige.

So verwahrt sich zunächst die Familie im Beginn des Documents davor, als habe sie davon gewußt, oder es gebilligt, daß der Graf seine Kinder aus dem ehelichen Hause entfernt habe; sie erklärt ferner, ihre Absicht gehe dahin, daß obgleich sie die väterlichen Rechte des Grafen keineswegs beeinträchtigen könne, „den mütterlichen Gefühlen der Frau Gräfin kein unnatürlicher Zwang (!) angethan werde!" sie stellt ferner sub g. ausdrücklich fest, „daß aber auch die Frau Gräfin als Mutter berechtigt bleibt sich unter allen Umständen an demjenigen Orte aufzuhalten, wo ihre Kinder sich befinden und ihre Kinder zu sehen." (!!)

Man wird es verwunderlich finden, daß solche Dinge, wie daß eine Mutter ihre Kinder sehen dürfe erst festgestellt werden mußten, aber man wird daraus einen Rückschluß auf die Handlungsweise des Grafen machen und die Wahrheit der in dieser Beziehung oben gegebenen Schilderung ermessen können. Hatte doch der Graf in dem Vertrag zu dessen Unterschrift er im Jahre 1833 die Gräfin gezwungen (s. Anl. 4. d. gegner. Scheidungsklage) in §. 1. ausdrücklich der Gräfin auferlegt, „daß sie sich nicht an dem Orte aufhalten dürfe, wo der älteste Sohn seiner Studien wegen untergebracht werde!"

Die Familie setzt ferner in dem Altenkirchner Pactum fest, daß wenn die Kinder sich im Wohnorte des Grafen befänden, die Gräfin ebenfalls da ihren Wohnort nehmen dürfe, und daß wenn die Kinder im Hause des Grafen selbst wären, die Gräfin dahin als Mutter und Hausfrau zurückkehren dürfe. Endlich aber wird ausdrücklich garantirt, daß wenn die Kinder etwa in einem Erziehungsinstitut erzogen werden sollen, die allgemein bestehenden Statuten und Regeln des Instituts nicht zum Nachtheil der Frau Gräfin abgeändert werden dürfen.

Der Graf verpflichtete sich, wie in dem Dokument selbst am Schluß zu lesen, durch ausdrückliches Ehrenwort alle die festgesetzten Bedingungen einzuhalten. Man wird bald sehen, wie dieses windige Ding von Ehrenwort schon nach 8 Tagen vom Grafen Hatzfeldt gebrochen wurde. Was hätte auch nach dem Vorangegangenen der Graf Hatzfeldt noch an seinem Ehrenwort zu respectiren gehabt!

So waren denn wenigstens die Kerkerfesseln gebrochen, und die Gräfin aus dem Zustande des Parias befreit, den sie zehn Monate lang getragen hatte! Der Pastor Fowinkel schreibt ihr den 16. Juli 1841,
Anl. 60. (Anl. 60):

„In ihren Briefen las ich zu meiner größten Freude, daß Ihre Lage sich wesentlich gebessert „hat. Sie haben also doch so viele und harte Opfer nicht umsonst gebracht! — Sie sind nun über„zeugt, daß Ihre Kinder Sie lieben und nie von Ihnen ablassen werden. Ihre ganze Familie ist an „Ihre Seite getreten und wenn Ihr Gemahl sich dennoch fortwährend irre leiten lassen „will, so muß man ihn bedauern! — Reisen Sie glücklich liebe Frau Gräfin, meine und meiner „ganzen Gemeinde Segenswünsche begleiten Sie."

Anl. 61. Und in einem andern Briefe (Anl. 61) schreibt er:

„Noch am Sonntage befand ich mich in der Gesellschaft eines ziemlich hochgestellten und voll„blütigen Cavaliers, dem ich meine Ansicht über diese Angelegenheit unumwunden erklärte und hatt„ich das Vergnügen zu bemerken, daß er mir — Recht gab! Und nun liebe Frau Gräfin schreibe ich „kein Wort mehr, damit der Brief zur Post kommt und wir bald von Ihnen etwas hören. Sie „sind und bleiben fortwährend die Freude und Hoffnung meiner ganzen Gemeinde."

Um die ganze Infamie, der in der Scheidungsklage des Grafen hingestellten Verläumdungen beispielsweise würdigen zu können mag man mit solchen Briefen des Pastor Fowinkel die Behauptung vergleichen, welche der Graf in der Ehescheidungsklage (sub a.) zu produciren die Schamlosigkeit hat:

„Die Gräfin habe in einem nahe an Calcum gelegenen Forstbusch solche Unanständigkeiten „begangen, daß der verstorbene Pfarrer von Calcum, Fowinkel, sich noch später dieserhalb äußerte" „es sei ein Scandal für die Gemeinde gewesen und er sei mehrmals in Versuchung „gekommen, polizeiliche Abwehr dieses öffentlichen Aergernisses zu veranlassen."

Eine solche Aeußerung sollte ein Pastor über eine Frau gemacht haben, die er wie wir gesehen haben, auf alle mögliche Weise secundirte, vertheidigte, der er so oft das Zeugniß giebt, daß sie alle Opfer gebracht habe, um den Frieden der Ehe herzustellen, von deren Lob er in so vielen angeführten Briefen überfließt, der er sub 46 schreibt:

„Sie sind und bleiben fortwährend die Freude und Hoffnung meiner ganzen Ge„meinde," und sub b. „die Zeit kann nicht mehr fern sein, wo man das was Sie gethan, und „die Opfer, die Sie gebracht haben, anerkennen wird, selbst ihre wenigen Feinde „sind dieser Meinung und so wenig man Ihnen eine so ruhige Haltung zugemuthet hätte, so sehr ist „man überzeugt, daß wenn Sie diese Ruhe, diese Hingebung nur noch eine kurze Zeit behaupten wol„len, Sie böse Mäuler stopfen und blinde Augen öffnen werden!" 2c. 2c. 2c. (s. oben.)

Der Pastor sollte selbst eines dieser bösen Mäuler, von denen er spricht, gewesen sein oder er sollte eine Frau die Freude und Hoffnung seiner Gemeinde genannt haben, die er beschuldigte die Schamlosigkeit soweit getrieben zu haben, sich unter Gottes freiem Himmel zu vergehen?! Wahrscheinlich hätte der Graf Schamlosigkeit nicht gehabt eine solche Verläumdung auszustoßen, wenn er etwas vom Vorhandensein [illegible] gewußt hätte. Es erschien ihm nützlich seiner Verläumdung dadurch Gewicht zu geben, daß er sie einem frommen Pastor in den Mund legte; der Pastor war todt und konnte also nicht mehr widersprechen; die seltene Infamie einen Todten noch zu verläumden und ihm Schmähungen gegen eine Frau in den Mund zu legen, die ihm eine innig theure Freundin war, dies konnte den Grafen Hatzfeldt natürlich nicht abhalten; — so aber steigen diese Briefe wie eben so viele Zeugen aus dem Grabe empor, den Verläumder ins Gesicht zu schlagen und ihn der Lüge zu zeihen!! —

Nach einem Aufenthalte von einigen Tagen in dem Hause ihres Gemahls begab sich die Gräfin, nicht etwa wie tausend andere Frauen sicher gethan haben würden, (zumal ein so vergnügungssüchtiger und sinnlicher Charakter wie ihn der Graf der Gräfin beilegt), nach einer geräuschvollen Residenz, um sich in Lust und Freude für die überstandenen Leiden zu entschädigen, sondern nach Freiburg, um in der Nähe ihrer Söhne zu sein, die der Graf daselbst in die Jesuiten-Anstalt gethan hatte. Es war der Gräfin, wie wir gesehen haben in dem Altenkirchner Vertrag aufs ausdrücklichste garantirt worden, daß sie in dem Verkehr mit den Kindern nicht beschränkt werden solle. Wie erstaunte die Gräfin daher, als ihr der Rector des Jesuiten Pensionates zu Freiburg verweigerte die Kinder zu ihr kommen oder sie dieselben ohne Gegenwart von Zeugen sehen zu lassen; als Grund dieser Weigerung gab er die bestimmten schriftlichen und noch außerdem durch Herrn Cheruit mündlich überbrachten Befehle des Grafen an. So hatte also der Graf sein eben erst abgegebenes Ehrenwort sofort wieder gebrochen und die Verfolgungen von Neuem begonnen. Natürlich protestirte die Gräfin auf das Energischste und Heftigste gegen so unerhörte Maaßregeln; und die Folge war, daß der Pater Rector sofort am 15. Aug. dem Grafen anzeigte, unter diesen Umständen d. h. bei den bestimmten Befehlen die der Graf gegeben, die Kinder nicht zur Mutter zu lassen, könne die Gräfin nicht in Freiburg bleiben; widrigenfalls die Jesuiten, um nicht Reibungen ausgesetzt zu sein, die Kinder nicht behalten könnten.

Der Brief den der Pater Rector dem Grafen hierüber schreibt, ist von diesem sub Anl. 51 mitgetheilt, aber auf eine durchaus falsche Weise ausgelegt worden, denn daß der Rector nicht aus seiner Erfahrung heraus einen nachtheiligen Einfluß der Gräfin auf die Kinder behauptet, und deshalb schlechtweg die Entfernung der Gräfin oder der Kinder verlangt, geht am klarsten daraus hervor, daß die Gräfin erst Anfang August in Freiburg angekommen war, der Brief des Rectors aber vom 15. August datirt; es konnte somit der Rector nach einem Zeitraum von nicht ganz 14 Tagen, in welchem die Gräfin nur 2 — 3 mal ihre Kinder gesehen hatte, nicht beurtheilen welcher Art ihr Einfluß auf dieselben sei, vielmehr liegt dem ganzen Briefe nur die ganz richtige Idee zu Grunde, daß unter der Voraussetzung der vom Grafen in Bezug auf die Absperrung der Gräfin von ihren Kindern gegebenen Befehle die Gräfin nicht in Freiburg wohnen könne, weil durch ihr standhaftes Bestehen auf ihre Mutterrechte, die aber mit der von den Jesuiten einmal übernommenen Verpflichtung der Absperrung im Widerspruch standen, die Ruhe und der Friede der Anstalt erschüttert würden.

Es ergiebt sich sogar aus diesem Briefe selbst wieder, wie der Graf auch hier das schändliche Manöver angewendet die Gräfin zum Voraus, und ehe die Kinder der Anstalt noch übergeben waren, bei den Jesuiten Oberen auf beleidigende Weise zu verläumden, sie mit der Vorstellung zu erfüllen, als übe die Gräfin einen verderblichen Einfluß auf ihre Söhne aus und ihnen die gänzliche Trennung der Kinder von der Mutter als eine Nothwendigkeit darzustellen. Man betrachte nur den ersten Satz des Briefes: „Lorsque dans le courant „de cette année vous nous fûtes proposer de recevoir M M. vos fils dans notre pensionate, ce que vous „eûtes la bonté de nous donner, à ce sujet *les détails qu'l nous importait de connaitre* (offenbar Details über die Gräfin und deren Einfluß auf die Kinder, Angaben deren Natur man sich leicht vorstellen kann) „Je sentis un viv désir de repondre à votre confiance et d'être en mesure pour seconder votre solli „citude paternelle (seine Besorgniß, daß die Gräfin die Kinder demoralisire und verderbe). Mais aussi comprenant les difficultes qui pouvaient surger (wenn man die ewigen Rechte einer Mutter antaste und der „Gräfin den Verkehr mit ihren Kindern wehren wolle) je demandais une garantie pour notre tranquillité „(eine Garantie, daß sie von der Gräfin nicht belästigt würden) et vous eùtes encore la bonté, Mr. le Comte, de me „faire communiquer par ces M. M. qui ont accompagné les jeunes comtes (die Herren Cheruit und Laurent) „une *piece* (einen schriftlichen Befehl des Grafen) qui pouvait suffire pour le but proposé (welcher ausdrücklich verbot die Gräfin mit den Kindern verkehren zu lassen und die Jesuiten also zu jeder Maaßregel in dieser Beziehung ermächtigte) si des explication verbales n'en eussent alteré la force (wenn die Gräfin nicht gekommen wäre und sich auf ihr natürliches von allen ihren Verwandten im Altenkirchner Vertrag garantirtes Recht auf unbeschränkten Verkehr mit den Kindern und auf das vom Grafen gegebene Ehrenwort einen solchen über die allgemeinen Statuten der Anstalt hinaus nicht hindern zu wollen, berufen hätte. Die Aussage des Pater Rectors wird seiner Zeit Alles Gesagte mit einer Reihe noch gehässigerer Nebenumstände herausstellen.

So wurden denn die Söhne aus dem Jesuitenstift wieder nach Calcum gebracht, wohin ihnen die Gräfin 214. 215.
folgte. Als kurze Zeit darauf der Graf den Sohn Paul in das belgische Jesuitenstift zu Alost zu geben beabsichtigte, hatte er gleichfalls einen schriftlichen Befehl aufgesetzt, der den Zweck hatte auch da die Gräfin zu verhindern von ihrem Sohne Besuche zu empfangen, oder ihn ohne Aufsicht besuchen zu können. Diese Ordre eigenhändig vom Grafen Hatzfeldt geschrieben, liegt in Original bei (s. Anl. 62.) 201. 62.

„Ich E. Gr. Hatzfeldt übergebe hiermit durch den von mir dazu beauftragten H. Cheruit „meinen Sohn Melchior Hubert Paul Gustav, geb. den 8. October 1831, dem Rector des „Pensionats zu Alost zur Erziehung und übertrage demselben cum facultate substituendi, der ein„zelnen Mitglieder des Instituts meine väterliche Gewalt, insofern dies zur Vollziehung des Auftrags „nöthig sein sollte, gedachten Sohn ohne specielle Vollmacht von mir Niemandem anzuvertrauen noch „denselben ohne Aufsicht zu lassen, auch bestimme ich hiedurch, daß mein Sohn außer mit mir Per„sönlich, sich mit Niemand, wer es auch sei, aus dem Pensionat entfernen darf."

Da indeß die Gräfin erklärte Paul nachfolgen zu wollen, ging der Graf von dem Plan, ihn nach Alost zu schicken, ab und gab ihn vielmehr in die Kadettenanstalt zu Potsdam. Von einer unerschütterlichen Liebe beseelt, die all diese endlosen Kämpfe um das Recht, Mutter zu sein, nicht hatten schwächen können, war die Gräfin sofort entschlossen, Paul auch dahin zu begleiten. Aber auf den ausdrücklichen Befehl des Grafen litt 214. 215.
H. Cheruit, welcher den jungen Paul nach Potsdam führte, nicht, daß die Gräfin in einem Wagen mit ihm und ihrem Sohn die Reise mache. H. Cheruit fuhr mit dem jungen Grafen in einem besondern Wagen, die Gräfin mußte sich bequemen in einem andern hinten nachzufahren und auch sonst auf den Anhaltspunkten der Reise die größten Ungehörigkeiten von H. Cheruit erdulden. Dem ältesten Sohne Alfred nach Münster, wohin 215.
er auf's Gymnasium gebracht war, zu folgen, wie die Gräfin sehnlichst wünschte, war ihr von dem Grafen Hatzfeldt mit der Drohung Alfred sofort, wenn sie hinginge von da zu entfernen, auf's strengste verboten worden.

Im Sommer 1842 wurde Graf Paul von einer äußerst heftigen Krankheit im Kadettenhause ergriffen. Die Gräfin wird vom General Below unterrichtet, daß während der Dauer einer Krankheit die Eltern ihre Kinder aus dem Kadettenhause fordern könnten und dies nie verweigert würde. Die Gräfin stellt demgemäß an den Vorgesetzten des Kadettenhauses, Obristen Eberhardt, das Gesuch ihr Paul während seiner Krankheit zur bessern Pflege zu übergeben. Der Obrist bestätigt die Aussage des General Below, daß dies usus sei, eröffnet aber der Gräfin, daß er ausnahmsweise ihr, obgleich er für seine Person nicht das Geringste gegen die Gewährung ihres Gesuches habe, dasselbe doch nicht gestatten könne, ehe der Graf ausdrückliche Er- 217.218 145.148
laubniß dazu gegeben habe.

Also auch hier waren dieselben Befehle eingetroffen; es wird der Mutter sogar verweigert für die Er- 221.
haltung des Lebens ihres Kindes Sorge tragen zu dürfen. Die namenlos gekränkte Gräfin Hatzfeldt pflegt demnach ihren Sohn während dieser Krankheit im Lazareth des Kadettenhauses auf die unausgesetzteste und aufopferndste Weise, so daß sie selbst ihre Gesundheit dabei erschöpfte. Ihre Familie, der Arzt des Kadettenhauses, die Krankenwärter desselben und ihre Umgebung werden die namenlose Sorgfalt 75.157.158.159.
die sie jeder Anstrengung spottend und gegen die eigene Gesundheit rücksichtslos zur Pflege ihres Sohnes aufwandte, schildern können. Als er hergestellt war, reist sie auf das dringende Anrathen des Geheim- 216.

Raths Stosch, Leibarzt der Königin, um die durch Nachtwachen und übermäßige Anstrengung ruinirte Gesundheit etwas herzustellen, nach Ems. Diese Reise ist es, die der Graf in seiner Klage als eine Vergnügungsreise, ja als einen Act der Gewissenlosigkeit gegen Paul auslegen will! Die Nothwendigkeit dieser Reise wird sich sowohl aus der Aussage des Geheimraths Stosch als daraus ergeben, daß der damals in
146. Berlin anwesende Graf Max, als Paul während der Abwesenheit seiner Mutter einen Rückfall bekam, ausdrücklich verbot dies der Gräfin zu schreiben, weil er fürchtete daß sie auf diese Nachricht die Cur in Ems aufgeben und sofort nach Berlin zurückkehren würde. Er theilte ihr es erst mit, als die Gefahr vorüber und Paul wieder hergestellt war. Hierauf kehrte die Gräfin nach Potsdam zurück. Jetzt waren die Ferien im Kadettenhause eingetreten und zugleich erklärte der Geheimrath Dieffenbach und der Arzt des Kadettenhauses
Anl. 63. Dr. Eck auf's Bestimmteste (s. Anl. 63) Pauls Gesundheit sei so angegriffen daß er die strenge Lebensweise
219. 157. im Kadettenhause nicht ertragen könne und einer Cur in Ems benöthigt sei. Es wurde indeß der Gräfin nicht verstattet mit ihrem Sohn dahin zu reisen. Die Gräfin schrieb darüber ihrem Gemahl, aber es traf nun sogar
221.218.219.145. der besondere Befehl des Grafen ein, der Lieut. v. Kurowsky, der Leiter Pauls, von welchem die in der Klage des Grafen mitgetheilten Briefe am besten ausweisen, (s. weiter unten) wie er ebenfalls eine bloße dem Grafen à tout prix ergebene und zu Allem fähige Creatur war, solle den jungen Paul in den Ferien nach Schönstein bringen, obgleich der Geheimrath Dieffenbach ausdrücklich erklärt hatte, daß Paul das dortige rauhe Clima nicht vertragen könne. — Die Gräfin folgte ihrem Kinde auch nach Schönstein. Auf die Nachricht von ihrer Ankunft begab sich der Graf sofort von da nach Crottorf und ließ der Gräfin durch den Lieutenant v. Kurowsky die beleidigende Erklärung überbringen „daß er sie nicht vor sich sehen wolle." Eben so verweigerte er Paul nach Ems gehen zu lassen. So mußte die geängstete Mutter mit ansehen wie selbst ihrem geliebten Kinde die Mittel zur Herstellung seiner Gesundheit und Erhaltung seines Lebens versagt wurden! Endlich nach langem Hin- und Herschicken wurde bestimmt die Gräfin solle mit Paul nach Cöln reisen um Dr. König über Paul's Gesundheit und Cur zu Ems zu consultiren, weil der Graf von diesem hoffte,
Anl. 64. daß er ein anderes Votum abgeben werde. Als auch dieser (Anl. 64) erklärte Paul müsse nach Ems gebracht
190. werden, so erhielt endlich die Gräfin die nicht mehr abschlagende Erlaubniß mit Paul dahin zu gehen. Dem
215a. Grafen Alfred der seine Ferien dazu benutzen wollte die Mutter auf ein Paar Tage zu besuchen, wurde dies auf's Bestimmteste verboten. —

In dem Gutachten des Dr. König (s. d.) war ausdrücklich gesagt, daß Graf Paul in Ems den weitern Vorschriften des dortigen Ober-Medicinalraths und Regierungsraths Dr. Franque streng zu [illegible]
In Ems erklärte der Ober-Medicinalrath Franque nach langer und sorgfältiger Beobachtung Paul's (s.
Anl. 65. Anl. 65) daß ihm ein italiänisches Clima für einige Zeit unerläßlich und später eine Molkenkur nöthig sei. Dieses Attest überschickt die Gräfin dem Vorsteher der Kadetten-Anstalt, Obrist Eberhardt, ihm anzeigend,
218. 221. daß sie unter diesen Umständen mit Paul werde nach Italien gehen müssen. Obrist Eberhardt macht keinerlei Einwendungen hiergegen. Er antwortet ihr vielmehr in einem Schreiben in welchem er nur sein Bedauern über den traurigen Gesundheitszustand Paul's ausspricht und nichts gegen das vom Arzt Geforderte erinnert. Es ist für das Folgende von Bedeutung herauszustellen wie der Graf sorgfältig alle und jede Form beobachtet wie sie dem Vorsteher des Kadettenhauses die Nothwendigkeit der Reise nach Italien angezeigt hatte und diese auch von ihm anerkannt worden war.

145. 146. 148. Auch ihren Gemahl benachrichtigt die Gräfin mehre Mal hiervon und fragt ihn um seine Entschließung
149. 150. 152. an, — ohne gleichwohl auch nur eine Zeile Antwort zu erhalten. Dies war ein äußerst perfides Mannöver. Die Reise seines Sohnes konnte der Graf unter solchen Umständen nicht wohl verweigern. Ausdrücklich gestatten wollte er sie noch weniger. So zog er es vor gänzlich zu schweigen, erstens um der bekümmerten Mutter immerwährend ängstigende Ungewißheit und qualvolle Erwartung zu bereiten und zweitens um sofort, wenn sie die Reise ohne seine Autorisation angetreten, dies als einen Versuch Paul seiner väterlichen Gewalt zu entziehen und selbst auf eine noch infamere Weise auszulegen, die wir im zweiten Abschnitt betrachten werden. Jetzt entschließt sich die Gräfin, welche Attaquen es auch für sie zur Folge haben möge, dennoch die Gesundheit ihres Kindes sicher zu stellen. Sie erläßt ein Circular an die ganze Familie, welches von dem Fürsten
Anl. 66. Hatzfeldt beglaubigt sub Anl. 66 beiliegt, in welchem sie sich auf die ergreifendste und würdigste Weise darüber beklagt wie fort und fort ihre Mutterrechte mit Füßen getreten würden, wie man ihr verwehre für [illegible] Gesundheit sorgen zu dürfen, mit Melanie zu correspondiren und von Alfred auf wenige Tage, wenn sie wenige Meilen von ihm entfernt sei, Besuch zu erhalten.

Sie zeigt ihrer Familie an wie die Aerzte sämmtlich eine Reise nach Italien für Paul als unerläßlich erklären, wie sie mehremal ihrem Gemahl hierüber geschrieben ohne eine Antwort zu erhalten, und wie sie daher in die Nothwendigkeit versetzt sei, mit ihm nach Italien zu gehen, wobei sie sich ausdrücklich vermahnt, die Rechte ihres Gatten über seinen Sohn schmälern, seinen Erziehungsplan ändern zu wollen, und nur ihre Pflicht zur Behaltung ihres Kindes bei Gesundheit und Leben ausüben zu wollen erklärt.

Aber vorher, um jeden Zweifel über die Nothwendigkeit eines ital. Aufenthalts für Paul zu beseitigen, reist sie
Anl. 67. mit diesem nach Paris um Marjolin, diesen berühmtesten franz. Arzt zu consultiren. Aber auch dieser erklärt Anl. 67:

«Que cette affection de poitrine à la suite d'une cocqueluche pouvait avoir les *conse-* «*quences les plus grave's* silon n'employait tous les moyens convenables pour la faire cesser et parmi «ceux il faut *placer en première ligné l'habitation prolonguér dans un pays chaud* un régne tres douce «avec précautions incessantes etc. etc.»

Nun erst begiebt sich die Gräfin mit Paul nach Italien. —

Sofort entzieht der Graf seiner Gemahlin sämmtliche Unterhaltsmittel, und erläßt ein Circular an die Familie, das wir im zweiten Abschnitt betrachten werden; erst nach Verlauf eines Jahres ungefähr konnte der Fürst Herrmann den Grafen wieder dahin bringen seiner Gemahlin den kargen Unterhalt zu verabreichen.

Von Italien ging die Gräfin mit Paul zu ihrem Bruder dem Fürsten Herrmann nach Trachenberg,
Anl. 68. wo sie 8 Monate verblieb, während welcher Zeit Paul noch immer kränklich die Molkenkur gebrauchen mußte (Anl. 68).

Aber der unermüdliche tödtliche Haß des Grafen konnte es nicht über sich gewinnen, der Gräfin die friedliche und ruhige Zurückgezogenheit, die sie auf dem Gute ihres Bruders gefunden hatte, zu gönnen. Seine Seele konnte den Gedanken nicht ertragen sie daselbst ruhig und zufrieden zu wissen. Und weil er gegenwärtig nicht durch Verläumdungen ꝛc. die Familie gegen sie gewinnen konnte, da sie unter den Augen ihres Bruders lebte, da er jetzt auch aus eigener Machtvollkommenheit sie nicht beunruhigen konnte weil sie in dem Fürsten einen Schutz zur Seite hatte, so galt es ihm, der kein noch so arglistiges Vergehen scheute, um seiner Gattin neue Mißhandlungen, neue Beleidigungen zu bereiten, einen noch mächtigeren Arm gegen sie zu bewaffnen.

Herr Cheruit wird nach Berlin geschickt um durch einen ihm durch Verschwägerung entfernt verwandten Kabinetsrath Sr. Maj. einen Brief überreichen zu lassen, in welchem der König implorirt wird, den Wiedereintritt Pauls in das Kadettenhaus und die sofortige Entziehung desselben aus den Händen der Mutter zu verfügen. Zu diesem Entzweck wird in diesem von Hrn. Cheruit an Sr. Maj. unter Bevollmächtigung und Auftrag des Grafen Hatzfeldt überschickten Schreiben, die Gräfin als die verworfenste Frau geschildert, als eine Messaline die den depravirendsten und unsittlichsten Einfluß auf ihre Kinder ausübt, es wird als Religions- 222. 223.
und Gewissenspflicht dargestellt, den Sohn aus den Händen der Mutter zu „retten." Es wird verschwiegen, daß sich die Gräfin in friedlicher und stiller Zurückgezogenheit bei ihrem Bruder befinde und dargestellt, als ob 145.
sie in Schlesien ein herumtreibendes Leben führe. Zu diesen unerhörten Calumnien und Schmähungen, die diesmal um so tödtlicher beleidigten, als sie an der höchsten Stelle angebracht waren, wird noch die unverschämte Lüge gesellt, als habe die Gräfin ihrem Sohn Paul von dem wir gesehen, daß er ihr von seinen Vorgesetzten rechtmäßig übergeben war, widerrechtlich und ohne Erlaubniß aus dem Kadettenhause entführt und als verweigere sie ihn der väterlichen Gewalt. So verschmähte der Graf sogar das Mittel nicht, die Gerechtigkeit Sr. Maj. selbst durch Lug, Trug und schändliche Calumnien zu berücken und selbst das königliche Ansehen zur Sättigung des Hasses gegen seine Gemahlin zu mißbrauchen, um durch die schmachvollsten Verläumdungen ihr die schmachvollste Beleidigung, die schwerste öffentliche Ehrenkränkung zuzuziehen.

Durch solche empörende Darstellungen wird Sr. Maj. dahin gebracht, einen Befehl an den Gouverneur von Schlesien Grafen Brandenburg zu erlassen, der Gräfin ihren Sohn Paul abzunehmen und nach Potsdam in das Kadettenhaus abzuliefern.

Der Gouverneur Graf Brandenburg will zuerst nur einen Adjutanten an den Fürsten Hatzfeldt senden und ihn um Ueberschickung Pauls ersuchen, wobei dann jedes öffentliche Aufsehen vermieden worden wäre. Aber die Creaturen des Grafen Cheruit und Kurowski wohl wissend, daß sie nur durch die eclatanteste Beleidigung der Gräfin sich ihren Gebieter recht innig verpflichten können, bestehen darauf, daß Polizei mit nach Trachenberg gehe, Paul der Mutter abzunehmen (s. Anl. 54 der Gegenklage, wo sich Kurowski dieses seines Verdienstes rühmt.)

In früher Morgenstunde (am 27. Okt. 1843) dringt Polizei und Militär in das Haus des Fürsten Hatzfeldt zu Trachenberg, um der erstaunten Gräfin ihren Sohn abzufordern. Von früh um 6 Uhr bis Abends um 5 Uhr weigert sich die Gräfin auf das Entschiedenste sich von ihrem Kinde zu trennen. Aller Protest ist indeß umsonst. Dem königlichen Willen gegenüber bleibt nur übrig zu gehorchen.

Ein von dem Fürsten Hatzfeldt, dem Landrath von Scheliha und dem königl. Staabsoffizier Hauptmann von Reisewitz über die Bemächtigung Pauls aufgesetztes und unterschriebnes Protokoll liegt sub Anl. 68. bei. 145.

Der Fürst sowohl wie die Gräfin folgten sofort dem Grafen Paul nach Berlin. Hier ließ Sr. Maj. dem Fürsten Hatzfeldt eröffnen, daß bei Ertheilung jenes Kabinetsbefehls man ihm verheimlicht habe, daß sich die Gräfin in seinem Hause aufhalte und so lange Zeit schon aufgehalten habe.

Der Fürst v. Hatzfeldt antwortet Sr. Maj. in einer Adresse, die wir vollständig mittheilen, weil in ihr ein feierliches an den Stufen des Throns ausgestelltes Zeugniß über die schuldvolle Gesinnung und Handlung des Grafen sowie über die Mißhandlungen enthalten ist, welche die Gräfin unausgesetzt zu erdulden hatte, (s. Anl. 69): Anl. 69.

Allerdurchlauchtigster, Großmächtigster, Allergnädigster König und Herr!

„Ew. Königl. Maj. haben die hohe Gnade gehabt, mir huldreichst eröffnen zu lassen, wie es „Allerhöchst denselben nicht bekannt gewesen sei, daß meine Schwester die Gräfin von Hatzfeldt, „sich mit ihrem Sohn Paul in meinem Hause aufgehalten habe. Diese huldreiche Aeußerung meines „Königl. Herrn lindert den schmerzlichen Eindruck, den ein so unerwartetes Ereigniß auf mich gemacht „hat; sie hat mir die Beruhigung gewährt, daß ich bei Ew. Königl. Maj. nicht in dem Verdacht „einer Schuld stehe, und gibt mir den Muth, im Vertrauen auf Allerhöchst dero Gerechtigkeit, das „ernste Verhältniß, in welches ich durch dieses Ereigniß versetzt worden bin, Ew. Königl. Majestät „eben so ehrfurchtsvoll als aufrichtig vorzutragen.

„Ohne mein Wissen und gegen meinen Willen sind in früher Morgenstunde Militär- und „Polizeibeamte in mein friedliches Haus gedrungen und haben unter Androhung von Gewalt „sich des Sohnes meiner Schwester bemächtigt, die an dem Heerde ihres Bruders ein Asyl gefunden „hatte. Dieses Ereigniß erhielt gleich im Augenblicke der Ausführung die allergrößte Publicität und „groß ist das Aufsehen, das dasselbe in der Provinz macht!

„Ich habe die Ehre, an der Spitze der schlesischen Ritterschaft zu stehen, die mich zwar mit „großem Vertrauen beglückt, aber auch verlangt, daß der Ruf ihres Vorstandes fleckenlos sei. Der „meinige, ich muß es tief verletzt aussprechen, ist durch dieses Ereigniß auf das Aeußerste gefährdet, „man glaubt, daß eine schwere auf mir lastende Schuld eine so außerordentliche gegen mich gerichtete „Maaßregel veranlaßt haben müsse. Ich fühle mich frei von jeder Schuld und vertraue deshalb der „Gerechtigkeit meines Königl. Herrn, indem ich Ew. Maj. weisem Ermessen ehrfurchtsvoll anheim„stelle, was Allerhöchstdieselben zu beschließen geruhen wollen.

„Dem Grafen von Hatzfeldt-Kinsweiler ist es genau bekannt gewesen, daß seine Ge„mahlin mit dem Sohne sich seit dem Monat März d. J. bei mir in Trachenberg aufgehalten hat; „als er den gesetzlichen Weg scheuend, sich unmittelbar an die Allerhöchste Person Ew. Königl. Maj. „wenden zu müssen geglaubt hat, wäre es seine heilige Pflicht gewesen, Ew. Kön. Maj. vollständige „Kenntniß von seinen Familien-Verhältnissen zu geben.

„Er hat es nicht gethan, als Haupt einer angesehenen Familie, deren Ruhe und Ehre nicht „nur, sondern deren Existenz auf dem Spiele steht, ist es für mich eine gebieterische Pflicht geworden, „mich im Interesse der ganzen Familie an Ew. Maj. Gerechtigkeit vertrauend zu wenden.

„Die Ehrfurcht gegen Ew. Maj. Allerhöchste Person gestattet mir nicht, Ew. Maj. die Details „dieser unglücklichen Familien-Angelegenheit vorzutragen; ich habe jedoch die Herren Grafen von Alvensleben und von Stollberg hiervon in Kenntniß gesetzt und diese werden, wenn Allerhöchst „dieselben zu befehlen geruhen wollen, Ew. Maj. dieselben vortragen können.

„So viel aber halte ich mich verpflichtet der Wahrheit gemäß Ew. Maj. allerunterthänigst vor„zustellen, daß auf dem Grafen von Hatzfeldt-Kinsweiler weit größere Schuld lastet, als auf „meiner unglücklichen Schwester; denn er ist es, der all dies Unglück herbeigeführt, der nie aufrichtig „die Hand geboten hat zur Herstellung der Ehe, deren Trennung sein einziger Zweck ist.

„Wie sehr er die gesetzliche Erörterung zu scheuen Ursache hat, beweiset, daß er nie gewagt „hat, irgend einen gesetzlichen Schritt gegen meine Schwester zu unternehmen.

„Die Existenz meiner Schwester ist jetzt vernichtet, der älteste Sohn ist entfernt von ihr er„zogen, die Tochter ist seit einer Reihe von Jahren im Kloster völlig verlassen und für die Mutter „verloren, und jetzt ist auf Ew. Maj. Befehl auch das letzte Kind von ihr genommen worden, an „dem sie mit wahrer Liebe hing. Dieser unglücklichen Frau bleibt nun keine Wahl; der Trennung „ihrer Ehe bisher aus allen Kräften widerstrebend, ist sie jetzt genöthigt, den einzigen, ihr offenen Rechts„weg zu gehen, auf Scheidung der Ehe zu klagen, und in der Oeffentlichkeit, welche die „Verhandlungen des franz. Gesetzes gewähren, zugleich ihre Rechtfertigung zu suchen!!

„Hierdurch wird die ganze Familie zu Grunde gerichtet werden, und auch die Ehre und Ruhe „mehrerer in dieser Angelegenheit verwickelter, sehr angesehener Familien wird dadurch gefährdet; das „einzige Mittel, diesem namenlosen Unglück vorzubeugen, ist, daß der Graf von Hatzfeldt-Kins„weiler angehalten wird, seine Pflichten als Gatte zu erfüllen, die Ehe wirklich herzustellen und so „die Ruhe der Familie zu sichern.

„Der Graf von Hatzfeldt-Kinsweiler hat, den gesetzlichen Weg verlassend, die Aller„höchste Entscheidung Ew. Königl. Maj. selbst angerufen, geruhen Ew. Maj. nun auch demselben zu „befehlen, daß er seine Schuldigkeit thue, die Ehe wirklich herstelle und die Ehre und Ruhe der Fa„milie sichere.

„Ich glaube Ew. Maj. ehrfurchtsvoll versichern zu können, daß dies nur dann geschehe „wenn Allerhöchstdieselben die Gnade haben wollen, dem Grafen von Hatzfeldt zu befehlen, daß „er mit mir, dem Haupte der Familie, deshalb in Verhandlung zu treten und meinen Anordnun„gen sich zu fügen habe.

„Mein Charakter ist Bürgschaft für die Ausführung.

„In Ihrer Königl. Hand, mein Allergnädigster Königl. Herr, liegt das Geschick unserer ganzen Fa„milie, haben Allerhöchstdieselben die hohe Gnade und geben derselben die Ruhe und den Frieden wieder.

„In tiefster Ehrfurcht ersterbe ich Ew. Königl. Maj.

allerunterthänigster treu-gehorsamster
(gez.) Herrmann Hatzfeldt."

Wenn man erwägt, wie der Fürst natürlich Se. Majestät gegenüber nur mit Zurückhaltung ein Urtheil über seinen Schwager aussprechen oder vielmehr es nur andeuten konnte, wie er selbst sagt, die Ehrfurcht halte ihn zurück die Details über das schuldvolle Handeln des Grafen Hatzfeldt mitzutheilen, so wird man aus diesem Actenstück allein sich eine hinreichende Meinung über den Grafen bilden können.

Der Graf hatte sich aber nicht begnügt seiner Gemahlin den Sohn entziehen und eine so geräuschvolle öffentliche Beleidigung zufügen zu lassen. Der von ihm für Paul bestimmte Erzieher und Offizier im Kadettenhause H. v. Kurowski stelle unter allerlei Insinuationen dem Kabinetsrath Müller vor, daß es die Intention und Wille des Grafen sei, der Mutter jeden Einfluß auf Pauls Erziehung und jeden Verkehr abzuschneiden und erwirkte von diesem das Versprechen sich hiefür beim König verwenden zu wollen. Ja er trug sogar beim Obrist Eberhardt darauf an, die Gräfin gar nicht ihr Kind sehen zu lassen, so daß der Gräfin in der That bei-ihrem Eintreffen in Berlin verweigert wurde(!), selbst während der wenigen Tage ihres dortigen A Paul auch nur zu sehen und es des kräftigen gemeinschaftlichen Auftretens des Fürsten Hatzfeld und des Grafen und Gräfin Nostiz bedurfte, um so schimpfliche Maaßregeln redressiren zu lassen.

Beweis dessen ein Brief des H. v. Kurowski v. 18. Jan. 1844 an den Grafen Hatzfeldt, welcher dieser selbst in seiner Klage sub Anl. 56 mitgetheilt hat. Es heißt darin:

„Als ich mit Paul aus Schlesien kam bat ich Ew. Hochgeboren Intentionen im „Auge haltend, den Kabinetsrath Müller nun auch zu veranlassen, daß von Sr. Majestät jeder „Einfluß der Gräfin auf Pauls Erziehung abgeschnitten würde und erhielt das Versprechen, „daß alles Mögliche geschehen solle; in gleichem Sinne besprach ich die Angelegenheit „mit Obrist von Eberhardt, und er war mit mir einverstanden, daß die Mutter gar nicht „zuzulassen sei (!), so daß als dieselbe ein Paar Tage nach mir eintraf, eine lange vermittelnde „Capitulation durch Gräfin Nostiz nöthig war, ehe der Obrist darin willigte, daß die Mutter „wenigstens während der Paar Tage vor ihrer Rückreise nach Schlesien in einige Ver„bindung mit dem Sohne treten dürfte. Seitdem haben sich die Verhältnisse bedeutend „geändert. Graf Nostiz, Fürst Hatzfeldt und Pauls Mutter sind alle gleich thätig gewesen, „nicht allein Pauls Entlassung aus dem Kadettenhause zu bewirken, sondern auch seine Stellung „in demselben zu modificiren und namentlich für die Mutter das Recht zu vindiciren mit in die Er„ziehung zu sprechen und in freier Verbindung mit dem Sohne zu bleiben. Jetzt begnügte sich die„selbe nicht mehr damit, ihn täglich zu sehen (welche Ungenügsamkeit!) sondern sie beanspruchte „(welche Prätension!) auf Grund der Erkrankung einiger Kadetten am Scharlachfieber, daß ihr der „Sohn bis zum gänzlichen Aufhören der Krankheit ausgeliefert werde, um ihn so vor Ansteckung „zu bewahren."

Als Paul von seiner Mutter getrennt, nach dem Kadettenhaus transportirt worden war, und als ihm hier angekündigt wurde, daß er die Uniform anziehen solle, ließ er sich von der ersten Heftigkeit seiner aufwallenden Gefühle hinreißen einen allerdings durchaus nicht zu billigenden Brief an seinen Vater zu richten, worin er ihm sagt, daß er seine Absicht durchschaue „ihn von der Mama nur abwendig zu machen" ꝛc. ꝛc. Dieser Brief soll keineswegs vertheidigt werden, wohl aber muß man sich an die gewaltsam aufregenden Umstände erinnern, unter denen er geschrieben wurde, an die reizbare Kränklichkeit des Knaben und an seine zärtliche Liebe zu seiner Mutter. Daß dieser Brief weit entfernt ist Pauls wahre Gefühle und also einen wie der Graf gern glauben machen möchte ihm von seiner Mutter eingepflanzten Haß oder Abneigung gegen seinen Vater auszusprechen, geht am besten daraus hervor, daß H. v. Kurowski in demselben Briefe meldet, Paul sei in eine äußerst schmerzliche Erregung versetzt worden, als ihn die Nachricht von der Krankheit seines Vaters getroffen. Seine wirklichen Gefühle also, die sich unter der Leitung seiner Mutter bei ihm wahrhaft entwickelt hatten, waren ganz anderer Art. Es ist daher nur sehr lächerlich und sehr gehässig, zugleich aber auch seinen Mangel an wirklichen gegründeten Beschuldigungen gegen die Erziehung der Gräfin verrathend, wenn der Graf wie er überall und so auch in der Scheidungsklage gethan, immer einzig und allein diesen Brief als Beweis der monströsen Erziehung der Gräfin anführt und ihn ihr zur Last zu legen sucht. — Die Gräfin war, wie auch aus dem kurowskischen Schreiben hervorgeht, aus Berlin abwesend, als Paul ihn schrieb. Sie hatte ihn auch beim Abschied nicht aufzureizen gesucht, nicht Widerstand ꝛc. gepredigt: Es heißt vielmehr in dem sub 68 aufgelegten Protokoll des Fürsten Hatzfeldt, Baron Reisewitz ꝛc. ausdrücklich:

„Nach dieser Erklärung übergab die Gräfin von Hatzfeldt ihren Sohn Paul der Obhut „des Herrn Hauptmann v. Reisewitz mit der Bitte ihn persönlich dem Herrn Grafen v. Branden„burg zuzuführen, sie ermahnte in Gegenwart der Unterzeichneten ihren Sohn Paul zur folgsamen „und willigen Unterordnung unter die getroffenen Anordnungen."

Selbst Herr v. Kurowski schreibt in dem schon angeführten Briefe (sub Anl. 56 der gegner. Klage):

„Uebrigens hat sie ihm geheime Instruktionen über sein Verhalten gegeben, die wohl vorzugs„weise darin bestanden haben mögen, daß er sich ruhig verhalte und mit Gleichgültigkeit „das ertrage, was wir ihm zumuthen würden."

Und sofort als die Gräfin benachrichtigt wurde, daß Paul einen derartigen Brief seinem Vater geschickt habe, ließ sie ihn einen andern schreiben (der sub Anl. 70 beiliegt) in welchem er ihn reumüthig um Verzeihung bittet. Anl. 70

Dieser Brief kann also auf die Gräfin nicht zurückfallen, da er in ihrer Abwesenheit, im Widerspruch mit den Lehren, die sie gegeben, geschrieben wurde, da sie vielmehr Alles that ihn zu redressiren, und da er endlich nicht Pauls wahre Gefühle ausspricht, von denen wir gesehen, daß sie ganz anders beschaffen; wohl aber wirft er seinerseits ein widerliches und anklägerisches Licht auf die Lieblosigkeit des Vaters, der wie aus dem Briefe hervorgeht seinem Sohn nie auch nur für einen „Stecknadelknopf" Freude gemacht.

Von großem Gewicht aber ist es und sehr charakteristisch, daß H. v. Kurowski diesen Brief Pauls den derselbe in seiner Gegenwart schrieb und ihm übergab auch in der That selbst dem Vater überschickte, statt wie jeder ehrliche Mann gethan haben würde den Sohn an der Absendung eines solchen Briefes zu verhindern H. v. Kurowski schreibt darüber in der oft angezogenen Anl. 54:

„Er (Paul) eilte als ihn der Obrist entlassen außer sich zum Schreibtisch und setzte bei„folgenden kindisch unvernünftigen Brief auf, der wie ich ihm auseinandergesetzt habe, nur des Zerreißens „werth sei, jetzt aber an Ew. Hochgeboren abgehen solle, damit der Vater doch sehe, wie thöricht „sein Sohn sei. (!!)

Einen solchen Brief, zumal unter solchen Verhältnissen abzuschicken, konnte nur die Handlungsweise eines Mannes sein, der nicht scheute Oel in's Feuer zu gießen um selbst dabei im Trüben zu fischen. Die wahre Absicht aber aus welcher der Lieutenant von Kurowski die Gewissenlosigkeit hatte den Brief abzusenden ergiebt sich aus dem andern Schreiben Kurowskis, Nr. 56, und hieraus ergiebt sich wieder auf eine überaus charakteristische und schlagende Weise, welcher Art die Helfershelfer waren, die der Graf mit der Sohnes chargirte und wie sie als gedungene Feinde der Gräfin kein Mittel scheuten dem gegen dieselbe in die Hände zu liefern, sie zu verleumden, sich willig zu den nichtswürdigen Planen des Grafen herzugeben und ihnen entgegen zu kommen. Kurowski fährt nämlich, nachdem er, wie wir oben angeführt, mit nicht geringem Verdruß dem Grafen auseinandergesetzt, daß die Gräfin durch ihre ganze Familie soutenirt freien Verkehr mit ihrem Sohne erlangt habe, also fort:

„Wenn ich nun bemüht gewesen bin Ew. Hochgeboren zu zeigen in welchem Grade und aus „welchen Ursachen Hochdero Interessen hier schlecht gewahrt sind, so halte ich mich auch verpflichtet „auszusprechen, welches mir die den Umständen und Persönlichkeiten angemessene Mittel scheinen um „dem Uebel zu begegnen.

„Ew. Hochgeboren werden auf officiellem Wege eine Benachrichtigung über die auf das Gut„achten des Justiz-Ministers gestellte definitive Beschlußnahme des Königs entweder bereits erhalten „haben oder dieselbe läuft noch ein; dann scheint es mir das einzige Mittel den Uebergriffen der „Gräfin zu begegnen, daß Hochdieselben in einem Immediat-Schreiben an Se. Maj. mit Bezug„nahme auf die Tendenz der mütterlichen Einwirkung und als Probe derselben „auf den von Paul an Hochdieselben gerichteten Brief den Wunsch auszusprechen, daß „Se. Maj. alle Einwirkung der Gräfin bei Paul's Erziehung beseitigen möge, mit dem Bemerken, „daß dieser Wunsch eben so sehr aus eigener Ueberzeugung fließend, als durch die Klagen der Er„zieher (!) Paul's herbeigeführt, bei dem Charakter der Gräfin nur dann eine wahrhafte „Erfüllung erlangen könne, wenn jede Communication (!!) zwischen ihr und dem Sohne „durch ausdrücklichen Königl. Befehl abgeschnitten würde."

So also conspirirt H. v. Kurowski der Gräfin und ihrer ganzen Familie, die er (Br. 54) sehr verächtlich mit dem Titel die „ganze Gesellschaft" belegt, gegenüber auf die unwürdigste Weise mit dem Grafen, der Mutter jeden Verkehr mit ihrem Kinde unmöglich zu machen; er giebt ihm dazu die hinterlistigsten Rathschläge; in der perfiden Absicht ihm eine Waffe in die Hand zu liefern hat er jenen Brief Pauls abgehen lassen. Er schreibt damals selbst, daß er Paul's Innere nicht ausdrücke, und giebt dennoch jetzt den Rath ihn als „Probe" von diesem Innern dem König zu übersenden.

So war die „Bande" der Herren Cheruit, Laurent, Kurowski beschaffen, welche der Graf weit weniger zu Erziehern seiner Söhne als zu Verfolgern seiner Gattin bestallte! Es geht aus einer sehr bemerkenswerthen Stelle des Kurowski'schen Briefes Nr. 54 hervor wie selbigem das Amt eines Spions zugleich vom Grafen übertragen war. Es heißt da, „wenn ich indeß über diese Angelegenheit meine Ansicht frei ausspreche, so geschieht es nur im festen Vertrauen auf die mir von Ew. Hochgeboren im vorigen Sommer gegebene Zusicherung, daß Hochdieselben sich auf dergleichen Mittheilungen nie direkt berufen wollen." H. v. Kurowski charakterisirt am besten die Glaubwürdigkeit seiner Mittheilungen, wenn er sich als erste Grundbedingung ausmacht, daß man sich nie auf sie berufen, nie ehrlich und gerade mit ihnen hervortreten dürfe, damit er unsichtbar und unwiderlegt seine Verleumdungen aus dem Hinterhalte fortsetzen könne. Wie aber das Band der Schlechten immer höchst lockerer Natur nur so lange hält wie der gemeinschaftliche Vortheil dauert und der Eine dann den Andern preisgiebt, so auch theilt der Graf, trotzdem er dem Kurowski, wie wir gesehen, sein Wort gegeben, sich nie direkt auf seine Mittheilungen zu berufen, jetzt vollständig diese Briefe in der Ehescheidungsklage mit, druckt sie ꝛc. und kompromittirt durch diesen Wortbruch auf verdiente Weise H. v. Kurowski und Andere.

Um zu zeigen wie unwahr und aus der Luft gegriffen die Aeußerungen Kurowski's sind, (wenn es anders nöthig wäre sich gegen einen solchen Mann zu vertheidigen) als suche die Gräfin absichtlich Plackereien hervor um den Aufenthalt Paul's in der Kadetten-Anstalt schwierig und nutzlos zu machen, genüge es ein Schreiben eines der Vorgesetzten Paul's, des Majors H. v. Salvati an die Gräfin anzuführen (s. Anl.
Anl. 71. 71), worin es heißt:

„Ew. Hochgeboren dürfen sich überzeugt halten, daß ich gewiß bemüht bin alle in meinen Be„fugnissen liegenden Rücksichten zu beachten, und daß ich es keineswegs verkenne wie Hoch„dieselben die Gränzen unsrer Vollmacht, welche die höheren Bestimmungen und das Ge„deihen der uns anvertrauten Kinder uns setzen, erwägend Ihre Wünsche rücksichtsvoll „darnach bestimmt haben."

Der Graf befolgte übrigens wirklich den Kurowski'schen Rath, schickte Paul's Briefe mit einer darauf gestützten Bitte der Mutter gänzlich den Umgang mit Paul zu untersagen an Se. Majestät. Unterdeß hatte
145. in Folge der mitgetheilten Adresse des Fürsten v. Hatzfeldt Se. Majestät folgende Kabinetsordre an den Grafen erlassen:

„Ich habe auf Ihren Wunsch den Wiedereintritt Ihres Sohnes Paul in das Kadetten-Corps „bewirken lassen, erwarte aber dagegen nun ernstlich, daß Sie keinen Anstand nehmen werden mit „den Verwandten Ihrer Ehegattin in Verhandlung zu treten um Ihr Verhältniß zu derselben auf „eine dem Interesse der ganzen Familie entsprechende Weise zu ändern." Charlottenburg, den
Anl. 72. 9. Dezember 1843. (S. Anl. 72.)

Aber der unbeugsam böse Wille des Grafen widerstand selbst dem königlichen Befehl und trotz dem ernstlich ausgesprochenen Allerhöchsten Wille trat er nicht in die geringste Unterhandlung mit den Verwandten der Gräfin, vielmehr während sich die Gräfin in Berlin mit seinen Creaturen auf Tod und Leben herumschlagen mußte um ihr Kind nur sehen und sprechen zu dürfen, trieb sich der Graf fast ein Jahr lang in England umher, fröhnte daselbst seinem gewohnten wüsten Lebenswandel, beging unsinnige Verschwendungen und machte in Folge seiner lasterhaften Ausschweifungen wieder eine venerische Krankheit durch.

Der Fürst Hatzfeldt schreibt, als der Graf keinerlei Anstalt machte die anbefohlenen Unterhandlungen
Anl. 73. zu beginnen an den Minister von Alvensleben (s. Anl. 73):

„Für die sehr geneigten Mittheilungen vom 19. Dezember und 4. Febr. meinen gehorsamsten „Dank aussprechend habe ich die Ehre Ew. Excellenz ganz ergebenst anzuzeigen wie der Herr Graf „E. v. Hatzfeldt bisher noch gar keinen Schritt gethan hat, der Erfüllung des ihm gewordenen „Königl. Befehles näher zu treten. Wenigstens ist mir davon noch nicht das Geringste bekannt ge„worden. — Ew. Exc. erleuchteter Beurtheilung wird es nicht entgangen sein, daß durch das mir „eben so schmerzliche als unerwünschte Ereigniß des Monats Oktobers die Angelegenheit meiner „Schwester mit ihrem Gemahl in eine Lage gekommen ist, die eine so lange Verzögerung der von „Sr. Maj. dem König angeordneten Verhandlung nicht gestattet, ja daß eine noch längere Verschlep„pung derselben eine gütliche Beilegung dieser Angelegenheit unmöglich machen muß. Um bis an das „Ende dieser traurigen Geschichte mich vor der Welt und meinem Gewissen frei von jedem Vorwurf „zu erhalten, habe ich mich verpflichtet erachtet, diese Anzeige an Ew. Excellenz zu richten. Ich „glaube hiermit die bescheidene Ansicht verbinden zu müssen, daß auf brieflichem Wege und bei der „mir bekannten Gesinnung des Grafen E. v. Hatzfeldt eine derartige Verhandlung nicht „zum guten Ende geführt werden kann, daß also, wenn derselbe nicht veranlaßt werden kann sich in „kürzester Frist zur persönlichen Verhandlung in Berlin einzufinden, ich die Hoffnung aufgebe diese „Angelegenheit auf die von Sr. Maj. angeordnete Weise beendigt zu sehen. Welche Verwickelungen „dann eintreten müssen, habe ich die Ehre gehabt Ew. Exc. mündlich vorzutragen, ich darf mir daher „erlauben, darauf Bezug zu nehmen."

Die Gräfin erhielt nun während der Dauer einer Scharlachepidemie den jungen Grafen durch Kabinetsbefehl provisorisch zurück. Im März 1844 erklärte der Geh. Rath Dieffenbach, sehr im Gegensatz zu den Ansichten des Hrn. v. Kurowski, daß „nur in der mütterlichen Pflege und Wartung noch Heil für den Grafen
Anl. 74. Paul zu erblicken sei;" (Anl. 74.) Der Fürst Hatzfeldt überschickte nun dies Gutachten Sr. Majestät im März 1844 und kam in Betracht der hartnäckigen Weigerung des Grafen in Vergleichsunterhandlungen zu treten und seines andauernden Aufenthaltes in England ohne sich um sein Kind ꝛc. im Geringsten zu bekümmern, darum ein, der König „möge geruhen, Paul aus dem Kadettenhaus zu entlassen und gestatten, daß er der Mutter folge, damit sie die Sorge für sein körperliches und geistiges Wohl übernehme," (s. Adresse Anl. 75)
Anl. 75. und so hatte denn Sr. Maj. in der That die Gnade und Gerechtigkeit, Paul seines Verhältnisses zum Kadettenhaus zu entbinden und der Mutter übergeben zu lassen.

So war es denn also durch die Gnade des Königs die kräftige Verwendung der Familie, vor Allem aber durch die unermüdlichen rastlosen Bestrebungen der Gräfin, welcher selbst Herr v. Kurowski (Brief 56) in Bezug auf Paul „unerhörte Ausdauer und Selbstverläugnung" beilegt, nach 8—9 Monaten gelungen, die eherne Scheidewand aufzuheben, die der Graf zwischen ihr und selbst dem letzten Kinde das ihr noch geblieben, durch die schändlichsten Verläumdungen bei Sr. Maj. und durch die unnatürlich-grausamsten Befehle hatte aufführen wollen. Man wird leicht ermessen können, daß diese 8 Monate des Kampfes eben so viele Monate der unerträglichsten Folter gewesen sind. Jetzt war diese überstanden, es war zwar durch jene Wegnahme Pauls der Gräfin ein ungeheurer öffentlicher Affront zugefügt, es bildeten sich im Publikum die abentheuerlichsten, ehrenkränkendsten Gerüchte über die Motive jenes unerhört seltsamen Schrittes gegen eine Mutter. Diese Beleidigung selbst war ein nicht wieder gut zu machendes Unrecht; indeß das Kind hatte die Mutter jetzt doch wieder, und man sollte meinen, daß sie jetzt nach so vielen Kämpfen doch zu einer Art von Ruhe gelangt sei, — man irrt sehr! — Von den Martern die man die Gräfin um ihres Kindes willen erdulden ließ, haben wir das Auge jetzt auf das Elend und die Noth zu wenden, welche der Graf seiner Gattin sowohl während wie nach der Trennung von Paul durch immer und immer sich wiederholende gänzliche Entziehung des Unterhaltes bereitete.

Wir haben schon gesehen, daß die Gelder für 1842—43 fast ein Jahr lang gänzlich ausgeblieben waren. Mitte 43 ließ sich der Graf endlich durch den Fürsten bewegen, sie nachträglich zu bezahlen; er zahlte aber nur 7000 Thaler und brach so wegen 1000 Thlr. wieder sein im Altenkirchner Vertrag feierlich abgegebenes Ehrenwort. 145.

Ende 1843 aber, als Paul in das Kadettenhaus gebracht war, bleiben die Unterhaltsgelder wiederum gänzlich aus. Die Gräfin ist genöthigt, außer ihrem Leid um Paul auch noch für die Fristung ihres Lebens zu kämpfen und zu sor[..]n, unwürdige Noth zu dulden und wieder ringsum bei den Verwandten Unterstützung, Unterhalt zu suchen, mit Hülfe ihrer Brüder ihre Effecten zu verkaufen und Leihgeschäfte zu machen 2c. 145. 146.

Graf Max von Hatzfeldt schreibt am 21. Jan. 1844 (s. Anl. 76): Anl. 76.

„Den Wagen, welchen Du voriges Jahr hier gelassen, habe ich für 480 Frs. verkauft. Mehr „war dafür nicht zu erlangen. Ich bitte Dich dieses Geld Dir von meinem Banquier Hirschfeld „und Wolf in Berlin unter den Linden auszahlen zu lassen. Ueberdies meine liebe Sophie „schicke ich Dir noch in der Anlage eine Anweisung auf den gedachten Banquier im „Betrage von 300 Thlr. Es ist wenig und ich wünschte, Dir für den Augenblick „mehr schicken zu können. Ich denke übrigens doch, daß die Verhältnisse der Geld- „zahlungen für Dich wieder geregelt sein müssen.

Das war im Januar, aber noch im April dauerte derselbe Nothstand, dieselbe Geldverweigerung des Grafen fort, denn am 14. April 1844 schreibt der Fürst Herrmann (s. Anl. 77): Anl. 77.

„Liebe Sophie, ich eile Dein Schreiben v. 9. Punkt für Punkt zu beantworten. Zuerst wegen des „Geldes habe ich nur zu wiederholen, daß ich hoffe, binnen Kurzem die rückständigen Gelder „zu empfangen und keine Mühe scheue dies sobald als möglich zu bewirken. — — — „Ich glaube nicht, liebe Sophie, daß sich irgend Jemand finde, der auf das Unter- „pfand Deiner Ehepacten Geld borgt, da ja erst bei dem Tode die Theilung eintritt."

So war die Gräfin wiederum, wie oben in den Jahren 1838 und 1839 genöthigt, auch alle Angst und Noth des Proletarierthums durchzumachen, herum zu suchen um auf Pfand zu leihen! Und der Graf könnte etwa wiederum versuchen, dies als Beweis des Aufwandes und der Verschwendung (!) der Gräfin, darzustellen, wenn nicht zum Glück durch die Briefe der Brüder deren Betheiligung an den geschloßnen oder versuchten Anleihen und der Umstand erwiesen wäre, daß der Graf alle natürlichen und gesetzlichen Rechte, die Ehre seines Standes, und die zu Altenkirchen mit Ehrenwort formell übernommene Verpflichtung gleichmäßig verhöhnend, Frau und Kind ohne jeden Lebensbedarf gelassen und Noth und Elend Preis gegeben habe.

Bis zu welchem Schmutz, zu welcher unglaublichen Gemeinheit er darin gegen sein eignes Kind ging, mag an einem Beispiele gezeigt werden. Während des ersten Aufenthaltes Pauls im Kadettenhause zu Potsdam, hatte die Gräfin bei ihrer uninteressirten Gesinnung und bei ihrer großen Liebe zu Paul, die es ihr nicht darauf ankommen ließ ob sie Ausgaben für ihn machte, die nicht ihr sondern ihrem Gemahl hätten zur Last fallen sollen, alle Kosten die sein Aufenthalt daselbst verursachte, als da bessere Uniform, Arzt, Bedienung, das Essen im Lazareth 2c. bezahlt, wie dies durch das Zeugniß der Brüder, die ihr umsonst davon abriethen, herausgestellt werden kann. Der Fürst Herrmann macht ihr auch brieflich Vorwürfe darüber; er schreibt im Nov. 1841 (Anl. 77): 145. 146.

„Daß Du für den Gemahl so große Vorschüsse gemacht hast, war wohl unvorsichtig, da Du „ihn doch genugsam kennst. (!)

Eine einzige Rechnung für ein Paar Stiefel blieb unberücksichtigt. Der Schuster wandte sich deshalb an den Grafen und erhielt folgende von ihm eigenhändig unterschriebene, im Originali sub Anl. 78 beiliegende Antwort: Anl. 78.

An den Schuhmachermeister Johann Schüller.

„Mein Sohn Paul ist noch nicht mündig und wider meinen Willen aus mei- „ner Gewalt gerissen worden und habe ich daher keine Verpflichtung dasjenige zu genehmigen „oder zu bezahlen, was für denselben gethan oder angekauft wird, und dies um so weniger, als ich „in den öffentlichen Blättern erklärt habe, daß ich Schulden, die ohne mein Consens oder „Auftrag contrahirt seien, nicht zahlen würde. Eben so wenig zahle ich für den Bedienten etwas, „welcher meinem Sohne nicht von mir zugeordnet ist.

„Indem ich Ihnen dies auf Ihr Schreiben vom 30. v. M. erwiedere, bemerke ich zugleich, „daß ich auf fernere Briefe in dieser Angelegenheit nicht antworten, sondern eventuell Ihrer „gerichtlichen Klage entgegensehen werde." (!!)

Während er also Gattin und Kind selbst ohne alle Mittel läßt, weigert er sich auch, er, ein Standesherr von über 100,000 Thlr. Rente, eine Rechnung von wenigen Thalern für ein unerläßliches Lebensbedürfniß Pauls zu zahlen. Er ist dabei so ehrvergessen, einen Schuster um weniger Thaler willen in seine Familiengeheimnisse einzuweihen, er fügt seiner Gattin eine so schwere Beleidigung zu, einem Schuster ein Document in die Hand zu geben, welches sie so sehr blos stellte, ihre Ehre so sehr compromittirte!

Doch zurück zu jener Reise von Hungerkuren, durch die es dem Grafen gefiel die Gesundheit seiner Gemahlin widerherstellen zu wollen!

Als im April 1844 (s. Brief 77 des Fürsten Herrmann, die Geldmittel wieder ausblieben, räth der Fürst selbst in diesem Briefe (Anl. 77) seiner Schwester prozessirend gegen ihren Gatten aufzutreten. Er schreibt:

„Was nun Deine eigenen Schritte anbetrifft, so glaube ich, daß jetzt der Augenblick gekommen „ist, im Wege des Gesetzes gegen den Herrn Grafen aufzutreten. Eine gerichtliche Klage wird ihn „nämlich gewiß zu einem Arrangement zwingen, was der deutlich ausgesprochene königliche Wille nicht „vermocht hat, da aber der Prozeß nur ein Mittel sein soll, den Grafen zum Arrangement zu zwingen, „so muß diese Klage so eingerichtet werden, daß noch ein Arrangement möglich bleibt, es wird daher „angemessen sein, in der Klage keinen Namen zu nennen, sondern deren Bezeichnung vorzubehalten. „Gegen die Nennung meines Namens habe ich natürlich nichts zu erinnern. Da Du Vertrauen „zu Sand hast, so rathe ich diesem den Prozeß und die Entwerfung der Klage in der angegebenen „Art zu übertragen, das heißt eine gemäßigte Klage! Justizrath Sand wird gewiß einen Advo- „katen in Coblenz empfehlen können, der bei dem dortigen Justiz-Senat die Geschäfte betreibt, einen „Advokaten der zuverläßig ist und sich nicht bestechen läßt."

(Hieraus ergiebt sich auch deutlich wie es seit je die in der Familie notorische Weise des Grafen war, die Gräfin durch das noble Mittel der Bestechung zu bekämpfen, eine Kriegsweise, welche in letzter Zeit der Graf endlich, wie wir unten sehen werden, vollkommen organisirt hat, und durch ein stehendes Heer betreibt).

„Als nun aber Justizrath Sand erklärte, daß eine gemäßigte Klage juristisch ein Unding sei, unterblieb
Anl. 79. solche auf den Rath des Fürsten (Anl. 79).

„Wenn Deine Rechtsbeistände nun der Ansicht sind, daß eine gemäßigte Klage juristisch nicht „zweckmäßig sei, so kann sie auch zu dem von mir beabsichtigten Zwecke, den Gemahl zum Arran- „gement zu zwingen nicht gebraucht werden; ich schließe mich daher auch der Ansicht an, daß der „Prozeß als letztes und äußerstes Mittel für jetzt noch in Reserve behalten werden müsse, im eintretenden „Falle aber mit aller Energie zu führen sei." — Die Einleitung einer gerichtlichen Klage unterblieb also.

Die ausbleibenden Gelder schoß der Fürst Herrmann seiner Schwester vor, der mit dem Grafe der Revenue von Trachenberg in Berechnung stand, und rechnete sie dann dem Grafen ab, wobei der [illegible] wiederum einen Abzug von 1000 Thlr. machte und eine Zahlung von 7000 Thalern vom Jahr 1843 — 44 für seine Gattin genehmigt. Aber im Juli 1844 blieben die pro Juli 1844 — 45 zu zahlenden Gelder wieder gänzlich aus. — Nun wurde es aber auch dem Fürsten zu toll. So fortgesetzte Niederträchtigkeiten
Anl. 80. ermüdeten auch seine Geduld. Er schreibt der Gräfin d. 26. Juli 1844 aus dem Seebad Zoppot (s. Anl. 80):

„Daß Du über das Ausbleiben des Geldes empört bist, darin hast Du voll- „kommen recht und ich theile Deine Entrüstung — — Für den Fall, daß Du Dich hierzu „(zu einer Klage auf Sustentation) entschließest, habe ich eine umfassende Information für den Ad- „vokaten entworfen, den Du mit der Klage beauftragen willst und lege sie hierbei.

Diese Information von der eigenen Hand des Fürsten Hatzfeldt geschrieben und unterzeichnet, folgt
Anl. 81. sub Anlage 81 und lautet also:

In dem zwischen dem freien Standesherrn Grafen Edmund v. Hatzfeldt-Kinzweiler und der Frau Gräfin Sophie v. Hatzfeldt-Kinsweiler, geb. Gräfin v. Hatzfeldt-Schönstein, noch fortwährend in voller Rechtsgültigkeit bestehendem ehelichen Verhältnisse, waren bereits im Jahre 1840 so bedeutende Störungen eingetreten, daß es der Vermittelung der Verwandten beburfte, um eine Aussöhnung der beiden Ehegatten dahin zu bewirken, daß die mit dem ausdrücklichen Willen des Gemahls bis dahin bestandene Abwesenheit der Frau Gräfin aufhörte, und dieselbe im Herbste des Jahres 1840 in das Haus ihres Ehegatten nach Calcum bei Düsseldorf zurückkehrte. Die Behandlung, welche die Frau Gräfin hier zu erdulden hatte, war jedoch der Art, daß bald neue Differenzen und daß der Herr Graf — unter Zurücklassung der Frau Gräfin — sich mit den Kindern auf d[illegible] Schönstein begab. Die Frau Gräfin fest entschlossen, das eheliche Verhältniß fortzusetzen, folgte ihrem Gemahl dorthin; alsbald wurden die Kinder entfernt und auch der Herr Graf begab sich fort nach Düsseldorf und die Frau Gräfin wurde allein auf dem einsamen Bergschlosse Schönstein in einer den Verhältnissen der Hausfrau nicht entsprechenden Stellung zürückgelassen.

Dies veranlaßte im Januar 1841 die Brüder der Gräfin, namentlich: den Generallandschaftsdirektor von Schlesien, Fürsten Herrmann von Hatzfeldt zu Trachenberg, und den Königl. Preuß. Legations-Sekretair zu Paris, Grafen Max von Hatzfeldt von dem Zustande ihrer Schwester Kenntniß zu nehmen, welche zu der Ueberzeugung führte, daß die der Frau Gräfin von ihrem Gemahle angewiesene Stellung eine durchaus nicht entsprechende sei, und daß daher hierin jedenfalls eine für die Gräfin günstige Veränderung eintreten müsse, welche allein eine Fortsetzung der ehelichen Verhältnisse ermöglichen könne.

Den vereinten Bemühungen der beiden genannten Brüder gelang es doch nicht den Gemahl zu dieser billigen und gerechten Veränderung zu bestimmen es mußten daher andere Wege eingeschlagen werden.

In den ersten Tagen des Monats Juli 1841 traten demnach die beiden genannten Brüder der Frau Gräfin mit deren Schwägern dem Königl. Preuß. General Major Freiherrn Roth v. Schreckenstein zu Münster, mit dem Freiherrn Engelbert v. Landsberg-Steinfurt zu Münster, persönlich in Altenkirchen zusammen, um diese traurige Angelegenheit auf erträgliche Weise zu ordnen, was dahin gelang, daß außer einigen Bestimmungen über die Erziehung der Kinder festgesetzt wurde, daß:

a) beide Ehegatten getrennt leben könnten, und
b) daß der Graf Edmund v. Hatzfeldt für den standesmäßigen Unterhalt seiner Gemahlin eine Summe von jährlich 8000 Thalern zu zahlen versprach, und
c) daß derselbe ferner ausdrücklich versprach, diese Summe von 8000 Thalern am 1. Juli eines jeden Jahres pränumerando an den Fürsten v. Hatzfeldt zu zahlen, welcher dieselbe ohne Rechnungslegung und nach seinem Gutdünken für seine Frau Schwester zu verwenden hatte.

Ueber dieses Versprechen wurde von den genannten vier Herren ein schriftlicher Akt aufgenommen.

Der Graf Edmund v. Hatzfeldt kam auch alsbald diesem Versprechen nach, und zahlte für das Jahr vom 1. Juli 1841 bis dahin 1842 die Summe von 8000 Thalern pränumerando. Für das nächstfolgende Jahr vom 1. Juli 1842 bis dahin 1843 zahlte der Herr Graf v. Hatzfeldt pränumerando nur 7000 Thaler, blieb sonach mit 1000 Thaler im Rückstand; für das Jahr vom 1. Juli 1843 bis dahin 1844 zahlte der Graf pränumerando wieder nur 7000 Thaler, blieb daher abermal mit 1000 Thaler, zusammen also mit 2000 Thlr. im Rückstande. Jetzt endlich ist der Graf Edmund v. Hatzfeldt mit der Zahlung der Gelder pro 1. Juli 1844 — 1845 gänzlich im Rückstande geblieben und hat auf diese Weise seine Gemahlin, die Gräfin Sophie v. Hatzfeldt nebst ihrem jüngsten Sohne Paul, dem Mangel und der Entbehrung Preis gegeben.

Der Freiherr Engelbert v. Landsberg, durch dessen Hände im vergangenen Jahre die Zahlung gegangen war, hat in einem Schreiben vom 13. Juli 1844 den Fürsten v. Hatzfeldt benachrichtigt, daß er kein Geld für die Frau Gräfin Sophie erhalten habe, obschon er bei Zeiten den Grafen Hatzfeldt benachrichtiget, daß eine neue Geldanweisung nöthig sei. Ob er künftig zahlen wolle oder nicht, darüber hat der Graf v. Hatzfeldt sich noch gar nicht geäußert, indessen steht die Thatsache fest, daß derselbe nicht gezahlt hat, und daß inzwischen seine Gemahlin sich ohne alle Existenz-Mittel befindet.

Der Herr Graf hat auch nicht einmal gesucht sich der Geldzahlung dadurch mittelst eines Vorwandes zu entziehen, daß er seine Gemahlin aufgefordert hätte, zu ihm zurückzukehren, er verweigert ihr im Gegentheile die Aufnahme in seinem Hause. Da sonach der Herr Graf seiner Gemahlin die Mittel zu ihrem standesmäßigen Unterhalte sowohl außerhalb als innerhalb seines Hauses entzieht, alles in der Absicht sie durch Mangel und Entbehrung zur Scheidung zu zwingen, so bleibt der Frau Gräfin Nichts übrig, um sich und ihrem Sohn Paul die Mittel zur Existenz zu sichern, als die Hülfe des Richters in Anspruch zu nehmen. Die Klage wäre meines Erachtens zu richten:

1. Auf die Zahlung des Rückstandes aus den Jahren 1842 — 1843 und 1843 — 1844 von zusammen 2000 Thaler.
2. Auf die Zahlung der Summe von 8000 Thalern für das Jahr vom 1. Juli 1844 bis dahin 1845.
3. Auf den Ersatz des Schadens, welcher der Frau Gräfin aus der verzögerten Zahlung erwächst, da dieselbe entblößt von allen Existenz-Mitteln große Opfer bringen muß, sich dieselben durch Kredit zu verschaffen. Diesen Schaden in seperato zu liquidiren wäre vorzubehalten.

Das Fundament der Klage bildet:

a) Die allgemeine Verpflichtung des Herrn Grafen, seiner Gemahlin den standesmäßigen Unterhalt zu gewähren; besonders da er derselben den Aufenthalt in seinem Hause durch unangemessene Behandlung unmöglich gemacht hat, und er dieselbe auch gar nicht aufnehmen will.
b) Das im Jahre 1841 in Altenkirchen von dem Herrn Grafen gegebene und mit seinem Ehrenworte bekräftigte Versprechen, für den standesmäßigen Unterhalt seiner Gemahlin jährlich 8000 Thaler zu zahlen, ein Versprechen das einseitig von dem Herrn Grafen nicht aufgehoben werden kann.
c) Endlich ist zu bemerken, daß beide Ehegatten laut ihrer in Abschrift beizulegenden Ehepakten, in Gütergemeinschaft leben; die Gräfin daher aus dem gemeinschaftlichen Vermögen wenigstens den Lebensunterhalt zu fordern hat.

Zum Beweise der Wahrheit der behaupteten Thatsachen und Umstände wird die Vernehmung nachstehender Zeugen beantragt.

1. Des Fürsten Herrmann v. Hatzfeldt Generallandschafts-Direktor von Schlesien, wohnhaft zu Trachenberg daselbst.
2. Des Königl. Preuß. General Majors Freiherrn Roth v. Schreckenstein.
3. Des Freiherrn Engelbert v. Landsberg-Steinfurt zu Münster.
4. Des Grafen Max v. Hatzfeldt Königl. Preuß. Legationsdirektor zu Paris.

Endlich ist, wie schon oben erwähnt, über das im Juli 1841 von dem Grafen Edmund v. Hatzfeldt zu Altenkirchen gegebene Versprechen, ein schriftlicher Akt aufgenommen worden, dessen Originalien sich in den Händen des Fürsten Herrmann v. Hatzfeldt und des Freiherrn Engelbert v. Landsberg befinden.

Es wird gebeten, die Vorlage dieser Urkunde, auf welche als Beweismittel Bezug genommen wird, von Gerichtswegen anzuordnen.

Durch die Entziehung der Geldmittel ist die Frau Gräfin dem drückendsten Mangel Preis gegeben, daß daher die Instruktion der Sache, sowie der richterliche Spruch einer besondern Beschleunigung bedarf, ist klar.

Zoppot, den 26. Juli 1844.

(gez.) Herrmann v. Hatzfeldt.

Diese Information ist deshalb ein sehr beachtenswerthes Aktenstück, weil daraus ein helles Licht auf die dem Altenk. Vertrag vorhergehende Behandlung der Gräfin in Calcum und Schönstein zurückfällt, weil ferner der Fürst darin ausdrücklich und auf das wiederholteste constatirt der Graf verweigere seiner Gemahlin die Aufnahme in seinem Hause und somit die verleumderische Behauptung desselben als sei die Gräfin gegen seinen Willen, um sich in der Welt herum zu treiben, nicht in sein Haus zurückgekehrt, schlagend wiederlegt; und weil endlich darin auf treffende Weise das Motiv enthüllt ist, welches den Grafen bei allen seinen Verfolgungen leitete. Der Fürst spricht es deutlich in den Worten aus, der Graf „entziehe seiner Gemahlin die Mittel zu ihrem standesmäßigen Unterhalte sowohl innerhalb als außerhalb seines Hauses, alles in der Absicht sie durch Mangel und Entbehrung zur Scheidung zu zwingen."

Als der Graf erfuhr daß die Gräfin klagbar werden wolle, schickte er rasch dem Fürsten das für 1844 bis 45 fällige Geld und rückdatirte, um den Unschuldigen zu spielen, diesen Brief, der am 3. August laut Poststempel zur Post gegeben wurde, vom 4. Juli! Der Beweis darüber ist in dem Schreiben des Fürsten (Anl. 82) geführt. Die Zahlung der Rückstände aber verweigerte er. Anl. 82.

Auch das Jahr 1845 fügt seine Ringe dieser continuirlichen Kette von Entbehrungen und herzkränkender Marter hinzu.

Die Gräfin erfährt auf indirektem Wege, daß ihre Tochter Melanie gefährlich erkrankt sei. Weder ihr Gemahl noch die Oberen des Klosters machen ihr irgend eine Anzeige, theilen ihr nicht die geringste Nachricht mit! Ihre Briefe bleiben schon seit lange unbeantwortet und werden Melanie gar nicht abgeliefert. Sie kann auch nicht hinreisen ihre Tochter zu sehen, zu pflegen, denn wie wir oben gesehen, hat die Superiorin H. Donati bestimmt eröffnet, daß man auf ausdrücklichen Befehl des Grafen auch der Mutter persönlichen Besuch bei der Tochter verweigern würde. Sie bestürmt ihren Bruder, den Fürsten, mit ihr nach Wien zu gehen und es mit seiner Autorität durchzusetzen, daß sie ihre Tochter sehen und pflegen dürfe. Dieser verspricht es
Anl. 83. 84. auch, wird aber zu allem Unglück krank (s. den Brief in den Anlagen 83, 84) und so bleibt denn die Mutter eine Beute der qualvollsten Ungewißheit. Endlich erlangt sie wieder auf indirektem Wege Kunde, daß Melanie glücklich genesen. —

Eben so geht es wieder mit den Zahlungen. Wenn der Graf es manchmal nicht wagt ihr die ausgesetzte Rente gänzlich vorzuenthalten, knappt er doch von dem ohnehin so geringen Betrage ohne jeden Vorwand
Anl. 85. noch 1000 Thlr. ab. Fürst Herrmann schreibt am 6. April 1845 (Anl. 85):

„Was die Geldangelegenheit betrifft, so habe ich Dir durch Strantz nur sagen lassen, daß „wegen der Rückstände die Sache sich sehr bald arrangiren werde. Bei den enormen Distancen zwi„schen den verschiedenen Theilnehmern und der *mauvaise volonté d'une part*, geht es unmöglich rascher, „und unterm 27. Juni 1845 (s. oben Anl.): Die Zahlung des jetzt auf 3000 Thlr. angewachsenen „Rückstandes hat Dein Gemahl anfänglich unter dem Vorwande abgelehnt, Du hättest ihm mit Pro„zeß gedroht, er sei von Leuten denen Du Geld schuldig bereits verklagt ꝛc. ꝛc. Auf meine deutliche „Erwiederung hat er die Zahlung dieser Rückstände definitiv verweigert und will die Klage abwarten, „hat aber zugleich die 7000 Thlr. für das künftige Jahr angewiesen. Dies ist sehr diplomatisch, „denn so sehr ich auch dem Ausgange eines Prozesses vertrauen würde, wenn er die ganze Zahlung „verweigert, so sehr bin ich von dem mißlichen Erfolge rücksichtlich dieser 1000 Thlr. überzeugt."

Unterdeß hatte der Graf am 1. März 1845 in Gemeinschaft mit zwei Schwägern die Herrschaft Muskau acquirirt. Hierhin hatte sich die Gräfin begeben und wahrgenommen, daß der dauerhafte und alleinige Besitz Muskau's ein großes Glück für ihre Kinder sein würde, denen dadurch ein großes Vermögen und eine bedeutende Position gesichert worden wäre. Die Gräfin beschloß daher alle Opfer zu bringen, ihren Kindern diese Vortheile zu verschaffen und nach so unerhörten vieljährigen Mißhandlungen, trotz den frisch geschlagenen noch blutenden Wunden wandte sie sich an ihren Gemahl ihm auf das aufrichtigste die Hand zur vollen Versöhnung, zur vollen Vergessenheit des Vergangenen zu reichen. Sie kömmt ihm mit Vertrauen entgegen, kömmt allen etwaigen Wünschen zuvor, sie erbietet sich ohne irgend eine Garantie zu verlangen sofort mit ihrem Sohne Paul in das Haus des Grafen zu kommen, sie bittet ihn um Erlaubniß dazu! Der Graf, der trotz aller Rohheit seines Herzens solch edler Aufopferung nicht ganz seine Anerkennung versagen kann, der es auch nicht wagt so rührende Anerbietungen ganz von der Hand zu weisen um nicht zu augenfällig die Schlechtigkeit seiner Gesinnungen zu manifestiren, antwortet in kurzen, kalten und gemessenen Briefen und schlägt der Gräfin ihre Bitte um sofortige Vereinigung ab, vertröstet sie aber ihr eine solche nach sechs Monaten zu gewähren, weicht aus und temporisirt auf jede Weise, innerlich nicht im Geringsten geneigt seinen schnöden Lebenswandel für eine Vereinigung mit seiner Gattin aufzugeben. Ein Brief einer Frau die vermöge ihrer Stellung die Verhältnisse am besten kennen und beurtheilen mußte und die damals in ihnen thätig war, ein Brief der Frau Direktorin Wachter an die Gräfin stellt das Benehmen der beiderseitigen Ehegatten in ein helles Licht, entwirft ein treffendes und scharf gezeichnetes Bild davon wie und aus welchen Motiven der Graf und seine Creaturen die aufopfernden und reinen Entschlüsse der Gräfin, zu denen Mutterliebe sie vermochte, immer und immer zurückwies und vertagte.

Anl. 86. Dieser lehrreiche Brief lautet (s. Anl. 86):

Hochgeehrte Frau Gräfin!

„Wachter kam gestern in einer ganz andern Stimmung aus der Konferenz mit dem Herrn „Grafen von Cöln zurück, als am 12. d. Mts. Während er damals mit freudigen Hoffnungen, daß „das gute Werk gelingen werde, triumphirend über seine Mitwirkung heimkehrte, kommt er gestern „Abend gänzlich verstimmt und mit der trostlosen Ansicht zurück, daß eine Vereinigung zwischen Ihnen „unmöglich sei und eine weitere Verhandlung ihm sogar gefährlich für Muskau scheine. Ich suchte, „da Sie, hochgeschätzte Frau, mich in diese Verhältnisse einmal eingeweiht hatten und ich mich sogar „zur Mitwirkung verpflichtet fühle, die Ursache der Aenderung zu erforschen, und konnte keine andere „ermitteln, als daß der Herr Graf in der Zwischenzeit von der 1. bis zur 2. Zusammenkunft in „Wiesbaden und Homburg, wo sich Cheruit mit Graf Alfred aufhält, gewesen ist, und daß der „Herr Graf jetzt ungeheuer viel Werth auf einen frühern Brief des Grafen Paul legt, den er „vorher niemals berührt, Cheruit aber stets zu Ihrem Nachtheil ausgebeutet hatte. Zu welchen „Vermuthungen dies berechtigt, wage ich nur deshalb nicht auszusprechen, weil mich die Möglichkeit, „Jemand Unrecht zu thuen, davon abhält. Muß doch überall in der Welt, wo alles gut sein oder „werden könnte, ein Teufel mitspielen und Unkraut unter den Weizen streuen!

„Alles stand so hoffnungsvoll, und jetzt steht die Sache so hoffnungslos, wahrscheinlich viel „schlechter als Wachter Ihnen sagen kann; denn Zögerungen in dergleichen Sachen sind langsam „tödtende Gifttropfen für die fühlende Frau, die ihre persönlichen und Familien-Angelegenheiten schnell „in's Reine gebracht wissen möchte, und wer weiß auch was sich alles in der Zeit der Verhandlung „wieder dazwischen drängt. — Freilich Gewinnsucht, kurz Schlechtigkeit jeder Art — würde gedemü„thigt und vernichtet worden sein — wenn Sie plötzlich als versöhnt aufgetreten wären, während „diese nichtswürdigen Wesen jetzt wieder Zeit zur Umgarnung ihrer schwachen Opfer gewinnen, und „bedarf es keines prophetischen Geistes um vorauszusehen, daß aus dem schönen Werk nichts wer„den wird.

„Ich durchschaue den ganzen Plan, man hält Sie, die Sie schnell Ihrem Ziele entgegen gehen möch„ten, hin, um Sie müde zu machen, und sucht am Ende wieder nach einem Vorwand zur Unmög„lichmachung der Vereinigung, damit man Sie los wird und auf der saubern Bahn fortwandeln

„kann, welche von der ganzen Welt getadelt und verachtet wird. Doch könnte ich mich irren — und „würde mir schwere Vorwürfe machen, wenn ich mir sagen müßte, Sie gereizt zu haben; allein meine „Frauenehre fordert mich stürmisch auf, Ihnen zu sagen, daß ich die Thatsachen, welche Sie mir „mitgetheilt und mir zubekannt sind, Ihnen nur deshalb auszureden suchte, um die Versöhnung zu för„dern. Die Verhandlungen, welche mich zum erstenmale in nähere Berührung mit dieser traurigen „Sache brachten, haben mich aber belehrt, wie die Sache steht, und ich, die sich bis jetzt aus Grund„satz — und Vorsicht — mit dieser Angelegenheit nicht befaßt hat, — werde jetzt wissen, was ich zu „thun habe, wenn man Sie verdammen will. Denn Sie haben, die Beweise liegen vor mir, die „Absicht und Opfer zur Versöhnung gezeigt, Sie haben das rechte Mittel gewählt, das im schnellen „Vergessen und schnellen Zusammentreten liegt, und müssen sich fürchterlich verletzt durch die bekannte „eisige Kälte fühlen, mit der man Ihre Opfer und edle Gefühle auf die Bahn alltäglicher Geschäfte „verweist.

„Verzeihen Sie den Ausbruch meiner Gefühle, die empört für Sie aus Rache zum Himmel „dringen müssen und vertrauen nur auf Gott, der solchem Unfug hoffentlich, wenn es noch Zeit ist, ein „Ende und Alles wohl machen wird."

Ja sogar der Dir. Wachter selbst giebt sich die Miene seine Verehrung für die Handlungsweise der Gräfin und seinen lauten Unwillen über den Grafen nicht unterdrücken zu können. Er schreibt Anl. 87: Anl. 87.

Düsseldorf, den 25. August 1845.

„So eben, gnädige Frau Gräfin, trifft Ihr Schreiben v. 19. d. M. hier ein und fordert mich „zu einer bestimmteren Erklärung über Ihre Aussichten auf, die ich um so lieber gebe, als Ihre darin „ausgesprochenen Gesinnungen und Absichten die höchste Verehrung verdienen. Wissen Sie denn, „hohe Frau, daß auf eine so schnelle Regulierung Ihrer Angelegenheiten wie Sie solche wollen, gar „keine Hoffnung ist, und daß ich das was die Zukunft bringen wird, natürlich nicht weiß aber auch „aus sehr trifftigen Gründen gering anschlage. Denn die Begeisterung für die Herstel„lung eines bessern Verhältnisses, welche Sie zur raschen That hinreißt, kennt „der Herr Graf nicht und werde ich daher auch den Versuch mit diesem lieben Briefe in der „Hand zu dem ich mich im ersten Augenblick mit Sturmesgewalt hingezogen fand (!) um so mehr „unterlassen als ich voraussehe, daß er zurückgewiesen wird und zwar aus den oben mitgetheilten „Gründen. Und schließe ich daher mit dem offenen Geständniß, daß ich auf dem betretenen Wege „nichts mehr für Ihre Sache thun kann, aber keine Gelegenheit vorbeilassen werde, ohne das für die „gute Sache zu thun, was in meinen Kräften steht.

„Das ist Alles was ich auf Ihr sehr verehrtes Schreiben, dem ich in den meisten Punkten „zustimmen muß und meine ganze Hochachtung nicht versagen kann, zu antworten hätte, da weitere „Betrachtungen über die darin enthaltenen Fragen nach Lage der Sache ganz nutzlos erscheinen. Gott „bewahre Ihr Haus vor dem Unglück das ich kommen sehe und erhalte mir die bereits „sehr gesunkene Möglichkeit wenigstens etwas für das Wohl Ihres Hauses wirken zu können."

Der Briefwechsel den die Gräfin und der Graf über diese Vereinigung führten, zu der die Gräfin ohne Aufhören die immer zurückgewiesene Hand bot, zieht sich vom Juli 1845 bis zum Februar 1846; er liegt vollständig in den Anlagen 88—102. Er verdient aufmerksam gelesen zu werden und zeigt dann besser noch als Anl. 88—102. manche einzelne noch so schändliche Handlung des Grafen, welcher Art die Denk- und Handlungsweise beider Gatten war, auf wessen Haupt die Schuld dieser Ehe lastet. —

Ohne dem Grafen in ihren Aeußerungen im Geringsten zu nahe zu treten und ihn zu verletzen, ohne zugleich ihm eine Liebe zu heucheln die sie nicht besitzen kann, bietet sie ihm mit ergreifender Herzlichkeit all der schweren Thaten die sie betroffen, volle Vergessenheit an.

„Zwischen uns ist ein Band (schreibt sie Brief 88) das wir nicht zerreißen können, unsere Anl. 88. „Kinder, laß uns vereint für ihr Wohl wirken."

Um ihm einen Beweis ihrer herzlichen Gesinnungen zu geben, schreibt sie (Brief 90): Anl. 90.

„Um Dir einen Beweis davon zu geben, biete ich Dir an, ob Du nicht während der Zeit, „die Du jetzt in Muskau zubringen willst, Paul dort bei Dir haben willst. Ich weiß, daß „Leute, die es nicht gut mit Dir meinen können und noch schlechter mit mir, suchen Dich gegen dies „Kind einzunehmen, auch darum wünsche ich, daß Du ihn siehst und habe das feste Vertrauen, daß „Du Dich von der Unverdorbenheit und Herzlichkeit seines Gemüthes wie seiner vielen guten Eigen„schaften überzeugen wirst, so wie auch, daß keine Eindrücke gegen Dich bei ihm vorhanden sind. Die „kurze Zeit, die er an seinen Studien verlieren würde wäre reichlich dadurch ersetzt, daß er sich Dir „wieder näherte. Ich würde ihn Dir alsdann durch Herrn Wachter schicken, den ich auf seiner „Durchreise zu sprechen wünsche."

(Man vergleiche nur hiermit die Behauptung des Grafen, die Gräfin habe ihm immer Paul fern halten und entfremden wollen.)

„Ich glaube, fährt sie im Verlauf fort, daß Du Alfred, der unter Deinen Augen groß ge„worden ist, sehr liebst, wie groß würde seine Freude und Dankbarkeit nicht sein, da er mir ebenfalls „in wahrhaft kindlicher Liebe anhängt und die Trauer über dieses Verhältniß seinen jugendlichen Froh„sinn so getrübt hat. Nimm diese Worte, ich bitte Dich, so herzlich auf, wie sie gesprochen und sieh „darin nicht bloß Worte, sondern meinen guten Willen zur That, denn andere Beweggründe dazu, „als die Erkenntniß der Pflicht gegen meine Kinder ist nicht denkbar, weil es keinen Zweck für mich „haben könnte. Du hast bis jetzt in dem unglücklichen Verhältniß worin wir gelebt, nur die unan„genehmen Seiten meines Charakters gefühlt, verkenne aber darum jetzt nicht die guten; Aufrichtigkeit „und einen festen Willen den einmal gefaßten Entschluß durchzuführen und eine zärtliche Mutterliebe, „diese treibt mich an Dich wiederholt zu bitten eine Annäherung zwischen uns nicht zu verschieben rc. rc."

Mitten während dieses Briefwechsels und gerade wie als Antwort auf den eben ausgezogenen, von Anfang September datirten Brief, erhält die Gräfin folgenden vom 20. September 1845 datirten Brief des Hrn. Wachter, dessen unbeschreibliche Insolenz jeden Leser in Verwunderung setzen wird. (Anl. 103.) Anl. 103

11

Erlauchte gnädige Frau Gräfin!

„Ew. Erlaucht sind nach Ihrem jüngsten Erlasse an mich wirklich noch (! wirklich noch!! „wie unverschämt von der Gräfin!) wie dem Herrn Grafen auch bekannt geworden ist, in Muskau „und veranlassen dadurch die Vermuthung einer Demonstration, (?!) welche für die „gute Sache die nachtheiligsten Folgen haben kann. Sehr dringende und entscheidende Gründe nöthi- „gen mich daher zu der gehorsamsten Bitte, Muskau zu verlassen und daß dies geschehen, „mir umgehend gnädigst mitzutheilen. Erhören Sie diese meine Bitte nicht, so fügen Sie „der Hauptsache einen in seinen Folgen unberechenbaren Schaden zu, und vertraue ich daher um so „mehr ihrer Willfährigkeit in diesem Punkte als ich Ihnen mündlich das Nähere mittheilen werde. „Soviel steht fest, daß der H. Graf nicht nach Muskau geht, wenn er nicht vor dem „5. k. M. Nachricht erhält daß Sie abgereist seien, und bitte ich Sie daher nochmals ge- „horsamst: mir mit umgehender Post gnädigst bekannt zu machen daß Sie abgereist seien!"

Man traut seinen Augen kaum! Jetzt wird der Gräfin, der auf den Schlössern in Calcum und Schönstein die Aufnahme verweigert wird, auch noch verwehrt in Muskau zu sein. Ja es wird ihr sogar zum Verbrechen gemacht in Muskau zu wohnen. Sie ist „wirklich noch!" in Muskau! Ihr Aufenthalt da auf ihrem Schlosse, auf dem Schlosse ihres Gatten „veranlaßt die Vermuthung einer Demonstration." Der Herr Graf will nach Muskau reisen und läßt daher durch seinen Diener Aschenbrödel den Befehl ertheilen, sich vorher fortzupacken! Nicht nur sich fortzupacken, sondern — denn auch der Styl ist hier charakteristisch — umgehend anzuzeigen daß sie sich bereits fortgepackt habe!

Und der Graf richtet nicht, um eine so schwere Beleidigung zu mildern, diese Forderung selbst an die Gräfin, nein ein Untergebener muß ihr diesen Befehl ertheilen. Wenige Frauen, selbst wenn sie eben so gehaßt wurden, haben so brutale Beleidigungen erfahren, weil wenige Männer so gänzlich bloß an Ehr' und Anstandsgefühl gewesen sind.

Und Alles das in eben demselben Augenblicke wo die Gräfin solche Opfer gebracht und mit Ueberwindung ihres so tief gekränkten Selbstes Alles gethan hatte um eine Versöhnung zu erlangen! Wahrscheinlich wollte der Graf erst sehen, ob seine Frau nun gebeugt genug auch eine so eclatante Beleidigung in Demuth hinzunehmen.

In der That brachte die Gräfin auch dieses Opfer dem Glücke ihrer Kinder, das sie befestigen wollte. Sie verließ Muskau und ging nach Dresden.

Ja die Gräfin wiederholt ihr Anerbieten Paul dem Grafen nach Muskau zu senden, und [illegible]
der That als der Graf im Oktober in Muskau eintrifft, Paul vertrauensvoll dahin, bittet den Grafen ihr
ausführlich seine Wünsche und Ansichten über Pauls Erziehung mitzutheilen, ihm die ihrigen darlegend. Der
Anl. 97. Graf giebt ihr (Brief 97) seinen Beifall und Uebereinstimmung mit ihren Grundsätzen Pauls Erziehung be-
Anl. 98. treffend, zu erkennen, belobt Paul (Brief 98) und bringt denselben der Gräfin selbst nach Dresden zurück, wo
er 2 Tage bei ihr bleibt. Als Zeitpunkt der definitiven Vereinigung bestimmt er den 1. April, wo sie mit ihm in Muskau zusammentreffen soll. Er äußert seiner Gemahlin den Wunsch, Paul auf ein öffentliches Gymnasium gebracht zu sehen. Ihr bereitwilliges Anerbieten denselben auf das Gymnasium nach Düsseldorf zu geben und selbst dahin zu kommen schlägt er aus und zieht Berlin vor. Zugleich verspricht er nach der alleinigen Acquisition Muskaus zu streben, die besonders für Paul äußerst vortheilhaft gewesen wäre. Man scheidet im besten Einverständniß und gehorsam dem Wunsche ihres Gatten, geht die Gräfin nach Berlin, bringt den jungen Grafen daselbst auf ein Gymnasium (nach Obertertia) und erwartet ungeduldig den 1. April, den festanberaumten Zeitpunkt der Erlösung und Vereinigung!

Der Graf aber macht Ende 45 mehre Reisen nach Paris und geräth hier tiefer und tiefer in eine alte Lieb-
Anl. 104. schaft mit der Frau v. Meyendorff (s. d. Erklärung derselben in der Gazette des Tribunaux Anl. 104),
welche, eine verheirathete Frau, sich nicht entblödet hatte, im Spätherbst 1845 einige Zeit auf dem Schlosse des Grafen zu Calcum zuzubringen. Der Einfluß dieses Verhältnisses fängt unmittelbar an sich zu bekunden.

Die Briefe des Grafen werden immer seltner, geschraubter, ja (s. Anl. 99) schon tritt der böse Wille den eben beschwornen Frieden zu brechen, deutlich hervor. Die Gräfin (s. Brief v. 6. Febr. Anl. 93
ihm dies sanft und wiederholt ihm, daß sie sich auf die Zusammenkunft in Muskau am 1. April innig freue.

Da wird durch Herrn Wachter, der Mitte Februar nach Berlin gekommen war, dem Grafen Paul
Anl. 105. heimlich folgender Brief seines Vaters übergeben (s. Anl. 105):

Schönstein, den 10. Febr. 1846.

„Lieber Paul! Obschon ich nicht zweifele, daß mein Brief vom 2. Januar d. J. Dir zugekommen, Du auch aus meinem am selben Tage an Deine Mutter gerichteten Schreiben, meine Ansichten über Deinen Wunsch in Oesterreichischen Militär-Dienst zu gehen, ersehen haben wirst, so „halte ich es, bevor Du weitere Schritte Deine Zukunft betreffend thuest, jetzt wo Du das Alter „erreicht, daß Du selbst Deine Lage zu beurtheilen vermagst, für Pflicht Dir Folgendes zu eröffnen.

„Die Art und Weise wie Deine Mutter mir die Leitung Deiner Erziehung „bis dahin entzogen und unmöglich gemacht, ist Dir bekannt. — Ich kann und werde „aber nur dann für Deine Zukunft sorgen, wenn Du Dich unter meine väterliche „Gewalt und Leitung stellst. (!)

„Solltest Du in dieser Beziehung nicht bald, und so lange es noch Zeit ist, „Schritte thun, (!!) so muß ich annehmen, daß Du entschlossen bist, auch ferner der „Leitung Deiner Mutter zu folgen, in welchem Falle Du was Deine Existenz und dereinstige Stellung in der Welt betrifft, auf keine Unterstützung von mir zu rechnen hast!!

Dein Dich liebender Vater

E. G. v. Hatzfeldt."

In demselben Augenblick, wo sich die Gräfin bereits für den 1. April vorbereitete, der sie, wie sie wähnte, dauernd mit ihrem Gemahl vereinigen sollte, trifft dieser abscheuliche Brief ein, der mehr Beleidigungen für die Gräfin, mehr gewissenlose Angriffe auf sie als Worte enthält. Denn abgerechnet von dem verächtlichen und feindseligen Tone, in welchem er zu einem 14jährigen Knaben von seiner Mutter spricht, die er ihn dadurch gering zu achten anleitet, verlangt er peremptorisch von ihm, er Paul, ein 14jähriger Knabe, solle „Schritte thun"! sich unter die Gewalt seines Vaters zurückzubegeben. Welche andre „Schritte" können hier gemeint sein, welche andre Schritte hätte ein so junges Kind und unter diesen Verhältnissen thun können, als der Mutter entlaufen. So will der Graf nachdem er bereits das Aergste seiner Gattin angethan, nach dem er sie unaufhörlich gewaltsam von ihren Kindern getrennt, ihr jetzt die noch weit größere Qual bereiten, durch die Handlungen dieser Kinder selbst die niederbeugendste Herzenskränkung, den schändlichsten Undank zu erfahren! Ja er scheut sogar die eben so plumpe wie himmelschreiende Drohung nicht, er werde ihn, wenn er entschlossen sei, „auch ferner der Leitung der Mutter zu folgen," er werde ihn wegen Folgsamkeit gegen seine Mutter enterben!! „er habe was seine Existenz (!) und dereinstige Stellung in der Welt betrifft auf keine Unterstützung von ihm zu rechnen!"

Dieser Brief enthält zugleich einen Akt der tödtlichsten Beleidigung gegen die Gräfin, er enthält zugleich einen unabläugbaren Beweis, wie das Erziehungssystem des Grafen darauf ausgegangen die Kinder zu den pietätslosesten, schändlichsten Gesinnungen und Handlungen gegen die Mutter zu verleiten, er enthält dann auch einen Akt der größten Herz- und Gewissenlosigkeit gegen Paul selbst, einen Akt der Verwahrlosung an jedem Vatergefühl, wie er nicht schreiender gedacht werden kann, — denn wie herzlos, wie sündlich war es nicht, einen 14jährigen Sohn unter solcher Drohung in eine solche grausame Collision zu versetzen, ihn selbst wollen Richter und Entscheider sein zu lassen gegen eine Mutter, die ihm so viele Jahre hindurch so aufopfernde Zärtlichkeit bewiesen; und das Kind gar enterben zu wollen, wenn seine Gefühle ihn abhielten, einen schändlichen Undank zu begehen! Gegen diese teuflische Versuchung wäre eine gewaltsame Entführung ein loyales, ein ehrenvolles Mittel gewesen! Endlich aber läßt uns dieser Brief durch den großen Trumpf „der Enterbung" den er enthält, einen durchdringenden psychologischen Blick in die Seele des Grafen Hatzfeldt werfen. In diesem Brief, in welchem der Graf den Sohn bewegen will von einer Mutter zu lassen, die ihn so lange mit ihrem Herzblut gesäugt, hat er kein Wort des Gefühls, um den Sohn nach seinem Sinne zu lenken, nicht an das Herz, nicht an die Liebe des Kindes wendet er sich; er droht nicht mit dem Verlust seiner Vaterliebe und Zärtlichkeit; — er hat nichts als den trocknen, den dürren, den großen „Trumpf der Enterbung," der Graf Hatzfeldt!

Unmittelbar darauf erfährt auch die Gräfin, wie der Graf eben im Begriff sei, Muskau heimlich an Sr. Königl. Hoheit den Prinzen Friedrich der Niederlande zu verkaufen, der Verkauf wird mit der größten Raschheit und Heimlichkeit betrieben. Dies mußte gleichfalls die ängstlichste Besorgniß bei der Gräfin erregen. Sie wußte sehr wohl welch unsinnige und selbst für sein großes Vermögen viel zu große Verschwendungen der Graf während der [illegible] der Ehe unausgesetzt für die schlechtesten Frauenzimmer begangen hatte.

Der ungeheure Hatzfeldt'sche Allodial-Grundbesitz war während der Ehe bereits fast gänzlich verkauft worden. Schon in frühern Jahren 1838 rc. hatten mehre Verkäufe Statt gefunden und im Aug. 1845 hatte der Graf mit einem Schlage 14 äußerst bedeutende Rittergüter, den ganzen Grundbesitz auf der linken Rheinseite für einen Preis von 586,900 Thlr. aber von einem bei weitem größern Werthe mit einem Schlage verkauft. Die Erwerbung Muskaus allein gewährte noch Sicherheit für das Vermögen der nicht durch das Majorat gedeckten Kinder. Jetzt war nach einjährigem Besitz diese fürstliche Herrschaft auch wieder verkauft. Wiederum sollte der Ertrag in den Schooß von Freudenmädchen und Huren von Stande wandern. Nichts sicherte mehr das Vermögen Paul's und Melanie's. Ja bei seinem Hasse gegen Paul war eine absichtliche Verschleuderung des Allodialvermögens nur zu wahrscheinlich.

So sicherte denn die Gräfin pflichtmäßig und im Interesse ihrer Kinder ihre Vermögens Rechte durch Eintragung einer Protestatio pro conservando jure et loco auf Muskau, die glücklich im März 1845 gleichzeitig mit dem Verkauf Muskaus erlangt wurde. Dieser äußerst legale und rein conservative Schritt hatte folgenden Brief des Grafen Hatzfeldt zur Folge (s. Anl. 106). Anl 106.

„Du konntest Deine Liebe zum Frieden, um nur für das Wohl Deiner Kinder leben zu wollen, „durch nichts besser beweisen, wie durch Deinen lächerlichen Protest gegen den Verkauf von Muskau. „Ich mache Dir daher als Antwort auf Dein Schreiben vom 6. Februar hierdurch bekannt, daß ich „fest entschlossen bin, nie mehr eine friedliche Zusammenkunft mit Dir zu haben, da Du solche stets „nur benutztest, um neues Unheil herbeizuführen."

„Was nun die Erziehung und das dereinstige Glück unserer Kinder betrifft, so habe ich Dir „stets gesagt, daß wir uns darüber nie verständigen können, indem unsere Ansichten so ganz verschieden, daß Alles dasjenige, was Du für der Kinder Glück hieltest ich als ihr größtes Unglück betrachte (Im grellen Widerspruch mit Brief vom 3. Octobr. 1845 Anl. 97.)

„Meine Ansichten über Pauls Zukunft habe ich demselben jüngst in einem Schreiben mitgetheilt, da ich Paul jetzt für verständig genug halte um seine Lage zu beurtheilen. Ich zweifle nicht, „daß Du fortfahren wirst Scandal und Unheil hervorzurufen, wie Du bisher stets gethan und nichts wie „Unwahrheiten und Verläumdungen über mich zu verbreiten."

„Damit Du aber in diesem Schreiben nicht wieder Veranlassung zu einer unnützen gehäßigen „Correspondenz mit mir findest, werde ich von jetzt an keine Briefe mehr von Dir annehmen, sondern „wenn Du mir deren noch adressiren solltest, sie ungelesen Deinem Bruder Herrmann zuschicken, „durch den Du mir auch, falls Du mir Mittheilungen Paul betreffend, zu machen, diese zugehen „lassen wirst."

Calcum, 29. April 1846. E. Hatzfeldt.

So wird also der Gräfin, weil sie die einfachste Sicherheitsmaaßregel für ihr Vermögen anwendet, von ihrem Gatten formell der Krieg erklärt, ihr eröffnet, daß er fest entschlossen sei nie mehr eine friedliche Zusammenkunft mit ihr zu haben, daß er ihre Briefe nicht mehr annehmen würde; und ihr so selbst jede Hoffnung auf eine Ausgleichung abgeschnitten.

Zugleich soll sie wiederum durch eine Aushungerung gezwungen werden, die Hypothek auf Muskau löschen zu lassen; Beweis dessen ein Brief des Fürsten Herrmann vom 21. Juli 1846 (s. Anl. 107.)

„In der Geldangelegenheit hat Dir Strantz nicht genauen Bericht abgestattet; es ist „übrigens wahr, daß Dein Gemahl sich geweigert ferner zu zahlen bis die Mus- Anl 107

„lauer Protestation zurückgenommen da er durch dieselbe in die Unmöglichkeit „versetzt sei zu zahlen."

Die Weigerung seiner Gattin Unterhaltsmittel zu geben, bis dieselbe die den Frauen vom Gesetz dargebotene Sicherung ihres Vermögens wieder aufgegeben habe, gewinnt wo möglich noch an Niedrigkeit und Perfidie durch den vorgeschützten Grund der Zahlungsunfähigkeit in einem Augenblick, wo er einer Maitresse 25,000 Frcs. jährliche Rente durch einen betrügerischen Act aussetzte. Bereits waren der Gräfin Gerüchte zu Ohren gekommen, daß eine Intriguantin in deren Fesseln der Graf gerathen, Schuld sei an seiner so plötzlich geänderten Gesinnung und an der so unvermutheten systematischen Wiedereröffnung der Feindseligkeiten, in einem Augenblick wo eben die definitive Vereinigung Statt finden sollte und nichts von Seiten der Gräfin vorgefallen war sie zu stören; bereits hieß es, daß der Graf damit umgehe, das Allodial-Vermögen an die Frau von Meyendorff zu verschenken. Die Gräfin begiebt sich nach dem Rhein, um mit eigenen Augen zu sehen, wie sehr die Existenz ihrer Kinder durch die Gewissenlosigkeit ihres in den Händen seiner Concubinen bis zur Schwachköpfigkeit liederlichen Gatten bedroht sei.

In der That ist Frau v. Meyendorff aus Paris nach Aachen gekommen, in der That braucht gerade auch der Graf in Aachen die Cur; er ist indeß von da auf einige Tage verreist und ein Brief von ihm an die Meyendorff fällt der Gräfin in die Hände. Ein Brief des Grafen an seine Favorite! Nachdem wir in so vielen Thatsachen, so vielen schnöden Beleidigungen und grausamen Verfolgungen den tödtlichen Haß des Grafen gegen seine Gattin wahrgenommen haben, nachdem er sich in seinen eigenen Briefen an seine Gattin aus dem Jahre 1840 unter der frechen Versicherung „wohlmeinender Absichten" nicht minder deutlich ausgesprochen hat, nachdem er endlich in den letzten Briefen aus dem Herbste und Winter 46 Versöhnung und Frieden heuchlerisch beschworen hat, gelangen wir jetzt endlich dazu, ihn selbst seine Gesinnungen mit seinen eignen Worten wahr und aufrichtig — denn seiner Hure gegenüber! — aussprechen zu hören.

Anl. 108 In diesem vom Grafen eigenhändig geschriebenen Brief, der sub Anl. 108 beiliegt und in dem Abschnitt über Ehebruch in extenso mitgetheilt werden wird, heißt es, nachdem der Graf die überschwenglichsten und für einen Mann seines Alters lächerlichsten Liebensschwüre hergestammelt hat, also: Calcum.

„Voilà après t'avoir écrit hier ce que j'ai encore appris sur *l'horrible femme* (seine „Gattin); — il parait qu'elle est arrivée a Düsseldorf avec le bateau à vapeur, mais qu'elle a „été seulement dans la maison ou demeure la femme de son domestique *laquelle est une aussi „grande coquine qu'elle* (!!); hier soir de suite apres mon arrivée ici, le curé sest presenté pour „me parler; d'après mon habitude je l'ai de suite reçu fort poliment; il m'a dit qu'ayant reçu „une lettre de ma femme qui desirait lui parler, il n'avait pas voulu faire cette démarche sans „mon consentement; elle lui disait dans une lettre irritée qu'elle était venue ici pour faire un „arrangement avec moi (also noch jetzt in friedlicher Absicht zu deren Vermittlung sie auf die loyalste „Weise einen Geistlichen anging) et que si elle ne reussisait pas, elle commencerait un procès „contre moi, parcequ'elle ne voulait plus longtemps courir le monde dans cette position; apres „avoir remercié le curé de ce qu'il était venu me consulter dans cette affaire jelui ai dit d'ac„cepter le rendez-vous qu'elle lui a proposée après un petit voyage de 8 à 14 jours qu'elle se „disait obligée de faire. J'ai dit au curé que le seul arrangement possible desiré de toute la „famille était une separation à l'amiable sans scandal — que j'étais prêt à faire de grands sa„crifices pour obtenir cette separation; il m'a repondu qu'il ferait son possible pour l'y engager „et qu'l me ferait savoir le resultat de sa conférence avec elle à Aix. Le curé est un brave „homme je crois, mais il ne reussira pas avec cette folle qui ne veut que le scandal. — Mais „quoiqu'elle fasse, *ette est tellement déconsiderée de tout le monde et tellement reconnue comme men„teuse qu'elle 'ne te pourra jamais faire du tort*, même si elle le voulait — *et c'est ma seule con„solation dans ma triste vie.*"

In einer Nachschrift fährt er fort:

«Quoi qu'il arrive ne t'inquiéte pas sur mon retour a Aix: je ferai tout ce que tu vou«dras même jusqu'à ne pas te voir si c'est nécessaire. *Nous ferons partir Mallet le 5 j'ai pris «les informations nécessaires ici, et tou avenir doit être assuré avant tout;* je ferai aussi tous les «sacrifices pour me *débarasser entièrement de eette horrible femme;* jai un *nouveau projet* sur qu'il «faut *que je te parle.*»

Gewiß ist das der Gipfel der Beleidigung den ein Mann seiner Gattin zufügen, der letzte Abgrund von Gemeinheit, in den ein Mann, ein Cavalier, ein Fürst herabsinken kann, sich mit seiner Concubine über seine rechtmäßige Ehefrau lustig zu machen, sie in Gesellschaft mit seiner Hure zu verhöhnen, sie nie anders als mit dem Ausdruck horrible femme „abscheuliches Weib" zu bezeichnen, ja Schurkin (coquine!) zu schimpfen und mit einer Dienstmagd gleich zu setzen, zu sagen, daß sie, seine Ehegattin, von aller Welt verachtet sei, und daß dies, eben dies seinen einzigen Trost ausmache und solche Schimpfreden, solche Schmähungen in einem Briefe seiner Hure in die Hand zu geben, die als die natürliche Feindin der Frau, die sie um ihre Rechte und ihren Platz betrügt, sich dieser Documente als einer Waffe zur Herabsetzung der Gräfin bedienen kann.

Und gleichwohl hatte die Gräfin als der ehrvergessene Mann diese Schmähungen ausstieß noch keinen Prozeß begonnen, keinen Schritt gethan der, so gerecht er auch wäre, ihn hätte reitzen und erbittern können! Nur die auf Muskau eingetragene Hypothek liegt zwischen diesem Brief und der Versöhnung im Winter 1845. Die Gräfin hatte bisher auf den Brief des damals beschwornen Friedens noch nichts gethan als darunter gelitten. Die Nachschrift dieses Briefes:

„Wir werden Mallet (die Kammerfrau der Meyendorff) den 5. reisen lassen; ich habe „hier die nöthigen Erkundigungen eingezogen, und vor allen Dingen soll Deine Zukunft ge„sichert werden,"

erhob zugleich die Nachricht, daß der Graf damit umgehe sein Allodialvermögen ganz oder zum Theil an seine Maitresse zu verschenken, zur Gewißheit.

Die Gräfin reiste nach Düsseldorf und hier machte ihr unaufgefordert Mad. Wachter und Hr. Wachter, der damals schlecht mit dem Grafen stand (s. Brief 89) und auf den Einfluß der Maitresse eifersüchtig war, die Mittheilung: der Graf habe eine Schenkung von 25,000 Frcs. jährlicher Leibrente für ihn und seine Erben bindend an die v. Meyendorff gemacht; da er aber der Gütergemeinschaft wegen keine gültige Schenkung machen könne, sei sie unter der simulirten Form einer Leibrentenverschreibung gegen ein angebliches Darlehen von 250,000 Frcs. realisirt worden; um seinen Erben einst eine proceßualische Anfechtung dieses Aktes unmöglich zu machen habe der Graf festgesetzt, daß bei der Verzögerung der Zahlung um einige Monate die Meyendorff sofort ihr angeblich geliehenes Kapital kündigen könne und dasselbe ohne Verzug ausgezahlt werden müsse. Bereits habe die Kammerfrau Mallet in Düsseldorf diesen Akt auf dem Hypothekenamt präsentirt um ihn als erste Hypothek auf den noch übrigen Allodialgrundbesitz des Grafen eintragen zu lassen; das Hypothekenamt habe die Eintragung verweigert, weil der Akt von einem ausländischen pariser Notar aufgenommen sei und der Graf beabsichtige jetzt ihn von einem inländischen Notar zum zweitenmale aufnehmen zu lassen. (Dieser mit der v. Meyendorff geschlossene Akt, die souveränsten Beweise der Simulation in sich selbst und in den Widersprüchen mit der Erklärung der Meyendorff [Anl. 104] enthaltend liegt sub Anl. 109 bei.) 207. 208. 224. 225. 226.

So war denn unzweifelhaft erwiesen daß der Graf durch den niedrigen Betrug einer Simulation das Vermögen seiner Gemahlin und seiner Kinder vergeuden wolle. Die Gräfin hatte Alles ertragen; — der Vernichtung der künftigen Existenz ihrer Kinder ruhig zusehen, das verbot ihr die Pflicht, die Mutterliebe. Aber auch jetzt noch wendet sie die gelindesten Mittel an, verhütet jedes Aufsehen. Sie hatte sich an den Pfarrer Bockum zu Calcum gewandt, obgleich er ihr selbst nicht persönlich bekannt war, da er erst nach dem Tode des Pfarrers Fowinkel nach Calcum gekommen. Bei so loyalen Ansprüchen aber wie sie die Gräfin hatte, mußte die Ehrwürdigkeit des Amtes allein ihr hinlängliches Vertrauen und die feste Ueberzeugung einflößen bei einem frommen Manne für so reine Zwecke wie die ihren, sichere Unterstützung zu finden. In der That antwortet ihr der Pastor in einem Briefe, d die wahre Notorität, welche sich in den Gemeinden die sie auf's Genaueste kennen, der Ruf der Gräfin erworben, zu deutlich herausstellt, als daß er hier übergangen werden dürfte. Der Pastor schreibt Anlage 110: Anl. 110.

„Ew. Hochgeboren, vertrauensvolles Schreiben überhebt mich jeder langen Einleitung und „veranlaßt mich Ihnen offen und freimüthig zu anworten.

„Seit dem Tage, wo mir die Seelsorge in Calcum übertragen worden ist, waren auch Sie, „die dem Hause Calcum so nahe angehören, einen Theil meiner besonderen Hirtensorge, und ich „hätte schon längst mir die Freiheit genommen an Sie zu schreiben, wenn nicht unter den obwaltenden „Verhältnissen die schuldige Discretion mich zurückgehalten hätte. Daß ich als Pfarrer in Calcum „bekannt werden mußte mit den Leiden der gräflichen Familie und insbesondere mit dem Urtheile der „Welt über Sie, Frau Gräfin, das finden Sie gewiß natürlich. Möchte aber die Welt über eine „so hochgestellte und so reichbegabte Frau urtheilen wie sie wollte, das konnte mein Urtheil nicht be„stimmen. Gegen harte Urtheile bin ich gesichert durch vieljährige Erfahrungen und durch tiefere Ein„sicht in die Herzen der Menschen. Die vielen schönen Züge einer edelmüthigen Huld und Her„ablassung, die mir von allen Seiten aus dem Munde der Armen, oft unter Thränen, „entgegenkamen, gaben mir zudem einen tiefern Blick in Ihre edle, aber durch traurige Berüh„rungen mit der Welt mißleitete, aus dem Glücke eines schönen Familienlebens hinausgerissene, und „nun ohne sichern und festen Halt in der Welt umherirrende und verkannte Seele.

„Oft und ich darf sagen, fast täglich, waren Sie an geheiligter Stelle der Gegenstand meiner „Fürbitte, Gott möge Ihren und des Herrn Grafen Sinn so lenken, daß Ihrer beider Herzen nach „langem Wehe wieder in Freude für einander schlagen und Ihre lieben Kinder in den Armen und an „dem Herzen geliebter Eltern den Schutz und die Seeligkeit des Lebens finden möchten, die ihnen die „Welt mit allen Schätzen nicht geben kann.

„Möge der Himmel mich, ein schwaches und schlichtes Werkzeug auserſehen haben, Ihnen das „vollkommen zu sein, was mein seliger Vorgänger Ihnen gewesen ist, Vater und Freund. Ich suche „auf der ganzen Welt für mich nichts, aber zu Ihrem Seelenfrieden und zu dem Glücke Ihrer kom„menden Tage etwas beitragen zu können, das würde ich als den seligsten Trost meines Hirtenamtes „ansehen. Ueber meine Person kann ich Ihnen weiter nichts sagen, als daß ich mit dem redlichsten „Willen bereit bin, Ihnen mit dem besten und uneigennützigsten Rathe zur Seite zu stehen. Lassen „Sie mich nur wissen, wann und wo Sie mich zu sprechen wünschen, und ich werde nicht verfehlen „Ihnen meine Ergebenheit zu zeigen."

Jetzt begiebt sich die Gräfin mit dem Pastor Bockum, den sie mit den Beweisen über den vom Grafen zum Nachtheil seiner Kinder ausgeführten Betrug und mit ihrem Zweck bekannt gemacht hatte, um jeden Preis die Aufhebung dieses Akts, der für die Zukunft selbst die Existenz ihrer jüngern Kinder in Frage stellte, zu erwirken, nach Aachen. Um aber ein jedes Aufsehen zu vermeiden, einen jeden Skandal ihrem Gemahle zu ersparen, bewahrte sie ein strenges Incognito. In Aachen eilt sie, vom Pfarrer und einem Grafen Keyserling, einem 60jährigen ihr bekannten Cavalier begleitet, den sie in Aachen trifft und — ohne ihn indeß über die näheren ihren Gatten kompromittirenden Vorgänge zu unterrichten — mitnimmt um vor Mißhandlungen gesichert zu sein, nach der Villa, die der Graf vor den Thoren Aachens bewohnte. Sie erklärt dem Grafen daß sie Dinge ernster Natur mit ihm zu besprechen habe, daß sie den Grafen Keyserling nur zu ihrem Schutze mitgenommen ohne ihn über den Inhalt ihrer Unterredung zu benachrichtigen, und begiebt sich mit ihrem Gatten und dem Pfarrer in ein besonderes Kabinet. Hier theilt sie dem Grafen mit, daß sie vollkommen unterrichtet sei über den simulirten Akt den er mit Frau v. Meyendorff abgeschlossen habe; sie legt ihm zugleich eine Abschrift des angeführten Briefes an Frau v. Meyendorff vor und erklärt ihm, daß sie nichts verlange, als daß der Graf diesen die Zukunft ihrer Kinder zerstörenden Akt aufhebe und ihr zur Sicherheit, daß er nicht erneuert werde, einen Revers ausstelle, indem er diesen simulirten Akt zu annulliren verspreche. Der Graf, bestürzt, unter dem Bewußtsein seiner Schuld daniedergeschmettert, verspricht ihr dies auf's Bestimmteste; er weigert sich nur den Revers auszustellen, unter dem Vorwande, daß das schriftliche Geständniß, einen simulirten Akt geschlossen zu haben, seine gräfliche Ehre verletze, macht ihr dagegen freiwillig das Anerbieten, indem er gesteht 6. 225. 244.
einzusehen, daß er ihr Unrecht gethan, sich mit ihr zu versöhnen und den Vergleich durch einen notariellen Akt bindend zu machen. Ja er schlägt ihr, einen Augenblick lang von dem Bewußtsein seiner eigenen Nichtswürdigkeit selbst 6. 225. 242 225.

12

durchdrungen und zerknirscht von selbst vor, er wolle sein sämmtliches Vermögen für seine Kinder durch Akt sicher stellen, daß sie nie wieder einen ähnlichen Streich zu befürchten habe. Auf seine Aufforderung theilt sie ihm ihre Vergleichsbedingungen mit, er erklärt sich mit Allem vollkommen einverstanden, ja beim Herausgehen giebt
S. 255. er dem Grafen Keyserling unaufgefordert sein Ehrenwort und seine Hand darauf, daß er mit allen Bedingungen seiner Gemahlin einverstanden sei, und drang unaufhörlich in sie, sie möge sofort abreisen, ihren Rechtskonsulenten in Düsseldorf holen und eiligst widerkehren, um den Vergleich bindend zu machen. Er verspricht sie bei ihrer Rückkehr auf die ihr als seiner Gattin gebührende Weise zu empfangen. Die Gräfin den Versprechungen trauend, die ihr in Gegenwart eines Geistlichen und eines Cavaliers mit dem Ehrenwort des Grafen bekräftigt waren, reist ab.

Zuvor um ihrer Sache sicher zu sein und nicht unnützer Weise einen großen Eclat hervorzurufen, schreibt ihm die Gräfin noch einmal, wiederholt ausführlich die Punkte, die sie fordern müsse, um zufrieden gestellt zu sein und schickt ihm den Brief durch Hr. Pfarrer Bockum. Der Graf erklärt sich vollkommen mit allen Bedingungen des Briefes einverstanden. Da nimmt der Pfarrer um so alle spätern Winkelzüge ꝛc. abzuschneiden, auf dem Zimmer des Grafen selbst eine Abschrift von dem Briefe der Gräfin mit dem sich der Graf einver-
Anl. 111. standen erklärt hatte. Diese von der Hand des Pastors genommene Abschrift (sub Anl. 111.) Sie lautet:

„Ich schreibe Dir unserer Verabredung gemäß die Punkte, welche die ungefähre bei jeder „Versöhnung unumgänglich nöthige Grundlage bilden. Ich werde Dir diesen Brief erst morgen „zusenden können, weil es sehr spät geworden ist, da ich von der Anstrengung des heutigen Tages „erschöpft bin mich erst einige Zeit erholen mußte. Der große Kräftenaufwand zwingt mich außerdem „kurz zu sein. Hier also nur das Allgemeinere, Bestimmteres nach meiner Rückkehr in der Befragung „unserer beiderseitigen Rechtsconsulenten.

1. „Ist wesentlich nöthig, daß wir uns über den Ort unseres verabredeten gewünschten Domizils „einigen. Der einzige passende Ort, den ich jetzt vorzuschlagen wüßte ist Calcum, wenn Du einen „passenderen Ort weißt, sehe ich Deinem Vorschlage entgegen. Du würdest Dich Deinem Wunsche „gemäß erst nach beendeter Badekur mit mir dahin begeben und einige Zeit daselbst mit mir „zubringen.
2. „Würdest Du sofort Melanie aus dem Kloster holen und sie mir übergeben lassen, damit sie bis „zu ihrer baldigst, jedoch nur mit meiner Einwilligung zu bewerkstellenden Heirath dort verbleibe.
3. „Paul bleibt in seinen bisherigen Verhältnissen und die näheren Pläne über seine weitere Aus„bildung werden wir gemeinschaftlich unternehmen.
4. „Willst Du Deinem Anerbieten gemäß die Darlegung und Sicherstellung Deines Vermögens bewerk„stelligen, die nähere Art wirst Du mir noch mittheilen. Für die von Dir gewünschte Festsetzung „der Erbtheile würden wir einen spätern Termin bestimmen. Eben so habe ich gegen Deinen „Wunsch nichts einzuwenden, mir eine jährliche Rente auszusetzen, die ausreichend ist, sowohl für „meine persönlichen Bedürfnisse, als wie die Haushaltung in Deiner Abwesenheit auf eine unserer „Verhältnisse angemessenen Weise zu bestreiten. Das Quantum schon jetzt genau von meiner „Seite zu bestimmen, ist schwieriger bei meiner nicht genauen Kenntniß Deines Vermögens und „der früheren Haushaltungskosten. Ich erwarte daher vor Allem Deine Vorschläge hierüber denen „ich die meinigen entgegensetzen werde.
5. „Außerdem würde für die Erziehung Pauls und Melanies ein Quantum festzusetzen sein. — „Nachdem wie man allgemein Deine Renten schätzt scheinen mir 30000 Thl. eine angemessene Summe.
6. „Die bisherigen Verhältnisse, welche zwischen uns bestanden, haben mich genöthigt wegen Ausblei„ben des Geldes und Erziehung Paul's verschiedentlich Geld aufzunehmen, ich habe dieserhalb „Klagen gegen Dich angestellt, die jetzt schon eingereicht sein müssen, da ich nicht auf eine gütliche „Einigung rechnen konnte. Diese Summe würdest Du natürlich berichtigen und ich die Klagen „zurücknehmen. Das zuletzt von Dir gemachte Geschäft heißest Du Deinem Versprechen gemäß „in rechtsverbindlicher Form annuliren und bis zu unserm vollständigen Arrangement keine bedeu„tendern Schenkungen und Gelderhebungen vornehmen.

„Ich bitte Dich an der kurzen Form meines Briefes keinen Anstoß zu nehmen, denn ich „bin so krank und angegriffen, daß ich überhaupt kaum schreiben kann. Ich handle nicht aus Groll „oder Haß gegen Dich, sondern aus Ueberzeugung, daß dieser Weg der einzig mögliche und beste „für Alle ist. Ich hoffe daß Deine Gesinnungen gegen mich mit der Zeit milder werden. Ich „finde daß ich nicht länger heimlich hierbleiben kann, was unangenehm für Dich und mich ist und „will daher heute abreisen, um in wenigen Tagen wieder zu kommen, wenn Du mich heute noch „sprechen willst, so laß es mich gleich wissen. Die versprochene Mittheilung von Dir habe ich auch „noch nicht erhalten und erwarte sie recht bald. Hierher schicken unter der Adresse des Herrn „Pastor Bockum."

Nach so vielen Bekräftigungen und so vielen darüber sprechenden Beweisen endlich der fides punica des Grafen vertrauend, holt die Gräfin den Justizrath Dr. Kramer aus Düsseldorf und kehrt mit diesem und dem Pastor Bockum sofort nach Aachen zurück. Diese anderthalb Tage aber hatte der Graf trefflich benutzt. Er verließ seine schöne Villa vor Aachen und begab sich zu einem Kapitain Karter in Wohnung, wo er zwei Zimmer inne hatte, um, falls ihn seine Gemahlin aufforderе sie bei sich aufzunehmen, dies unter dem Vorwand verweigern zu können, daß er nicht bei sich, sondern bei einem Freunde zum Besuch sey. Durch große Versprechungen vermochte er seine Rathgeber ihm die schlechtesten, seinem Hasse gegen seine Gemahlin aber dienlichsten Rathschläge zu ertheilen. Ein Brief des gleich nach Aachen geeilten Direktor Wachters an seine Frau, der gleichfalls einen Beleg für die Simulation jenes Aktes giebt, mag Aufschluß über jenes Getreibe ertheilen.
Anl. 112. (S. Anlage 112.)

Liebe Hanne!

„Die ganze Welt geht mit mir rund um!

„Der Graf redete mich also an: „„„Ich bin von einer Seite, aber nicht von der Seite die „Sie im Verdacht haben werden, gewarnt worden und namentlich darauf aufmerksam gemacht worden,

„daß Sie nächstens für meine Gemahlin auftreten und ihre Partei ergreifen würden. Ich habe „nichts davon gesehen und habe daher wider das alte Vertrauen und hoffe, daß Sie sich meiner an„nehmen werden. (!!) Auf meine Entgegnung, daß Thatsachen sprechen müßten, daß ich das was nicht „recht sei, nicht loben könne ꝛc., machte er mir Eröffnungen, die ihn schrecklich hinstellen (!!) „sagte mir, daß er mehr für mich gethan haben würde, wenn es angegangen sei und er jenen „Verdacht nicht gehabt hätte, und daß er nun Hülfe (!) von meiner Seite erwarte und ging „nun auf die Sache ein, in der ich mich ihm nun ganz widmete, in so weit ich sie für recht und „billig halte.

„Das Weitere mündlich. Ich erklärte ihm nun, daß ich nichts für ihn thun könne, wenn er „den Vertrag mit der M. nicht sofort aufhebe. Er war dies zufrieden und nun nahm ich „mich seiner Sache an. Die Sachen bieten indeß sehr viele Schwierigkeiten dar; ich weiß nicht, wie „sie enden werden; vielleicht muß ich sogar nach Paris, das entscheidet sich aber erst später und kann „ich Dir also jetzt darüber noch nichts sagen. Wenn die Geschichte so weit ist, werde ich Dir weiter „schreiben."

„So eben erhalte ich Deinen Brief, den ich aber nicht ganz verstehe. Ich laufe auf den „Bahnhof um Dich da zu erwarten, aber Du kamst nicht, obgleich ich dies doch aus Deinem Briefe „zu entnehmen glaubte.

„Nun soll heute der Schlußtanz (mit der Gräfin nämlich) vorgehen, wonach ich abreisen „werde. So viel für heute von Deinem treuen

Aachen, Montag 17/8 46. Wachter."

Als nun die Gräfin nach Calcum kam und ihrem Gemahl dies schriftlich anzeigte, weigerte er sich troß seines ausdrücklichen Versprechens Sie zu besuchen. Die Gräfin schrieb ihm darauf, ihn an sein Versprechen zu erinnern, und schickte ihm diesen Brief durch den Pfarrer. Der Graf aber weigerte sich den Brief auch nur anzunehmen, gab ihn dem Pfarrer unerbrochen zurück, rief um die Beleidigung noch empfindlicher zu machen die Herrn Wachter und Karter ins Zimmer und ergoß sich vor ihnen und dem Pfarrer in die größten 6. 225. 224.
Schmähungen gegen seine Gemahlin, ja er schalt offen selbst den ehrwürdigen Geistlichen einen Lügner, weil dieser ihm Vorstellungen über den Bruch seines Versprechens machte.

Nichtsdestoweniger begab sich nun noch einmal, den Weg der Güte zu versuchen, die Gräfin Nachmittags in Begleitung des Pfarrers und des Grafen Keyserling in das Haus des Grafen. Hier aber empfing sie bereits an der Hausthür der Kapitain Karter mit den Worten:

„Vous n'y entrerez pas; faites tout ce que vous voudrez, l'on est prêt pour vous,

ergriff sie der Kapitain Karter und drängte sie zurück und so geschah denn der Gräfin der namenlose Affront 6. 225. 227
am hellen Tage Mittags um 4 Uhr vor versammeltem Publikum durch den Kapitain Karter und in Gegenwart 242. 243. 244.
eines von Seiten des Grafen herbeigerufenen Polizei-Commissars von der Wohnung ihres Gatten abgewiesen zu werden; eine Menge Zeugen die diesen Vorgang mit angesehen haben, werden solches erhärten können.

Für den Zweck des Prodig.-Prozesses hat der Graf Keyserling nun in den Prodig. Act Nro. 6. mit- Anl. 113.
getheilte Bescheinigung über die Aachner Vorgänge, so weit er sie kannte, ausgestellt, die hier beifolgen mag: Anl. 113.

Ich erkläre und bezeuge auf mein Ehrenwort folgenden Vorfall:

Am d. M. richtete die Gräfin v. Hatzfeldt, die am selbigen Tage in Aachen angekommen war, an mich, der ich mich seit 14 Tagen daselbst befand, die Aufforderung, sie in das Haus ihres Gemahls zu begleiten, weil sie durch frühere Thatsachen belehrt, daselbst jeder Mißhandlung ausgesetzt sei.

Ich konnte diese Bitte nicht abschlagen, und fuhr demgemäß selbigen Tages mit der Gräfin v. Hatzfeldt und dem Hrn. Pfarrer Bockum aus Calcum nach dem Haus des Grafen auf dem Louisberg. Daselbst angekommen, hatte die Gräfin mit ihrem Gemahl eine mehrstündige Unterredung, an deren Schluß der Graf seiner Gemahlin in meiner Gegenwart erklärte, er sei mit allen ihren Forderungen einverstanden, sie solle ihre Rechts-Consulenten holen und in der kürzesten Zeit wiederkommen, um ihre Bedingungen notariell zu machen.

Er wandte sich hierauf an mich und gab mir seine Hand darauf, daß er alle Forderungen seiner Gemahlin gern erfüllen wolle, nur könne er einen von ihr verlangten Revers nicht unterschreiben, weil er nicht selbst schriftlich erklären könne, einen simulirten Akt vollzogen zu haben. Er versprach bei ihrer Rückkehr, die er sie zu beschleunigen bat, sie mit der gebührenden Form zu empfangen. Dieselbe Versicherung gab er dem Hrn. Pfarrer, der ebenfalls Zeuge des ganzen Vorfalls ist. Hierauf reiste die Gräfin ab und kehrte verabredetermaßen in zwei Tagen zurück. In Aachen wieder angelangt, meldete sie brieflich ihrem Gemahl ihre Ankunft und forderte ihn auf, seinem Versprechen gemäß, sie zu besuchen. Auf dieses Schreiben erfolgte eine ausweichende Antwort. Die Gräfin sandte mit einem zweiten Schreiben den Hrn. Pfarrer Bockum zu ihrem Gemahl. Dieses Schreiben gab der Graf dem Hrn. Pfarrer unerbrochen zurück, ja er rief, nach der Aussage des Hrn. Pfarrers den Kapitain Karter und Direktor Wachter ins Zimmer und that in ihrer Gegenwart beleidigende Aeußerungen über seine Gemahlin. Ich begab mich Nachmittags mit der Frau Gräfin und dem Hrn. Pfarrer noch einmal in das Haus des Hrn. Grafen, der unterdeß seine Wohnung in der Stadt genommen hatte. Wir wurden indeß unter dem Vorwande, der Graf sei hier blos zum Besuch, auf die beleidigendste, alle Formen der Höflichkeit entbehrende Weise durch den Kapitain Karter abgewiesen.

Alle diese Vorfälle, sowie besonders das von dem Grafen v. Hatzfeldt mir gegebene Wort, daß er mit allen Forderungen seiner Gemahlin einverstanden sei, und blos ihre Rückkehr abwarte, um sie gerichtlich zu machen und die Gräfin in der seiner Gattin gebührenden Weise zu empfangen, sowie den darauf erfolgten Bruch dieses seines Wortes bezeuge und bekräftige ich hiermit, von der Gräfin Hatzfeldt dazu aufgefordert der Wahrheit gemäß auf meine Ehre. Aachen, den August 1846. (gez.) Keyserling.

Die Grafin ununterrichtet ob der Act mit der Meyendorff zurückgenommen sei oder nicht, und bei näherer Nachforschung zu ihrem Schrecken erfahrend, wie sehr die Substanz ihres Vermögens bereits vermindert sei, reichte jetzt einen Verschwendungsprozeß gegen ihren Gatten ein; das von dem Arnsberger Oberlandesgericht in demselben erlassene über die Begründung dieses Prozesses sprechende Decret liegt sub Anl. 114 bei. Anl. 114.

Im Juli, wie wir oben gesehen haben, hatte bereits der Graf Hatzfeldt seine Intention angekündigt, der Muskauer Hypothek wegen seiner Gemahlin den Unterhalt zu entziehen. Da aber die Zahlungen für das Quartal Juli bis Oktober bereits im Voraus gemacht worden waren, konnte er seine Absicht nicht vor Oktober verwirklichen. Am 1. Oktober aber blieben wirklich die Sustentationsgelder gänzlich aus und sind seit dem bis zum heutigen Tag, nun schon ein Jahr! gänzlich ausgeblieben, so daß die Gräfin längst mit ihrem Sohne vor Hunger verkommen wäre, wenn nicht ein großmüthiger Mann empört von solcher Niederträchtigkeit sich ihrer angenommen hätte.

Das durch 14 Jahre hindurch beharrlich verfolgte System, die Gräfin von ihren Kindern zu trennen, hörte auch jetzt, wo sie derselben als Stützen um so mehr benöthigt war, nicht auf. Als der älteste Sohn Graf
155. 246. Alfred im Monat September Miene machte, sich seiner Mutter anzunehmen, sich bei ihr einquartirte ꝛc. wurde ihm durch Baron Clem. v. Loe die Drohung officiell überbracht, sein Vater werde ihn (in Bezug auf das Allodial-Vermögen) enterben, wenn er die Mutter nicht sofort verlasse.

Die Gräfin will nicht ihrerseits die Lächerlichkeit ihres Gemahls nachahmen und sich hier auf die Sündfluth von anonymen Zeitungsartikeln stützen, die er von bezahlten Scribenten schreiben, und in denen er die niederträchtigsten Verläumdungen über sie dem Publikum insinuiren ließ, wie z. B. sogar, daß sie Vergiftungsversuche gegen ihn in Aachen gemacht ꝛc. ꝛc.

Ein andres Bewandtniß aber hat es mit dem vom gräflichen Domainendirektor Herrn Wachter namentlich unterzeichneten Artikel der Elberf. Zeit. vom 20. Nov. 1846, in welchem Herr Wachter erklärt:
Anl. 114. b.

„die sonst so stolze Gräfin Hatzfeldt versuche jetzt direct oder indirect sich auch „„mit ihm „im Scandal herum zu wälzen,""

und noch in andern Ausdrücken und Redensarten die Gräfin aufs Empfindlichste beleidigt. Denn ein Mann, der seine Frau von seinen Untergebenen und Domestiken in den öffentlichen Blättern und namentlich unterzeichneten Aufsätzen verschimpfiren und beleidigen läßt, ohne diese darauf aus dem Hause zu jagen, der hat damit nicht nur einen Beweis ungewöhnlich gemeiner Gesinnung abgelegt, sondern indem er dadurch die Achtung und Consideration der Welt für seine Gattin untergräbt, und sogar von Dritten und Untergebenen ruhig untergraben läßt, fügt er seiner Gemahlin hiedurch die gröbste Injurie zu.

Als sich die Gräfin im Monat Mai nach Schloß Calcum begab, weigerte sich der Schloßverwalter Peter Küpper ihr das Schloß zu öffnen. Als die Gräfin ihn durch den Gerichtsvollzieher Ringsdorf
Anl. 115. auffordern ließ, erklärte Peter Küpper (s. den anliegenden Gerichtsvollzieher-Akt Nro. 115):

„er habe specielle Weisung vom Grafen Hatzfeldt, Niemand, wer es auch sei, die Schlüssel „zum Schlosse abzugeben, noch dasselbe Jemandem zu öffnen, und daß er, falls die Frau Gräfin, „seine Gemahlin, solches von ihm verlange, dieselbe in die auf dem linken Flügel für sie eingerichte-„ten Zimmer führen solle."

Hierauf ließ sich die Gräfin in die für sie bestimmten Appartements führen; ihr wurden zwei, ihrem Sohne Paul eins angewiesen. Nichts kann besser die wahrhaft hündisch gemeine Weise herausstellen, auf welche der Graf Hatzfeldt seine Gemahlin zu behandeln gewohnt ist, als der Zustand dieser von ihm für sie bestimm-
Anl. 116. ten Wohnung, welchen die Gräfin durch einen Gerichtsvollzieher-Act constatiren ließ, der hier beifolgt (Anl. 116):

„Heute den fünfundzwanzigsten Mai achtzehnhundertsiebenundvierzig begab ich Unterzeichneter, „beim Königlichen Landgerichte zu Düsseldorf immatrikulirter, zu Ratingen wohnender Gerichtsvoll-„zieher Eduard Ringsdorff, in Zustand nachgenannter Zeugen, mich auf Anstehen Ihrer Erlaucht „der Frau Gräfin von Hatzfeldt-Kinsweiler, geborne Gräfin Sophie von Hatzfeldt-„Schönstein, zum Schlosse Calcum, um den Zustand derjenigen Zimmer zu constatiren, welche ihr „von ihrem Ehegemahl dem Herrn Grafen Edmund von Hatzfeldt-Kinsweiler zur Woh-„nung angewiesen waren.

„Ich fand beim Eintritt in den linken Flügel des Schlosses die Treppe, welche zu den Zim-„mern der Frau Gräfin führte, als eine solche, die keinen würdigen Aufgang für die Frau Gräfin „bildete. Dieselbe ist eine schmale hölzerne Stiege, die nur das Aussehen einer Nebentreppe für „Dienerschaft hat, und dient auch in Wirklichkeit, wie sich aus der Erklärung des anwesenden Schloß-„Aufsehers Peter Küpper ergab, den Bauern und allen denjenigen, welche mit dem Rentmeister, „der auf dem nächsten Corridor sein Büreau hat, zu thun haben, so wie den Domistiken des Hauses „zum Aufgang. Diese Treppe führte mich auf den schon erwähnten Corridor, wo mir die Frau „Gräfin, die ihr zur Wohnung angewiesenen drei Zimmer vorzeigte, nämlich: ein Zimmer südlich mit „der Aussicht auf den im Schloßhofe befindlichen Düngerhaufen und nördlich nach dem Schloßgraben. „Dieses Zimmer mit dürftiger grüner Wasserfarbe angestrichen, war nur mit schlechten Möbeln versehen, „bestehend in sechs alten, mit roth verblichenem Kattun überzogenen abgenutzten Stühlen, ein des-„gleichen Sopha, einem alten Sekretär, einem desgleichen Eckschränkchen, ein gebrauchtes, theilweise „abgenutztes Ofenschirm, fünf gewöhnlichen blauen Glasleuchtern nebst einer alten Lichtscheere, einem „alten runden Tisch von Mahagonie auf dessen Platte die Politur gänzlich abgenutzt war. Dieses „der Frau Gräfin als Salon angewiesene Zimmer hat an der östlichen Seite, als eine besondere „Eigenthümlichkeit ein Appartement, durch dessen Geruch der Gebrauch dieses Zim-„mers unerträglich gemacht wird. Das daran befindliche, zum Schlafzimmer der Frau Gräfin „bestimmte kleine alkoven-artige circa zehn Quadratfuß haltende Zimmer nördlicherseits, ist ebenfalls mit grü-„ner Wasserfarbe angestrichen; es befanden sich darin eine einschläfrige alte kirschbaumene Bettstelle, mit „altem befleckten, höchst gewöhnlichem Bettzeug und mit einem unreinen nesselenen Bettvorhange, der an „einem schmutzig-grau angestrichenen, aufrechtstehenden Balken befestigt war, ferner drei alte schwarz „angestrichene, mit altem abgenutztem gelbem Sammet überzogene Stühle; sodann eine Art schlechtes „Waschgestell ohne Politur und desgleichen Behälter für ein Nachtgeschirr, eine alte fehlerhafte mit „einer Marmorplatte versehene Komode mit zwei Schubladen, ein dito alter Spiegel.

„Zur linken des angeblichen Salons mit der Aussicht nach dem Graben zu befand sich für den „Herrn Grafen Paul zum Schlafzimmer bestimmt ein größeres Zimmer in ähnlichem Zustande, wie „die vorhin beschriebenen."

„An keinem in den drei erwähnten Zimmern befindlichen zum Theil schadhaften und beschmuz-
„ten Fenstern, befand sich nirgends ein Vorhang, außer an dem, in dem angeblichen Salon nach der
„Südseite gelegen, ein altes grünes Küchen-Rolleaux.

„Ueberhaupt machte die aus drei Zimmern bestehende Wohnung nur den Eindruck derjenigen einer
„schlechten Bedienten-Wohnung, welche außerdem hinter dem Büreau des Rentmeisters, den Zimmern
„der Schreiber und Dienerschaft in dem von dem herrschaftlichen Flügel getrennten linken Flügel gele-
„gen ist, und dürfte der beschriebene Zustand die Wirklichkeit nicht erreichen.

„Hierüber habe ich gegenwärtigen Akt aufgenommen zu Calcum wie Eingangs, in Beisein der
„hierzu ersuchten Zeugen Herren August Püz, ohne Geschäft zu Düsseldorf und Franz Mayer,
„Landgerichts-Referendar zu Ehrenbreitstein wohnend, und mit denselben nach Vorlesung unterschrieben.

(gez.) Püz, Mayer, Rinsdorff.

Wer glaubt nicht bei Durchlesung dieses saubern Wohnungs-Inventars sich in die Wirthschaft eines
polnischen Trödler-Judens versetzt zu sehen! Es kostet wirklich Mühe sich in's Gedächtniß zu rufen, es ist ein
rheinischer Fürst, es ist der Graf Hatzfeldt, bekannt durch seine Reichthümer und Verschwendungen, welcher
seiner Gemahlin eine Wohnung zuweist, deren Aussicht auf Düngerhaufen geht und in deren Salon zugleich der
Abtritt befindlich ist!

Den 24. Juni begab sich die Gräfin mit ihrem Sohne, ihrem Bevollmächtigten Hrn. Lassalle und
ihrem Sekretär Hrn. Gladbach nach Schloß Schönstein. Herr Lassalle nahm seine Wohnung im nahe ge-
legenen Dorfe Wissen; den Sekretär Gladbach behielt die Gräfin bei sich im Schlosse; ebenso engagirte die
Gräfin zwei Bauern als Diener für die Zeit ihres dortigen Aufenthaltes weil sie auf die Dienstfertigkeit der
gräflichen Beamten eben nicht sehr zu rechnen hatte und einer eigenen ausreichenden Dienerschaft entbehrte. 247. 197 243.
Abends erklärte der dortige Schloßverwalter Höller daß er dem strengen Befehl des Grafen zufolge für Hrn. 113. 248. 98.
Gladbach keine Betten geben werde, weil der Graf verboten, außer der Gräfin selbst und ihrem Sohne irgend
wen, selbst ihre Diener nicht, in's Schloß zu lassen. Nur mit Mühe konnten die Betten erlangt werden.

Am andern Morgen früh um 7 Uhr erschien der Bürgermeister H. Meyer aus Wissen mit einem Po-
lizeisoldaten, ließ durch diesen das Thor des Schlosses besetzen und der Gräfin melden, daß er sie zu sprechen
wünsche. Die Gräfin ließ ihn ersuchen ein bis 2 Stunden zu warten; es wurde nun das Thor verschlossen und
durch den Polizeisoldaten besetzt. Um 8½ Uhr erschien der Hr. Lassalle; es wurde ihm aber der Eintritt in
das Schloß verwehrt, worauf derselbe im Hofe das Weitere abwartete. Um 9 Uhr etwa kam die Gräfin von
ihrem Sohne, ihrem Sekretär Gladbach und ihrer Kammerjungfer gefolgt herunter und fragte den Bürger-
meister was es zu bedeuten habe, daß er ihr Haus mit Polizei besetze. Der Bürgermeister erklärte, er habe
von seinem Vorgesetzten, dem standesherrlichen Oberbeamten H. Schlechter strengen Befehl, H. Gladbach
und die beiden Bauern aus dem Schlosse zu entfernen und keinerlei Besuch zu der Gräfin zu lassen. Als ihm
die Gräfin bemerklich machte, wie sehr er dabei die Befugniß seines Amtes überschreite, erklärte er, daß er selbst
fühle und eingestehe wie diese Maßregel durchaus rechtswidrig sei, daß er aber dem strengen Befehl seines Vor-
gesetzten, des standesherrlichen Oberbeamten, Folge leisten müsse.

Der herbeigerufene standesherrliche Oberbeamte H. Schlechter erklärte seinerseits strengen Befehl vom
Grafen Hatzfeldt zu haben keinen Besuch zur Gräfin zu lassen und solchen eventuell mit Polizeigewalt zu ent-
fernen. Umsonst wurde versucht dem Oberbeamten begreiflich zu machen, wie er als königl. Beamte derlei Be-
fehle vom Grafen nicht entgegen zu nehmen habe; umsonst wies sich H. Lassalle durch Vorzeigung seiner
Vollmacht als Generalbevollmächtigter der Gräfin aus und beanspruchte seine in Prozessen befindliche Clientin
besuchen zu dürfen. Umsonst wurde geltend gemacht, daß H. Gladbach Sekretär der Frau Gräfin sei. H.
Schlechter fuhr fort sich auf den ausdrücklichen Befehl des Grafen jeden Besuch durch Polizei zu entfernen,
zu berufen.

Hierauf reichte die Gräfin, um zu erproben wie weit eine so unerhörte Beleidigung, eine so schreiende
Gewaltthat getrieben werden würde ihrem Sohne und H. Lassalle den Arm um selbige in das Schloß zu
führen. Als sie die Stufen des Schlosses hinaufstieg kommandirte der Oberbeamte dem Polizeisoldaten und
einige„ versammelten Knechten „greift sie an und schmeißt sie hinunter." Alsbald stürzten sich der Polizeisoldat
und die Knechte auf die Gräfin, rissen gewaltsam ihren Sohn Graf Paul von ihrer Seite, stürzten denselben
die steinerne Treppe hinunter, desgl. auch ihren Mandatar H. Lassalle, eben so H. Gladbach, dem dabei der 98 99 113. 203.
Rock zerrissen und der Arm verletzt wurde. Die Gräfin selbst wurde gewaltsam angefaßt und der Art hin und 249 197.243 247.
her gestoßen daß sie sich an einer Holzlatte in der Nähe festhalten mußte um nicht zu fallen. Der Knecht
Peter Stricker hatte den Säbel des Polizeisoldaten gezogen und schwang ihn fortwährend über dem Haupte
der Gräfin.

Solche Mißhandlung und Beleidigung wurde der Gräfin im Angesicht der erstaunten Dorfbewohner —
es war gerade Messe — vor dem Thore ihres Schlosses zugefügt. Zahlreiche Zeugen, u. A. der Bürgermeister
H. Meyer werden diesen Vorgang bekunden. Glaubten wir uns so eben noch in Calcum in einer polnischen
Trödlerjuden Wirthschaft zu befinden, so sieht man sich jetzt plötzlich gleichsam in die Nacht mittelalterlichen feu-
dalen Raubritterthums versetzt. Der Graf v. Hatzfeldt hat die entgegengesetztesten Laster der verschiedensten
Zeiten und Casten in sich zu combiniren gewußt, wenn es darauf ankam seiner Gemahlin einen Affront, eine
Mißhandlung zuzufügen, sie zu Boden zu treten.

Doch werden wir bald noch kostbarere Proben alt feudalen Gewaltthums vor uns sehen.

Den 26. Juni begab sich die Gräfin von Schönstein nach dem 2 Meilen weitgelegenen gräflichen Schlosse
Crottorf. Bereits aber war der dortige Rentmeister Wisselingk durch einen Boten des Rentmeisters zu
Schönstein von der Ankunft der Gräfin unterrichtet. Als die Gräfin daselbst anlangte fand sie die eisernen 98. 99. 100 101.
Thore verschlossen und eine Anzahl von etwa 20 Bauern, die das Gerücht von der Ankunft ihrer Standesherrin 102 92.93.94 95.
und die auffalligen Vorgänge zu Crottorf versammelt hatte, benachrichtigten sie, daß der Rentmeister Wisse- 96.120.250. 247.
lingk sämmtliche Förster mit geladenen Gewehren in's Schloß convocirt habe. Allein, nur von ihrem Sohne und 251.
Geschäftsführer gefolgt, begab sich die Gräfin an das Schloßthor und verlangte Einlaß, der ihr von dem Rent- 98. 99. 250.
meister Wisselingk unter Schmähungen und mit Drohungen verweigert wurde. Nun forderte der Gemeinde- s. d. ob. Num.
vorsteher Sollbach den Rentmeister auf der Gräfin das Schloß zu öffnen; der Rentmeister blieb bei seiner

Weigerung und wiederholte seine Erklärung: „er habe die Förster zusammengezogen und werde Feuer geben, wenn die Gräfin sich nicht entferne." Auch die Aufforderung des Bürgermeisters Müller von Friesenhagen blieb vergeblich. Auf den Oberbeamten, nach welchem sie einen Boten geschickt hatte wartend, blieb die Gräfin von 11 Uhr Morgens bis 8 Uhr Abends vor dem Schloß, während dessen von innen mit Steinen sogar auf sie geschmissen wurde. Abends um 8 Uhr begab sich die Gräfin nach Schönstein zurück. Am andern Tage, den 27. Juni, kehrte sie mit dem Friedensgericht nach Crottorf zurück, wo unterdeß Gensdarmen postirt waren von
98. 99. 250. ꝛc. denen die ärgsten Exzesse gegen die Bauern und die Gräfin begangen wurden, die aber nicht hierher gehören, und über welche von der Königlichen Regierung zu Coblenz bereits eine besondere Untersuchung eingeleitet ist. Der Rentmeister weigerte sich auch dem Friedensgericht zu öffnen.

Ueber diesen Verhandlungen war es Nachts 12 Uhr geworden. Die Wege von Crottorf nach Schönstein sind, wie herausgestellt werden kann, lebensgefährlich zu nennen. Sie können nicht passirt werden ohne daß 6 Mann mindestens den Wagen stützen, heben, halten ꝛc. Um Crottorf herum ist natürlich kein Unterkommen und Schlaflager für eine Frau, geschweige für eine Dame hohen Standes zu finden. Unter diesen Umständen befahl der Oberbeamte Schlechter in seiner polizeilichen Qualität dem Rentmeister unverzüglich das Schloß zu öffnen um der Gräfin Nachtquartiere zu geben. Als auch dies vergeblich blieb, befahl der Oberbeamte den anwesenden Gensdarmen das Schloß gewaltsam zu öffnen. Diese aber, unter Anführung des Bürgermeisters, revoltirten gegen ihren Vorgesetzten, der gleichwohl die oberste polizeiliche Stelle der Standesherrschaft bekleidet, und erklärten sich ihm gewaltthätig widersetzen zu wollen, indem sie sich auf die Privatinstruktion des Landraths Sonoré zu Waldbröhl (eines Freundes des Grafen) beriefen. Der amtliche von dem Oberbeamten über diese Vorgänge dressirte Pro-
Anl. 117. zeßverbal liegt sub Anl. 117 bei.

s. d. ob. Zeug. So mußte denn die Gräfin Angesichts ihres Schlosses Crottorf in einer schlechten Bauernhütte die Nacht auf einem Stuhle durchwachen.

Die Gräfin kehrte, von Prozeßangelegenheiten dahin gerufen, nach Cöln zurück und unternahm 8 Tage darauf wieder eine Reise nach Schönstein. Der Landrath H. v. Hilgers, der unterdeß mit der Polizeigewalt in der Standesherrschaft kommissarisch von der Regierung betraut war, eilte der Gräfin voran um etwaigen Widerstand gegen ihren Eintritt in Schönstein zu beseitigen. Daselbst aber war unterdeß H. Direktor Wachter
247.249.177.210. aus Düsseldorf eingetroffen, hatte die Förster mit geladenen Gewehren versammelt durch Geldanerbietungen
270.90.91.92.93. viele Knechte zusammengerottet, das Schloßthor und sogar das Thor des äußern zum Gerichtslokal führenden
94. 95. 101. 102. Schloßhofes barricadirt und gab dem Landrath schriftlich die Erklärung zu Protokoll, daß er sich dem Eintritt der Gräfin selbst unter jeder Bedingung falls er sogar mit Polizeigewalt ihn bewerkstelligen wolle mit gewaffneter Hand widersetzen werde.

Um seine Ermächtigung vom Landrath befragt, zeigte er eine ausdrückliche General- und Special-Vollmacht des Grafen Hatzfeldt darüber vor.

Anl. 118. Beweis dessen die sub 118 anliegende Erklärung des Landraths, also lautend:

„Ew. Hochgeboren beehre ich mich mit Bezug auf das gefällige Schreiben von heute „ganz ergebenst zu erwiedern, daß ich außer Stand bin Ihnen den Einlaß in das Schloß Schönstein „mit Gewalt zu erzwingen, es sei denn, daß Sie mir Requisition des zuständigen Gerichts vorzuweisen vermöchten, wonach dieses geschehen soll. Gegen ein solches Verfahren spricht die mir von Königl. „Regierung gegebene Instruktion, sodann die mir von dem Direktor Wachter vorgezeigte Vollmacht „des Herrn Grafen v. Hatzfeldt, wonach er angewiesen ist sich Ihrem Eintritt zu widersetzen, und „endlich der Umstand, daß wenn der Zugang erzwungen würde dies zu den größten Unglücksfällen „führen müßte, indem der Direktor Wachter die Förster und andere Hülfe in das Schloß gezogen „und bestimmt erklärt hat, daß er sich der Polizei-Gewalt entgegen setzen werde, wenn solche ohne „Requisition der Gerichte in diesem Falle handelte.

„Unter diesen Umständen muß ich Ew. Hochgeboren dringend ersuchen davon abzustehen mit „Gewalt in Schönstein eindringen zu wollen."

Wissen, den 4. Juli 1847.

(L. S.) (gez.) S. v. Hilgers.
K. Landrath.

Unter diesen Umständen hielt es der Landrath nicht für rathsam das Aeußerste zu versuchen und es blieb der Gräfin, welche die wenigen Sommermonate gern auf Schönstein zugebracht hätte nichts übrig als den unerhörten Gewaltanmaßungen ihres Gatten zu weichen, der sich nicht scheute offen ihr Leben zu bedrohen und seine Diener anwies sich mit gewaffneter Hand dem Eintritt der Gräfin zu widersetzen.

So haben wir denn gesehen wie jedes Jahr, fast jeder Tag dieser Ehe, durch Mißhandlung, öffentlichen Affront, durch raffinirte die Gräfin in ihren innersten Gefühlen systematisch marternde Verfolgung, durch die grausamste Aushungerung — kurz durch Schandthaten jeder Art bezeichnet ist. Ohne Unterbrechung von Jahr zu Jahr fortschreitend sind wir bis an das J. 1847, aber damit noch lange nicht an das Ende dieser Kette von Infamien gelangt; vielmehr müssen wir jetzt dazu übergehen, eine Perfidie sonder Gleichen in der Historiographie raffinirter, moderner Sittenfäulniß entsprungener, Niederträchtigkeiten zu zeichnen, ein planvolles Unternehmen herauszustellen an dem der Graf, seit der frühesten Zeit, seit dem Beginn dieser Ehe an, Jahr für Jahr rastlos und ununterbrochen gearbeitet und das er, Dank so meisterlicher Bemühung, bis zu einem gewissen Grade siegreich vollbracht hat; eine Beleidigung die nach Allem Vorgetragenen, dennoch die schmachvollste, perfideste und in ihren Resultaten für die Gräfin nicht die am wenigsten traurige war. — Der größeren Deutlichkeit wegen aber erschien es nützlich diese Anklage von dem andern Stoffe zu trennen und ausführlich nachzuweisen, wie der Graf Hatzfeldt vom ersten Tage der Ehe an darauf ausging den guten Ruf seiner Gattin systematisch zu vernichten.

III. Schluß des Antrags z.S. von Hatzfeldt contr. von Hatzfeldt bezüglich einer alimentarischen Provision (nach November 1853)

Es kommen daher zu der obigen Vermögensmasse der Gemeinschaft noch hinzu, die im Appellurtheil vom 13. Mai 1852 als Prélèvement für veräußerte *propres* des Grafen

berechneten	330,000 Thlr.	– Sgr.	– Pf.
so daß die wirkliche Netto activ Masse	786,977 „	12 „	2 „
betragen würde	1,116,977 „	12 „	2 „

was zu 4% auf die Hälfte der Gräfin eine Revenüe gibt von 22,339 Thlr. 21 Sgr. 2 Pf.
Neben diesem so großen Vermögen leidet die Gräfin, wie oben erschöpfend und zahlenmäßig nachgewiesen, in Folge der für die Inventur und Liquidation aufzuwendenden Summen einen Mangel, der trotz der 4000 Thlr. ihre Lage drückender und unerträglicher macht, als die Lage einer auf das bescheidene Einkommen von 300 Thlr. beschränkten Bürgerfrau wäre, der ihr *nichts* für ihre persönliche Subsistenz übrig läßt und sie in Schulden, Wechsel- und Freiheitsgefahr gestürzt hat, der es ihr jetzt endlich unmöglich macht nur irgendwo irgend einen Schritt in der Liquidation voranzuthun; ja selbst nur die Inventarisation fortzusetzen oder dem Beklagten auch nur ihr persönliches Vermögen entwinden zu können.

Die Gräfin verlangt selbst jetzt nicht einmal ihren Revenüenantheil vollständig; das Begehrte ist nur ein Theil des ihr rechtlich Gebührenden. Sie zweifelt nicht daran, daß dies ihr Verlangen von dem Richter als ein gerechtes erkannt werden wird; sie hat Alles aufgeboten, was in ihren Kräften stand, das Vermögen zu liquidieren, das Bestreben des Grafen hatte die entgegengesetzte Richtung; unmöglich kann und darf derjenige noch gar eine Begünstigung erfahren, der also handelt.

(gez.) Bloem

Zeittafel

1756: Geburt von Sophies Vater, Fürst Franz Ludwig von Hatzfeldt-Schönstein zu Trachenberg

1779: Geburt von Sophies Mutter, Karoline Gräfin von der Schulenburg-Kehnert

28. Dez. 1798: Geburt von Sophies Ehemann, Graf Edmund von Hatzfeldt-Wildenburg, Weis- oder Kinzweiler zu Trachenberg

1799: Heirat von Sophies Eltern in Berlin

10. Aug. 1805: Sophie in Berlin geboren

16. Aug.: Sophie in der Berliner St. Hedwigs-Kirche getauft

19. Okt. 1806: Fürst Hatzfeldt, Zivilgouverneur nach Abzug des preußischen Militärs aus Berlin, unterzeichnet den Aufruf „Die erste Bürgerpflicht ist Ruhe“

1807: Fürst Hatzfeldt wohnt Am Brandenburger Tor 2

1812: Fürst Hatzfeldt wohnt Viereck (Quarrée) 2 (heute Pariser Platz)

1. Aug. 1822: Der Kaiserswerther Bürgermeister bestätigt das Aufgebot

3. Aug.: Edmunds Mutter gibt die Einwilligung zur Ehe, nachdem Sophies Vater schon am 10. Juli die seinige gegeben hat

10. Aug.: Ziviltrauung von Graf Edmund und Sophie, „Prinzessin v. Hatzfeldt“, im Standesamt Lauthausen nach kirchlicher Trauung auf Schloß Allner bei Siegburg

12. Aug.: Glanzvolle Hochzeitsfeier auf Schloß Kalkum

27. Dez. 1823: Eine am Karlsplatz in Düsseldorf geborene Tochter (Marie Antonic Anne) stirbt fünf Minuten nach der Geburt

1825: Kauf des Hauses am Karls-Platz

9. Apr.: Sophies Sohn, Alfred Graf von Hatzfeldt-Wildenburg, in Düsseldorf geboren

13. Apr.: Ferdinand Lassalle in Breslau geboren

3. Febr. 1827: Tod von Sophies Vater

29. Okt. 1828: Sophies Tochter, Melanie, Gräfin von Hatzfeldt-Wildenburg, in Düsseldorf geboren

8. Okt. 1831: Sophies Sohn, Paul Graf von Hatzfeldt-Wildenburg, in Düsseldorf geboren

1832: Tod von Sophies Mutter

22. Okt.: Bedingungen für Sophies Verbleiben in den ehelichen Quartieren schließen Reiseverbot ein

10.-18. Okt. 1833: Freiwillige „temporäre“ Trennung des Ehepaars Hatzfeldt; Rückkehr Sophies nach Berlin

1834: Sophie verläßt Berlin, zieht ins Hotel de Saxe, Dresden, macht einen Abstecher nach Schandau

1835: Im Haus ihres Schwagers sieht von Bismarck Sophie (lt. Reichstagsrede vom 17. Sept. 1878) zum letztenmal

Sept.: Melanie incommunicado für Sophie zu den Salesianerinnen nach Wien verbannt

1836: Sophie mit Alfred und dessen Gouverneur Laurent in Bad Ems, Abstecher nach Schlangenbad und Wiesbaden

1837:	Italienreise
Neujahr 1838:	Mißglückte Entführung Pauls aus Baden-Baden durch Edmunds Agenten
29. Apr.:	Edmund verlangt Sophies Rückkehr
Anfang 1839:	„Versöhnung“ mit Edmund in Straßburg, Sophie anschließend in Italien, Schlangenbad und Wien
16.-17. Juni 1840:	Familienkonferenz auf Schloß Kalkum zwecks Entschuldung und Rückkehr Sophies im Herbst
ab Sept.:	Sophie monatelang fast incommunicado in Kalkum
Sommer 1841:	Vereitelte Einschulung der Söhne ins Jesuiten-Kolleg Freiburg, ähnliche Aktion in Belgien
Herbst:	Einweisung Pauls in die Kadettenanstalt Potsdam, Sophie zieht in seine Nähe
Ende:	Beginn von Sophies „nachhaltigerer Bekanntschaft“ mit Graf von Bassenheim
Sommer 1842:	Sophie pflegt Paul im Lazarett
Herbst:	Sophie auf Anraten eines Kölner Arztes mit Paul in Ems, ein Pariser Arzt rät zu einer Italienreise
24. Dez.:	Ankunft von Sophie und Paul in Neapel
Ende Feb. 1843:	Sophie mit Paul nach München, dort ausgewiesen, achtmonatiges Asyl in Trachenberg, zwei Abstecher nach Breslau
27. Okt.:	Polizei und Militär entreißen Paul der Mutter
Frühj. 1844:	Reisen Sophies nach Potsdam-Trachenberg-Breslau
Herbst:	Helgoland-Hamburg-Leipzig-Dresden-Berlin
6. März 1845:	Tod des Kalkumer Pfarrers Fo[h]winkel, der Sophie als erster half, einem Düsseldorfer Rechtsbeistand ihre Eheprobleme vorzutragen
12.-19. März:	Sophie und Paul in Dresden
20. Sept.:	Sophie, aufgefordert, Schloß Muskau zu verlassen, geht nach Dresden
Spätherbst:	Scheinbare Versöhnung zwischen Sophie und Edmund
Jan. 1846:	Durch Oberst Graf Keyserlingk macht Sophie in Berlin die Bekanntschaft Lassalles
10. Feb.:	Edmund bedroht Paul mit Unterhaltsentzug, um ihn von Sophie zu trennen, Lassalle übernimmt Sophies Prozeßführung
Aug.:	Scheitern eines in Aachen vereinbarten letzten Versöhnungsversuchs
4. Apr. 1847:	Edmund reicht Scheidungsklage gegen Sophie ein
25. Mai:	Sophie wird auf Schloß Kalkum eine Bedienstetenwohnung zugemutet
24.-26. Juni:	Sophie erscheint mit Paul und Lassalle im Wildenburgischen, wird aus Schloß Schönstein und Schloß Crottorf hinausgeworfen und versucht, die Bauern gegen Edmund aufzuwiegeln
6. Juli:	Lassalle berichtet seinem Vater von den Bauern: „Sie gehorchten der Frau wie Soldaten einem Feldherrn“

22. Sept.:	Edmunds zweites Ultimatum an Paul
6. Nov.:	Sophies Scheidungsklage gegen Edmund eingereicht
Feb. 1848:	Lassalle wegen seines Eintretens für Sophie aus Berlin ausgewiesen
27. Juni:	Paul erklärt sich im Düsseldorfer Volksklub für die Republik, gegen ein Fest für den Reichsverweser
6. Juli:	Paul als Kassierer in den Vorstand des Volksklubs gewählt
10. Aug.:	Paul zum Kreiskongreß in Köln delegiert
11. Aug.:	Sophie und Lassalle, nach dessen Freispruch im Triumph durch Düsseldorf gezogen, wohnen Kasernenstraße 118
30. Aug.:	Auf einer Sitzung des Volksklubs und des Demokratischen Vereins wird Paul in eine Delegation für Ferdinand Freiligraths Befreiung gewählt
10. Sept.:	Paul marschiert mit an der Spitze eines Demonstrationszugs von Düsseldorf nach Neuß
8. Okt.:	Sophie kehrt mit Lassalle im offenen, rot und schwarz-rot-gold geschmückten Wagen von der Gerresheimer Demonstration des Volksklubs nach Düsseldorf zurück
1. Nov.:	Sophie, Paul, Lassalle u. a. setzen einem Verhaftungskommando in ihrer Wohnung Jägerhofstraße 7 erfolgreichen Widerstand entgegen
19. Nov.:	Paul gehört zur Delegation führender Revolutionäre, die das Düsseldorfer Hauptsteueramt zum Einstellen der Steuererhebung bewegen möchte
22. Nov.:	Nach Verhängung des Belagerungszustands flieht Sophie zur Schwester Cantadors, des Kommandeurs der Bürgerwehr
9. Dez.:	Paul erscheint vormittags in der Academiestraße vor dem Untersuchungsrichter
17. März 1849:	Sophie, nachdem sie wegen Beamtenbestechung angeklagt worden war, weil sie einen Taler in Lassalles Gefangenenwagen hineingeworfen hatte, vom Zuchtpolizeigericht freigesprochen
12. Mai:	Paul aus Düsseldorf ausgewiesen
16. Mai:	Endgültige Bestätigung von Sophies zweimonatiger Gefängnisstrafe wegen Verleumdung
20. Mai:	Sophie gesetzwidrig am Sonntag und in Abwesenheit vom Wohnort in Köln verhaftet
23. Mai:	Paul, bei der Rückkehr aus Köln am Düsseldorfer Bahnhof verhaftet, ergibt sich Edmund, bereitet in Dortmund sein Abitur vor und wendet sich von Lassalle ab
6. Feb. 1850:	Schuldurteil im Scheidungsprozeß gegen Sophie,
Juli:	die zur Erholung nach Bad Ems, anschließend mit Lassalle nach Schinznach (Schweiz) fährt
23. Sept.:	Sophie läßt den Vater Ferdinands durch diesen bitten, sechs Monate bei ihr zu wohnen

31. Juli 1851:	Das Scheidungsurteil wird rechtskräftig
10. Aug.:	Sophie schreibt aus Düsseldorf, in der Hoffnung, sich zu rechtfertigen, an Melanie in Wien
12. Nov.:	Sophie konspiriert angeblich mit Lassalle und drei Düsseldorfer Herren beim Bierbrauer Zillenbach in Krefeld
12. Dez.:	Sophie klagt in der Anschrift zu einem Brief Lassalle's an Marx, daß ersterer „sich Illusionen über die *Dauer* macht, welche die Herrschaft dieses Landstreichers [Napoleon III.] haben kann."
26. Aug. 1853:	Sophie verteidigt Lassalle in einem langen Brief aus Düsseldorf an Paul
10. Feb. 1854:	Sophie rät Paul in einem Brief aus Düsseldorf, sich vom Militärdienst befreien zu lassen
14. Juli:	Scheidungsurteil endgültig bestätigt
12. Aug.:	Vermögensrechtlicher Vergleich nach zwei Dutzend Prozessen vor 36 Gerichten und Bestechung von Edmunds Geschäftsführer
4. Apr. 1855:	Sophie erhält einen Interims-Paß
Juli-Aug.:	Sophie zur Kur in Marienbad, Umzug zur Friedrichstraße 41
9. Jan. 1856:	In einem Brief an Paul aus Düsseldorf klagt Sophie über ein „Herzübel" und Beinlähmung
16. Juli 1857:	Paul besteht sein erstes juristisches Staatsexamen
23. Sept. 1858:	Sophie und Lassalle ziehen ins Haus Grabenstraße 24 ein, wo Sophie ca. 9 Monate bleibt
17. Feb. 1859:	Paul, seit Nov. 1857 Auskultator beim Kammergericht (heute Berlin-Museum), erstrebt Übergang zur diplomatischen Laufbahn ohne zweites Examen, verläßt Berlin, ehe Sophie in Lassalles Luxuswohnung, Bellevuestraße 13, als Hausfrau auftritt
1860-1861:	Berliner Adreßbücher enthalten Grabenstraße 17 als Sophies Anschrift
1861:	Am zweiten Weihnachtstag ist Sophie mit Lassalle und Herwegh zu Gast bei dem US-Konsul in Zürich, Karl Ludwig Bernays; am 30. ds. Mts. gibt sie „in wahrhaft fürstlicher Weise in ihrem Hotel Bau[e]r am See" ein großes Diner
4. Sept. 1862:	US-Divisionschef Fritz Annecke wird von seiner Frau Mathilde aus Zürich informiert: „Die Gräfin Hatzfeldt ist abgereist. Rüstow liegt in den Netzen dieser alten Dame, die in der Tat eine mir unbekannte Macht auf die Männer zu haben scheint."
24. Nov. 1863:	Paul heiratet in Paris die 17jährige Hélène Moulton in Abwesenheit seiner Eltern
25.-30. Juni 1864:	Sophie mit Lassalle zu dessen Gerichtsverhandlung in Düsseldorf, wo sie im Hotel Domhardt am Karlsplatz speisen; gemeinsame Fahrt nach Frankfurt M. – Osthofen – Worms – Neustadt a. d. Haardt – Karlsruhe
Anf. Aug.:	Sophie zur Kur in Wildbad

28. Aug.:	Lassalle, im Duell verwundet, stirbt am 31.; Sophie, die drei Tage am Sterbelager gesessen hat, veranstaltet Demonstrationen, begleitet den Toten im Dampfer bis Köln
12. Sept.:	Sophie wacht von 22.10-23.19 am Köln-Mindener Bahnhof in Düsseldorf bei der einbalsamierten Leiche, protestiert schriftlich gegen deren sofortigen Weitertransport; Trauerfeier in Oberkassel
Okt.:	Sophie bewohnt mit Becker, Präsident des Allgemeinen Deutschen Arbeitervereins (ADAV), Hotel Windsor, Behrenstraße 8, Berlin
Ende Feb. u. Mitte Apr. 1865:	Sophie in Testamentsangelegenheiten und zum Gedenken an Lassalles Geburtstag in Breslau
16. Juni 1866:	In einem aus Barmen kommenden Brief beklagt sich Tölcke bei Perl (beide zeitweilig ADAV-Präsidenten), weil man sich „schließlich auch noch der Suprematie eines alten Weibes unterzuordnen“ scheine
17. Nov. 1867:	Bei einer Besprechung mit Duisburger Funktionären tadelt Sophie (laut „Rhein- und Ruhrzeitung“ vom 19. Nov. 1867), „wie die hiesigen Sozialdemokraten die Idee des verstorbenen Lassalle zur Ausführung bringen“
18. Dez.:	O. M., Kiel, verlangt in der bezügl. der Frauenfrage von andern Blättern offenbar sehr verschiedenen „Freien Zeitung des Lassalle'schen Deutschen Arbeiter-Vereins“ (Red. Karl Bruhn), man solle damit anfangen, daß man den Frauen Menschenrecht gebe
19. Juli 1869:	ADAV-Präsident von Schweitzer, Sophies stärkster Rivale, telegrafiert an Sophie in Düsseldorf: „Sie müssen durchaus sogleich wieder kommen“
23. Juli:	Sophie vermacht Mende, Präsident des Lassalle'schen Deutschen Arbeitervereins, 24 000 Taler,
11. Apr. 1870:	die von Lassalle für sie bestimmte Rente von 1200 und 10 000 zur Abfassung und Publizierung ihrer Schicksale
3. März 1871:	In einem Brief an Paul aus der Französischen Straße 9, Berlin, bezeichnet Sophie sein Verhalten als „Musterbild des krassesten Egoismus“
Nov.:	Paul kauft Landhaus Sommerberg bei Wiesbaden
14. Jan. 1874:	Edmund stirbt in Düsseldorf (Votivtafel in der Kirche von Friesenhagen, Crottorf)
Anf. 1875:	Sophie, die ins Anwesen Breidbach-Bürresheim im Dorf Heddernheim (seit 1909 Frankfurt M.) zieht, wohnt im Wiesbadener Hotel zum Adler
22.-27. Mai:	74 Delegierte von 15 322 Lassalleanern und 56 Delegierte von 9121 Eisenachern vereinigen sich in Gotha zur Sozialistischen Arbeiter Partei Deutschlands

Sommer 1878:	Sophie inspiriert eine vom 5.-16. Juli in der „Berliner Freien Presse" erscheinende, von der „Germania" und dem „Vorwärts" teilweise nachgedruckte Artikelserie „Excellenz Bucher als Socialdemokrat" und informiert Bebel über Bismarcks Verhältnis zu Lassalle (Rededuell im Reichstag von Mitte September)
14. Aug.:	Rüstow begeht Selbstmord
1879:	Mende, von Sophie gepflegt, stirbt kaum 30jährig
Frühjahr 1880:	Sophie interveniert, damit Paul vor unerwünschten Sanierungsmaßnahmen v. Bleichröders beschützt wird.
Winter:	Paul einige Wochen am Krankenbett Sophies in Wiesbaden
25. Jan. 1881:	In Anwesenheit Pauls und des, wie Melanie, enterbten Alfred stirbt Sophie um 23.45 Uhr im Hotel zum Adler an Lungenentzündung
28. Jan.:	11.00 Totenmesse in der kathol. Notkirche Wiesbaden
29. Jan.:	Trauerfeier in der Pfarrkirche zu Frauenstein; Sophie auf ihren Wunsch in einem einfachen Reihengrab „inmitten der Bürger" in Wiesbaden-Frauenstein beerdigt
Jan. 1885:	Bernhard Becker begeht Selbstmord
11. Aug.:	Bleichröder gegenüber nennt Bismarck den [Diplomaten] Hatzfeldt „das beste Pferd im Stalle" – ein Ausspruch, den er später abstreiten wird
22. Nov. 1901:	Paul stirbt als Deutscher Botschafter in London
29. Nov.:	Paul in Frauenstein prunkvoll beigesetzt
Sept. 1911:	Helene von Schewitsch (verw. von Racowitza, geb. von Dönniges) begeht Selbstmord
28. Nov.:	Melanie stirbt in Paris
1912:	Eduard Fuchs zitiert und kommentiert einseitig Lassalles bzw. Sophies Scheidungsklage gegen Edmund, „ein pathologisches Monstrum von Geilheit und Gemeinheit" (Illustrierte Sittengeschichte)
9. Apr. 1918:	Gräfin Helene stirbt auf Schloß Sommerberg und wird in Frauenstein begraben
1924:	Lassalles Briefwechsel mit Gräfin Sophie von Hatzfeldt erscheint
1963:	In einer Ostberliner Studie übt Heinz Hümmler ausschließlich negative Kritik an Sophie (Opposition gegen Lassalle)
1968:	Der Bochumer Hans Schulte legt in Graz eine faire Dissertation vor: Der Einfluß einer Aristokratin auf den Allgemeinen Deutschen Arbeiterverein
1976:	Botschafter Paul Graf von Hatzfeldt, Nachgelassene Papiere erscheinen
8. Sept. 1978:	Erstaufführung des Stücks „Lassalle" von Joachim Burkhardt im Schauspielhaus Wuppertal

29. Jan. 1979:	Der Verf. spricht vor dem Heimat- und Kulturkreis Wittlaer über „Sophie Gräfin von Hatzfeldt und Ferdinand Lasalle“
9. Nov. 1980:	Uraufführung des Stücks „Lassalle fragt Herrn Herbert nach Sonja“ von Christoph Hein, Berlin-Ost, im Düsseldorfer Schauspielhaus
25. Jan. 1981:	In Anwesenheit von Fürst Hatzfeldt, Herzog zu Trachenberg, Gräfin Helene Hatzfeldt und ihres Sohns Sebastian liest der Verf. anläßlich des 100. Todestags von Sophie im Düsseldorfer Stadtmuseum aus dem Manuskript des vorliegenden Buchs vor

Wie andre es sahen

Karl Marx

Nachdem wir die ersten Stunden verplaudert hatten und ich meine Eisenbahnmüdigkeit durch etwas Ruhe und einige Erfrischungen vertrieben hatte, führte mich Lassalle sofort ins Haus der Gräfin Hatzfeldt, die, wie ich bald gewahr wurde, jeden Tag um 4 Uhr nachmittags bei ihm zu Hause speist und ihre Abende mit ihm verbringt. Ich fand ihre Haare so „blond" und ihre Augen so blau wie früher, aber in ihrem übrigen Gesicht las ich die Worte eingeprägt: zwanzig und zwanzig macht siebenundfünfzig. Da waren tatsächlich Falten voller „Spuren der Schöpfung", Wangen und Kinn verrieten eine Fülle, die, wie Kohlenlager, lange Zeit braucht, um sich zu bilden, und so fort. Was ihre Augenbrauen angeht, so war ich sofort von dem Umstand betroffen, daß sie sich verbessert statt verschlechtert hatten, so daß die Kunst die Natur bei weitem übertroffen hat. Bei späteren Gelegenheiten habe ich ganz allgemein bemerkt, daß sie die Kunst vollkommen versteht, sich herzurichten und in ihrer Schminkdose die Farbtöne zu finden, die ihr Blut nicht mehr hergibt. Im ganzen erinnerte sie mich an einige griechische Statuen, die sich noch einer schönen Büste rühmen können, deren Köpfe aber durch die Wechselfälle der Zeit grausam „beknappered" [ramponiert] wurden. Um jedoch nicht ungerecht zu sein, sie ist eine sehr distinguierte Dame, kein Blaustrumpf, von großem natürlichem Intellekt und viel Lebhaftigkeit, an der revolutionären Bewegung tief interessiert und hat ein aristokratisches laisser aller, das den pedantischen Grimassen der professionellen femmes d'esprit sehr überlegen ist.
An Antoinette Philips, 24. März 1861

Bernhard Becker

Gegenwärtig ist der Lassalleanismus in zwei einander befehdenden Sekten verkörpert. Die eine derselben, an deren Spitze nominell der Strohpräsident Emil Försterling um die Kaufsumme von 200 Tlrn. steht, wird von einer ehrgeizigen, herrsch- und streitsüchtigen Amazone mittelst des in ihrem Serail waltenden Günstlings, des unterhaltenen Schürzen-Vizepräsidenten Friedrich Mende, geleitet. Diese Sekte, äußerst gering an Zahl und jeder geistigen Kraft bar, besteht aus feilen Käuflingen, aus den schlechtesten Auswürflingen der Arbeiterbewegung und aus abergläubischen, bejammernswert dummen Muckern, welche neben dem neuen Heiland auch die unbefleckte Empfängnis der heiligen Jungfrau verehren. Diese Sekte, die das ekle Speichelleckertum vor einer gräflichen Krone mit der zynischen Unterwürfigkeit unter die Gelüste des Unterrocks verbindet, ist bloß die Abart und Bankbeinschaft, die gänzliche Verkommenheit und das von Abfällen lebende Buschmännertum des Lassalleanismus. Ihr mit dem Gelde der Herrscherin aufrecht erhaltenes, zu Hamburg erscheinendes Winkelblatt wird nicht redigiert, sondern zusammengesudelt, zählt, wenn es hoch kommt, fünfzehn Abonnenten und enthält nichts Neues, ausgenommen immer neu aufgewärmte Lügen und schamlose Pasquille. Diese Sekte würde in Anbetracht, daß sie unter weiblicher Regentschaft steht, mit den englischen Zigeunern am füglichsten verglichen werden können, wofern nicht ihre verschwindend kleine Zahl und unbeschreiblich große Stupidität

einem solchen Vergleiche im Wege ständen. Wie die Herrscherin sich darauf kaprizieren kann, über diese Querpfeifer das Pantoffelregiment zu führen, wäre völlig rätselhaft, wenn nicht die Konventikel der Adamiten und anderer Pietisten die aus der Analogie fließende Erklärung an die Hand geben würden.
Enthüllungen über das tragische Lebensende Ferdinand Lassalle's, 1868

Franz Mehring

Die Frage, wie Lassalles politische Erbschaft liquidiert werden sollte, ließ eine verschiedene Beantwortung zu. Die nächstliegende Ansicht war, die Agitation in den Geleisen fortzuführen, in denen sie sich bei Lassalles Tode befand. Diese Ansicht hatte in der Gräfin Hatzfeldt ihre eifrigste Befürworterin. Für sie war die Bewegung Lassalle und Lassalle die Bewegung. In ihrer Trauer um den toten Freund lag eine wilde Größe der Leidenschaft, die menschlich tief ergriff, aber politisch schlecht beriet. Die Gräfin machte jedes Wort Lassalles zu einem Evangelium, an dem nicht gerüttelt werden dürfe, und dieser Buchstabenglaube mußte sie um so eher irreleiten, als sie nicht durch die Sozialdemokratie zu Lassalle, sondern durch Lassalle zur Sozialdemokratie gekommen war. Sie hätte nicht eine geborene Aristokratin sein müssen, wenn die taktische Wendung Lassalles in ihr nicht Neigungen und Sympathien erweckt hätte, von denen Lassalle selbst sehr weit entfernt gewesen war. Der „große Minister", den Lassalle als Schachfigur betrachtet hatte, wurde ihr zum Ideal.
Als „der beste und einzige Freund" Lassalles hielt die Gräfin sich für seinen berufenen Nachfolger. Deshalb war ihr die Wahl Beckers gerade recht. Sie hoffte, den beschränkten Mann leiten zu können, wie sie wollte, und aus diesem Grunde hielt sie ebenso streng an Lassalles Organisation fest, wie an seiner Taktik. Der Verein sollte das Werkzeug Beckers bleiben, wie Becker ihr Werkzeug war. Becker selbst verherrlichte die Gräfin „in tiefster Ehrfurcht und Dankbarkeit" als die Retterin des Vereins, der ohne ihre Hilfe aus den Fugen gegangen sein würde. Daran war so viel wahr, daß die Gräfin sich eifrig bemühte und auch ihre reichen Geldmittel nicht schonte, um die Schöpfung Lassalles am Leben zu erhalten. Aber es war ebenso richtig, daß wenn ihre Absichten durchgingen, aus der Arbeiterpartei, die Lassalle hatte schaffen wollen, eine fanatisch-religiöse Sekte werden mußte.
Geschichte der deutschen Sozialdemokratie, 1898.

Georg Brandes

Indessen wurden im Winter 1858 bis 1859 die Berliner Familien, die Lassalle lieb gewonnen hatten, auf eine nicht ganz leichte Probe gestellt. „Die mütterliche Freundin", Gräfin Hatzfeldt, traf, wie vorauszusehen gewesen, in Berlin ein, nahm dort ständigen Aufenthalt und machte ihre alten Rechte auf ihren früheren Beschützer in vollem Umfange geltend. Man hatte in Berlin ihre Existenz fast vergessen. In den Gesprächen unter Männern war nur ein Karikaturbild von ihr im Umlauf, und trotz der herrschenden Duldsamkeit hätten die geordneten bürgerlichen Häuser sie gern ausge-

schlossen. Aber Lassalle war in diesem Punkte unerbittlich. Er machte den Empfang und die Anerkennung der Gräfin zur Kabinettsfrage. Mit denen, die von ihr nichts wissen wollten, mochte er nicht weiter verkehren; und, vor diese Wahl gestellt, schwankte man nicht länger, man konnte und wollte ihn nicht entbehren. Man fand die allzuviel besprochene Dame in der Regel angenehm und liebenswürdig; ihr Benehmen Lassalle gegenüber war das einer Mutter. Sie spielte an seinem Tische die Wirtin, obwohl sie nicht in demselben Hause wohnte. Sie verriet keine Spur von Eifersucht, selbst wenn er sich noch so eifrig anderen, schöneren und jüngeren Damen zuwandte. Noch in ihrem vierundfünfzigsten Jahre war sie mit ihrem herrlichen Wuchs und ihren schönen Schultern, die sie nicht zu verbergen liebte, eine Frau, die begeisterte Bewunderer hatte (Marx, Rüstow), und die gegen die Gefühle, die sie erweckte, nicht gleichgültig war. Selbst mit der geringsten Welterfahrung begreift man indessen, wie tief und gründlich die Nähe dieser Dame und ihr unregelmäßiges, zweideutiges Mutterverhältnis zu Lassalle diesem in socialer Hinsicht schaden mußte. Mit ihren gemalten Augenbrauen und Lippen, mit all der Kunst und dem Fleiß, die sie auf die Erhaltung ihrer Schönheit verwandt hatte, warf sie einen falschen, halb lächerlichen Schein über seine Person und sein Haus.
Deutsche Persönlichkeiten, 1902

Hermann Oncken

Schon in einer vor der Verhandlung ausgegebenen Schrift hatte Lassalle den Prozeß als einen Tendenzprozeß zu brandmarken versucht. Seine eigentümliche Kunst, das ganz Persönliche, so schwer es gerade in diesem Falle war, in die Beleuchtung des symptomatischen Vorganges zu rücken, konnte er mit einem gewissen Recht üben, weil allerdings die soziale Stellung und die Verbindungen mit dem Beamtentum seinem Gegner manche prozessualische Kampfesvorteile geliefert hatten. Nach dem Ausbruch der Revolution aber gefielen er und die Gräfin sich vollends in der Behauptung, daß auch sie in einem Teilabschnitt des allgemeinen Kampfes gegen das Bestehende ständen, gegen die alte Gesellschaft und ihre Vorurteile, gegen Willkür und Rechtsmißbrauch, für die Freiheit und Selbstbestimmung des Individuums. So legte Sophie Hatzfeldt selbst ihre Rolle aus, wenn sie – in der der französische Gesandte am Berliner Hof eine neue Fredegunde, Agrippina, Messalina zu erblicken vermeinte – sich im Revolutionsjahr in die Bewegung stürzte und in Volksversammlungen pathetisch ausrief:
„Ich habe alles verlassen, um dem Volke zu dienen, und bin Proletarierin wie ihr. Da steht mein Freund, da mein Sohn. Schützt uns gegen die aristokratische Reaktion, die uns zerreißen möchte."
Danach mag man ermessen, wie Lassalle auf diesem Instrument zu spielen wußte. Revolutionen, die den allgemeinen Rechtszustand umwälzen, werden immer entwurzelte Menschenschicksale wie trübe Blasen, die auf dem Gischt des Wogensturms dahinschwimmen, zu Tausenden in die Höhe treiben.
Lassalle 1904

Gustav Mayer

Für den künftigen Volkstribunen erhielt es Bedeutung, daß die kluge Tochter des Fürsten von Hatzfeldt ihn wirklich vertraut machte mit der Art zu denken und zu fühlen, die jenen Schichten eignete, die damals und noch lange nachher den preußischen Staat regierten und die zu stürzen den Inhalt seiner revolutionären Träume ausmachte. Erst die Freundin, die dieser Welt entstammte, konnte ihm greifbar anschaulich machen, welche Stärke ererbte politische Erfahrung und überlegene Methode ihr verliehen; doch auch wie wenig sie geistig empfänglich, wie sehr sie sittlich verkümmert war, konnte niemand so gut wie diese Frau, die es an ihrem eigenen Schicksal erfahren hatte, ihm veranschaulichen.

Aber schwerer wog vielleicht trotzdem noch, was Lassalle der Freundin vermitteln konnte. Erst er gab ihr das rechte Bewußtsein davon, in wie hohem Maße sie als ein Opfer verknöcherter Lebensanschauungen dastand, über die eine freiere Welt schon unbedenklich hinweggeschritten war. Einen wie überwältigenden Eindruck mußte es auf sie machen, wenn er mit glühender Beredsamkeit ihr den Glauben einhämmerte, daß das Schicksal, an dem sie so schwer trug, nicht ein zufälliges, nicht ein rein privates sei, das für die Allgemeinheit keine Bedeutung hätte, sondern daß auch sie, die sich so verlassen und vereinsamt vorkam, in eine gewaltige siegessichere Schlachtordnung hineingehöre, und wenn er ihr erzählte von der weltgeschichtlichen Erhebung, die sich vorbereite gegen jenes Bestehende, an dessen Härte ihre Seele sich wunddrückte, von dessen Grausamkeit sie Narben trug, die nie mehr verharschen konnten. Lernte der impulsive Jüngling in Dingen der Lebensführung manches von der vornehmen und reifen Frau, so wurde sie dafür in allem, was des Geistes war, seine Schülerin. Erst er erschloß ihren Augen die Welt der unsichtbaren Werte, er erst flößte ihr Ehrfurcht ein vor der Macht der Idee und schuf der Heimatlosen damit eine Heimstätte, die niemand ihr rauben konnte. Er klärte sie auf über die weltgeschichtliche Epoche, in die ihr Leben fiel, über die Gewalten, die an der Herrschaft der feudalen Kreise rüttelten, aber auch über das erst aus weiter Ferne grollende soziale Erdbeben, das die eben siegreich aufsteigende bürgerliche Welt einst in Frage stellen werde.

Lassalles Briefwechsel mit Gräfin Sophie von Hatzfeldt, 1924

Stefan Heym

HATZFELD, GRÄFIN SOPHIE von – geleitete nach der am 2. September 1864 vom Genfer Republikanischen Klub veranstalteten Trauerfeier die Leiche Lassalles zu weiteren Trauerfeiern nach Frankfurt und Mainz. In Mainz wurde der Sarg, in den Worten der Gräfin, „offen, unter Blumen und Lorbeerkränzen kaum gesehen, von Trauerfahnen, zwei Musikchören, Leuten mit umgestürzten Fackeln umgeben und von unabsehbarem Zug gefolgt, den langen Weg durch die Stadt gefahren . . . und von Arbeitern aufs Dampfschiff getragen.“ Die für Düsseldorf und andere Städte von ihr geplanten Trauerdemonstrationen wurden von der Polizei verhindert, die im Auftrag von Mutter und Schwester Lassalles die Leiche beschlagnahmte und zur Beerdigung auf dem jüdischen Friedhof nach Breslau bringen ließ. Den ersten Geburtstag Lassalles nach

dessen Tod feierte Sophie von Hatzfeldt auf seinem Grabe, das sie „in einen Rosengarten“ verwandelte. In dem unerquicklichen Streit um das Testament Lassalles suchte sie besonders die politischen Wünsche des Toten zu erfüllen. So setzte sie sich, Lassalles letztem Willen entsprechend, für die Wahl Bernhard Beckers zum Präsidenten des Arbeitervereins ein; dieser schrieb ihr: „. . . ich lege mich, um meinen Dank auszudrücken, Ihnen zu Füßen.“ Sie verteidigte Lassalle gegen alle Anwürfe, vor allem gegen den Vorwurf, er habe mit Bismarck paktiert oder eine Art „Regierungssozialismus“ gewollt. „Lassalle ging mit Niemand“, schrieb sie, „stand auf Niemand als auf sich und seinen Ideen. Ich halte streng an ihm fest, Organisation wie Politik“. In diesem Punkt polemisierte sie scharf gegen Marx; und als Bernhard Becker, ihretwegen als „Schürzenpräsident“ verschrien, ihr von den Lassalleschen Grundsätzen abzuweichen schien, zögerte sie nicht, den Arbeiterverein zu spalten. Sie setzte für die ihr und dem „reinen Lassalleanismus“ ergebenen Gruppen einen eignen Präsidenten ein, einen gewissen Fritz Mende, und stürzte sich selbst in die Agitation. Sie legte ihre aristokratischen Gewohnheiten ab, übernachtete in schlechten Gasthäusern, begab sich in die armseligen Hütten der Strumpfwirker des Erzgebirges, mußte vor der Polizei flüchten wie in Dresden, wo sie nur durch einen Sprung aus dem Fenster den Verfolgern entging. Sie finanzierte diese Agitation selbst und wurde dabei schamlos betrogen; sie zahlte für Versammlungen, die nie stattgefunden, Redner, die nie gesprochen hatten, wenn ihr nur das Plakat vorgelegt wurde; einer ihrer „Agitatoren“ unterschlug 5000 Taler. 1869 gab sie ihre Bemühungen auf; die von ihr beeinflußten Gruppen vereinigten sich mit den von Schweitzer geführten Teilen des Allgemeinen Deutschen Arbeitervereins; sie selbst zog sich auf ihre Güter zurück und lebte entweder in Frauenstein oder Heddernheim. 1878 griff sie noch einmal in die Geschichte ein, als sie vor der Reichtagsdebatte um das Sozialistengesetz dem Abgeordneten Bebel Informationen über die Zusammenkünfte Bismarcks mit Lassalle zukommen ließ; Bebel benutzte ihre Angaben für seine Interpellation. Am 25. Januar 1881 starb Sophie Hatzfeld in Wiesbaden.
Lassalle, 1969.

Hugo Weidenhaupt

Trotz aller Widersprüche, die in seiner schillernden Persönlichkeit liegen, wird heute Lassalles Bedeutung, „Geburtshelfer für die Formierung der deutschen Arbeiterbewegung“ gewesen zu sein, nicht mehr bestritten. Ihm dabei, nicht nur durch ihr Schicksal, das ihm die Möglichkeit zum Eingreifen geboten hat, sondern auch durch ihre fraulich-mütterliche unerschütterliche Zuneigung, für die Lassalle stets dankbar war, auf den Weg geholfen zu haben, ist die historische Aufgabe von Sophie von Hatzfeldt gewesen. Obwohl Lassalle 1860 erklärte, wenn die Gräfin nicht gewesen wäre, so hätte er sich einen anderen Anlaß gesucht, seine Gegensätzlichkeit gegen die Welt an den Tag zu legen, vermag doch niemand zu sagen, welchen Lebensweg er gegangen wäre, wenn das Zusammengehen mit der Gräfin ihm nicht in seiner Jugend die Richtung gewiesen hätte.
„Gräfin Sophie von Hatzfeldt und Ferdinand Lassalle“ in: *Schloß Kalkum,* 1968

Shlomo Na'aman

Den meisten Menschen wird Lassalles Gleichsetzung von Glück und Freiheit sehr viel weniger einleuchten als die Gleichsetzung von Recht und Freiheit bei Sieyès, besonders, wenn sie nicht prinzipiell und theoretisch denken, sondern rein persönlich und praktisch, wie die Gräfin es meinte. Bei Lassalle besteht einfach keine Kategorie des Glücks: Glück ist ihm das Gefühl erkämpfter Freiheit. Daher ist es ihm ganz ernst, daß die Gräfin glücklich sein werde (oder zu sein habe), sobald er ihr den Kreis von geistig hochstehenden, aber von der unfreien offiziellen Gesellschaft dissentierenden Köpfen eröffnet haben werde. Diesen Leuten wird er die Lektüre der Kassettenrede zur Pflicht machen, und sie werden dann in der Gräfin die deutsche George Sand erkennen, So wird alles zu seinem Recht kommen – und zu seinem Glück!
Lassalle wird der Schmied von Sophies Glück werden, ihr Schicksal zum Kunstwerk seines Geistes machen. Wir haben hier wieder die egozentrische Liebe, die deshalb doch Liebe ist, aber Takt als Medium der Verbindung zwischen Menschen nicht braucht, da die Menschen mit ihren Meinungen und Vorurteilen beiseite geschoben werden.
Lassalle hat über den gesunden Menschenverstand der Gräfin triumphiert. Sie hat sich seiner Lebensauffassung angepaßt, und wenn sie auch nicht im Glück der Berliner Gesellschaft von Wissenschaftlern und Künstlern geschwelgt hat, wie Lassalle ihr siegesgewiß vorgegaukelt, so hat sie doch in den geistigen Leistungen Lassalles und seiner Anerkennung die wichtigste Genugtuung ihres Lebens gefunden, hinter der alles andere in den Schatten trat. Sie ist deshalb doch nicht zu einer Kreatur Lassalles geworden, weil sie sich immer sagen konnte (und Lassalle es ihr immer wieder sagte), daß diese geistigen Leistungen in gewissem Sinne Koproduktionen waren, an deren Formung sie aktiven Anteil genommen.
Lassalle, 1970.

Nachrichtenmagazin „Der Spiegel"

Ohne Frage war Sophie von Hatzfeldt, bei aller vielgerühmten Lieblichkeit als junge Frau, eine Person mit Haaren auf den Zähnen. Wie sie sich – mitten im 19. Jahrhundert – aus den Fesseln einer demütigenden Ehe befreite, wie sie sich finanzielle Freiheit, politisches Urteil und geistige Unabhängigkeit erkämpfte – das alles macht sie zu einer Heroine der deutschen Frauen-Emanzipation. Unbegreiflich, daß es noch keine Biographie von ihr gibt. Wäre sie eine Engländerin, gäbe es schon mehr als eine.
1976

Verzeichnis der Quellen

I. *Ungedrucktes*

A. Urkunden und Akten

Belegstücke zur Heiratsurkunde Nr. 13/1822 Lauthausen (Nordrhein-Westfälisches Personenstandsarchiv Rheinland, Schloß Brühl)
Geburtsurkunde Nr. 915/1823; Sterbeurkunde Nr. 714, 1823;
Geburtsurkunden Nr. 289/1825; 925/1828; 753/1831, sämtlich vom Standesamt Düsseldorf (ebd.)
Sterbebuch Nr. 93, 1881; Nr. 1571, 1944 (beide Standesamt Wiesbaden)
Sterberegister Nr. 108, 1881 (Stadtarchiv Wiesbaden)
Reg. Düsseldorf, Präs., Nos. 200, 203, 800, 802, 803, 831, Rep. 4-128-II, 128-IV, 128-V, 129-IX, 131 a, 131 Bd. III Rep. 2139 u. 2140 (Hauptstaatsarchiv Düsseldorf, Schloß Kalkum)
Akte der Königl. Polizei-Direktion zu Düsseldorf betr. die Gräfin Sophie von Hatzfeldt, II, 1333 (Stadtarchiv Düsseldorf)

B. Briefe und Dokumente

Gräfin v. Hatzfeldt an Baron Johann Friedrich v. Cotta, Köln 18. Jan. 1848, Begleitbrief zu einem Berichtigungs-Inserat (Cotta-Archiv, Schiller-Nationalmuseum Marbach a. N.)
Dies. an Hofrat (Karl Ewald Hasse, Göttinger Pathologe), Heidelberg, undat. (1854-56?), aus Nachlaß K. E. Hasse (Handschriftenabteilung Niedersächsische Staats- und Universitätsbibliothek, Göttingen)
Wilhelm Rüstow an Sophie von Hatzfeldt, 17. Nov. 62, ADAV/Hatzfeldt 286 (IISG)
Sophie von Hatzfeldt an Unbekannt, undat. (Freitag morgen) (Handschriftenabteilung Universitätsbibliothek Bonn)
Dies. an (Christian Friedrich) Scherenberg, Taubenstr. 48, undat. Montag, Weihnachtsmorgen (Stadt- und Landesbibliothek Dortmund, Handschriftenabteilung)
Dies. an dens., undat. (nach Lassalles Tod), ebd.
Dies. an Emma [Herwegh], 12. Sept. [1864] auf dem Dampfschiff (ebd.; bis zur Identifizierung durch Frau Dipl.-Bibliothekarin Gunnemann unter der Bezeichnung „S. Ile" katalogisiert und auch so von einem Antiquariat versteigert)
Dies. an „Herr S." [Reinhold Schlingmann?], 12. Sept. 1864, in: Unidentifizierter Zeitungsausschnitt, ADAV/Hatzfeldt 20 (IISG)
Dies., Protest, 11. März 65 (Entwurf), ADAV Hatzfeldt 78 (IISG)
Dies., Protest, 27. Dez. 1866 (Entwurf), ebd., 181
Dies., Entwurf für Zirkular, 1867, ebd., 180
Dies., Notiz für Resolution, 1867, ebd., 187
Dies. an Unbekannt, 1867, ebd., 24
Dies. an Königl. Staatsanwalt (Entwurf), Sommer 1867, ebd., 189
J. B. von Schweitzer an Sophie von Hatzfeldt, 19. Juli 69, ebd., 53
Ders. an Fritz Mende, 27. Juli 69, ebd., 54

II. *Privatdrucke und -vervielfältigungen*

Edmund v. Hatzfeldt, Scheidungsklage vom 4. April, Protokolle und Ordonanzen vom 4. April und 15. Mai, Beschluß des Landgerichts Düsseldorf vom 18. Mai 1847 (II, 1333 Stadtarchiv Düsseldorf)

Sophie v. Hatzfeldt, Scheidungsklage, überreicht am 6. Nov. 1847 (Rara, UB Düsseldorf)

Edmund v. Hatzfeldt, Replik in Sachen des Grafen und Standesherrn Edmund von Hatzfeld-Kinsweiler zu Calcum, Ehescheidungsklage gegen die Gräfin von Hatzfeld-Schönstein zu Düsseldorf, Ehescheidungsverklagte (ebd.)

(Anton Josef Bloem), Antrag z. S. von Hatzfeldt contra v. Hatzfeldt (nach Nov. 1853), II, 1333 Stadtarchiv Düsseldorf

Sophie v. Hatzfeldt/Wilhelm Liebknecht, Ferdinand Lassalle: Dokumentarische Darstellung seiner letzten Lebenstage, von Augenzeugen und Freunden (Berlin 1865), IISG

J. Molzberger, Trauerrede auf die hochgeborene Frau Reichsgräfin Sophie von Hatzfeldt-Wildenburg, gehalten am 29. Januar d. J. in der Pfarrkirche zu Frauenstein, als Ms. gedr. (Rüdesheim a. Rh. 1881), Schloß Schönstein

Eduard Fuchs, Das bürgerliche Zeitalter, Bd. 3 von Illustrierte Sittengeschichte: vom Mittelalter bis zur Gegenwart (München 1912)

Hans Schulte, Der Einfluß einer Aristokratin auf den allgemeinen deutschen Arbeiterverein, Diss., maschinenschr. (Graz 1968)

Dietmar Niemann, Die Düsseldorfer demokratische Bewegung und Arbeiterbewegung in den Revolutionsjahren 1848/49, Diss., maschinenschr. (Düsseldorf 1979)

Ludger Heid, Die Geschichte der sozialdemokratischen Arbeiterbewegung in Duisburg 1848-1878, Diss., maschinenschr. (Duisburg 1981)

III. *Sekundärliteratur*

Adreß-Buch der Bürgermeisterei Düsseldorf (Düsseldorf 1855)

Adreßbuch der Stadt Wiesbaden (Wiesbaden 1880/81)

Améry, Jean, Unmeisterliche Wanderjahre (Stuttgart 1971)

Andréas, Bert, Ferdinand Lassalle – Allgemeiner Deutscher Arbeiterverein: Bibliographie ihrer Schriften und der Literatur über sie 1840-1975, mit einer Einleitung von Cora Stephan (Trier 1981)

Andreas, Willy, Hg., Bismarck. Die gesammelten Werke, Bd. 8 (Berlin 1926)

Anonym, Rezension der Hatzfeldt-Korrespondenz-Edition von Gerhard Ebel, Der Spiegel Nr. 4/76, S. 130

Autorenkollektiv, Geschichte der Deutschen Arbeiter-Bewegung, Bd. 1 (Berlin 1966)

Becker, Bernhard, Enthüllungen über das tragische Ende Ferdinand Lassalle's: und seine Beziehungen zu Helene v. Dönniges (Nürnberg 1892)

Bernstein, Eduard, Intime Briefe Ferdinand Lassalles an Eltern und Schwester (Berlin 1905)

Bleuel, Hans Peter, Ferdinand Lassalle: oder der Kampf wider die verdammte Bedürfnislosigkeit (München 1979)

Blumenberg, Werner, „Ein unbekanntes Kapitel aus Marx' Leben: Briefe an die holländischen Verwandten", in: International Review of Social History, N. S., I (1956)
–, Karl Marx: in Selbstzeugnissen und Bilddokumenten (Reinbek 1962)
Britschgi-Schimmer, Ina, Hg., Lassalles letzte Tage: Nach den Originalbriefen und Dokumenten des Nachlasses (Berlin 1925)
Bucher, Lothar, an Sophie Hatzfeldt, 15. Jan. 1866, „Bismarck's rechte Hand", in: Vorwärts 24. Juli 1878 [S. 3], Neudr. Leipzig 1977
[Bürgers, Heinrich?], „+ Düsseldorf, 2. Nov. 1848", in: Neue Rheinische Zeitung, 4. Nov. 1848, S. 1
Busch, Moritz, Tagebuchblätter, Bd. III (Leipzig 1899)
Compagnon, Marcel E., „Le Duel et la Mort de Ferdinand Lassalle", in: Zeitschrift für Schweizerische Geschichte, XXI (1941), H. 1, S. 79-115.
Ebel, Gerhard, in Verbindung mit Michael Behnen, Hg., Botschafter Graf Paul von Hatzfeldt: Nachgelassene Papiere 1838-1901 (Boppard R. 1976)
Europäische Publikation e. V., Hg., Die Vollmacht des Gewissens (München 1956)
Fricke, Dieter, Die deutsche Arbeiterbewegung 1869-1914: Ein Handbuch über ihre Organisation und Tätigkeit im Klassenkampf (Berlin 1976)
Friedrich-Ebert-Stiftung, Hg., Ferdinand Lassalle 1825-1975 (Bonn 1975)
Friederici, Hans Jürgen, Hg., Franz Mehring, Aufsätze zur Geschichte der Arbeiterbewegung (Leipzig 1963)
Gemkow, Heinrich, u. a., Karl Marx: Eine Biographie (Berlin 1967)
Giebel, Marion, Sappho (Reinbek 1980)
Golitschek, Josef von, Schlesien – Land der Schlösser, Bd. II (Mannheim 1978)
Gregor-Dellin, Martin, Richard Wagner: Sein Leben, Sein Werk, Sein Jahrhundert (München 1980)
Grossmann, Stefan, „Lassalle und die Hatzfeldt", in: Das Tage-Buch V (1924), I, S. 71-74.
Hammen, Oscar J., Die Roten 48er: Karl Marx und Friedrich Engels (Frankfurt a. M. 1972)
Hasse, K. E., Erinnerungen aus meinem Leben, 2. Aufl. (Leipzig 1902)
„Hatzfeld (Graf, Franz Ludwig von)", Allgemeine Enzyklopädie der Wissenschaften und Künste (Leipzig 1828)
„Hatzfeldt, Sophie Gräfin von, geb. H.-Trachenberg", Brockhaus Enzyklopädie, 17. Aufl. (Wiesbaden 1969)
„H.-Trachenberg, Sophie Josepha Gräfin von", Meyers Enzyklopädisches Lexikon (Mannheim, Wien, Zürich 1974)
Heine, Heinrich, Ideen: Das Buch Le Grand, Faksimilenachdruck mit einem Nachwort von Joseph A. Kruse (Düsseldorf 1972)
Hentig, Hans Wolfram v., „Sophie Josepha Ernestine Gräfin, geb. Gräfin v. Hatzfeld-Trachenberg", Neue Deutsche Biographie (Berlin 1969)
Herrmann, Albert, Gräber auf den Wiesbadener Friedhöfen (Wiesbaden 1928)
Herwegh, Marcel, Hg., Ferdinand Lassalle's Briefe an Georg Herwegh: Nebst Briefen der Gräfin Sophie Hatzfeldt an Frau Emma Herwegh (Zürich 1896)
Herzig, Arno, und Rosenthal, Konrad, Karl Wilhelm Tölcke: Korrespondenz aus den Jahren 1848-1893 (Iserlohn o. D.)

Herzig, Arno, Der Allgemeine Deutsche Arbeiter-Verein in der deutschen Sozialdemokratie: Dargestellt an der Biographie des Funktionärs Carl Wilhelm Tölcke (1817-1893), (Berlin 1979)
Hetmann, Frederik, Drei Frauen: zum Beispiel (Weinheim und Basel 1980)
Heym, Stefan, Lassalle: Eine Biographie, aus dem Amerikanischen (Uncertain Friend, 1968) übers. v. Autor (München, Esslingen 1969); 2. vom Autor bes. Fassung (Berlin 1974): Goldmann Taschenbuch 7015
Hirsch, Helmut, Denker und Kämpfer: Gesammelte Beiträge zur Geschichte der Arbeiterbewegung (Frankfurt M. 1955)
–, Hg., Ferdinand Lassalle: Eine Auswahl für unsere Zeit (Bremen 1963 und Frankfurt, Wien, Zürich 1963)
–, Hg., Friedrich Engels Profile: Eine Auslese aus seinen Werken und Briefen mit einem Geleitwort von Johannes Rau (Wuppertal-Barmen 1970)
–, Karl Ludwig Bernays: Ein emigrierter Schriftsteller als US-Konsul in der Schweiz, in: Jahrbuch des Instituts für deutsche Geschichte, IV (1975), S. 147-165
–, Hg., Eduard Bernstein: Ein revisionistisches Sozialismusbild; Drei Vorträge, m. einer Einl. vom Hg., 2. Aufl. (Berlin-Bonn-Bad Godesberg 1976)
–, Karl-Ludwig Bernays und die Revolutionserwartung von 1848, dargestellt am Mordfall Praslin (Trier 1976)
–, August Bebel: in Selbstzeugnissen und Bilddokumenten, 14.-16. Tsd. (Reinbek 1979)
–, Rosa Luxemburg: in Selbstzeugnissen und Bilddokumenten, 47.-51. Tsd. (Reinbek 1979)
–, Dreißigjähriger Ehekrieg hinter himbeerfarbenen Mauern, in: Westdeutsche Zeitung (Beilage), 24. Febr. 1979
–, Sophie Gräfin von Hatzfeldt und Ferdinand Lassalle, in: Heimat-Jahrbuch Wittlaer, 1980
–, Marx und Moses: Karl Marx zur „Judenfrage" und zu Juden (Frankfurt M., Bern, Cirencester 1980)
–, Ein Menschenfreund – Friedrich von Spee – seine Heldentaten begannen, als die Waffen schwiegen, in: Heimat-Jahrbuch Wittlaer 1981
Hirth, Friedrich, Heinrich Heine und seine französischen Freunde (Mainz 1949)
Hümmler, Heinz, Opposition gegen Lassalle: Die revolutionäre proletarische Opposition im Allgemeinen Deutschen Arbeiterverein 1862/63 – 1866 (Berlin 1963)
Hundt, Martin, Louis Kugelmann: Eine Biographie des Arztes und Freundes von Karl Marx und Friedrich Engels (Berlin 1974)
Institut für Marxismus-Leninismus beim ZK der SED, Hg., Karl Marx/Friedrich Engels: Werke Bd. 27 (Berlin 1973); Bd. 28 (1970); Bd. 29 (1973); Bd. 30 (1972); Bd. 31 u. 32 (1973); Bd. 34 (1966); Bd. 36 (1967); Bd. 38 (1968)
Ito, Narihiko, Hg., Rosa Luxemburg, Ich umarme Sie in großer Sehnsucht: Briefe aus dem Gefängnis 1915-1918, mit einem Vorwort von Narihiko Ito und dem Versuch eines Dialogs „Mathilde Jakob im Gespräch" von Charles Schüddekopf (Berlin, Bonn 1980)
Kauhausen, Paul, „Ferdinand Lassalle und Gräfin Sophie von Hatzfeldt – Briefe im Düsseldorfer Stadtarchiv", in: Das Tor, H. 12 (1954)

Kater, Herbert, „Das Duell des Yanko Fürst v. Racowitza, Angehöriger des Corps Neoborussia Berlin, und Ferdinand Lassalle, Angehöriger der Burschenschaft der Raszeks am 28. August 1864 im Wäldchen Carrouge bei Genf", in: Einst und Jetzt, Bd. 25 (1980), S. 29-59
Kautsky, Karl, „Lassalle und die Gräfin Hatzfeldt", in: Die Gesellschaft, I (1924), H. 4, S. 384-399
Köllmann, Wolfgang, Sozialgeschichte der Stadt Barmen im 19. Jahrhundert (Tübingen 1960)
Kordt, Walter, „Ferdinand Lassalles Düsseldorfer Jahre", in: Das Tor, H. 9 u. 10 (1954)
Kutschbach, A., Lassalle's Tod (Chemnitz 1880)
Lee, Sidney, King Edward VII: A Biography, Bd. II (London 1927)
W. I. Lenin, „Was tun? Brennende Fragen unserer Bewegung", in: Ausgewählte Werke in zwei Bänden, 1920, Bd. I (Moskau 1946)
McLellan, David, Karl Marx: Leben und Werk, aus dem Engl. von Otto Wilck (München 1974)
Matull, Wilhelm, Der Freiheit eine Gasse (Bonn 1980)
Mayer, Gustav, Johann Baptist von Schweitzer und die Sozialdemokratie: Ein Beitrag zur Geschichte der deutschen Arbeiterbewegung (Jena 1909)
–, Ferdinand Lassalle Nachgelassene Briefe und Schriften Bd. III: Der Briefwechsel zwischen Lassalle und Marx nebst Briefen von Friedrich Engels und Jenny Marx an Lassalle und von Karl Marx an Gräfin Sophie Hatzfeldt (Stuttgart, Berlin 1922); Bd. IV: Lassalles Briefwechsel mit Gräfin Sophie von Hatzfeldt (ebd. 1924); Photomech. Nachdr. (Oldenburg 1967)
–, „Gräfin Sophie von Hatzfeldt, Bismarck und das Duell Lassalle-Rackowitza", in: Historische Zeitschrift, Bd. 134 (1926)
–, Bismarck und Lassalle: Ihr Briefwechsel und ihre Gespräche (Berlin 1928)
Mehring, Franz, „Vor dreißig Jahren", in: Die Neue Zeit, XV (1897), S. 705-709
–, „Graf Paul Hatzfeldt", ebd., XX (1901), S. 193-197
–, Geschichte der Deutschen Sozialdemokratie, Bd. III, fünfte Aufl. (Stuttgart 1913)
Meuer, A[ugust] H[einri]ch, „Schloß Sommerberg bei Frauenstein", in: Nassauische Heimat Nr. 4 (1928)
–, Frauenstein-Geschichte von Dorf und Burg Frauenstein (Wiesbaden 1930)
MGV Rheingold Kalkum 1900, Düsseldorf-Kalkum (Düsseldorf 1975)
[Momma, Isidor], Die Gräfin Sophia von Hatzfeld und der Professor Isidor Momma (Düsseldorf 1848)
–, Erzählung einer höchst komischen Geschichte, welche vorgefallen sein soll, nach dem uns zugegangenen Berichte, im Jahre achtzehnhundert vierzig und neun. Worin eine bekannte Gräfin Hatzfeldt, für ein Paar lumpichte Thaler Geld Sich von ihrem Factotum, genannt Lassalle, Blamiren läßt über und überall, (o. O. 1849)
Mommsen, Hans, „Lassalle" in: Sowjetsystem und demokratische Gesellschaft (Freiburg/Berlin/Wien 1969), Bd. III, Sp. 1332-1373
Mühlberger, Josef, Hugo von Hofmannsthal, F. Kafka: Zwei Vorträge (Esslingen 1953)
Müller-Alfeld, Theodor, Das deutsche Reisebuch, T. 1 (Berlin, Darmstadt 1956)
Na'aman, Shlomo, Lassalle (Hannover 1970)

Narciß, Christa und Georg A., Das große Gesundheitsbuch der Büchergilde: Ein Ratgeber für Kranke und Gesunde (Frankfurt, Wien, Zürich 1970)
Nicolaiewski, Boris/Maenchen-Helfen, Otto, La vie de Karl Marx: L'homme et le lutteur, übers. aus dem Deutschen von Marcel Stora (Paris 1970); engl. übers. von Gwenda David und Eric Mosbacher als Karl Marx: Man and Fighter (Pelican Books 1976)
Oberwinder, Heinrich, „Von der Gräfin Sophie Hatzfeldt", Wiener Allgemeine Zeitung, 1. Feb. 1881
Oncken, Hermann, „Aus dem Streit um Lassalles Erbe", in: Archiv für die Geschichte des Sozialismus und der Arbeiterbewegung, VII (1916), S. 95-98
–, Lassalle zwischen Marx und Bismarck, 5. neubearb. Aufl. mit einem Vorwort von Felix Hirsch (Stuttgart, Berlin, Köln, Mainz 1966)
Padover, Saul K., Karl Marx: An Intimate Biography (New York, St. Louis, San Francisco, Düsseldorf, London, Mexico, Panama, Sidney, Toronto 1978)
Polgar, Alfred, „Gabriele D'Annunzio" in: Taschenspiegel, hg. und mit einem Nachwort von Ulrich Weinzierl (Wien 1979)
Racowitza, Helene v. geb. v. Dönniges, Meine Beziehungen zu Ferdinand Lassalle (Berlin 1879)
–, (Frau von Schewitsch), Von Anderen und mir: Erinnerungen aller Art, 2. Aufl. (Berlin 1909)
Raddatz, Fritz J., Karl Marx: Eine politische Biographie (Hamburg 1975)
Rang, Friedrich, Hg. („r"), Anzeiger für die politische Polizei Deutschlands: auf die Zeit vom 1. Januar 1848 bis zur Gegenwart (Dresden 1855)
Reulecke, Jürgen, Hg., Arbeiterbewegung an Rhein und Ruhr: Beiträge zur Geschichte der Arbeiterbewegung in Rheinland-Westfalen (Wuppertal 1974)
Rheinischer Kurier Nr. 22 (Wiesbaden, 26. Jan. 1881)
Riecke, H.-J., Hg., Bilder und Worte, Erste Auswahl (Magdeburg, o. D.)
Rothfels, Hans, „Lassalle und die Gräfin Hatzfeldt", in: Preußische Jahrbücher, CXCVIII (1924), S. 185-192
Rubel, Maximilien, Hg., Karl Marx: Oeuvres Économie I (Paris 1963)
Runkel, Otto, „Die v. Hatzfeldt", in: Heimatland H. 12 (Siegen 1937)
–, „Die Gräfin v. Hatzfeldt" in: Hinterländer Geschichtsblätter 26 (1937), H. 5
Saenger, S., „Ferdinand Lassalle und Sophie von Hatzfeldt", in: Die Neue Rundschau, XXXV (1924), S. 173-180
Samulski, Robert, „Das Trachenberger Land und seine Herren", in: Trachenberg in Schlesien. 700 Jahre deutsche Stadt (Springe am Deister 1953)
–, „Wo wurde die Gräfin von Hatzfeldt (1805-1881) geboren?", in: Zeitschrift für Ostforschung (1979)
Schloß Allner VerwaltungsgmbH, Hg., Schloß Allner: Wohnanlage (Hennef o. D.)
Schoeps, Julius H., „Agenten, Spitzel, Flüchtlinge", in: Im Gegenstrom: Für Helmut Hirsch zum Siebzigsten, hg. von Horst Schallenberger und Helmut Schrey (Wuppertal 1977)
Scurla, Herbert, Rahel Varnhagen: Die große Frauengestalt der deutschen Romantik (Düsseldorf 1978)

Silberner, Edmund, Hg., unter Mitwirkung von Werner Blumenberg, Moses Hess: Briefwechsel ('s-Gravenhage 1959)
–, Sozialisten zur Judenfrage: Ein Beitrag zur Geschichte des Sozialismus vom Anfang des 19. Jahrhunderts bis 1914, übers. aus dem Engl. von Arthur Mandel (Berlin 1962)
Spranger, Eduard, Stufen der Liebe: Über Wesen und Kulturaufgabe der Frau (Tübingen 1965)
Stadtarchiv Düsseldorf, Hg., Düsseldorf 1848: Bilder und Dokumente (Düsseldorf 1948)
Stenographische Berichte über die Verhandlungen des Deutschen Reichstags, Bd. 51 (1878)
Stephan, Cora, Genossen, wir dürfen uns nicht von der Geduld hinreißen lassen: Aus der Urgeschichte der Sozialdemokratie, 1862-1878 (Frankfurt M. 1977)
Stöcker, Hans, „Über den Atlantik geflohen: Lorenz Cantador sucht seine zweite Heimat in den Staaten“, in: Das Tor, H. 4 (1972)
Strachey, Lytton, Macht und Frömmigkeit: Florence Nightingale, übers. von Hans Reisiger (Berlin 1937)
„T“, „Jagden und Schießübungen des Prinzen Friedrich von Preußen“, in: Jahrbuch des Düsseldorfer Geschichts-Vereins, Bd. IX (1895)
(Todten-Messe), Wiesbadener Tagblatt, No. 24 (1881)
Tucholsky, Kurt, „Die Aussortierten“, in: Gesammelte Werke, Bd. III 1929-1932 (Reinbek 1972)
Valentin, Veit, „Lassalle und die Gräfin Hatzfeldt“ in: Die Weltbühne XXI (1925), S. 547 551
Vahlteich, Julius, Ferdinand Lassalle und die Anfänge der deutschen Arbeiterbewegung (München 1903)
Venema, Friedrich, „Zufällige Begegnung mit der Vergangenheit in Rheinhessen“, in: Der Landbote, 33 ('79), S. 300-303
Vogler, C. G., „Mémoires de la comtesse de Hatzfeld betreffend“, Anzeige 3. Apr. 1847, in: „Börsenblatt“, 13. 4. 1847
Wagner, Maria, Mathilde Franziska Anneke: in Selbstzeugnissen und Dokumenten (Frankfurt M. 1980)
Weber, Hartmut, Die Fürsten von Hohenlohe im Vormärz: Politische und soziale Verhaltensweisen württembergischer Standesherren in der ersten Hälfte des 19. Jahrhunderts, Diss. (Tübingen [1977])
Weidenhaupt, Hugo, „Gräfin Sophie von Hatzfeldt und Ferdinand Lassalle“, Schloß Kalkum (Köln 1968)
Wohnungs-Anzeiger und Adreßbuch der Oberbürgermeisterei Düsseldorf pro 1850, hg. von C. E. Edelmann

Nachweis der Abbildungen

Einbandbild und Frontispiz: Sophie v. Hatzfeldt, Ölgemälde, Besitz Hermann Graf Hatzfeldt, Schloß Crottorf; Photo Lore Bermbach

1.: Besitz Friedrich Graf von Hatzfeldt, Köln; Photo Lore Bermbach
2.: ebd., Photo Lore Bermbach
3.: Besitz und Photo Deutsche Staatsbibliothek, DDR, Berlin
4.: Nordrhein-Westfälisches Personenstandsarchiv Rheinland
5.: Berlin Museum
6.: Besitz Friedrich Graf von Hatzfeldt, Köln; Photo Lore Bermbach
7.: aus Schloß Allner: Wohnanlage; m. freundl. Genehmigung der IAS Anlagen GmbH, Krefeld; Photo Lore Bermbach
8.: Nordrhein-Westfälisches Personenstandsarchiv Rheinland
9.: Besitz Hermann Graf Hatzfeldt, Schloß Crottorf; Photo Lore Bermbach
10.: ebd.; Photo Lore Bermbach
11.: Besitz Dr. Maximilian Graf von Spee, Schloß Heltorf; Photo Landesbildstelle Rheinland
12.: Photo Walter Klein
13.: Das Original des Ölgemäldes im Schloß Trachenberg verbrannt; Photo Landesbildstelle Rheinland
14.: Besitz Professor Bert Andréas, Genf; Photo Internationales Institut für Sozialgeschichte, Amsterdam
15.: aus Wohnungs-Anzeiger und Adreßbuch der Oberbürgermeisterei Düsseldorf pro 1850; Repro Stadtarchiv Düsseldorf
16.: Bildarchiv Preussischer Kulturbesitz, Berlin
17.: Sammlung Stadtmuseum Düsseldorf
18.: Rheinisches Bildarchiv, Köln
19.: Stadtarchiv Düsseldorf
20.: ebd.
21.: ebd.
22.: Erstveröffentlichung aus dem Nachlaß Prof. Dr. Karl Ewald Hasse, Niedersächsische Staats- und Universitätsbibliothek, Göttingen
23.: Photo Landesbildstelle Rheinland
24.: Bildarchiv Preussischer Kulturbesitz, Berlin
25.: Berlin Museum
26.: ebd.
27.: Bibliographisches Institut AG, Mannheim
28.: Besitz Frau Elisabeth Walther, Wiesbaden
29.: Photo Warren Dronberger, Wiesbaden
30.: Photo Lore Bermbach

Einband Rückseite: Photo Lore Bermbach

Personenregister

Nicht erfaßt wurden die dramatis personae – Eheleute Hatzfeldt und Sohn Paul, Ferdinand Lassalle – sowie die Bildunterschriften. Bei im Text nicht namentlich genannten Amtspersonen wurde eine Auswahl getroffen.

Dank

Dem dieses Buch herausbringenden (uns zur Stunde noch unbekannten) Verlag und seinen Mitarbeitern gebührt das erste Dankeswort. Ohne erhebliche verlegerische Anstrengungen ist kaum an das Gelingen der Erweckung einer sozusagen scheintoten geschichtlichen Persönlichkeit zu denken, die außer ihren Briefen und der bewegenden Aufzeichnung über Lassalles Sterben keine nennenswerten eignen Werke hinterlassen hat. Hätte Sophie doch, statt bloß ihre Scheidungsklage mit Fakten zu versehen, jene französisch oder deutsch geschriebenen Memoiren publiziert, die nach einer Buchhändlernotiz im „Börsenblatt" vom 13. April 1847 schon massenhaft bestellt wurden, ohne erschienen zu sein! Dann genügten für eine solche Minibiographie wie die unsrige wohl normale Bemühungen, wie sie etwa bei der immer noch viel gelesenen Aurora Dupin nötig wären, die fast gleichaltrig mit Sophie und ihr als Autorin vertraut war, sich ein Jahrzehnt vor deren Bekanntschaft mit Ferdinand Lassalle von ihrem Gatten, dem Baron Dudevant, scheiden ließ und nach Jules Sandeau, dem Geliebten, mit dem sie ein Buch verfaßte, George Sand nannte.

Das Halbdunkel, in das die lange versunkene, erst in neuerer Zeit wieder langsam auftauchende Figur gehüllt ist, kennzeichnet die meisten einschlägigen Darstellungen. Sie beschäftigen sich mit ihr als Gefährtin Lassalles, als Opfer ihres Manns, des Grafen Edmund von Hatzfeldt, als Mutter des Botschafters Paul von Hatzfeldt. Unser Essay möchte die Lebensumstände und das Wesen dieser Frau stärker in den Mittelpunkt rücken, ohne die bisherigen Schwerpunkte zu vernachlässigen. Er ist als weitgehend aus dem Stoff rheinländischer Materialien geformter Baustein für die noch ausstehende Monumentalbiographie gedacht. Sie wird u. a. Sophies Verhältnis zur Dichtersgattin Emma Herwegh, die sich als die „einzig wahre Freundin" bezeichnete, zu Wilhelm Rüstow (er rühmte sich in einem seiner an sie gerichteten Liebesbriefe, „der einzige anständige Deutsche" zu sein), und zu Moses Hess („ihrem untertänigsten Sklaven", Karl Marx an Wilhelm Liebknecht, 20. Sept. 1865), unter die Lupe zu nehmen haben, aber auch die Streitigkeiten um Lassalles Leiche und Testament sowie die ihm zugedachte Apotheose. Das sind Themen, zu denen die teilweise aus dem Hatzfeldt'schen Hausarchiv stammende ADAV/Hatzfeldt-Sammlung des Internationalen Instituts für Sozialgeschichte, Amsterdam, und die (dem Verfasser bisher noch nicht zugänglich gewesenen) Bestände in Schloß Schönstein noch manche unausgeschöpften Unterlagen bieten dürften. Für ihre zeitgemäße Interpretation geben Cora Stephans „Bemerkungen zur Rezeption Ferdinand Lassalles" (siehe unsre Bibliographie) ein nachahmenswertes Vorbild.

Weil wir eine stärkere Beschäftigung mit der Gräfin für eine moralische Verpflichtung halten, begrüßen wir einige uns hierfür zuteil gewordene Hinweise. So hat Frau Inge Wojtke von der Zentralkartei der Autographen in der Handschriftenabteilung der Staatsbibliothek (Preußischer Kulturbesitz), Westberlin, uns vom Vorhandensein einer Kollektion von Briefen Sophie Hatzfeldts in der Biblioteka Jagiellónska der Universytet Jagiellónski, Kraków, unterrichtet. Sie umfaßt einen Brief an Lassalle von 1859; 19 Briefe an Ludmilla Assing; 9 Briefe an den Fürsten Pückler. Professor Dr. Erich Kundel, Leiter der Marx-Engels-Abteilung im Institut für Marxismus-Leninismus beim ZK der SED, Ostberlin, hat uns auf Hatzfeldtiana in diesem Institut aufmerksam gemacht.

Nicht minder dankbar sind wir den Herren Fried v. Bismarck, Hamburg; Stefan Heym, Berlin-Grünau; Prof. Dr. Felix Hirsch, Trenton, N. J.; Prof. Shlomo Na'aman vom

Institut für Deutsche Geschichte, Tel-Aviv; und Dr. Hugo Weidenhaupt, dem Direktor des Stadtarchivs, Düsseldorf. Sie erteilten die Genehmigung zum Abdruck von interessanten Passagen aus Beiträgen zur Sekundärliteratur.
Für Auskünfte, Überlassung von Dokumenten, Beschaffung oder Bearbeitung von Abbildungen udgl. sind wir einer Reihe von Personen und Institutionen zu Dank verbunden. Zu ihnen zählen einerseits Prof. Bert Andréas, Institut de Hautes Études Internationales, Genf; Prof. Dr. Siegfried Bahne, Ruhr Universität Bochum; Frau Lore und Till Bermbach, Düsseldorf; Mr. Warren Dronberger, Wiesbaden; OSTR. und Pastor Gerhard Ebel, Bernau; Dr. Günther Granicky, Düsseldorf; Fürst Hatzfeldt, Köln; Graf Hatzfeldt, Schloß Schönstein; Dr. Hirster, Wiesbaden; Herr Michael Knieriem, Friedrich Engels-Haus, Wuppertal; Herr Heinz Knobloch, Berlin-Pankow; Herr Herman Lohausen, Düsseldorf; Herr Hans Pelger, Karl-Marx-Haus, Trier; und Dr. Henryk Skrypczak, Freie Universität Berlin; andrerseits in Amsterdam: das Internationale Institut für Sozialgeschichte; in Bamberg: die Staats- und Landesbibliothek; in Berlin (Ost): die Deutsche Staatsbibliothek; in Berlin (West): das Berlin-Museum und die Staatsbibliothek (Preußischer Kulturbesitz); in Bochum: das Institut zur Geschichte der Arbeiterbewegung; in Bonn: die Universitätsbibliothek; in Boppard: der Harald Boldt-Verlag; in Brühl: das Personenstandsarchiv; in Dortmund: die Stadt- und Landesbibliothek; in Düsseldorf: die Bibliothek im Haus des Deutschen Ostens, das Hauptstaatsarchiv (Schloß Kalkum), die Landesbildstelle, das Stadtarchiv, die Stadtbibliothek, das Stadtmuseum, die Universitätsbibliothek und die Untere Denkmalsbehörde; in Göttingen: die Niedersächsische Staats- und Universitätsbibliothek; in Köln: das Archiv des Erzbistums und die Erzdiözesanbibliothek; in Mannheim: der Adam Kraft Verlag und die Redaktion Meyer's Enzyklopädisches Lexikon; in München: der Bechtle Verlag; in Wiesbaden: das Stadtarchiv und das Standesamt; in Zürich: die Literary Agency Rainer Heumann und das Schweizerische Sozialarchiv. Öfters waren mehrere Sachbearbeiter beteiligt – manchmal mit einer weit über das erwartete Maß hinausgehenden Hilfsbereitschaft.
Speziell nennen müssen wir den Beigeordneten Dr. Bernd Dieckmann, Kulturdezernent der Stadt Düsseldorf, der als erster den Vorschlag einer Hatzfeldt-Biographie aufgegriffen, und Dr. Engels vom Hauptstaatsarchiv, Kalkum, der seine Hatzfeldt-*fiches* zur Verfügung gestellt hat, wodurch viel Arbeit erspart worden ist. Frau Marianne Hirsch hat durch zahllose Anregungen und unermüdliches technisches Mitwirken die Ausführung unseres Pilotenprojekts sehr gefördert. Keine dieser Leistungen war entbehrlich, doch keine enthebt den Verfasser seiner Verantwortung.
Kaiserswerth, Woche der Brüderlichkeit 1981. H. H.
PS. Nachträglich haben wir unserer Zeittafel Angaben über eine Ostberliner Studie eingefügt, in der auf die „Machenschaften", „schändlichen Zwecke", „Intrigen" und „Wühlereien" „dieser Dame" eingegangen wird. Die Publikation verzeichnet, daß das Archiv des Instituts für Marxismus-Leninismus beim Zentralkomitee der Kommunistischen Partei der Sowjetunion in Moskau u. a. drei Sophie Hatzfeldt-Briefe und das Archiv des IMLB die Mikrofilme des IMLM der Sophie Hatzfeldt-Briefe an Marx besitzt. Dr. Lya Rothe, Stellvertr. Leiter des Zentralen Parteiarchivs im IMLB, teilte uns freundlicherweise in einem Brief vom 23. März 1981 mit, daß es „Dokumente und Materialien des ADAV, unter denen sich Dokumente von Sophie von Hatzfeldt befin-

den", habe, ferner Dokumente, in denen sie genannt werde. Der Bestand sei jedoch ungenügend erschlossen. Das Gleiche läßt sich von dem Sophie, ihren Scheidungsprozeß, ihre Kinder usw. betreffenden Nachlaß auf Schloß Schönstein sagen, auf den wir am 15. April 1981 einen ersten Blick werfen konnten. Auch aus jenen meistens persönlichen Papieren sind ein paar Daten in die Zeittafel oder die Bibliographie eingegangen. Dem im Schönstein-Archiv aufbewahrten Erinnerungsartikel des gebürtigen Nassauers, Heinrich Oberwinder, der lange der leitende Kopf der österreichischen Sozialisten war, ist zu entnehmen, daß Sophie noch 1877 beabsichtigte, ihre Memoiren zu schreiben, doch durch Krankheit und Streit daran gehindert worden ist. Ihre schon im Sommer 1864 augenfällige körperliche Erschöpfung wird auch von dem Musiker Wendelin Weißheimer bezeugt, auf dessen Erlebnisbericht wir von Landwirtschaftsdirektor i. R. Friedrich Venema aufmerksam gemacht wurden. Dr. Maximilian Graf von Spee besaß die Liebenswürdigkeit, uns die Wandmalerei auf Schloß Heltorf zu zeigen, bei der Sophie und Edmund Modell gestanden haben. Cand. phil. Ludger Heid, das Hessische Hauptstaatsarchiv und die Zentralbibliothek der Bundeswehr haben unser Buch durch Auskünfte bereichert. Frau Dr. Stephan, Frankfurt M., hat u. a. die Güte gehabt, einen Sonderdruck ihrer „Die Lassalleanismus-Legende" betitelten Einleitung zu dem von Dieter Dowe 1980 in Berlin-Bonn herausgegebenen Nachdruck der Protokolle und Materialien des Allgemeinen Deutschen Arbeitervereins (inkl. Splittergruppen) zu überlassen. Bezüglich der Zeit und des Kreises, in denen Sophie Hatzfeldt sich bewegt oder zu bewegen versucht hat, darf wohl von ihrer Sicht das behauptet werden, was Wolfgang von Goethe nach der Kanonade von Valmy prophezeit hat.

Mitte Mai 1981 H. H.